U0471274

朗诵与口才基础指导

PUTONGHUA SHUIPINGCESHI
KAOSHIZHINAN

普通话水平测试考试指南

- 语音发声科学指导
- 短文朗读逐句讲解
- 业内专家示范朗读

方睿 主编

山东城市出版传媒集团·济南出版社

图书在版编目(CIP)数据

普通话水平测试考试指南／方睿主编. —济南：
济南出版社,2023.2
ISBN 978-7-5488-4669-7

Ⅰ.①普… Ⅱ.①方… Ⅲ.①普通话—水平考试—自学参考资料 Ⅳ.①H102

中国版本图书馆 CIP 数据核字(2023)第 014660 号

出 版 人	田俊林
责任编辑	宋　涛　张慧敏
装帧设计	陈致宇
出版发行	济南出版社
地　　址	山东省济南市二环南路 1 号(250002)
编辑热线	0531-86131713
发行热线	0531-86922073　0531-67817923
印　　刷	聊城市正大印刷有限公司
版　　次	2023 年 2 月第 1 版
印　　次	2023 年 3 月第 1 次印刷
成品尺寸	170mm×240mm　16 开
印　　张	36
字　　数	445 千字
定　　价	118.00 元

(济南版图书,如有印装错误,请与出版社联系调换。联系电话:0531-86131736)

《普通话水平测试考试指南》编委会

主　编　方　睿

副主编 （排名不分先后）

王　浩
1981年4月生，汉族
普通话一级乙等

新疆师范大学汉语言文字学硕士，现任新疆维吾尔自治区团校讲师，自治区级普通话水平测试员。

贾　寅（播音名方尧）
1998年12月生，汉族
普通话一级乙等

《瞭望中国》杂志社主持人，高校青年教师，国广普通话APP联合发起人，2019年公派赴井冈山青年干部学院进修，曾受邀主持2021线上（中国）亚欧商品贸易博览会。

李　东
1969年5月生，汉族
普通话一级乙等

历任共青团中央直属的中国青少年发展服务中心办公室副主任、国务院机关老干部活动中心文化娱乐负责人。

马清芮
1991年6月生，汉族
普通话一级甲等

中国传媒大学播音主持艺术学硕士，国广普通话APP联合发起人，历任央视财经频道《魅力中国城》城市制片人、央视国防军事频道《军营大拜年》导演、首都师范大学科德学院播音主持系艺考主考官。

徐雪雷
1988年1月生，汉族
普通话一级甲等

中国传媒大学播音主持艺术学硕士，中央电视台播音员，清华大学"白杨计划"主持人培训讲师。

付国松
1994年5月生，汉族
普通话一级乙等

中国传媒大学播音主持艺术硕士，高校青年教师，曾供职于人民日报广告部，参与筹备第三届中国品牌论坛。发表论文集近十篇，出版十三五规划教材一部（任副主编），专著两部（任副主编）。

编　　委
（排名不分先后）

王 俊
1981年3月生，汉族，普通话一级乙等

新疆师范大学理学学士，新疆维吾尔自治区团校培训中心主任，新疆维吾尔自治区团校普通话水平测试工作站站长，山东理工大学新疆团校函授站站长。

依利米努尔·艾麦尔江
1995年2月生，维吾尔族，普通话一级甲等

中国传媒大学播音主持艺术硕士，中央广播电视总台2019主持人大赛文艺组铜奖，国家广电推普脱贫公益项目主持人。

甘 露
1994年4月生，汉族，普通话一级乙等

中国传媒大学播音主持艺术硕士，现任北京艺术传媒职业学院播音与主持专业教师，中国儿童中心外聘教师。

王熙熙
1994年5月生，汉族，普通话一级甲等

中国传媒大学播音主持艺术学硕士，参与编写《国家广播电视播音员主持人资格证考试培训指南》（中央人民广播电台内部讲义）、《（2018）中国公共口语表达蓝皮书》（编委）。

石 文
1996年2月生，汉族，普通话一级甲等

中国传媒大学播音主持艺术硕士，现任燕京理工学院播音与主持艺术专业教师。

张超伟
1992年4月生，汉族，普通话一级乙等

新疆大学工学学士，"在祖国怀抱中——新疆维吾尔自治区成立60周年成就展"讲解员，国广普通话APP联合发起人，新疆菁英文化艺术交流中心秘书长。

徐洁琼
1990年10月生，满族，普通话一级乙等

中国传媒大学播音主持艺术学硕士，历任四川传媒学院有声语言社会应用方向副主任、中国传媒大学凤凰学院特级讲师，曾参与编写《青少年口语表达教程》（1-6册）。

牛 强
1990年7月生，汉族，普通话一级甲等

中国传媒大学媒体融合与传播国家重点实验室教师，历任人民网全国两会网络电台主播、央视财经频道《魅力中国城》导演、新华社新媒体中心高端访谈节目《大家》导演。

侯月嫒
1986年4月生，汉族，普通话一级乙等

山西大学教育学硕士，第十三届全国家庭工作先进个人，国家二级心理咨询师，中小学一级教师，中国教育报注册特约通讯员，著有《行走的课堂——走进平遥》（主编）。

朱广帅
1995年4月生，汉族，普通话一级乙等

中国传媒大学播音主持艺术硕士，历任人民出版社音视频节目主持人、《中国石化新闻联播》主持人，现任北京广播电视台《北京您早》、《副中心新闻》记者、主持人，中央广播电视总台综艺频道《动物来了》常驻主持人。

宋 硕（播音名"松鼠哥哥"）
1996年10月生，汉族，普通话一级甲等

大连艺术学院艺术学学士，济南市广播电视台少儿频道主持人。

付松鹭（播音名方堃）
1999年4月生，汉族，普通话一级乙等

新疆大学播音与主持艺术专业学士，中国成人教育协会教师继续教育专业委员会特聘讲师，历任乌鲁木齐广播电视台融媒体中心主持人，新疆广播电视台城市服务节目中心记者、主持人。

古丽娜·麦麦提明
1980年10月生，维吾尔族，普通话一级乙等

中央民族大学法学学士，历任共青团新疆维吾尔自治区发展中心青年交流部部长、新疆国家通用语言文字大赛总指挥，现任新疆开放大学国家通用语言文字培训部部长。

伍 任
1981年4月生，汉族，普通话一级乙等

主持人、监制，国广普通话APP联合发起人，历任福建音乐广播主持人、中国国际广播电台对内二套英文主持人、中央人民广播电台央广都市联播网总监。

李 敬
2000年9月生，汉族，普通话一级乙等

山东理工大学文学学士，中国成人教育协会教师继续教育专业委员会特聘讲师，新疆菁英文化艺术交流中心教师。

高 亮
1980年11月生，汉族，普通话一级乙等

国广普通话APP联合发起人，中国电子信息产业发展研究院（工信部赛迪研究院）人工智能产业创新联盟特约评论员。

兰明昊
1997年6月生，汉族，普通话一级乙等

新疆师范大学理学学士，新疆菁英文化艺术交流中心教师。

戴逸伦
2000年8月生，蒙古族，普通话一级乙等

天津外国语大学新闻学学士，新疆菁英文化艺术交流中心教师。

图书推荐人简介

唐克碧
四川省委原书记，中共中央第十、十一届候补委员

高占祥
中国文联原党组书记、原文化部常务副部长

张仕文
资深媒体人、《永远怀念毛泽东》主编

王京忠
京忠智库理事长、中国传媒大学客座教授

王学会
资深媒体人、《瞭望中国》杂志社执行总编辑

马玉坤（播音名陈亮）
中国传媒大学播音主持艺术学院原副院长、教授

贾　宁
天津师范大学教授、播音与主持艺术系原主任

石连海
国家教育行政学院副研究员、国培项目特聘专家

刘淑勤
资深媒体人、《每日新闻》副总编辑

序

我自以为还远没有到给别人的著作写序的水平，但这一次是受几十年前在新疆工作时的老同事之托，为他主持编写的一本针对少数民族学员的普通话水平测试辅导用书写一篇序言，盛情难却，勉为其难，权且作为读后感吧！

普通话的推广工作已经进行了近70年，用来检验普通话推广成效的普通话水平测试工作也已开展了20多年，取得了卓有成效的成绩。这期间，无论是关于普通话的专门教材或普及读物，还是关于普通话水平测试的各类辅导用书，可以说是丰富多彩、琳琅满目。但是，由于我国幅员辽阔、人口众多，在一些少数民族地区，特别是边远少数民族地区，普通话的推广和测试工作还存在许多不足，针对当地少数民族语言特点编写的普通话学习辅导用书也很少见。而这一工作的滞后，直接影响了这些少数民族地区普通话推广工作的开展，也阻碍了当地经济的发展、群众生活水平的提高。据有关部门调查统计分析，边远少数民族地区居民的生活现状，与普通话水平的程度呈正相关的关系。由此可见，在边远少数民族地区大力开展普通话培训，编写具有明确针对性的、切实可行的学习辅导教材，既是提高普通话培训学习效率的必然要求，也是帮助当地居民尽快脱贫致富的有效途径，更是国家脱贫攻坚战略的重要组成部分，是一项具有积极现实意义和深远历史意义的工作。

本书的编写者是几位充满热情的年轻人，他们去往三区三州地区，并以自己的专业知识积极地参与了当地针对少数民族的普通话培训工作，足迹遍布大江南北，最远曾到达新疆和田地区。从语言的角度来说，汉语属于汉藏语系，维吾尔语属于阿尔泰语系，在语音的发音、语调、语法等方面存在较大的差异。因此，普通话的培训教学难度是可想而知的。在培训这些少数民族学员的过程中他们发现，以平时常用的讲解训练的授课方法来教学，哪怕是针对不同方言地区的讲解训练授课方法，也都成效甚微。面对教学培训中的困惑，编写组成员们开始了认真的观察、思考，经过对比、实验，他们发现新疆边远地区少数民族学习普通话与内地方言地区民众学习普通话完全不同，必须结合当地的实际，以学员们易于接受和学习的方法进行教学。在归纳总结的同时，他们还请教了当地从事普通话教学的汉族、维吾尔族、哈萨克族、回族、藏族等十三位世居民族的教师，并在此基础上有针对性地编写了这本普通话水平测试辅导用书。

相信许多人翻开这本书的时候，都会同我第一次翻开这本书时的感受是一样的，会有许多的疑问、不解。是的，书中关于发音部位、发音方法、口形舌位等的表述，与一般意义上的表述有很多不同。我也曾逐一向编者质疑。据编者介绍，这是他们在教学实践中摸索总结出来的有效方法，可以使完全不懂汉语的学习者由此开始学会汉语发音并逐渐向规范发音过渡。书中对朗读篇目中"的、呢、吗、吧"等语助词逐一标注拼音，看上去烦琐且没有必要，可是仔细一想，对于以汉语为母语的人来说，这些标注确实没有实际意义，但对于边远少数民族地区的初学者来说，却是十分必要的。还有，书稿中对朗读篇目中停连位置的标注似乎也显得过于细碎，但是考虑到少数民族初学者要首先学会顺利连贯地读出句子，这也不失为一种最基本的方法。毕竟学习是一种引导和逐步的提高，而不是迁就。通过培训学习，通过这样一些看似不够规范却有成效的方法，使他们能够学会顺畅地、完整地用普通话语音表达意思、交流情感，并最终了解、学习和掌握规范正确的普通话语音知识，最终学好、说好普通话，这应该是我们的最终目的。

创新是社会发展的不竭动力，创新也是学术发展的精神力量。参与本书编写的几位年轻人，积极参加社会实践，并在创新发展实践中发现问题、思考问题、研究问题、解决问题，努力践行知行合一，在实践中不断增长才干，为社会发展做出自己的贡献。但创新发展的前提是继承，没有继承的创新只能是空中楼阁。祝愿他们以此为起点，在知行合一的创新实践中取得更大的成绩。

普通话作为规范的现代汉语，同其他的语言一样，是由语音、词汇和语法共同构成的。但在当下的普通话教学培训中，似乎出现了一点偏差，人们把主要的精力都放在对普通话语音的培训学习中，而基本忽略了对于普通话词汇和语法的学习。换句话来说，我们以对普通话语音的学习简单地替代了对整个普通话的学习。这样的一种语言学习是不完整的。由此带来的问题，我们可以从社会语用实践中较为普遍地观察到：人们操着标准的普通话语音，说出来的却是用词不准、词不达意、修辞混乱、语法错误的句子，表达着支离破碎的意思，含糊不清的感情，模棱两可的态度，等等。这种现象应该引起我们的重视，并在今后的普通话教学培训中努力纠正这一偏差，加强词汇和语法的教学，弥补普通话教学的这一不足，使普通话的教育学习真正成为对普通话语音、词汇和语法的全面教育学习。

推广普通话，不仅是我们今天的现实工作，也是实现中华民族两千多年来"语同音"梦想的奋斗目标。在我国这样一个多民族、多语言、多方言的人口大国，推广普通话不仅仅只是为了增加一个交流的工具，更大的意义在于有利于增进各民族、各地区之间的了解和交流，特别是提高少数民族地区的经济发展动力、脱贫致富能力，为走向中华民族共同富裕助力，增强中华民族凝聚力。同时，推广普及国家通用语言文字，是铸牢中华民族共同体意识的重要途径，是建设高质量教育体系的基础支撑，对提高全民族文化水平、建设具有中国特色社会主义现代化强国具有重要意义。

马玉坤

2023 年 2 月 8 日

马玉坤（播音名陈亮），中国传媒大学播音主持艺术学院博士、教授、研究生导师、原副院长，国家广电总局专家组成员。

专家来信

1974 年，我成为一名播音员，开始了以普通话为传播手段的新闻工作者生涯。

2000 年，我成为国家级普通话水平测试员，之后，参与组织了多期普通话水平培训和测试，进行了更多的推广普通话示范和推广工作。

2003 年，我从一名播音员、主持人，转而成为播音主持艺术专业的专职教师。

2017 年我退休之后，继续从事高校播音主持教学工作。不变的是，提升学生普通话水平成为教学中的一项重要工作。

我的学生来自祖国各地，专业基础参差不齐。在教学实践中我发现，很多来自边远地区甚至是重方言区的学生不是我想象中的普通话培训困难户，反而语音面貌良好、普通话语音较为规范，是成长较为迅速的一群。至今，不少我教过的学生，已经在电台、电视台、高校播音主持教学等语言传播岗位做出了突出成绩。

一方面说明，有良好学习习惯的学生、有刻苦学习精神的学生，往往进步显著；另一方面也说明，用深厚的理论基础进入语言之门，用先进的教学手段开启语言之窗，是培养合格优质有声语言应用人才的有力手段。那些不懈努力钻研、创造性地在语言教学和推广普通话一线耕耘的人们，是人才培养的生力军，在普通话推广工作中迈着扎扎实实的步伐。

今天，当我阅读到这本普通话教学专业书籍《普通话水平测试考试指南》和《普通话水平测试练习册》时，再一次惊叹本教材教学编辑团队的这些专家学者和一线教学人员深厚的理论基础、丰富的教学方法、扎实的实践经验和严谨的治学态度，也让我又一次深深地感觉到，我们所从事的播音主持教学和普通话推广工作是靠着那么多奋战在教学前沿的专家学者和一线教师共同的扎实工作才得以完成的，他们在提高全民族的文化素养、建设中国式社会主义现代化强国中做着扎扎实实的努力。我们为自己所从事的事业的意义和价值感到深深的自豪，让我向我们的同事们致敬！

四海同音，万众一心。我国是多民族、多语言、多方言的人口大国，推广普通话有利于增进各民族各地区间的交流，尤其是方言区和少数民族地区的交流，有利于维护国家统一、增强中华民族凝聚力。同时，推广普及国家通用语言文字，是铸牢中华民族共同体意识的重要途径，是建设高质量教育体系的基础支撑，对提高全民族文化水平、建设中国式社会主义现代化强国具有重要意义。

普通话从生活中来，又到生活中去，学好普通话必须在对普通话规律认识的基础上，进行有针对性的反复具体训练，因而既需要透彻的理论理解，又需要多种手段的指导训练。本书的理论指导具体细腻，语音发声部分从专业化、大众化两个角度展开，既保证了有专业背景的读者能够得到科学指导，又提升了有意提高普通话水平的普通大众学习专业知识的便捷性，可谓"雅俗共赏"。

普通话教学从实践中总结，在教学中提升。本书教学编辑团队成员来自推普工作教学一线，他们将实践中遇到的各类情况进行了汇合整编。短文朗读部分设置逐句讲解，并细心整理标注了断句、注音、文字多种组合的练习用语言材料；命题说话部分采用专业化、口语化相结合的方式阐述观点、点明技巧；练习册中汇编的声韵母拼合表、模拟练习卷、轻声词语表具体、实用。各部分编写内容针对性强、实用性强，有利于各类读者高效提高普通话水平，真正做到拿起就用、拿来就用、即来即用，值得推荐。

推广普通话需要多样化的、有针对性的教学方法，特别是需要现代的科学手段。本书教学编辑团队成员根据推普工作实际经验，联合专业技术团队研发并上线普通话学习应用软件，与本书采用线上线下联动的方式，在丰富学习趣味性的同时为读者减轻学习压力、提升学习效率。值得一提的是，应用软件中"命题说话自由文本智能语音范读与测试评分"功能缓解了学员多、老师少的困境，减轻了推普工作者在命题说话教学中的工作压力，该功能实用性强、使用价值高、业内反响好，值得推荐。

纸上得来终觉浅，绝知此事要躬行。本书紧扣《普通话水平测试大纲》要求，从实践中来，到实践中去，经过了教学编辑团队的反复探讨、长期实践、多次论证，是一本编写思路务实、使用价值高、十分接地气的普通话测试学习和培训用书。希望本书成为推广普通话事业的有效助推器。

贾宁

2023 年 3 月 13 日

贾宁，天津师范大学教授、播音与主持艺术系原主任，国家级普通话水平测试员。

前　言

语言文字是人类社会最重要的交际工具和信息载体，是文化的基础要素和鲜明标志。新中国成立以来，特别是党的十八大以来，在党和国家的高度重视下，我国的语言文字事业取得了历史性成就。推广普及国家通用语言文字，是铸牢中华民族共同体意识的重要途径，是建设高质量教育体系的基础支撑，是实施乡村振兴战略的有力举措，对经济社会发展具有重要作用。

《国务院办公厅关于全面加强新时代语言文字工作的意见》中指出，到2025年，普通话在全国普及率达到85%；到2035年，国家通用语言文字在全国范围内的普及更全面、更充分，普通话在民族地区、农村地区的普及率显著提高。

《国家通用语言文字普及提升工程和推普助力乡村振兴计划实施方案》中指出，按照立足新发展阶段、贯彻新发展理念、构建新发展格局、推动高质量发展的要求，经过五年努力，实现国家通用语言文字普及程度和质量全面提升。到2025年，全国范围内普通话普及率达到85%；基础较薄弱的民族地区普通话普及率在现有基础上提高6—10个百分点，接近或达到80%的基本普及目标。推普脱贫攻坚成果得到巩固拓展，推普助力乡村振兴作用彰显。

在这一时代背景下，推广和普及国家通用语言文字、提升国民语言文字应用能力、开发普通话学习资源、推动语言文字信息技术创新发展，在边疆地区、民族地区、欠发达地区推广普通话，用国家通用语言文字巩固脱贫攻坚成果、助力乡村振兴成为本书编写委员会汇编创作的首要目标。

本书编委会成员均来自推普工作一线，具有丰富的相关课程教学经验，其中主编方睿，副主编王浩、贾寅，编委王俊、张超伟、依利米努尔·艾麦尔江更是扎根边疆，常年深入少数民族地区承担常态化国家通用语言文字培训任务，在教学一线积累了丰富的经验，为本书编写奠定了坚实基础。在本书编写过程中，编委会成员结合地区方言特色、民族语言特色、学员痛点难点等推普工作中切身经历的实际困难，经过反复磋商、深入研讨、仔细推敲，并向业内专家学者潜心求教、同社会各界人士频繁取经、与一线教学人员反复试验，总结出一套符合《普通话水平测试大纲》，适合推普工作教学一线长期使用，匹配各类教学、自学、集体备课等情境的普通话学习用书。

在系列文件指导下，为提升语言文字科技赋能水平、推动语言文字信息技术创新发展、深入开展语言智能技术研究，编委会结合国家通用语言文字推广工作实际、语言类学习软件现状，深入论证、反复研讨、多次磋商，由"新疆菁英文化艺术交流中心"与"国广丽声文化传媒（海南）有限公司"联合研发并面向市场推出"国广普通话APP"，弥补了现有语言类学习软件关于"命题说话自由文本智能语音范读与测试评分"的空白；同时针对教师、学员痛难点上线必要功能，如针对声韵母常见错误通过智能评测给予专业讲解、以20套模拟试卷为基础进行全真模拟测试、借助短文朗读进行多情境练习与测试评分、提供普通话水平测试成绩查询与证书核验，帮助学员提升自学效率，有效缓解推普工作中教师重复性工作的压力。

本书在"普通话语音发声科学训练"中针对"声母、韵母、声调、音变、轻重格式"安排了"发音方法、练习语言材料、专家范读、线上测试"；在"短文朗读训练教程"中针对"语流音变、停连得当、科学备考"安排了"逐句讲解、文本注音、断句标注、专家范读、线上测试"，其中"逐句讲解、断句标注"在同质化产品中实现新的突破；在"命题说话"中针对考生张口无言、离题万里、不知所云等痛难点安排了"应试技巧、分类剖析、思路拓展、线上测试",使读者自学后便有话可说。本书附册在"声韵母拼合"中安排了对照练习材料、在"模拟练习"中安排了配套模拟卷,同时针对"轻声练习"给出配套练习材料,帮助考生科学备考。

　　本书是一套具有实用性、自学性、技术性的普通话学习用书,希望本书的出版能够为推广普通话事业、提升普通话普及率贡献力量。在编写过程中难免有疏漏之处,我们热诚盼望广大读者给予批评指正!

本书编写委员会

2022 年 10 月 31 日

使用说明

本书在教师教学使用、学员上课使用、读者自学使用、推普工作者拿来即用等方面均有针对性设计，现在为各位读者集中梳理：

一、语音发声科学训练

（一）专业化/大众化发声方法面向不同程度的教师、学员，均可拿来即用、拿起就学。

（二）按照拼音依次提供训练用字、词、成语、绕口令，并配备专家范读音频。

（三）配套练习册包含声韵母拼合表、20套模拟练习试卷、轻声词语表，可为教师节省备课时间、为学员提供练习语料、为自学者配备专家范读、为推普工作者提供助益。

（四）使用国广普通话APP"针对声韵母常见错误通过智能评测给予专业讲解"功能，可扫描图书封面二维码下载，操作流程为：点击首页→练习营→声母练习/韵母练习/声调练习→对应拼音→正确读音（听范读）/自我测试（测读音）→测试后给出专业讲解。

（五）使用国广普通话APP"以20套模拟试卷为基础进行全真模拟测试"功能，可扫描图书封面二维码下载，操作流程为：点击首页→练习营→试卷练习→对应试卷→正确读音（听范读）/自我测试（测读音）。

二、短文朗读训练教程

（一）短文逐句讲解稿可为教师节省备课时间、帮助学员快速梳理重点、提高自学者学习效率，推普工作者可拿来即用。

（二）短文朗读纯文字版适用于有一定基础或考前冲刺的人群，文字＋拼音版适用于对读音不确定的初学者与非专业科班出身的推普工作者，文字＋断句版适用于少数民族学员、三区三州推普工作者，文字＋拼音＋断句版适用于不入级水平的学员、初学者练习使用。

（三）专家范读音频由全国各地播音主持专业专家学者倾情献声，声线多样、语感相同，结合国广普通话 APP 线上测试功能，可避免教师重复性劳动，提高学员学习效率与测试成绩。

（四）使用国广普通话 APP"短文朗读多情境练习与测试评分"功能，可扫描图书封面二维码下载，操作流程为：点击首页→短文朗读→对应题目→正确读音（听范读）／自我测试（测读音）。

三、命题说话

（一）命题说话评分标准，首先要根据评分标准自我评价、明确对应等级，并按照命题说话应试技巧备考。

（二）命题说话题目剖析阐述了如何用一篇语料讲多个题目，可让学生从准备 30 篇变成准备四大篇，同时运用生活化语言进行命题说话。

（三）命题说话思路分析针对每个题目给出指向性思路分析，按照书中思路可做到有话可说，并将日常生活与考试题目相结合，做到言之有物。

（四）使用国广普通话 APP"命题说话自由文本智能语音范读与测试评分"功能，可扫描图书封面二维码下载，操作流程为：点击首页→命题说话→对应题目→输入文本→下一步→正确读音（听范读）／自我测试（测读音）。

四、练习册

（一）普通话水平测试配套练习卷 20 套、补充字词练习覆盖普通话水平测试第一、二题全部内容，适用于冲刺阶段使用；

（二）使用国广普通话 APP "练习营试卷练习范读与测试" 功能，可通过扫描图书封面二维码下载，操作流程为：点击首页→试卷练习→选择试卷→下一步→正确读音（听范读）/自我测试（测读音）。

本书编写委员会

2022 年 10 月 31 日

目 录

第一部分 字词训练教程

第一单元：声母 1
一、双唇音 1
二、唇齿音 2
三、舌尖中音 2
四、舌根音 3
五、舌面音 3
六、舌尖后音(翘舌音) 4
七、舌尖前音(平舌音) 5
八、送气音和不送气音的分辨·两字词的比较练习 6
九、唇齿音 f 和舌根音 h 的分辨 6
十、鼻音 n 和边音 l 的分辨 7
十一、舌面音的练习 7
十二、舌尖前音的练习 7

第二单元：韵母 8
一、单韵母 8
二、复韵母 11
三、前后鼻音字词、绕口令训练 18

第三单元：声调 … 19

一、声调的发音规则 … 19

二、五度标记法 … 19

三、字词练习 … 19

四、阴平声训练 … 20

五、阳平声训练 … 21

六、上声训练 … 21

七、去声训练 … 21

第四单元：音变 … 22

一、轻声 … 22

二、儿化韵 … 24

三、"上声""一、不""啊"的音变 … 29

第五单元：词的轻重格式发音训练 … 32

第二部分 短文朗读训练教程

作品1号：白杨礼赞 … 35

作品2号：差别 … 43

作品3号：丑石 … 52

作品4号：达瑞的故事 … 60

作品5号：第一场雪 … 69

作品6号：读书人是幸福人 … 78

作品7号：二十美金的价值 … 85

作品8号：繁星 … 94

作品9号：风筝畅想曲 … 102

作品10号：父亲的爱 … 110

作品11号：国家荣誉感 … 119

作品 12 号:海滨仲夏夜	126
作品 13 号:海洋与生命	135
作品 14 号:和时间赛跑	142
作品 15 号:胡适的白话电报	151
作品 16 号:火光	159
作品 17 号:济南的冬天	166
作品 18 号:家乡的桥	174
作品 19 号:坚守你的高贵	182
作品 20 号:金子	189
作品 21 号:捐诚	197
作品 22 号:可爱的小鸟	205
作品 23 号:课不能停	213
作品 24 号:莲花和樱花	221
作品 25 号:绿	228
作品 26 号:落花生	236
作品 27 号:麻雀	245
作品 28 号:迷途笛音	253
作品 29 号:莫高窟	261
作品 30 号:牡丹的拒绝	269
作品 31 号:"能吞能吐"的森林	276
作品 32 号:朋友和其他	283
作品 33 号:散步	292
作品 34 号:神秘的"无底洞"	301
作品 35 号:世间最美的坟墓	308
作品 36 号:苏州园林	315
作品 37 号:态度创造快乐	322
作品 38 号:泰山极顶	329
作品 39 号:陶行知的"四块糖果"	336
作品 40 号:提醒幸福	343
作品 41 号:天才的造就	350
作品 42 号:我的母亲独一无二	357

作品43号：我的信念 ·················· 365
作品44号：我为什么当教师 ·············· 372
作品45号：西部文化和西部开发 ············ 379
作品46号：喜悦 ···················· 385
作品47号：香港：最贵的一棵树 ············ 392
作品48号：鸟的天堂 ·················· 399
作品49号：野草 ···················· 407
作品50号：一分钟 ··················· 415
作品51号：一个美丽的故事 ·············· 423
作品52号：永远的记忆 ················ 430
作品53号：语言的魅力 ················ 439
作品54号：赠你四味长寿药 ·············· 446
作品55号：站在历史的枝头微笑 ············ 453
作品56号：中国的宝岛——台湾 ············ 460
作品57号：中国的牛 ·················· 467
作品58号：住的梦 ··················· 475
作品59号：紫藤萝瀑布 ················ 482
作品60号：最糟糕的发明 ················ 489

3 第三部分 命题说话

第一单元：命题说话评分标准与应试技巧 ········ 496
一、何谓命题说话？ ················· 496
二、命题说话的评分标准 ·············· 497
三、命题说话的应试技巧 ·············· 498
四、命题说话小贴士 ················· 499

第二单元：命题说话题目分类剖析与思路拓展 ····· 500
一、命题说话题目分类剖析 ············· 500
二、命题说话题目思路拓展 ············· 507

第一部分
字词训练教程

第一单元：声母

一、双唇音

(一) 发音技巧

双唇闭拢成阻，上下唇中央点接触用力。

b 先把嘴巴张开，再噘起来发 b。

班　崩　帮　包办　奔波　标兵　辨别　兵变　帮办

百发百中　包罗万象　暴跳如雷　跋山涉水　博采众长　闭关自守

p 先把嘴巴噘起来，再收回来发 p。

批　盆　碰　平盘　胖　澎湃　偏僻　爬坡　乒乓　品牌

旁观者清　跑马观花　披星戴月　评头品足　抛砖引玉　萍水相逢

m 先把嘴巴噘起来，不要抿嘴发 m。

妈　明　幕　明媚　美妙　命脉　美满　弥漫　牧民　茂密　埋没

满面春风　莫名其妙　默默无闻　埋头苦干　民富国强　弥天大谎

(二) 句段练习

1. 八百标兵奔北坡，炮兵并排北边跑。炮兵怕把标兵碰，标兵怕碰炮兵炮。

2. 巴老爷有八十八棵芭蕉树，来了八十八个把式要在巴老爷八十八棵芭蕉树下住。巴老爷拔了八十八棵芭蕉树，不让八十八个把式在八十八棵芭蕉树下住。八十八个把式烧了八十八棵芭蕉树，巴老爷在八十八棵树边哭。

二、唇齿音

(一) 发音技巧

上门齿与下唇成阻。

f 上牙齿不要碰到下嘴唇,同时下嘴唇要用力。

房法 翻佛 匪 冯 芬芳 奋发 丰富 方法 吩咐 防腐 夫妇
发扬光大 风平浪静 风吹草动 翻来覆去 防患未然 飞扬跋扈
分秒必争 风尘仆仆 飞沙走石

(二) 句段练习

1. 粉红墙上画凤凰,凤凰画在粉红墙。红凤凰、粉凤凰、红粉凤凰、花凤凰。红凤凰、黄凤凰、红粉凤凰、粉红凤凰、花粉花凤凰。

2. 花非花,雾非雾。夜半来,天明去。来如春梦几多时?去似朝云无觅处。

三、舌尖中音

(一) 发音技巧

舌尖与上门齿龈成阻。

d 舌头要和上齿龈(上牙齿的牙龈)挨在一起,不送气。

到 东 电 搭 担 调 丢 等待 到达 大地 抵挡 顶端
调虎离山 大刀阔斧 顶天立地 德高望重 登峰造极 动人心弦

t 舌尖要和上齿龈挨在一起,并送气。

推 台 团 吞 淌 铁 特 跳台 团体 天坛 探讨 梯田
谈虎色变 铁证如山 脱颖而出 通宵达旦 投笔从戎 土崩瓦解

n 微微张嘴,舌尖放到上齿龈,鼻尖振动。

能 牛 您 奴 奶 娘 南宁 恼怒 泥泞 农奴 呢喃 扭捏
南腔北调 难分难解 弄假成真 浓墨重彩 凝眸远望 蹑手蹑脚

l 嘴巴咧开,舌尖放到上齿龈。

来 楼 刘 铃 栾 吕 理论 流利 嘹亮 褴褛 勒令 榴梿
来者不拒 离题万里 落花流水 冷若冰霜 炉火纯青 两全其美

（二）句段练习

1. 白石白又滑，搬来白石搭白塔。白石塔，白石搭，白石搭白塔，白塔白石搭，搭好白石塔，白塔白又滑。
2. 调到敌岛打特盗，特盗太刁投短刀。挡推顶打短刀掉，踏盗得刀盗打倒。
3. 爆竹声中一岁除，春风送暖入屠苏。千门万户曈曈日，总把新桃换旧符。

四、舌根音

（一）发音技巧

舌根与硬腭软腭交界处成阻。舌体后缩，舌根隆起与硬腭和软腭交界处接触或接近成阻。

g 舌尖不挨上下齿龈，保持中立。

钢　公　高　哥　耕　工　高贵　光顾　公告　骨骼　巩固　规格
广开言路　高谈阔论　纲举目张　冠冕堂皇　感人肺腑　甘心情愿

k 嘴巴咧开，舌尖不挨上下齿龈，保持中立。

课　看　哭　考　卡　渴　宽阔　刻苦　慷慨　开垦　亏空　可靠
康庄大道　可歌可泣　空前绝后　开卷有益　口若悬河　侃侃而谈

h 微微张嘴，舌尖挨着下齿龈。

海　河　欢　哈　杭　画　灰　欢呼　荷花　浑厚　航海　悔恨
海阔天空　华灯初上　豪情壮志　厚古薄今　汗马功劳　呼之欲出

（二）句段练习

1. 哥挎瓜筐过宽沟，过沟筐漏瓜滚沟。隔沟够瓜瓜筐扣，瓜滚筐空哥怪狗。
2. 华华有两朵黄花，红红有两朵红花。华华要红花，红红要黄花。华华送给红红一朵黄花，红红送给华华一朵红花。

五、舌面音

（一）发音技巧

舌面前部与硬腭前部成阻。

j 舌头放平，舌尖要和下牙齿的背面接触，牙齿上下打开。

江 金 决 机 俊 捐 交际 境界 建交 加紧 借鉴 简洁
皆大欢喜 惊天动地 见景生情 兢兢业业 炯炯有神 锦上添花

q 舌头放平，舌尖要和下牙齿的背面接触，牙齿上下打开。

情 球 前 青 亲 欺 枪 亲切 气球 齐全 请求 轻巧
千载难逢 求同存异 恰如其分 取之不尽 奇珍异宝 旗鼓相当

x 舌头放平，舌尖要和下牙齿的背面接触，牙齿上下打开并送气。

新 小 先 雪 学习 喜讯 现象 相信 纤细 闲暇 想象
喜出望外 细水长流 心花怒放 熙熙攘攘 弦外之音 相敬如宾

(二) 句段练习

1. 七加一，七减一，加完减完等于几？七加一，七减一，加完减完还是七。
2. 七巷一个漆匠，西巷一个锡匠，七巷漆匠偷了西巷锡匠的锡，西巷锡匠拿了七巷漆匠的漆，七巷漆匠气西巷锡匠偷了漆，西巷锡匠讥七巷漆匠拿了锡。请问锡匠和漆匠，谁拿谁的锡？谁偷谁的漆？
3. 千山鸟飞绝，万径人踪灭。孤舟蓑笠翁，独钓寒江雪。

六、舌尖后音（翘舌音）

(一) 发音技巧

舌尖与前硬腭成阻。舌体稍向后缩，舌尖向上方翘起，与硬腭前部接触或接近成阻。

zh 嘴巴咧开，舌头翘起来。

中 周 抓 郑 知 追 庄重 转折 指针 主张 战争 郑重
掌上明珠 郑重其事 珠圆玉润 争先恐后 知己知彼 咫尺天涯

ch 嘴巴咧开，舌头翘起来，微微送气。

车 陈 插 颤 戳 抽 春 长城 穿插 乘车 驰骋 折穿
触类旁通 畅所欲言 沉默寡言 长篇大论 成竹在胸 叱咤风云

sh 嘴巴咧开，舌头翘起来并送气。

顺　声　说　沙　狮　赏　山水　闪烁　神圣　双手　沙石　首饰
深入人心　神采奕奕　双管齐下　身价百倍　始终不懈　水泄不通

r 舌头与软腭接触。

然　如　融　仍　瑞　软　容忍　柔韧　闰日　扰攘　如若　荏苒
入情入理　热血沸腾　燃眉之急　日臻成熟　如愿以偿　仁至义尽

(二) 句段练习

1. 认识从实践始，实践出真知。知道就是知道，不知道就是不知道。不要知道说不知道，也不要不知道装知道，老老实实，实事求是，一定要做到不折不扣的真知道。

2. 朱家一株竹，竹笋初长出。朱叔处处锄，锄出笋来煮。锄完不再出，朱叔没笋煮，竹株又干枯。

七、舌尖前音（平舌音）

(一) 发音技巧

舌尖与上门齿背成阻。舌尖平伸，与上门齿背接触或接近成阻。

z 舌头放平、嘴巴咧开、牙齿上下打开不送气。

咱　最　在　滋　尊　脏　总则　自尊　藏族　宗族　醉枣　祖宗
自得其乐　再接再厉　责无旁贷　纵横交错　孜孜不倦　足智多谋

c 舌头放平、嘴巴咧开、牙齿上下打开微微送气。

醋　层　村　辞　苍　催　猜测　苍翠　从此　措辞　层次　粗糙
沧海桑田　草草了事　寸步难行　侧目而视　此起彼伏　才疏学浅

s 舌头放平、嘴巴咧开、牙齿上下打开并送气。

思　色　随　酥　孙　笙　琐碎　松散　思索　洒扫　诉讼　搜索
司空见惯　丝丝入扣　四面楚歌　素昧平生　缩衣节食　随机应变

(二) 句段练习

1. 早晨早早起，早起做早操。人人做早操，做操身体好。

2. 隔着窗户撕字纸，一次撕下横字纸，一次撕下竖字纸，是字纸撕字纸，不是字纸，不要胡乱地撕一地纸。

八、送气音和不送气音的分辨·两字词的比较练习
（一）字词练习

b、p	步子——铺子	鼻子——皮子	被服——佩服	饱了——跑了
d、t	队伍——退伍	调动——跳动	河道——河套	肚子——兔子
g、k	挂上——挎上	关心——宽心	天公——天空	干完——看完
j、q	尖子——钎子	吉利——奇丽	长江——长枪	精华——清华
zh、ch	摘花——折花	扎针——插针	大志——大翅	竹纸——竹尺
z、c	子弟——此地	大字——大刺	坐落——错落	清早——青草
z、zh	自立——智力	栽花——摘花	钻营——专营	资源——支援
c、ch	推辞——推迟	一层——一成	藏身——长生	鱼刺——鱼翅
s、sh	四十——事实	散光——闪光	三哥——山歌	塞子——筛子
z、zh	紫竹 杂志 遵照 赞助			
zh、z	振作 装载 种族 制造			
c、ch	蚕虫 操场 财产 彩绸			
ch、c	炒菜 冲刺 尺寸 纯粹			
s、sh	桑树 赛事 宿舍 松鼠			
sh、s	神色 疏散 深思 哨所			

（二）句段练习

1. 长虫围着砖堆转，转完了砖堆钻砖堆。

2. 试将四十七支极细极细的紫丝线，试织四十七只极细极细的紫狮子。让细紫丝线试织细紫狮子，细紫丝线却织成了死紫狮子。紫狮子织不成，扯断了细紫丝线。

九、唇齿音 f 和舌根音 h 的分辨
（一）字词练习

f、h	开发——开花 幅度——弧度 公费——工会 防空——航空
f、h	发挥 繁华 凤凰 负荷
h、f	恢复 横幅 回访 豪放

（二）句段练习

会糊我的粉红活佛花，就糊我的粉红活佛花；不会糊我的粉红活佛花，可别糊坏了我的粉红活佛花。

十、鼻音 n 和边音 l 的分辨

（一）字词练习

n、l　女客——旅客　男子——篮子　难住——拦住　留念——留恋

n、l　尼龙　脑力　能量　暖流

l、n　烂泥　辽宁　老年　岭南

（二）句段练习

牛郎年年恋刘娘，刘娘连连念牛郎，牛郎恋刘娘，刘娘念牛郎，郎恋娘来娘念郎。

十一、舌面音的练习

字词练习

j、q　坚强　解劝　进取　就寝

j、x　焦心　酒席　俊秀　迹象

q、j　清洁　奇迹　起居　巧计

q、x　抢先　前线　亲信　取消

x、j　消极　细节　先进　夏季

x、q　稀奇　戏曲　向前　小桥

十二、舌尖前音的练习

（一）字词练习

z、c　杂草　早餐　遵从　座次

z、s　棕色　走私　阻塞　杂碎

c、z　辞藻　嘈杂　存在　操作

c、s　醋酸　蚕丝　词素　粗俗

s、z　塞子　散座　四则　色泽

s、c　私藏　松脆　色彩　酸菜

(二) 句段练习

1. 桑蚕吐丝丝缠蚕，蚕丝缠蚕蚕吐丝。

2. 四十四个字和词，组成了一首子词丝的绕口词。桃子李子梨子栗子橘子柿子槟子榛子，栽满院子村子和寨子。刀子斧子锯子凿子锤子刨子尺子，做出桌子椅子和箱子。名词动词数词量词代词副词助词连词，造成语词诗词和唱词。蚕丝生丝熟丝缫丝染丝晒丝纺丝织丝，自制粗丝细丝人造丝。

第二单元：韵母

一、单韵母

a 口腔打开，舌位央低，舌自然放平，双唇自然展开，嘴角上拉，后口腔打开立起，前口腔抬上排牙齿，口腔呈"C"型。

发　他　哈　嘎　扎　撒　发达　砝码　打靶　喇叭　拉萨　大厦
大有作为　大功告成　八面玲珑　飒爽英姿　马不停蹄　煞费苦心

句段练习：

妈妈开拉达，爸爸桑塔纳。娃娃是警察，跨上雅马哈。

o 上下唇自然拢圆，软腭上升抬起，口腔立起，舌位后半高，舌后缩，舌面后部隆起。

播　破　墨　抹　菠萝　破获　默默　婆婆　伯伯　薄弱　勃勃
莫名其妙　博学多才　勃然大怒　模棱两可　博闻强记　破釜沉舟

句段练习：

郭伯伯，买火锅，带买墨水和馍馍，墨水馍馍装火锅，火锅磨得墨瓶破。伯伯回家叫婆婆，婆婆掀锅拿馍馍，墨色馍馍满火锅，婆婆坐着默琢磨，莫非是摩登产品外国货？

第一部分：字词训练教程

e 嘴角向两边咧开，唇齿相依，舌位后半高，舌后缩，软腭抬起。

哥　德　乐　渴　喝　遮　特色　割舍　特赦　折合　瑟瑟　苛刻
责无旁贷　可歌可泣　和颜悦色　克己奉公　歌舞升平　隔岸观火

句段练习：

坡上立着一只鹅，坡下就是一条河。宽宽的河，肥肥的鹅，鹅要过河，河要渡鹅。不知是鹅过河，还是河渡鹅。

i 口腔开度小，舌位前高，嘴角向两边展开，舌尖轻触下齿背，舌面前部隆起，软腭抬起。

笔　泥　踢　衣　智　激励　离奇　秘密　霹雳　机器　犀利　立即
地大物博　赤胆忠心　日新月异　疾言厉色　既往不咎　利令智昏

句段练习：

1. 唧唧复唧唧，木兰当户织。不闻机杼声，唯闻女叹息。问女何所思，问女何所忆。女亦无所思，女亦无所忆。

2. 老毕篱下脱坯，老季窗西喂鸡。老毕脱坯怕碰跑了老季的鸡，老季喂鸡怕碰坏了老毕的坯。老毕顾及老季，老季顾及老毕。老季喂好鸡没碰坏老毕的坯，老毕脱完坯没碰跑老季的鸡。

u 舌位后高，双唇收缩成圆形，中间留一小孔，舌后缩，舌面后部高度隆起，软腭上抬。

步　书　路　醋　福　组　互助　露珠　束缚　出租　糊涂　突出
出口成章　触景生情　顾全大局　古今中外　孤芳自赏　如梦初醒

句段练习：

村里有个顾老五，穿上新裤去卖谷。卖了谷，买了布，外加一瓶老陈醋。肩背布，手提醋，老五急忙来赶路。走了一里路，看见一只兔，老五放下布和醋，糊里糊涂去追兔。刮破了裤，也没追上兔，回来不见布和醋。

ü 舌位前高，双唇撮起，中部留一扁圆小孔，舌尖抵下齿背，舌面前部隆起，软腭上抬。

女　句　羽　吕　虚　屈　语句　序曲　曲剧　须臾　栩栩　豫剧
举世无双　旭日东升　雨过天晴　取长补短　曲尽其妙　据理力争

句段练习：

1. 芜湖徐如玉，出去屡次遇大雾。曲阜苏愚卢，上路五回遇大雨。

2. 村里新开一条渠，弯弯曲曲上山去。河水雨水渠里流，满山庄稼一片绿。

3. 春雨足，染就一溪新绿。柳外飞来双羽玉，弄晴相对浴。

er 口腔自然打开，舌位不前不后、不高不低，舌前部上抬，舌尖向后卷，卷向硬腭，但不接触，软腭上抬。

儿 耳 二 耳朵 二胡 儿童 儿女 洱海 儿戏 而且 耳语

耳听八方 耳闻目睹 出尔反尔 耳熟能详 尔虞我诈 耳濡目染

句段练习：

要说尔，专说尔，马尔代夫，喀布尔，阿尔巴尼亚，扎伊尔，卡塔尔，尼泊尔，贝尔格莱德，厄瓜多尔，尼日尔。

-i（前） 口微开，嘴角向两边展开，舌尖接触上齿背，舌尖前部和上齿背保持适当距离，软腭抬起。这个韵母只与声母 z、c、s 有拼合关系。

滋 丝 此 字词 私自 子嗣 刺字 孜孜 恣肆 四次

词不达意 自以为是 慈眉善目 四平八稳 似是而非

句段练习：

紫紫茄子，紫茄子紫。紫茄子结籽，紫茄子皮紫肉不紫。紫紫茄子结籽，紫紫茄子皮紫籽也紫。

-i（后） 口微开，嘴角向两边展开，舌前端抬起与硬腭前部保持适当距离。软腭抬起。这个韵母只与声母 zh、ch、sh、r 有拼合关系。

持 史 日 智 指示 市尺 值日 事实 实质 誓师 咫尺

适得其反 持之以恒 痴心妄想 执迷不悟 知书达理 实事求是

句段练习：

1. 俗话说："事实胜于雄辩。"在真相面前，希望那些执迷不悟的人们能及时醒悟。

2. 老石和老四学习识字，老石一日识了四个字，老四一日识了十个字，老石思索怎么才能赛过老四，老四学习一小时，老石学习四小时，学习愚公移山志，一日识了四十四个字。

二、复韵母

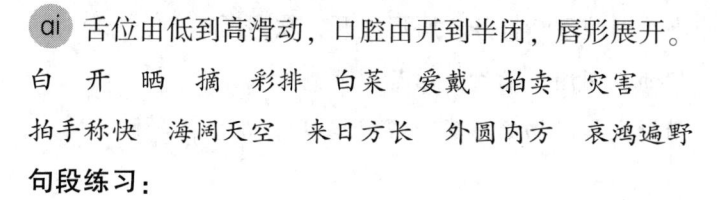

ai 舌位由低到高滑动，口腔由开到半闭，唇形展开。

白开 晒 摘 彩排 白菜 爱戴 拍卖 灾害
拍手称快 海阔天空 来日方长 外圆内方 哀鸿遍野

句段练习：

红岩上红梅开，千里冰霜脚下踩。三九严寒何所惧，一片丹心向阳开。

ei 舌位由半高到高滑动，口腔由开到半闭，唇形展开。

梅 北 费 贼 肥美 北非 黑煤 蓓蕾 妹妹
黑白分明 飞黄腾达 悲欢离合 雷霆万钧 内外交困

句段练习：

草树知春不久归，百般红紫斗芳菲。杨花榆荚无才思，惟解漫天作雪飞。

ao 唇形逐渐拢圆，舌位由低到高滑动，口腔立起，软腭挺起。

抛 高 招 高潮 高考 报道 抛锚 号召
劳而无功 道貌岸然 报仇雪恨 老成持重 草草了事

句段练习：

春日起每早，采桑惊啼鸟，风过扑鼻香，花开落，知多少。

ou 唇形逐渐收缩成圆形，舌位比 ao 略高，舌位动程短。

柔 收 舟 凑 收购 欧洲 抖擞 佝偻 叩首
手忙脚乱 手舞足蹈 守口如瓶 踌躇不前 愁眉不展

句段练习：

一只猴牵着只狗，坐在油篓边上喝点酒，猴喝酒还就着藕，狗啃骨头也啃油篓。

ia 舌位由高到低，口腔逐渐打开，上排牙齿抬起，软腭挺起，嘴角向上咧开，唇形展开。

家 掐 虾 俩 哑 加价 恰恰 下车 下架
驾轻就熟 掐头去尾 恰如其分 侠肝义胆 价值连城

句段练习：

更深月色半人家，北斗阑干南斗斜。今日偏知春气暖，虫声新透绿窗纱。

ie 舌位由高下滑至半高，口腔逐渐打开，唇形展开，软腭挺起。

铁 别 爹 列 洁 姐姐 谢谢 贴切 结节 节烈

铁面无私 喋喋不休 借题发挥 切磋琢磨 解甲归田

句段练习：

寒蝉凄切，对长亭晚，骤雨初歇。都门帐饮无绪，留恋处，兰舟催发。执手相看泪眼，竟无语凝噎。念去去，千里烟波，暮霭沉沉楚天阔。

多情自古伤离别，更那堪，冷落清秋节！今宵酒醒何处？杨柳岸，晓风残月。此去经年，应是良辰好景虚设。便纵有千种风情，更与何人说？

ua 舌位由高到低，唇形逐渐由圆逐步展开，口腔逐渐打开，软腭挺起。

花 蛙 耍 划 娃娃 挂画 耍滑 夸奖 化妆

画龙点睛 华而不实 花好月圆 哗众取宠 画饼充饥

句段练习：

我相信了你编写的童话，自己就成了童话中幽蓝的花。

uo 唇形始终为圆唇，开始时唇形收缩稍紧，收尾时唇形开度稍加大。口腔开度由闭到半闭，舌位由后高下滑到后半高。

多 罗 说 郭 着落 哆嗦 过错 蹉跎 硕果 骆驼

脱颖而出 落落大方 咄咄逼人 络绎不绝 绰绰有余

句段练习：

春如旧，人空瘦。泪痕红浥鲛绡透。桃花落，闲池阁。山盟虽在，锦书难托。莫、莫、莫！

üe 唇形由圆唇逐渐展开，舌位由前高下滑到前半低，舌位动程较窄。

缺 雪 月 决 乐章 悦耳 月亮 雀跃 月缺

绝无仅有 雪上加霜 血气方刚 绝路逢生 略胜一筹

句段练习：

梅雪争春未肯降，骚人阁笔费评章。梅须逊雪三分白，雪却输梅一段香。

第一部分：字词训练教程

iao 舌位由前高 i 向下滑到 a，再由低升到后半高 o。唇形由不圆唇到圆唇，口腔开度由闭到开到闭，软腭挺起。

飘 小 笑 巧妙 吊桥 疗效 苗条 逍遥 脚镣 叫嚣

摇摇欲坠 焦头烂额 脚踏实地 咬文嚼字 调兵遣将

句段练习：

青山隐隐水迢迢，秋尽江南草木凋。二十四桥明月夜，玉人何处教吹箫。

iou 唇形逐渐拢圆，舌位由前高上升到后高，软腭挺起。

丢 秀 球 牛 舅 悠久 优秀 牛油 妞妞 久留

流言蜚语 求全责备 游刃有余 朽木粪土 救死扶伤

句段练习：

一葫芦酒，九两六；一葫芦油，六两九。六两九的油，要换九两六的酒；九两六的酒，不换六两九的油。

uai 舌位由后到前，由高到低再到高，曲折幅度大。唇形由圆唇逐渐变为展唇，口腔开度逐渐打开。

快 拐 坏 揣 怀揣 摔坏 淮海 乖乖 快拽

歪风邪气 怀才不遇 衰朽残年 脍炙人口 拐弯抹角

句段练习：

槐树槐，槐树槐，槐树底下搭戏台。人家的姑娘都来了，我家的姑娘还没来。说着说着就来了，骑着驴，打着伞，歪着脑袋上戏台。

uei 舌位由后高元音向前向下滑至前半高元音，再向前高元音 i 的位置滑升。唇形由拢圆到展开。

规 吹 锤 虽 嘴 回归 翠微 会徽 追随

归心似箭 绘声绘色 危在旦夕 微乎其微 摧枯拉朽

句段练习：

威威、伟伟和卫卫，拿着水杯去接水。威威让伟伟，伟伟让卫卫，卫卫让威威，没人先接水。

an 起点元音为 a，舌面逐渐升高，舌面前部贴向硬腭前部。当两者将要接触时，软腭下降，鼻腔通路打开。紧接着舌面前部与硬腭前部闭合，口腔中受阻气流由鼻腔透出。口腔开度由开到闭，舌位动程较大。

山　满　餐　展览　感染　谈判　汗衫　漫谈　反叛

返璞归真　漫山遍野　万紫千红　汗牛充栋　三言两语

句段练习：

蓝天蓝，蓝天蓝，白云点点牛羊见。曲曲弯弯溪清浅，一线牵连挂天边。

en 起点元音是央元音 e，舌面升高，舌面前部贴向硬腭前部。两者将要接触时，软腭下降，鼻腔通路打开。紧接着舌面前部与硬腭前部闭合，口腔中受阻气流由鼻腔透出。口腔开度由开到闭，舌位动程较小。

本　阵　肯　恩　深沉　认真　振奋　根本　愤恨　人参

分门别类　奋不顾身　沉鱼落雁　纷至沓来　笨口拙舌

句段练习：

山上青松根连根，各族人民心连心；根连根、心连心，建设祖国一股劲。

in 起点元音是前高不圆唇元音 i，舌面升高，舌面前部贴向硬腭前部。当两者将要接触时，软腭下降，鼻腔通路打开。紧接着，舌面前部与硬腭前部闭合，口腔中受阻气流由鼻腔透出。口腔开度闭，几乎没有变化，舌位动程很小。

音　民　您　拼　信心　音信　临近　尽心　辛勤　贫民

饮水思源　彬彬有礼　近水楼台　宾至如归　隐姓埋名

句段练习：

不受尘埃半点侵，竹篱茅舍自甘心。只因误识林和靖，惹得诗人说到今。

ün 起点元音是前高圆唇元音 ü，与 in 的发音过程相似，只是唇形变化不同。ün 从前高元音 ü 开始，唇形稍展开，而 in 唇形始终是展唇。展唇应在接续鼻尾音 n 时开始，而不能由 ü 开始展唇到 i 再接续鼻尾音。

晕　群　韵　军　均匀　云雀　功勋　军训　循循

群策群力　运用自如　训练有素　循序渐进　寻章摘句

句段练习：

蓝天上是片片白云，草原上是银色的羊群。近处看，这是羊群，那是白云；远处看，分不清哪是白云，哪是羊群。

uan 起点元音为后高元音 u，舌位向前向下滑向前 a，过程中，口腔开度由合渐开，唇形由圆渐展，舌位到前 a 后紧接着升高，接续鼻尾音 n。实际发音，等于在 an 前面加上一段由后高元音 u 开始的动程。

弯　关　算　栾　端　贯穿　婉转　轮换　乱窜　宦官
欢天喜地　川流不息　关怀备至　冠冕堂皇　宽宏大量

句段练习：

河里有只船，船上挂白帆。风吹帆张船向前，无风帆落停下船。

uen 起点元音为高圆唇元音 u，舌位向央元音 e 滑动，随后舌位升高接续鼻尾音 n，其间唇形由圆渐展。实际发音，等于在 en 前面加上一段由后高元音 u 开始的动程。

温　轮　昏　顿　唇　温顺　昆仑　论文　春笋　谆谆
混淆视听　滚瓜烂熟　稳扎稳打　魂飞胆裂　寸草春晖

句段练习：

初春时节访新村，喜看新村处处春。村前整地做秧床，村后耕田除草忙。出村来到耕山队，林木茂盛果实壮。

üan 起点元音为前高圆唇元音 ü，舌位向前 a 方向滑动，过程中唇形由圆渐展，接续鼻尾音 n。实际发音，等于在 an 的前面加上一段由前高元音 ü 开始的动程。

全　宣　劝　卷　源泉　全权　宣传　圆圈　轩辕
全力以赴　怨天尤人　原封不动　玄之又玄　旋乾转坤

句段练习：

男演员女演员，同台演戏说方言，男演员说吴方言，女演员说闽南言。男演员演远东旅行飞行员，女演员演鲁迅文学研究员。研究员、飞行员、吴方言、闽南言，你说男女演员演得全不全。

ian 起点元音为前高元音 i，舌位降低向前 a 方向滑动，但没有完全降到 a

就开始升高，直到舌面前部贴向硬腭前部形成鼻音 n。实际发音，等于在 an 前面加上一段由前高元音 i 开始的动程。

边沿　变迁　天年　年鉴　片面　牵念　眼线　棉田　浅见

句段练习：

田建贤前天从前线回到家乡田家店。只见家乡变化万千，繁荣景象出现在眼前。连绵不断的青山，一望无际的棉田，新房连成一片，高压电线通向天边。

`ang` 起点元音是后 a，舌根抬起，贴近软腭时，软腭下降，鼻腔通路打开。紧接着舌根与软腭接触，关闭口腔通路，气流从鼻腔透出。

旁　方　康　绑　商场　帮忙　昂扬　沧桑　党章
畅所欲言　昂首阔步　膀大腰圆　纲举目张　莽莽群山

句段练习：

小光和小刚，抬着水桶上岗。上山岗，歇歇凉，拿起竹竿玩打仗。乒乒乒，乓乓乓，打来打去砸了缸。小光怪小刚，小刚怪小光，小光小刚都怪竹竿和水缸。

`iang` 起点元音为前高元音 i，舌位向后向下滑向后 a，紧接着舌位升高，接续鼻尾音 ng。实际发音等于在 ang 前面加一段由前高元音 i 开始的动程。

央　腔　阳　香　想象　亮相　湘江　两样　强将　将相
江河日下　两全其美　量入为出　想入非非　枪林弹雨

句段练习：

长江里船帆帆布黄，船舱里放着一张床，床上躺着两位老大娘，她俩亲亲热热唠家常。

`uang` 起点元音为后高圆唇元音 u，舌位下降到后 a，其间唇形由圆渐展，紧接着舌位升高，接续鼻尾音 ng。实际发音等于在 ang 前面加一段由后高元音 u 开始的动程。

汪　逛　双　慌　状况　光芒　汪洋　双簧　狂妄　网状
狂风暴雨　望尘莫及　狂风恶浪　亡羊补牢　窗明几净

句段练习：

清晨帘幕卷轻霜，呵手试梅妆。都缘自有离恨，故画作远山长。思往事，惜流芳，易成伤。拟歌先敛，欲笑还颦，最断人肠。

`eng` 起点元音是后半高不圆唇元音 e，舌根抬起，贴向软腭，当两者将要接触时，软腭下降，鼻腔通路打开，紧接着舌根与软腭接触，关闭口腔通路，受阻气流从鼻腔透出。

崩　风　能　省　增　猛增　鹏程　乘风　声称　更正
声情并茂　冷若冰霜　风花雪月　瞠目结舌　登峰造极

句段练习：

人人听到风声猛，人人都说天很冷。冬天的冷风真正猛。真冷，真正冷，猛的一阵风更冷。

`ueng` 起点元音为后高圆唇元音 u，舌位向下滑动降到比后半高元音 e 稍靠前、略低的位置，其间唇形由圆渐展，紧接着舌位升高，接续鼻尾音 ng。实际发音，等于在 eng 前面加一段由后高元音 u 开始的动程。

翁　嗡　瓮　渔翁　老翁　水瓮　嗡嗡　瓮中捉鳖

句段练习：

小蜜蜂，嗡嗡叫，吵得老翁心烦躁，喝口水瓮里的清泉水，心情变舒畅。

`ong` 起点元音是比后高圆唇元音 u 舌位略低的 o，舌尖离开下齿背，舌后缩，舌根稍隆起，贴向软腭，当两者将要接触时，软腭下降，鼻腔通路打开，紧接着舌根与软腭接触，关闭口腔通路，受阻气流从鼻腔透出。唇形始终拢圆，变化不明显。

工　空　孔　龙　隆冬　共同　洪钟　浓重　龙宫
洪水猛兽　公而忘私　功德无量　戎马生涯　烘云托月

句段练习：

东洞庭，西洞庭，洞庭山上一根藤，藤条头上挂铜铃。风起藤动铜铃响，风停藤定铜铃静。

`iong` 起点元音为前高元音 i，但由于后面圆唇元音的影响，i 也带上圆唇动作。舌位向后移动，略有下降，紧接着舌位升高，接续鼻尾音 ng。实际发音，等于在 ong 前面加一段由前高元音 i 开始的动程。

拥　雄　勇　琼　熊熊　胸膛　雄壮　炯炯　汹涌
永垂不朽　雍容华贵　勇往直前　汹涌澎湃　用兵如神

句段练习：

冲冲栽了十畦葱，松松栽了十棵松。冲冲说栽松不如栽葱，松松说栽葱不如栽。是栽松不如栽葱，还是栽葱不如栽松？

ing 起点元音是前高不圆唇元音i，由i开始舌位不降低一直后移，同时舌尖离开下齿背，舌根稍微抬起，贴向软腭，当两者将要接触时，软腭下降，鼻腔通路打开，紧接着舌根与软腭接触，关闭口腔通路，受阻气流由鼻腔透出。

行　评　静　鹰　饼　影星　清醒　经营　精英　情景　叮咛

精益求精　酩酊大醉　窗明几净　性命攸关　并行不悖

句段练习：

春风送暖化冰层，黄河上游漂冰凌。水中冰凌碰冰凌，集成冰坝出险情。人民空军为人民，飞来银鹰炸冰凌。银鹰轰鸣黄河唱，爱民歌声震长空。

三、前后鼻音字词、绕口令训练

烂漫——浪漫　反问——访问　赞颂——葬送

开饭——开放　担心——当心　施展——师长

陈旧——成就　真理——争理　诊治——整治

长针——长征　粉刺——讽刺　绅士——声势

亲生——轻声　金质——精致　人民——人名

弹琴——谈情　进攻——静功　频繁——平凡

in、ing

1. 天上有银星，星旁有阴云，阴云要遮银星，银星躲过阴云，不让阴云遮银星。

2. 同姓不能念成通信，通信也不能念成同姓，同姓可以互相通信，通信可不一定同姓。

en、eng

1. 真冷，真正冷，猛的一阵风更冷。

2. 老彭拿着一个盆，路过老陈住的棚。盆碰棚，棚碰盆，棚倒盆碎棚压盆，老陈要赔老彭的盆，老彭不要老陈来赔盆。老陈陪着老彭去补盆，老彭帮着老陈来修棚。

第三单元：声调

一、声调的发音规则

阴平 高平调（55）。声音基本高而平，由5度到5度。

阳平 高升调（35）。声音由中高音升到高音，由3度到5度，发好阳平关键在于起调要保持较高，升高时要直接上升不要拐弯儿曲线上升。

上声 降升调（214）。发音时由半低起调，先降到最低，然后再升到半高音。

去声 全降调（51）。发音时，声音由高音降到最低，由5度降到1度。发好去声的关键在于起调要高，迅速下降；要干脆，不能拖沓。

二、五度标记法

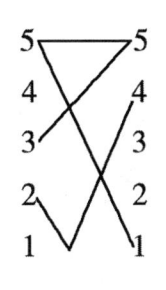

阴平55 八
阳平35 拔
上声214 把
去声51 爸

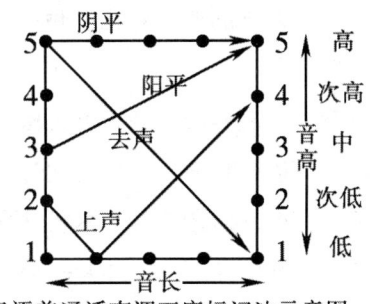

汉语普通话声调五度标记法示意图

三、字词练习

巴　拔　把　罢　　　坡　婆　叵　破
猫　毛　卯　帽　　　方　房　访　放
低　敌　底　弟　　　通　同　统　痛
妞　牛　扭　拗　　　撩　聊　了　料

课据	可举	咳居	科居	故汉	古喊	骨含	姑酗
向秤	想逞	局祥	居香	汉庆	喊请	含情	酗青
入菜	汝采	成如	称—	智甚	指沈	值神	只申
败费	摆匪	才白	猜掰	做岁	左髓	昨随	作虽
		肥	飞	泡	跑	刨	抛

中国	发言	新闻	班车	发声	播音
欢乐	音乐	播送	方法	歌舞	听讲
吉祥	人民	儿童	南方	联欢	国歌
球赛	辽阔	豪迈	民主	泉水	黄海
起航	朗读	语言	广播	掌声	北京
讲课	写作	访问	广场	北海	古典
调查	要闻	电台	卫星	贵宾	象征
再见	配乐	祝愿	历史	外语	剧本

高原广阔	山河美丽	花红柳绿	天然宝藏
千锤百炼	高扬转降	大好河山	一马平川
调虎离山	细雨和风	四海为家	趁此良机
高瞻远瞩	暴风骤雨	排山倒海	鹏程万里
舍生忘死	生龙活虎	名不虚传	斗志昂扬
力挽狂澜	继往开来	咫尺天涯	如火如荼
肃然起敬	山水相连	呼风唤雨	

四、阴平声训练

题菊花

黄巢

飒飒西风满院栽。

蕊寒香冷蝶难来。

他年我若为青帝，
报与桃花一处开。

五、 阳平声训练

黄鹤楼送孟浩然之广陵
李白

故人西辞黄鹤楼，
烟花三月下扬州。
孤帆远影碧空尽，
唯见长江天际流。

六、 上声训练

幸福在哪里

　　幸福在哪里，朋友啊，告诉你。她不在柳荫下，也不在温室里。她在辛勤的工作中，她在艰苦的劳动里。啊！幸福就在你晶莹的汗水里。

　　幸福在哪里，朋友啊，告诉你。她不在月光下，也不在睡梦里。她在精心的耕耘中，她在知识的宝库里。啊！幸福就在你闪光的智慧里。

七、 去声训练

如梦令·元旦
毛泽东

宁化、清流、归化，路隘林深苔滑。
近日向何方，直指武夷山下。山下山下，风展红旗如画。

第四单元：音变

一、轻声

（一）何谓轻声？

　　普通话的每个音节都有它的声调，可是在句子里有些音节常常失去了原有的声调而念成较轻、较短的调子，叫作轻声。

（二）如何读对不同声调后的轻声？

1. 轻声在阴平、阳平后面读中调（3度）

棉花　风筝　高粱　结实　窗户

生日　先生　知识　糊涂　功夫

2. 轻声在上声后面读半高调（4度）

老实　嘱咐　体面　指望　考究　恍惚

首饰　起来　点心　本事　稳当　买卖

3. 轻声在去声后面读低调（1度）

教训　冒失　吓唬　告诉　应酬　力量

费用　那么　相声　态度　故事　太阳

（三）语法规则下的轻声变化规律

1. 语气词"吧、吗、呢、啊"轻读

如：去吧！走吗？怎么呢？说啊！唱吧，跳吧，干什么呢？一起玩啊！

2. 助词"的、地、得、着、了、们"轻读

如：我的、慢慢的、好得很、拿着、走了

例句：男女老幼喊着叫着，狂跑着，拥挤着，争吵着，砸门的砸门，喊叫的喊叫。

3. 名词后缀：子、儿、头

如：桌子、女儿、后头

例句：这头牛个儿大，膘肥，四条腿像木头柱子似的。

4. 量词：个

如：三个

例句：随着一声招呼，十几个汉子应声而出。

5. 方位词

如：家里、桌上、地下

例句：锅里的水吱吱地响，老大娘屋里屋外地忙。

朔方的雪花在纷飞之后，却永远如粉如沙，它们绝不粘连，撒在屋上，地上，枯草上，就是这样。

6. 趋向动词

如：回来、出去、跑出来、走进去

例句：什么时候回来的？该出去玩玩就去跑跑跳跳去。

7. 重叠动词末一个音节

如：看看、说说、写写

例句：小丫头一刻也闲不住，一会儿写写，一会儿画画，一会儿看看，一会儿说说，过一会儿再唱唱。

8. 做宾语的人称代词

如：请你、叫他

例句：请她过来一下，好吗？

9. 叠字名词和重叠名词不一样，叠字名词第二个音节读轻声，如：爸爸，妈妈，姐姐。重叠名词一定不能读轻声，如：家家户户，老老小小。

（四）句段练习

练习一：

　　老憨憨田二不会知道叫他来做什么，当然也不可能弄清楚眼前发生了什么事。他看见这么多人在一起，只觉得热闹极了，于是便兴奋地走出这个"阶级敌人"的行列，两条胳膊胡乱舞着，嘴角挂着通常那丝神秘的微笑，嘟囔说："世事要变了！世事要变了……"他的话淹没在一片笑声中。那个扛枪的民兵硬把他拉到原来站的地方，并且对这个气焰张狂的老汉吼叫说："老老实实站好！"

　　站好就站好。田二笑嘻嘻地回到队列里，戴破毡帽的头转来转去，东看看，西瞅瞅。至于为什么让他站在这里，他当然不管。反正有人让他站在这里，就站在这里。对他来说，站在这里和站在别的地方有什么区别呢？

（节选自《平凡的世界》）

练习二：

一道黑，两道黑，三四五六七道黑，八道九道黑十道黑。

我买了一个烟袋乌木杆儿，我是掐着它的两头那么一道黑。

二姑娘描眉去演戏，照着她的镜子那么两道黑。

粉皮儿墙，写川字儿，横瞧竖瞧三道黑。

象牙桌子乌木腿儿，把它放着在那炕上那么四道黑。

我买了个母鸡不下蛋，把它圈在那个笼里捂到黑。

挺好的骡子不吃草，把它拉到在那街上遛到黑。

买了头小驴儿不拉磨，背上它的鞍鞯骑到黑。

姐俩南洼去割麦，丢了她的镰刀拔到黑。

月窠儿的小孩儿子得了病，团几个艾球灸到黑。

卖瓜籽的打瞌睡，哗啦啦啦撒了那么一大堆，

他的扫帚簸箕不凑手，那么一个一个地拾到黑。

（《十道黑》）

二、儿化韵

（一）何谓儿化韵？

儿化韵是普通话和某些汉语方言中的一种语音现象，即后缀"儿"字不自成音节，而同前面的音节合在一起，使前一音节的韵母成为卷舌韵母。例如"点儿"不是发成两个音节，而是发成一个音节 diǎnr。

在发儿化韵的时候，舌头要完成"不卷舌→卷舌"的过程变化，即一边发音、一边卷舌。

（二）如何读对不同韵母后的儿化韵？

a→ar

刀把儿 dāo bàr　　号码儿 hào mǎr　　戏法儿 xì fǎr

ai→ar

在哪儿 zài nǎr　　找碴儿 zhǎo chár　　打杂儿 dǎ zár　　板擦儿 bǎn cār

名牌儿 míng páir　　鞋带儿 xié dàir　　壶盖儿 hú gàir　　小孩儿 xiǎo háir

加塞儿 jiā sāir

an→ar

快板儿 kuài bǎnr　　老伴儿 lǎo bànr　　蒜瓣儿 suàn bànr　　脸盘儿 liǎn pánr

脸蛋儿 liǎn dànr　　收摊儿 shōu tānr　　栅栏儿 zhà lánr　　包干儿 bāo gānr

笔杆儿 bǐ gǎnr　　门槛儿 mén kǎnr

ang→ar（鼻化）

药方儿 yào fāngr　　赶趟儿 gǎn tàngr　　香肠儿 xiāng chángr

瓜瓤儿 guā rángr

ia→iar

掉价儿 diào jiàr　　一下儿 yí xiàr　　豆芽儿 dòu yár

ian→iar

小辫儿 xiǎo biànr　　照片儿 zhào piānr　　扇面儿 shàn miànr

差点儿 chà diǎnr　　一点儿 yì diǎnr　　雨点儿 yǔ diǎnr

聊天儿 liáo tiānr　　拉链儿 lā liànr　　冒尖儿 mào jiānr

坎肩儿 kǎn jiānr　　牙签儿 yá qiānr　　露馅儿 lòu xiànr

心眼儿 xīn yǎnr

iang→iar（鼻化）

鼻梁儿 bí liángr　　透亮儿 tòu liàngr　　花样儿 huā yàngr

ua→uar

脑瓜儿 nǎo guār　　大褂儿 dà guàr　　麻花儿 má huār

笑话儿 xiào huar　　牙刷儿 yá shuār

uai→uar

一块儿 yí kuàir

uan→uar

茶馆儿 chá guǎnr　　饭馆儿 fàn guǎnr　　火罐儿 huǒ guànr

落款儿 luò kuǎnr　　打转儿 dǎ zhuànr　　拐弯儿 guǎi wānr

好玩儿 hǎo wánr　　　　大腕儿 dà wànr

uang→uar（鼻化）

蛋黄儿 dàn huángr　　　打晃儿 dǎ huàngr　　　天窗儿 tiān chuāngr

üan→üar

烟卷儿 yān juǎnr　　　　手绢儿 shǒu juànr
出圈儿 chū quānr　　　　包圆儿 bāo yuánr
人缘儿 rén yuánr　　　　绕远儿 rào yuǎnr　　　杂院儿 zá yuànr

ei→er

刀背儿 dāo bèir　　　　　摸黑儿 mō hēir

en→er

老本儿 lǎo běnr　　　　　花盆儿 huā pénr　　　　嗓门儿 sǎng ménr
把门儿 bǎ ménr　　　　　哥们儿 gē menr　　　　纳闷儿 nà mènr
后跟儿 hòu gēnr　　　　　高跟儿鞋 gāo gēnr xié　别针儿 bié zhēnr
一阵儿 yí zhènr　　　　　走神儿 zǒu shénr　　　大婶儿 dà shěnr
小人儿书 xiǎo rénr shū　 杏仁儿 xìng rénr　　　　刀刃儿 dāo rènr

eng→er（鼻化）

钢镚儿 gāng bèngr　　　　夹缝儿 jiā fèngr　　　　脖颈儿 bó gěngr
提成儿 tí chéngr

ie→ier

半截儿 bàn jiér　　　　　小鞋儿 xiǎo xiér

üe→üer

旦角儿 dàn juér　　　　　主角儿 zhǔ juér

uei→uer

跑腿儿 pǎo tuǐr　　　　　一会儿 yí huìr　　　　　耳垂儿 ěr chuír
墨水儿 mò shuǐr　　　　　围嘴儿 wéi zuǐr　　　　　走味儿 zǒu wèir

uen→uer

打盹儿 dǎ dǔnr　　　　　胖墩儿 pàng dūnr　　　　砂轮儿 shā lúnr
冰棍儿 bīng gùnr　　　　没准儿 méi zhǔnr　　　　开春儿 kāi chūnr

ueng→uer（鼻化）　*
小瓮儿 xiǎo wèngr

-i（前）→er
瓜子儿 guā zǐr　　　石子儿 shí zǐr　　　没词儿 méi cír
挑刺儿 tiāo cìr

-i（后）→er
墨汁儿 mò zhīr　　　锯齿儿 jù chǐr　　　记事儿 jì shìr

i→i：er
针鼻儿 zhēn bír　　　垫底儿 diàn dǐr　　　肚脐儿 dù qír
玩意儿 wán yìr

in→i：er
有劲儿 yǒu jìnr　　　送信儿 sòng xìnr　　　脚印儿 jiǎo yìnr

ing→i：er（鼻化）
花瓶儿 huā píngr　　　打鸣儿 dǎ míngr　　　图钉儿 tú dīngr
门铃儿 mén língr　　　眼镜儿 yǎn jìngr　　　蛋清儿 dàn qīngr
火星儿 huǒ xīngr　　　人影儿 rén yǐngr

ü→ü：er
毛驴儿 máo lǘr　　　小曲儿 xiǎo qǔr　　　痰盂儿 tán yúr

üe→ü：er
合群儿 hé qúnr

e→er
模特儿 mó tèr　　　逗乐儿 dòu lèr　　　唱歌儿 chàng gēr
挨个儿 āi gèr　　　打嗝儿 dǎ gér　　　饭盒儿 fàn hér
在这儿 zài zhèr

u→ur
碎步儿 suì bùr　　　没谱儿 méi pǔr　　　儿媳妇儿 ér xí fur
梨核儿 lí húr　　　泪珠儿 lèi zhūr　　　有数儿 yǒu shùr

ong→or（鼻化）
果冻儿 guǒ dòngr　　　门洞儿 mén dòngr　　　胡同儿 hú tòngr

抽空儿 chōu kòngr　　酒盅儿 jiǔ zhōngr　　小葱儿 xiǎo cōngr

iong→ior（鼻化）*

小熊儿 xiǎo xióngr

ao→aor

红包儿 hóng bāor　　灯泡儿 dēng pàor　　半道儿 bàn dàor
手套儿 shǒu tàor　　跳高儿 tiào gāor　　叫好儿 jiào hǎor
口罩儿 kǒu zhàor　　绝着儿 jué zhāor　　口哨儿 kǒu shàor
蜜枣儿 mì zǎor

iao→iaor

鱼漂儿 yú piāor　　火苗儿 huǒ miáor　　跑调儿 pǎo diàor
面条儿 miàn tiáor　　豆角儿 dòu jiǎor　　开窍儿 kāi qiàor

ou→our

衣兜儿 yī dōur　　老头儿 lǎo tóur　　年头儿 nián tóur
小偷儿 xiǎo tōur　　门口儿 mén kǒur　　纽扣儿 niǔ kòur
线轴儿 xiàn zhóur　　小丑儿 xiǎo chǒur　　加油儿 jiā yóur

iou→iour

顶牛儿 dǐng niúr　　抓阄儿 zhuā jiūr　　棉球儿 mián qiúr

uo→uor

火锅儿 huǒ guōr　　做活儿 zuò huór　　大伙儿 dà huǒr
邮戳儿 yóu chuōr　　小说儿 xiǎo shuōr　　被窝儿 bèi wōr

(o)→or

耳膜儿 ěr mór　　粉末儿 fěn mòr

（三）句段练习

山坡儿	浪花儿	台阶儿	带头儿
没错儿	豆芽儿	半截儿	白兔儿
小孩儿	一块儿	窗台儿	宝贝儿
鞋带儿	土堆儿	摸黑儿	小鬼儿
大嗓儿	电影儿	胡同儿	小虫儿
相框儿	鼻梁儿	药方儿	板凳儿

小米儿　　玩意儿　　饭粒儿　　毛驴儿

写字儿　　小刺儿　　树枝儿　　没事儿

　　进了门儿，倒杯水儿，喝了两口运运气儿。顺手拿起小唱本儿，唱一曲儿，又一曲儿，练完了嗓子我练嘴皮儿，绕口令儿，练字音儿，还有单弦儿牌子曲儿，小快板儿，大鼓词儿，越说越唱我越带劲儿

三、"上声""一、不""啊"的音变

（一）何谓音变

　　在语流中，由于受到相邻音节的相邻音素的影响，一些音节中的声母、韵母或声调会发生语音的变化，我们称之为语流音变。

（二）上声变调

　　"上声"的变调规律：连续两个上声连在一起，前面的上声变为阳平，即两个三声连在一起，前面的三声读二声；上声与非上声连在一起的时候，上声要变为半上；连续三个上声连在一起有两种变化，具体规则见示例。

1. 上声在阴平、阳平、去声前变成半上，即"214"→"211"。

上阴　　水乡　　许多　　始终　　指标

上阳　　主持　　好评　　演员　　首席

上去　　坦率　　感谢　　稿件　　舞剧

2. 上声在上声前变为阳平。

上上　　友好　　保险　　只好　　赶紧

3. 三个上声连续，当词语的结构是双单格时，前两个变直上（24）。

手写体　　214　214　214 ⟶ 24　24　214

展览馆　　214　214　214 ⟶ 24　24　214

管理组　　214　214　214 ⟶ 24　24　214

4. 三个上声连续，当词语的结构是单双格，且开头音节处在被强调的逻辑重音时读作半上（211），第二音节仍读直上（24）。

老首长　　214　214　214 ⟶ 211　24　214

海产品　　214　214　214 ⟶ 211　24　214

纸老虎　　214　214　214 ⟶ 211　24　214

(三) "一、不"变调

"一"的变调规律:"一"在去声前变阳平、非去声前变去声、作为序数词时不变,即"一"在四声前读二声、在一声/二声/三声前读四声、作为序数词时读一声。

"不"的变调规律:"不"在去声前变阳平、非去声前不变,即"不"在四声前读二声,在一声/二声/三声前不变。

1. 词语练习

一模一样　　一朝一夕　　一丝不苟　　一心一意
一问一答　　一张一弛　　一起一落　　一左一右
不卑不亢　　不折不扣　　不可一世　　不慌不忙
不三不四　　不清不楚　　不言不语　　不伦不类

2. 句段练习

(1) 一帆一桨一叶舟,一个渔翁一钓钩。

一俯一仰一顿笑,一江明月一江秋。

(2) 早晨躺在床上睡懒觉,起得床来仍是懒洋洋的不事整洁,能拖到明天做的事今天不做,能推给别人做的事自己不做,不懂的事情不想懂,不会做的事不想学,无意把事情做得更好,无意把成果扩展得更多,耽好逸乐,四体不勤,念念不忘的是如何过周末如何度假期。这就是一个标准懒汉的写照。

勤的积极意义是要人进德修业,不但不同于草木,也有异于禽兽,称为名副其实的万物之灵。

(四) 语气词"啊"的音变

1. 一句话开头念"a",单独使用也读"a"音。

(1) ā——阴平调　　啊,好好干!

(2) á——阳平调　　啊,你怎么说出这样的话?

(3) ǎ——上声调　　啊,大点儿声,我听不见哪!

(4) à——去声调　　啊,我明白了。

2. "啊"前面音节的韵母或韵母的尾音是 a＼uo＼o＼e＼ê＼i＼ü 时，一般发"ya"音。

（1）他啊！（ta—ya）

（2）你快说啊！（shuo—ya）

（3）必须先把敌人的碉堡攻破啊！（po—ya）

（4）你说什么啊！（me—ya）

（5）你写啊！（xie—ya）

（6）提高警惕啊！（ti—ya）

（7）快回去啊！（qu—ya）

3. "啊"前面的韵母或韵母的尾音是"n"时，一般发"na"音。

（1）这件事可不简单啊！（dan—na）

（2）你要小心啊。（xin—na）

4. "啊"前面音节的韵母或韵母的尾音是"ng"时，一般发"nga"。

（1）今天好大的浪啊！（lang—nga）

（2）这几天可真冷啊！（leng—nga）

（3）大家一起唱啊！（chang—nga）

（4）可是总得有些相称才成啊！（cheng—nga）

5. "啊"前面音节的韵母或韵母的尾音是 ao＼u 时，一般发 ua 音。

（1）我们的生活多么美好啊！（hao—ua）

（2）你还想要啊。（iao—ua）

（3）谁在打鼓啊！（gu—ua）

6. "啊"前面音节的韵母或韵尾是 -i（后）、r、er（包括儿化韵）时，一般发 ra 音。

（1）你有什么事啊！（shi—ra）

（2）你倒是吃啊！（chi—ra）

（3）没有什么过不去的，你要想开点儿啊！（er—ra）

7. "啊"前面的韵母是 -i（前）时，一般发［za］（za 是国际音标）。

（1）你去过北京几次啊！（ci—za）

（2）这是谁写的字啊！（zi—za）

8. 综合练习。

（1）幼儿园这些孩子啊（zi—za）

会唱会跳真可爱啊（ai—ya）

大家都来看啊（kan—na）

他们玩得多高兴啊（xing—nga）

有的孩子在朗读诗啊（shi—ra）

有的孩子在画画啊（hua—ya）

这些孩子又是唱啊（chang—nga）

又是跑又是跳啊（tiao—ua）

啊（a）！他们是多么幸福啊（fu—ua）

（2）他高兴得不知说什么好啊！他觉得生活多么有意思啊！太阳多么红啊！天多么蓝啊！庄稼人多么可爱啊！他心里产生了强烈的探索欲望。

第五单元：词的轻重格式发音训练

扫码听范读

　　双音节或多音节的各个音节有着约定俗成的轻重强弱差别，称为词的轻重格式。我们将短而弱的音节称为轻，长而强的音节称为重，介于二者之间的称为中。

1. 中重格式

日常　打通　领域　当代　初绿　黄金　假如　演化

2. 重中格式

经验　视觉　颜色　温度　声音　形象　重量　性质

3. 重轻格式

清楚　唠叨　力气　痛快　喉咙　荤腥　筷子　抱负

4. 中中重

播音员　收音机　天安门　东方红　展览馆　共产党　芭蕾舞

5. 中重轻

命根子　枪杆子　吊嗓子　卖关子　老头子　胡萝卜　牛脾气

6. 中轻重

保不齐　备不住　吃不消　大不了　动不动　对不起　生意经

7. 中重中重

丰衣足食　日积月累　心平气和　五光十色　年富力强

8. 中轻中重

社会主义　化学工业　巴黎公社　南京大学　高高兴兴

9. 重中中重

惨不忍睹　义不容辞　一扫而空　敬而远之　诸如此类

第二部分
短文朗读训练教程

说 明

1. 60篇朗读作品供普通话水平测试第三项——朗读短文测试使用。为适应测试需要，必要时对原作品做了部分改动。60篇作品全部从国家《普通话水平测试实施纲要》中的"普通话水平测试用朗读作品"照录，作品顺序也保持一致。

2. 每篇作品采用汉字和汉语拼音对照的方式编排。

3. 每篇作品在第400个音节后用"//"标注。测试时读到有"//"的句子的末尾即可。

4. "一""不"和"啊"的注音按照在句子中的实际读法标注，如"一定 yí dìng""不对 bú duì""唱啊唱 chàng nga chàng"。上声的注音只标本调，不标变调。

5. 作品中的必读轻声音节，注音不标调号，比如"怎么 zěn me"。一般轻读、偶尔（间或）重读的音节，标注调号，并在前面加一个圆点提示，比如"父亲 fù·qīn""已经 yǐ·jīng"。此类音节如重读则语感生硬、不自然，影响普通话的语音面貌，所以也要读轻声。

6. 作品中儿化音节分两种情况。一是书面上有"儿"，注音时在基本形式后加 r，如"小孩儿"，拼音为"xiǎo háir"；二是书面上没有"儿"，但口语中一般儿化的音节，注音时也在基本形式后加 r，如"胡同"，拼音为"hú tòngr"。

作品1号： 白杨礼赞

扫码听范读

　　那是力争上游的一种树，笔直的干，笔直的枝。它的干呢，通常是丈把高，像是加以人工似的，一丈以内，绝无旁枝；它所有的丫枝呢，一律向上，而且紧紧靠拢，也像是加以人工似的，成为一束，绝无横斜逸出；它的宽大的叶子也是片片向上，几乎没有斜生的，更不用说倒垂了；它的皮，光滑而有银色的晕圈，微微泛出淡青色。这是虽在北方的风雪的压迫下却保持着倔强挺立的一种树！哪怕只有碗来粗细罢，它却努力向上发展，高到丈许，两丈，参天耸立，不折不挠，对抗着西北风。

　　这就是白杨树，西北极普通的一种树，然而决不是平凡的树！

　　它没有婆娑的姿态，没有屈曲盘旋的虬枝，也许你要说它不美丽，——如果美是专指"婆娑"或"横斜逸出"之类而言，那么，白杨树算不得树中的好女子；但是它却是伟岸，正直，朴质，严肃，也不缺乏温和，更不用提它的坚强不屈与挺拔，它是树中的伟丈夫！当你在积雪初融的高原上走过，看见平坦的大地上傲然挺立这么一株或一排白杨树，难道你就只觉得树只是树，难道你就不想到它的朴质，严肃，坚强不屈，至少也象征了北方的农民；难道你竟一点儿也不联想到，在敌后的广大//土地上，到处有坚强不屈，就像这白杨树一样傲然挺立的守卫他们家乡的哨兵！难道你又不更远一点想到这样枝枝叶叶靠紧团结，力求上进的白杨树，宛然象征了今天在华北平原纵横决荡用血写出新中国历史的那种精神和意志。

（节选自茅盾《白杨礼赞》）

一、逐句讲解

　　那是力争上游的一种树，笔直的干，笔直的枝。

　　▶这一句有三处需要注意的地方，第一处是"力争上游的""笔直的干"

"笔直的枝"里的"的"要读成轻声；第二处是"游"要读成二声，读的时候声音要扬起来；第三处是"一种树"里的"一"要读成四声，"一"在四声前读成二声，在非四声前要读成四声，同学们如果对此处不明白，可以重新学习一下关于音变的课程。

它的干呢，通常是丈把高，像是加以人工似的，一丈以内，绝无旁枝。

▶这里有三处需要注意的地方，第一处是"它的干呢"的"呢"与"像是加以人工似的"的"的"要读成轻声；第二处是"丈把高"和"绝无旁枝"读的时候要强调出来；第三处是"一丈以内"里的"一"要读成二声。

它所有的丫枝呢，一律向上，而且紧紧靠拢，也像是加以人工似的，成为一束，绝无横斜逸出。

▶这里有三处需要注意的地方，第一处是"它所有的丫枝呢"中"呢"和"的"要读成轻声；第二处是"一律向上"和"成为一束"里的"一"要读成二声；第三处是"紧紧靠拢"的"紧紧"是两个三声，两个三声连起来时，前面的三声要读成二声。

它的宽大的叶子也是片片向上，几乎没有斜生的，更不用说倒垂了。

▶这里有两处需要注意的地方，第一处是句中的"的"与"倒垂了"的"了"都要读成轻声；第二处是"片片向上"，这是四个连续的四声，读的时候声音要逐渐加重。

它的皮，光滑而有银色的晕圈，微微泛出淡青色。

▶这一句有一处需要注意的地方，就是句中的"的"要读成轻声。

这是虽在北方的风雪的压迫下却保持着倔强挺立的一种树！

▶这一句有两处需要注意的地方，第一处是"北方的"和"风雪的"里的"的"要读成轻声；第二处是"一种树"里的"一"，在这里要读成四声。

哪怕只有碗来粗细罢，它却努力向上发展，高到丈许，两丈，参天耸立，不折不挠，对抗着西北风。

▶这里有两处需要注意的地方，第一处是"罢"在这里要读成轻声；第二处是整句话较长，所以读的时候要控制好节奏，中间要注意换气，"哪怕只有碗来粗细罢，它却努力向上发展（停顿），高到丈许，两丈（停顿），参天耸立，不折不挠，对抗着西北风"。

这就是白杨树，西北极普通的一种树，然而决不是平凡的树！

▶这句话有两处需要注意的地方，第一处是"极普通的""平凡的"里的"的"要读成轻声；第二处是"一种树"的"一"，在这里要读成四声。

它没有婆娑的姿态，没有屈曲盘旋的虬枝，也许你要说它不美丽，——如果美是专指"婆娑"或"横斜逸出"之类而言，那么，白杨树算不得树中的好女子。

▶这里有四处需要注意的地方，第一处是句中的"的"要读成轻声；第二处是读的时候在句中破折号那里要停顿一下；第三处是"算不得"里的"得"是二声，读的时候声音要扬起来；第四处是重点字词，如婆娑、屈曲盘旋、横斜逸出。

但是它却是伟岸，正直，朴质，严肃，也不缺乏温和，更不用提它的坚强不屈与挺拔，它是树中的伟丈夫！

▶这里有三处需要注意的地方，第一处是"它的坚强不屈""伟丈夫"里的"的"和"夫"要读成轻声；第二处是重点字词，如伟岸、正直、朴质、严肃、温和、坚强不屈、挺拔、伟丈夫，同学们在练习的时候要多加注意；第三处是整句话较长，要注意朗读的节奏。

当你在积雪初融的高原上走过，看见平坦的大地上傲然挺立这么一株或一排白杨树，难道你就只觉得树只是树，难道你就不想到它的朴质，严肃，坚强不屈，至少也象征了北方的农民。

▶这里有四处需要注意的地方，第一处是"积雪初融的""平坦的"里的"的"要读轻声；第二处是"这么一株或一排"里的"一"要读四声；第三处是重点字词，如积雪初融、平坦的、傲然挺立、白杨树、书只是书、朴质、严肃、坚强不屈，同学们在练习的时候要多加注意，必要的时候可以找线下的老师进行针对性辅导；第四处是整句话较长，要注意朗读的节奏。

难道你竟一点儿也不联想到，在敌后的广大土地上，到处有坚强不屈，就像这白杨树一样傲然挺立的守卫他们家乡的哨兵！

▶这一句有两处需要注意的地方，第一处是"敌后的"里的"的"要读成轻声；第二处是"一点儿"，这里要注意儿化音的发音。

二、断句练习

那是/力争上游的/一种树/，笔直的干/，笔直的枝/。它的干呢/，通常是/丈把高/，像是/加以人工似的/，一丈以内/，绝无/旁枝/；它所有的/丫枝呢/，一律向上/，而且/紧紧靠拢/，也像是/加以人工似的/，成为一束/，绝无/横斜逸出/；它的/宽大的/叶子/也是/片片向上/，几乎/没有斜生的/，更不用/说倒垂了/；它的皮/，光滑/而有银色的/晕圈/，微微泛出/淡青色/。这是虽在/北方的/风雪的压迫下/却保持着/倔强挺立的/一种树/！哪怕只有/碗来粗细罢/，它却努力/向上发展/，高到丈许/，两丈/，参天耸立/，不折不挠/，对抗着西北风/。

这就是/白杨树/，西北极普通的/一种树/，然而决不是/平凡的树/！

它没有/婆娑的姿态/，没有/屈曲盘旋的/虬枝/，也许你要说/它不美丽/，——如果美/是专指"婆娑"/或"横斜逸出"/之类而言/，那么/，白杨树/算不得/树中的/好女子/；但是它却是/伟岸/，正直/，朴质/，严肃/，也不缺乏温和/，更不用提它的/坚强不屈/与挺拔/，它是树中的/伟丈夫/！当你在/积雪初融的/高原上走过/，看见/平坦的大地上/傲然挺立/这么一株/或一排白杨树/，难道/你就只觉得/树只是树/，难道/你就不想到/它的朴质/，严肃/，坚强不屈/，至少也象征了/北方的农民/；难道你竟一点儿/也不联想到/，在敌后的/广大//土地上/，到处有/坚强不屈/，就像这白杨树一样/，傲然挺立的/守卫他们家乡的哨兵/！难道你又不/更远一点想到/这样枝枝叶叶/靠紧团结/，力求上进的/白杨树/，宛然象征了/今天在华北平原/纵横决荡/用血写出/新中国历史的/那种精神/和意志/。

三、"文字+拼音"练习

　　　　nà shì lì zhēng shàng yóu de yì zhǒng shù　bǐ zhí de gàn　bǐ zhí
　　　　那 是 力 争　上　游 的 一　种　 树，笔 直 的 干，笔 直
de zhī　　tā de gàn ne　tōng cháng shì zhàng bǎ gāo　xiàng shì jiā yǐ
的 枝。它 的 干 呢，通　 常　 是　 丈　 把 高，像　 是 加 以
rén gōng shì de　yí zhàng yǐ nèi　jué wú páng zhī　tā suǒ yǒu de yā
人　工　 似 的，一　丈　 以 内，绝 无 旁　 枝；它 所 有 的 丫

枝呢，一律向上，而且紧紧靠拢，也像是加以人工似的，成为一束，绝无横斜逸出；它的宽大的叶子也是片片向上，几乎没有斜生的，更不用说倒垂了；它的皮，光滑而有银色的晕圈，微微泛出淡青色。这是虽在北方的风雪的压迫下却保持着倔强挺立的一种树！哪怕只有碗来粗细罢，它却努力向上发展，高到丈许，两丈，参天耸立，不折不挠，对抗着西北风。

这就是白杨树，西北极普通的一种树，然而决不是平凡的树！

它没有婆娑的姿态，没有屈曲盘旋的虬枝，也许你要说它不美丽，——如果美是专指"婆娑"或"横斜逸出"之类而言，那么，白杨树算不得树中的好女子；但是它却是伟岸，正直，朴质，严肃，也不缺乏温和，更不用提它的坚强不屈与挺拔，它是树中的伟丈夫！

dāng nǐ zài jī xuě chū róng de gāo yuán · shàng zǒu guò　kàn · jiàn píng
当你在积雪初融的高原　上走过，看见平

tǎn de dà dì · shàng ào rán tǐng lì zhè me yì zhū huò yì pái bái yáng shù
坦的大地　上傲然挺立这么一株或一排白杨树，

nán dào nǐ jiù zhǐ jué · dé shù zhǐ shì shù　nán dào nǐ jiù bù xiǎng dào tā
难道你就只觉得树只是树，难道你就不想到它

de pǔ zhì　yán sù　jiān qiáng bù qū　zhì shǎo yě xiàng zhēng le běi
的朴质，严肃，坚强不屈，至少也象征了北

fāng de nóng mín　nán dào nǐ jìng yì diǎnr　yě bù lián xiǎng dào　zài
方的农民；难道你竟一点儿也不联想到，在

dí hòu de guǎng dà tǔ dì shàng　dào chù yǒu jiān qiáng bù qū　jiù
敌后的广大土地上　到处有坚强不屈，就

xiàng zhè bái yáng shù yí yàng ào rán tǐng lì de shǒu wèi tā men jiā xiāng
像这白杨树一样傲然挺立的守卫他们家乡

de shào bīng　nán dào nǐ yòu bù gèng yuǎn yì diǎnr xiǎng dào zhè yàng zhī
的哨兵！难道你又不更远一点想到这样枝

zhī yè yè kào jǐn tuán jié　lì qiú shàng jìn de bái yáng shù　wǎn rán
枝叶叶靠紧团结，力求上进的白杨树，宛然

xiàng zhēng le jīn tiān zài huá Běi píng yuán zòng héng jué dàng yòng xuè xiě
象征了今天在华北平原纵横决荡用血写

chū xīn Zhōng guó lì shǐ de nà zhǒng jīng shén hé yì zhì
出新中国历史的那种精神和意志。

四、"文字＋拼音＋断句"练习

nà shì　lì zhēng shàng yóu de　yì zhǒng shù　bǐ zhí de gàn
那是／力争上游的／一种树／，笔直的干／，

bǐ zhí de zhī　tā de gàn ne　tōng cháng shì　zhàng bǎ gāo
笔直的枝／。它的干呢／，通常是／丈把高／，

xiàng shì　jiā yǐ rén gōng shì de　yí zhàng yǐ nèi　jué wú páng
像是／加以人工似的／，一丈以内／，绝无／旁

zhī　tā suǒ yǒu de　yā zhī ne　yí lǜ xiàng shàng　ér qiě jǐn
枝／；它所有的／丫枝呢／，一律向上／，而且／紧

jǐn kào lǒng　yě xiàng shì　jiā yǐ rén gōng shì de　chéng wéi yí
紧靠拢／，也像是／加以人工似的／，成为一

束/，绝无/横斜逸出/；它的/宽大的/叶子/也是/片片向上/，几乎/没有斜生的/，更不用/说倒垂了/；它的皮/，光滑/而有银色的/晕圈/，微微泛出/淡青色/。这是虽在/北方的/风雪的压迫下/却保持着/倔强挺立的/一种树/！哪怕只有/碗来粗细罢/，它却努力/向上发展/，高到丈许/，两丈/，参天耸立/，不折不挠/，对抗着西北风/。

这就是/白杨树/，西北极普通的/一种树/，然而决不是/平凡的树/！

它没有/婆娑的姿态/，没有/屈曲盘旋的/虬枝/，也许你要说/它不美丽/，——如果美/是专指"婆娑"/或"横斜逸出"/之类而言/，那么/，白杨树/算不得/树中的/好女子/；但是/它却是/伟岸/，正直/，朴质/，严肃/，也不缺乏温和/，更不用提它的/坚强不屈/与挺拔/，它是树中的/伟丈夫/！当你在/积雪初

— 41 —

róng de/ gāo yuán· shàng zǒu guò, kàn·jiàn/ píng tǎn de dà
融 的/ 高 原 上 走过/，看见/平坦的大

dì· shàng/ ào rán tǐng lì/ zhè me yì zhū/ huò yì pái bái yáng shù
地 上 /傲然挺立/这么一株/或一排白杨树/,

nán dào/ nǐ jiù zhǐ jué·dé/ shù zhǐ shì shù/ nán dào/ nǐ jiù bù xiǎng
难 道/你就只觉 得/树只是树/，难 道/你就不想

dào/ tā de pǔ zhì/ yán sù/ jiān qiáng bù qū/ zhì shǎo yě xiàng
到/它的朴质/，严肃/，坚强不屈/，至少也象

zhēng le/ běi fāng de nóng mín/ nán dào nǐ jìng yì diǎnr/ yě bù
征 了/北方的农 民/；难道你竟一点儿/也不

lián xiǎng dào/ zài dí hòu de/ guǎng dà// tǔ dì shàng/ dào chù
联 想 到/，在敌后的/广 大//土地上/，到处

yǒu/ jiān qiáng bù qū/ jiù xiàng/ zhè bái yáng shù yí yàng/ ào rán tǐng
有/坚 强不屈/，就 像/这白杨树一样/傲然挺

lì de/ shǒu wèi tā men jiā xiāng de shào bīng/ nán dào nǐ yòu bù/
立 的/守卫他们家乡的哨兵/！难道你又不/

gèng yuǎn yì diǎnr xiǎng dào/ zhè yàng zhī zhī yè yè/ kào jǐn tuán jié/
更 远 一 点 想 到/这 样 枝 枝 叶 叶/靠紧团 结/,

lì qiú shàng jìn de/ bái yáng shù/ wǎn rán xiàng zhēng le/ jīn tiān zài
力 求 上 进 的/白杨 树/，宛 然 象 征 了/今天在

huá Běi píng yuán/ zòng héng jué dàng/ yòng xuě xiě chū/ xīn Zhōng guó
华 北 平 原/ 纵 横 决 荡/用 血 写 出/新 中 国

lì shǐ de/ nà zhǒng jīng shén/ hé yì zhì
历 史 的/那 种 精 神 /和意志/。

作品2号： 差别

　　两个同龄的年轻人同时受雇于一家店铺，并且拿同样的薪水。

　　可是一段时间后，叫阿诺德的那个小伙子青云直上，而那个叫布鲁诺的小伙子却仍在原地踏步。布鲁诺很不满意老板的不公正待遇。终于有一天他到老板那儿发牢骚了。老板一边耐心地听着他的抱怨，一边在心里盘算着怎样向他解释清楚他和阿诺德之间的差别。

　　"布鲁诺先生，"老板开口说话了，"您现在到集市上去一下，看看今天早上有什么卖的。"

　　布鲁诺从集市上回来向老板汇报说，今早集市上只有一个农民拉了一车土豆在卖。

　　"有多少？"老板问。

　　布鲁诺赶快戴上帽子又跑到集上，然后回来告诉老板一共四十袋土豆。

　　"价格是多少？"

　　布鲁诺又第三次跑到集上问来了价格。

　　"好吧，"老板对他说，"现在请您坐到这把椅子上一句话也不要说，看看阿诺德怎么说。"

　　阿诺德很快就从集市上回来了。向老板汇报说到现在为止只有一个农民在卖土豆，一共四十口袋，价格是多少多少；土豆质量很不错，他带回来一个让老板看看。这个农民一个钟头以后还会弄来几箱西红柿，据他看价格非常公道。昨天他们铺子的西红柿卖得很快，库存已经不∥多了。他想这么便宜的西红柿，老板肯定会要进一些的，所以他不仅带回了一个西红柿做样品，而且把那个农民也带来了，他现在正在外面等回话呢。

　　此时老板转向了布鲁诺，说："现在您肯定知道为什么阿诺德的薪水比您高了吧！"

（节选自张健鹏、胡足青主编《故事时代》中《差别》）

一、逐句讲解

两个同龄的年轻人同时受雇于一家店铺，并且拿同样的薪水。

▶这一句有三处需要注意的地方，第一处是要在"年轻人"后面断句，读的时候要停顿一下；第二处是"年轻人"的"人"是二声，不可以读成轻声；第三处是句中的"一"要读成四声。

可是一段时间后，叫阿诺德的那个小伙子青云直上，而那个叫布鲁诺的小伙子却仍在原地踏步。

▶这一句有两处需要注意的地方，第一处是"一段时间"里的"一"要读成二声；第二处是"青云直上"和"原地踏步"的对比要在语气上强调出来。

终于有一天他到老板那儿发牢骚了。老板一边耐心地听着他的抱怨，一边在心里盘算着怎样向他解释清楚他和阿诺德之间的差别。

▶这一句有三处需要注意的地方，第一处是要注意"那儿"的儿化韵；第二处是"终于有一天""一边，一边"里的"一"要读成四声；第三处是注意"差别"一词吐字归音的到位。

"布鲁诺先生，"老板开口说话了，"您现在到集市上去一下，看看今天早上有什么卖的。"

▶这一句有两处需要注意的地方，第一处是"先生"的"生"、"说话了"的"了"、"去一下"的"下"和"有什么卖的"里的"的"都要读成轻声；第二处是"去一下"里的"一"，要读成二声。

布鲁诺从集市上回来向老板汇报说，今早集市上只有一个农民拉了一车土豆在卖。

▶这一句有两处需要注意的地方，第一处是"回来"的"来"和"集市上"的"上"，要读成轻声；第二处就是"一个农民"和"一车土豆"这两个"一"的调值，"一个农民"的"一"是二声，"一车土豆"的"一"是四声。

"有多少？"老板问。

布鲁诺赶快戴上帽子又跑到集上，然后回来告诉老板一共四十袋土豆。

"价格是多少？"

布鲁诺又第三次跑到集上问来了价格。

▶这几句对话有两处需要注意的地方，第一处是"戴上帽子"和"集上"的"上"，在这里要读成轻声；第二处是"一共"的"一"在这里要读成二声。

"好吧，"老板对他说，"现在请您坐到这把椅子上一句话也不要说，看看阿诺德怎么说。"

▶这里有两处需要注意的地方，第一处是"好吧"的"吧"、"椅子上"的"上"、"看看"的第二个"看"要读成轻声；第二处是"这把椅子上"和"一句话"之间要断句，读的时候注意停顿一下。

阿诺德很快就从集市上回来了。向老板汇报说到现在为止只有一个农民在卖土豆，一共四十口袋，价格是多少多少；土豆质量很不错，他带回来一个让老板看看。

▶这句话有两处需要注意的地方，第一处是"回来"的"来"和"口袋"的"袋"要读成轻声；第二处是句中的"一"在这里都要读成二声。

这个农民一个钟头以后还会弄来几箱西红柿，据他看价格非常公道。昨天他们铺子的西红柿卖得很快，库存已经不多了。

▶这句话有三处需要注意的地方，第一处是"一个钟头"的"一"要读成二声；第二处是"据他看"和"价格非常公道"之间要停顿一下，注意断句；第三处是"卖得很快"中的"得"，在这里要读成轻声。

二、断句练习

两个/同龄的年轻人/同时受雇于/一家店铺/，并且/拿同样的/薪水/。

可是/一段时间后/，叫阿诺德的那个小伙子/青云直上/，而那个/叫布鲁诺的小伙子/却仍在/原地踏步/。布鲁诺/很不满意/老板的不公正待遇/。终于有一天/他到老板那儿/发牢骚了/。老板一边耐心地/听着他的抱怨/，一边在心里盘算着/怎样向他解释清楚/他和阿诺德/之间的差别/。

"布鲁诺先生/，"老板/开口说话了/，"您现在/到集市上/去一下/，看看今天早上/有什么卖的/。"

布鲁诺/从集市上回来/向老板汇报说/，今早集市上/只有一个农民/拉了一车土豆在卖/。

"有多少/?"老板问/。

布鲁诺/赶快戴上帽子/又跑到集上/，然后回来/告诉老板/一共四十袋土豆/。

"价格是多少/?"

布鲁诺/又第三次/跑到集上问来了价格/。

"好吧/，"老板对他说/，"现在/请您坐到这把椅子上/一句话也不要说/，看看阿诺德怎么说/。"

阿诺德/很快就从集市上/回来了/。向老板汇报说/到现在为止/只有一个农民/在卖土豆/，一共四十口袋/，价格是多少多少/；土豆质量/很不错/，他带回来一个/让老板看看/。这个农民/一个钟头以后/还会弄来/几箱西红柿/，据他看/价格非常公道/。昨天/他们铺子的西红柿/卖得很快/，库存/已经不//多了/。他想/这么便宜的/西红柿/，老板肯定会/要进一些的/，所以/他不仅带回了/一个西红柿/做样品/，而且/把那个农民/也带来了/，他现在/正在外面/等回话呢/。

此时/老板转向了/布鲁诺/，说/："现在/您肯定知道/为什么阿诺德的薪水/比您高了吧/!"

三、"文字+拼音"练习

liǎng gè tóng líng de nián qīng rén tóng shí shòu gù yú yì jiā diàn pù
两个同龄的年轻人同时受雇于一家店铺，

bìng qiě ná tóng yàng de xīn·shuǐ
并且拿同样的薪水。

kě shì yí duàn shí jiān hòu   jiào Ā nuò dé de nà ge xiǎo huǒ zi qīng
可是一段时间后，叫阿诺德的那个小伙子青

yún zhí shàng   ér nà ge jiào Bù lǔ nuò de xiǎo huǒ zi què réng zài yuán
云直上，而那个叫布鲁诺的小伙子却仍在原

dì tà bù   Bù lǔ nuò hěn bù mǎn yì lǎo bǎn de bù gōng zhèng dài yù
地踏步。布鲁诺很不满意老板的不公正待遇。

终于有一天他到老板那儿发牢骚了。老板一边耐心地听着他的抱怨，一边在心里盘算着怎样向他解释清楚他和阿诺德之间的差别。

"布鲁诺先生，"老板开口说话了，"您现在到集市上去一下，看看今天早上有什么卖的。"

布鲁诺从集市上回来向老板汇报说，今早集市上只有一个农民拉了一车土豆在卖。

"有多少？"老板问。

布鲁诺赶快戴上帽子又跑到集上，然后回来告诉老板一共四十袋土豆。

"价格是多少？"

布鲁诺又第三次跑到集上问来了价格。

"好吧，"老板对他说，"现在请您坐到这把椅子上一句话也不要说，看看阿诺德怎么说。"

Ā nuò dé hěn kuài jiù cóng jí shì·shàng huí·lái le   xiàng lǎo bǎn
阿 诺 德 很 快 就 从 集 市 上 回 来 了。向 老 板
huì bào shuō dào xiàn zài wéi zhǐ zhǐ yǒu yí gè nóng mín zài mài tǔ dòu   yí
汇 报 说 到 现 在 为 止 只 有 一 个 农 民 在 卖 土 豆，一
gòng sì shí kǒu dài   jià gé shì duō·shǎo duō·shǎo   tǔ dòu zhì liàng
共 四 十 口 袋，价 格 是 多 少 多 少；土 豆 质 量
hěn bú cuò   tā dài huí·lái yí gè ràng lǎo bǎn kàn kan   zhè ge nóng mín
很 不 错，他 带 回 来 一 个 让 老 板 看 看。这 个 农 民
yí gè zhōng tóu yǐ hòu hái huì nòng lái jǐ xiāng xī hóng shì   jù tā kàn
一 个 钟 头 以 后 还 会 弄 来 几 箱 西 红 柿，据 他 看
jià gé fēi cháng gōng·dào   zuó tiān tā men pù zi de xī hóng shì mài de
价 格 非 常 公 道。昨 天 他 们 铺 子 的 西 红 柿 卖 得
hěn kuài   kù cún yǐ·jīng bù   duō le   tā xiǎng zhè me pián yi de xī
很 快，库 存 已 经 不//多 了。他 想 这 么 便 宜 的 西
hóng shì   lǎo bǎn kěn dìng huì yào jìn yì xiē de   suǒ yǐ tā bù jǐn dài huí
红 柿，老 板 肯 定 会 要 进 一 些 的，所 以 他 不 仅 带 回
le yí gè xī hóng shì zuò yàng pǐn   ér qiě bǎ nà ge nóng mín yě dài·lái
了 一 个 西 红 柿 做 样 品，而 且 把 那 个 农 民 也 带 来
le   tā xiàn zài zhèng zài wài·miàn děng huí huà ne
了，他 现 在 正 在 外 面 等 回 话 呢。
cǐ shí lǎo bǎn zhuǎn xiàng le Bù lǔ nuò   shuō   xiàn zài nín kěn
此 时 老 板 转 向 了 布 鲁 诺，说："现 在 您 肯
dìng zhī·dào wèi shén me Ā nuò dé de xīn shuǐ bǐ nín gāo le ba
定 知 道 为 什 么 阿 诺 德 的 薪 水 比 您 高 了 吧！"

四、"文字+拼音+断句" 练习

liǎng gè   tóng líng de nián qīng rén   tóng shí shòu gù yú   yì jiā diàn
两 个／同 龄 的 年 轻 人／同 时 受 雇 于／一 家 店
pù   bìng qiě   ná tóng yàng de   xīn·shuǐ
铺／，并 且／拿 同 样 的／薪 水／。

可是／一段时间后／，叫阿诺德的那个小伙子／青云直上／，而那个／叫布鲁诺的小伙子／却仍在／原地踏步／。布鲁诺／很不满意／老板的不公正待遇／。终于有一天／他到老板那儿／发牢骚了／。老板一边耐心地／听着他的抱怨／，一边在心里盘算着／怎样向他解释清楚／他和阿诺德／之间的差别／。

"布鲁诺先生／，"老板／开口说话了／，"您现在／到集市上／去一下／，看看今天早上／有什么卖的／。"

布鲁诺／从集市上回来／向老板汇报说／，今早集市上／只有一个农民／拉了一车土豆在卖／。

"有多少／？"老板问／。

布鲁诺／赶快戴上帽子／又跑到集上／，然后回来／告诉老板／一共四十袋土豆／。

"价格是多少/?"

布鲁诺/又第三次/跑到集上问来了价格/。

"好吧/,"老板对他说/,"现在/请您坐到这把椅子上/一句话也不要说/,看看阿诺德怎么说/。"

阿诺德/很快就从集市上/回来了/。向老板汇报说/到现在为止/只有一个农民/在卖土豆/,一共四十口袋/,价格是多少多少/;土豆质量/很不错/,他带回来一个/让老板看看/。这个农民/一个钟头以后/还会弄来/几箱西红柿/,据他看/价格非常公道/。昨天/他们铺子的西红柿/卖得很快/,库存/已经不//多了/。他想/这么便宜的/西红柿/,老板肯定会/要进一些的/,所以/他不仅带回了/一个西红柿/做样品/,而且/把那个农民/也带来了/,他现在/正在外面/等回话呢/。

cǐ shí　 lǎo bǎn zhuǎn xiàng le　 Bù lǔ nuò　　shuō　　 xiàn zài
此时／老 板 转　 向 了／布鲁诺／，说／："现在／

nín kěn dìng zhī·dào　 wèi shén me Ā nuò dé de xīn shuǐ　bǐ nín gāo le
您 肯 定 知 道／为 什 么 阿 诺 德 的 薪 水／比 您 高 了

ba
吧／！"

作品3号： 丑石

  我常常遗憾我家门前那块丑石：它黑黝黝地卧在那里，牛似的模样；谁也不知道是什么时候留在这里的，谁也不去理会它。只是麦收时节，门前摊了麦子，奶奶总是说：这块丑石，多占地面呀，抽空把它搬走吧。

  它不像汉白玉那样的细腻，可以刻字雕花，也不像大青石那样的光滑，可以供来浣纱捶布。它静静地卧在那里，院边的槐阴没有庇覆它，花儿也不再在它身边生长。荒草便繁衍出来，枝蔓上下，慢慢地，它竟锈上了绿苔、黑斑。我们这些做孩子的，也讨厌起它来，曾合伙要搬走它，但力气又不足；虽时时咒骂它，嫌弃它，也无可奈何，只好任它留在那里了。

  终有一日，村子里来了一个天文学家。他在我家门前路过，突然发现了这块石头，眼光立即就拉直了。他再没有离开，就住了下来；以后又来了好些人，都说这是一块陨石，从天上落下来已经有二三百年了，是一件了不起的东西。不久便来了车，小心翼翼地将它运走了。

  这使我们都很惊奇，这又怪又丑的石头，原来是天上的啊！它补过天，在天上发过热、闪过光，我们的先祖或许仰望过它，它给了他们光明、向往、憧憬；而它落下来了，在污土里，荒草里，一躺就//是几百年了！

  我感到自己的无知，也感到了丑石的伟大，我甚至怨恨它这么多年竟会默默地忍受着这一切！而我又立即深深地感到它那种不屈于误解、寂寞的生存的伟大。

（节选自贾平凹《丑石》）

一、 逐句讲解

  我常常遗憾我家门前那块丑石：它黑黝黝地卧在那里，牛似的模样；谁也不知道是什么时候留在这里的，谁也不去理会它。

▶这一句有三处需要注意的地方，第一处是"黑黝黝"这个词，要读作"hēi yǒu yǒu"，注意类似 ABB 的词调值的变化；第二处是注意"似的"的读音，不要读成"四的"；第三处是要注意"模样"这个词的读音，不要读成"魔样"。

只是麦收时节，门前摊了麦子，奶奶总是说：这块丑石，多占地面呀，抽空把它搬走吧。

▶这一句有两处需要注意的地方，第一处是"奶奶"的第二个"奶"字、"门前摊了麦子"的"了、子"，以及"呀""吧"都读成轻声；第二处是"这块丑石"的"这（zhè）"，不要读成"zhě"。

它不像汉白玉那样的细腻，可以刻字雕花，也不像大青石那样的光滑，可以供来浣纱捶布。

▶这一句有三处需要注意的地方，第一处是"不像"的"不"要读成二声；第二处是"那样光滑"的"那（nà）"，不要读成"nèi"；第三处是重点字词，如汉白玉、细腻、刻字雕花、大青石、光滑、供来、浣纱捶布，要注意这些词的声调，不要读错。

它静静地卧在那里，院边的槐阴没有庇覆它，花儿也不再在它身边生长。

▶这一句有四处需要注意的地方，第一处是"静静地"的"地"和"院边的"的"的"要读成轻声；第二处是"花儿"不属于儿化音，要当作普通的词来对待，要读成"huā ér"，而不是"huār"，这里一定要注意；第三处是"卧在那里"的"那"，不要读成"nèi"；第四处是重点字词，如槐阴、庇覆、也不再，同学们读的时候一定要注意。

荒草便繁衍出来，枝蔓上下，慢慢地，它竟锈上了绿苔、黑斑。

▶这一句有两处需要注意地方，第一处是"慢慢地"的"地"和"锈上了"的"了"都要读成轻声；第二处是重点字词，如荒草、繁衍、出来、枝蔓上下、绿苔、黑斑，同学们读的时候一定要注意。

我们这些做孩子的，也讨厌起它来，曾合伙要搬走它，但力气又不足。

▶这里有两处需要注意的地方，第一处是"做孩子的"的"的"，"合伙"的"伙"以及"力气"的"气"都要读成轻声；第二处是"也讨厌起它来"的"来"是二声，读的时候声音要扬起来。

虽时时咒骂它，嫌弃它，也无可奈何，只好任它留在那里了。

▶这一句有两处需要注意的地方，第一处是"留在那里了"的"了"要读成轻声；第二处是重点字词，如时时、咒骂、嫌弃、无可奈何、任它、留在、那里，同学们读的时候一定要注意。

终有一日，村子里来了一个天文学家。

▶这一句有两处需要注意的地方，第一处是"村子"里的"子"和"来了"里的"了"都是轻声；第二处是"一"的音变，"终有一日"的"一"与"来了一个"的"一"要读成二声。

他在我家门前路过，突然发现了这块石头，眼光立即就拉直了。

▶这一句有一处需要注意的地方，就是"发现了"的"了"、"石头"的"头"与"拉直了"的"了"都要读成轻声。

他再没有离开，就住了下来。

▶这里有两处需要注意的地方，第一处是"住了"的"了"要读成轻声；第二处是"离开"的"离"和"下来"的"来"要读成二声，读的时候声音要扬起来。

以后又来了好些人，都说这是一块陨石，从天上落下来已经有二三百年了，是一件了不起的东西。

▶这里有三处需要注意的地方，第一处是句中的"了""的"和"东西"的"西"都是轻声；第二处是"一"的音变，句中的"一"都要读成二声；第三处是重点字词，如好些人、陨石、落下来、二三百年了、了不起。

不久便来了车，小心翼翼地将它运走了。

▶这句话有两处需要注意的地方，第一处是"不久便来了车"的"了"和"小心翼翼地"的"地"要读成轻声；第二处是"小心翼翼"的"心"不能读成轻声。

这使我们都很惊奇，这又怪又丑的石头，原来是天上的啊！

▶这里有两处需要注意的地方，第一处是"石头"的"头"要读轻声；第二处是句中最后一个"啊"字，要读作"呀"，可以参考一下"啊"的语流音变章节，同学们在练习的时候要多加注意，必要的时候可以找线下的老师进行针对性辅导。

它补过天，在天上发过热、闪过光，我们的先祖或许仰望过它，它给了他们光明、向往、憧憬；而它落下来了，在污土里，荒草里，一躺就是几百年了！

▶这里有三处需要注意的地方，第一处是"在天上"的"上"、"它给了"的"了"、"我们的先祖"中的"的"和"而它落下来了"的"了"都要读成轻声；第二处是重点字词，如补过天、发过热、闪过光、仰望过它、光明、向往、憧憬、落下来了、污土里、荒草里；第三处是"一"的音变，"一躺就是"的"一"要读成四声。

二、断句练习

我常常遗憾/我家门前/那块丑石/：它黑黝黝地/卧在那里/，牛似的模样/；谁也不知道/是什么时候/留在这里的/，谁也不去/理会它/。只是麦收时节/，门前摊了麦子/，奶奶总是说/：这块丑石/，多占地面呀/，抽空/把它搬走吧/。

它不像汉白玉/那样的细腻/，可以刻字雕花/，也不像/大青石/那样的光滑/，可以供来/浣纱捶布/。它静静地/卧在那里/，院边的槐阴/没有庇覆它/，花儿/也不再在它/身边生长/。荒草/便繁衍出来/，枝蔓上下/，慢慢地/，它竟锈上了/绿苔、黑斑/。我们这些做孩子的/，也讨厌起它来/，曾合伙/要搬走它/，但力气/又不足/；虽时时/咒骂它/，嫌弃它/，也无可奈何/，只好任它/留在那里了/。

终有一日/，村子里来了一个/天文学家/。他在我家门前/路过/，突然发现了/这块石头/，眼光/立即就/拉直了/。他再没有离开/，就住了下来/；以后/又来了/好些人/，都说/这是一块陨石/，从天上落下来/已经有/二三百年了/，是一件/了不起的/东西/。不久/便来了车/，小心翼翼地/将它运走了/。

这使我们/都很惊奇/，这又怪又丑的/石头/，原来是/天上的啊/！它补过天/，在天上/发过热、闪过光/，我们的先祖/或许仰望过它/，它给了他们光明、向往、憧憬/；而它落下来了/，在污土里/，荒草里/，一躺/就//是几百年了/！

我感到/自己的无知/，也感到了/丑石的伟大/，我甚至怨恨/它这么多年/竟会默默地忍受着/这一切/！而我/又立即深深地感到/它那种不屈于误解/、寂寞的/生存的伟大/。

三、"文字＋拼音"练习

wǒ cháng cháng yí hàn wǒ jiā mén qián nà kuài chǒu shí　tā hēi yǒu
我　常　常　遗　憾　我　家　门　前　那　块　丑　石：它　黑　黝

yǒu de wò zài nà·lǐ　niú shì de mú yàng　shéi yě bù zhī·dào shì shén
黝　地　卧　在　那　里，牛　似　的　模　样；谁　也　不　知　道　是　什

me shí hou liú zài zhè·lǐ de　shéi yě bú qù lǐ huì tā　zhǐ shì mài shōu
么　时　候　留　在　这　里　的，谁　也　不　去　理　会　它。只　是　麦　收

shí jié　mén qián tān le mài zi　nǎi nai zǒng shì shuō　zhè kuài chǒu
时　节，门　前　摊　了　麦　子，奶　奶　总　是　说：这　块　丑

shí　duō zhàn dì miàn ya　chōu kòng bǎ tā bān zǒu ba
石，多　占　地　面　呀，抽　空　把　它　搬　走　吧。

tā bú xiàng hàn bái yù nà yàng de xì nì　kě yǐ kè zì diāo huā
它　不　像　汉　白　玉　那　样　的　细　腻，可　以　刻　字　雕　花，

yě bú xiàng dà qīng shí nà yàng de guāng huá　kě yǐ gōng lái huàn shā
也　不　像　大　青　石　那　样　的　光　滑，可　以　供　来　浣　纱

chuí bù　tā jìng jìng de wò zài nà·lǐ　yuàn biān de huái yīn méi·yǒu
捶　布。它　静　静　地　卧　在　那　里，院　边　的　槐　阴　没　有

bì fù tā　huā ér yě bú zài zài tā shēn biān shēng zhǎng　huāng cǎo
庇　覆　它，花　儿　也　不　再　在　它　身　边　生　长。荒　草

biàn fán yǎn chū·lái　zhī màn shàng xià　màn màn de　tā jìng xiù
便　繁　衍　出　来，枝　蔓　上　下，慢　慢　地，它　竟　锈

shàng le lǜ tái　hēi bān　wǒ men zhè xiē zuò hái zi de　yě tǎo
上　了　绿　苔、黑　斑。我　们　这　些　做　孩　子　的，也　讨

yàn·qǐ tā·lái　céng hé huǒ yào bān zǒu tā　dàn lì qi yòu bù zú
厌　起　它　来，曾　合　伙　要　搬　走　它，但　力　气　又　不　足；

suī shí shí zhòu mà tā　xián qì tā　yě wú kě nài hé　zhǐ hǎo rèn tā
虽　时　时　咒　骂　它，嫌　弃　它，也　无　可　奈　何，只　好　任　它

liú zài nà·lǐ le
留　在　那　里　了。

终有一日，村子里来了一个天文学家。他在我家门前路过，突然发现了这块石头，眼光立即就拉直了。他再没有离开，就住了下来；以后又来了好些人，都说这是一块陨石，从天上落下来已经有二三百年了，是一件了不起的东西。不久便来了车，小心翼翼地将它运走了。

这使我们都很惊奇，这又怪又丑的石头，原来是天上的啊！它补过天，在天上发过热、闪过光，我们的先祖或许仰望过它，它给了他们光明、向往、憧憬；而它落下来了，在污土里，荒草里，一躺就//是几百年了！

我感到自己的无知，也感到了丑石的伟大，我甚至怨恨它这么多年竟会默默地忍受着这一切！而我又立即深深地感到它那种不屈于误解、寂寞的生存的伟大。

四、"文字+拼音+断句"练习

我常常遗憾/我家门前/那块丑石/：它黑黝黝地/卧在那里/，牛似的模样/；谁也不知道/是什么时候/留在这里的/，谁也不去/理会它/。只是麦收时节/，门前摊了麦子/，奶奶总是说/：这块丑石/，多占地面呀/，抽空/把它搬走吧/。

它不像汉白玉/那样的细腻/，可以刻字雕花/，也不像/大青石/那样的光滑/，可以供来/浣纱捶布/。它静静地/卧在那里/，院边的槐阴/没有庇覆它/，花儿/也不再在它/身边生长/。荒草/便繁衍出来/，枝蔓上下/，慢慢地/，它竟锈上了/绿苔/、黑斑/。我们这些做孩子的/，也讨厌起它来/，曾合伙/要搬走它/，但力气/又不足/；虽时时/咒骂它/，嫌弃它/，也无可奈何/，只好任它/留在那里了/。

终有一日/，村子里来了一个/天文学家/。

他在我家门前/路过/，突然发现了/这块石头/，眼光/立即就/拉直了/。他再没有离开/，就住了下来/；以后/又来了/好些人/，都说/这是一块陨石/，从天上落下来/已经有/二三百年了/，是一件/了不起的/东西/。不久/便来了车/，小心翼翼地/将它运走了/。

这使我们/都很惊奇/，这又怪又丑的/石头/，原来是/天上的啊/！它补过天/，在天上/发过热/、闪过光/，我们的先祖/或许仰望过它/，它给了他们/光明/、向往/、憧憬/；而它落下来了/，在污土里/，荒草里/，一躺/就//是几百年了/！

我感到/自己的无知/，也感到了/丑石的伟大/，我甚至怨恨/它这么多年/竟会默默地忍受着/这一切/！而我/又立即深深地感到/它那种不屈于误解/、寂寞的/生存的伟大/。

作品4号： 达瑞的故事

在达瑞八岁的时候，有一天他想去看电影。因为没有钱，他想是向爸妈要钱，还是自己挣钱。最后他选择了后者。他自己调制了一种汽水，向过路的行人出售。可那时正是寒冷的冬天，没有人买，只有两个人例外——他的爸爸和妈妈。

他偶然有一个和非常成功的商人谈话的机会。当他对商人讲述了自己的"破产史"后，商人给了他两个重要的建议：一是尝试为别人解决一个难题；二是把精力集中在你知道的、你会的和你拥有的东西上。

这两个建议很关键。因为对于一个八岁的孩子而言，他不会做的事情很多。于是他穿过大街小巷，不停地思考：人们会有什么难题，他又如何利用这个机会？

一天，吃早饭时父亲让达瑞去取报纸。美国的送报员总是把报纸从花园篱笆的一个特制的管子里塞进来。假如你想穿着睡衣舒舒服服地吃早饭和看报纸，就必须离开温暖的房间，冒着寒风，到花园去取。虽然路短，但十分麻烦。

当达瑞为父亲取报纸的时候，一个主意诞生了。当天他就按响邻居的门铃，对他们说，每个月只需付给他一美元，他就每天早上把报纸塞到他们的房门底下。大多数人都同意了，很快他有//了七十多个顾客。一个月后，当他拿到自己赚的钱时，觉得自己简直是飞上了天。

很快他又有了新的机会，他让他的顾客每天把垃圾袋放在门前，然后由他早上运到垃圾桶里，每个月加一美元。之后他还想出了许多孩子赚钱的办法，并把它集结成书，书名为《儿童挣钱的二百五十个主意》。为此，达瑞十二岁时就成了畅销书作家，十五岁有了自己的谈话节目，十七岁就拥有了几百万美元。

(节选自 ［德］博多·舍费尔《达瑞的故事》，刘志明译)

第二部分：短文朗读训练教程

一、逐句讲解

在达瑞八岁的时候，有一天他想去看电影。

▶这一句有两处需要注意的地方，第一处是"八岁的"里的"的"、"时候"中的"候"都要读轻声；第二处是"有一天"的"一"在这里要读作四声，一在四声前读成二声，在非四声前要读成四声。

因为没有钱，他想是向爸妈要钱，还是自己挣钱。

▶这一句有一处需要注意的地方，就是"因为"这个词要读作"yīn wèi"。

最后他选择了后者。他自己调制了一种汽水，向过路的行人出售。

▶这里有三处需要注意的地方，第一处是"选择了"的"了"、"调制了"的"了"和"过路的"里的"的"都要读成轻声；第二处是"一种饮料"的"一"要读成四声。

可那时正是寒冷的冬天，没有人买，只有两个人例外——他的爸爸和妈妈。

▶这一句有两处需要注意的地方，第一处是"寒冷的"和"他的"里的"的"都要读成轻声；第二处是"只有"的"只"要读成二声，因为两个三声连在一起时，前面的三声要读成二声。

他偶然有一个和非常成功的商人谈话的机会。

▶这一句有三处需要注意的地方，第一处是句中的"的"都要读成轻声；第二处是"一个"的"一"在这里要读成二声；第三处是断句规则，要在"和"前面断句、在"的"后面断句，比如"新疆维吾尔自治区和西藏自治区"，大家可以读一读感受一下。

当他对商人讲述了自己的"破产史"后，商人给了他两个重要的建议：一是尝试为别人解决一个难题；二是把精力集中在你知道的、你会的和你拥有的东西上。

▶这一句有三处需要注意的地方，第一处是轻声，这句话的轻声很多，句子里的"的"和"了"都要读成轻声；第二处是"破产史"里"产"这个字要从三声变成二声，因为两个三声连在一起时，前面的三声要读成二声；

— 61 —

第三处是"一是尝试为别人解决一个难题"中，第一个"一"是序数词，所以要读本音，而第二个"一"因为在四声前面，所以在这里要读作二声。

这两个建议很关键。因为对于一个八岁的孩子而言，他不会做的事情很多。

▶这里有三处需要注意的地方，第一处是"因为"这个词的读音，要读成"yīn wèi"；第二处是"一个八岁的孩子"中的"一"要读成二声；第三处是轻声，"八岁的"与"不会做的"里的"的"都要读成轻声。

于是他穿过大街小巷，不停地思考：人们会有什么难题，他又如何利用这个机会？

▶这句话有两处需要注意的地方，第一处是"不停地"的"地"，"什么"的"么"和"机会"的"会"都要读成轻声；第二处是"这个机会"的"这"，要读成"这（zhè）"，而不是"zhèi"。

一天，吃早饭时父亲让达瑞去取报纸。

▶这句话有两处需要注意的地方，第一处是"一天"的"一"在这里要读成四声；第二处是读的时候要把握好整句话的节奏。

美国的送报员总是把报纸从花园篱笆的一个特制的管子里塞进来。

▶这句话有三处需要注意的地方，第一处是"花园篱笆的"、"特制的"和"管子里"的"的""里"都是轻声；第二处是"一个特制的"中的"一"，在这里要读成二声，因为一在四声前读二声，在非四声前读四声；第三处是读的时候要把握好整句话的节奏。

假如你想穿着睡衣舒舒服服地吃早饭和看报纸，就必须离开温暖的房间，冒着寒风，到花园去取。虽然路短，但十分麻烦。

▶这里有四处需要注意的地方，第一处是"穿着"的"着"、"温暖的"的"的"和"麻烦"的"烦"都是轻声；第二处是"舒舒服服"里后两个"服"要读成一声；第三处是"虽然路短"的"短"是三声，读的时候要发全；第四处是断句规则，要在"和"前面断句、在"的"后面断句，比如"吃早饭和看报纸"，大家可以读一读感受一下。

当达瑞为父亲取报纸的时候，一个主意诞生了。

▶这一句有两处需要注意的地方，第一处是"的、候、意、了"都要读成轻声；第二处是"一个主意"的"一"在这里要读成二声。

当天他就按响邻居的门铃，对他们说，每个月只需付给他一美元，他就每天早上把报纸塞到他们的房门底下。

▶这一句有两处需要注意的地方，第一处是句中的"的、下"都要读成轻声；第二处是"一美元"的"一"要读成四声；第三处是"当天"的"当"要读作四声。

大多数人都同意了，很快他有了七十多个顾客。

▶这一句有一处需要注意的地方，就是"都同意了"的"了"在这里要读成轻声。

二、全文领读

在达瑞八岁的时候/，有一天/他想去看电影/。因为没有钱/，他想是/向爸妈要钱/，还是/自己挣钱/。最后/他选择了后者/。他自己调制了/一种汽水/，向过路的行人/出售/。可那时/正是寒冷的冬天/，没有人买/，只有两个人例外/——他的爸爸/和妈妈/。

他偶然有一个/和非常成功的商人/谈话的机会/。当他对商人讲述了/自己的"破产史"后/，商人给了他/两个重要的建议/：一是尝试/为别人/解决一个难题/；二是/把精力集中在/你知道的/、你会的/和你拥有的东西上/。

这两个建议/很关键/。因为/对于一个/八岁的孩子而言/，他不会做的事情/很多/。于是/他穿过大街小巷/，不停地思考/：人们/会有什么难题/，他又如何/利用这个机会/？

一天/，吃早饭时/父亲让达瑞/去取报纸/。美国的送报员/总是把报纸/从花园篱笆的/一个特制的管子/里塞进来/。假如你想/穿着睡衣/舒舒服服地/吃早饭/和看报纸/，就必须离开/温暖的房间/，冒着寒风/，到花园去取/。虽然路短/，但十分麻烦/。

当达瑞/为父亲/取报纸的时候/，一个主意/诞生了/。当天/他就按响/邻居的门铃/，对他们说/，每个月/只需付给他一美元/，他就/每天早上/把报纸塞到他们的房门底下/。大多数人都/同意了/，很快/他有//了七十多个顾客/。一个月后/，当他拿到自己赚的钱时/，觉得自己/简直是飞上了天。

很快/他又有了/新的机会/，他让他的顾客/每天把垃圾袋/放在门前/，然后由他/早上运到垃圾桶里/，每个月加一美元/。之后/他还想出了许多/孩子赚钱的办法/，并把它/集结成书/，书名为/《儿童挣钱的/二百五十个主意》/。为此/，达瑞十二岁时/就成了畅销书作家/，十五岁/有了自己的/谈话节目/，十七岁/就拥有了几百万美元/。

三、"文字+拼音"练习

　　zài Dá ruì bā suì de shí hou　　yǒu yì tiān tā xiǎng qù kàn diàn yǐng
　　在 达 瑞 八 岁 的 时 候， 有 一 天 他 想 去 看 电 影。
yīn·wèi méi·yǒu qián　　tā xiǎng shì xiàng bà mā yào qián　　hái shì zì
因 为 没 有 钱， 他 想 是 向 爸 妈 要 钱， 还 是 自
jǐ zhèng qián　　zuì hòu tā xuǎn zé le hòu zhě　　tā zì jǐ tiáo zhì le yì
己 挣 钱。 最 后 他 选 择 了 后 者。 他 自 己 调 制 了 一
zhǒng qì shuǐ　　xiàng guò lù de xíng rén chū shòu　　kě nà shí zhèng shì
种 汽 水， 向 过 路 的 行 人 出 售。 可 那 时 正 是
hán lěng de dōng tiān　　méi·yǒu rén mǎi　　zhǐ yǒu liǎng gè rén lì
寒 冷 的 冬 天， 没 有 人 买， 只 有 两 个 人 例
wài　　tā de bà ba hé mā ma
外——他 的 爸 爸 和 妈 妈。

　　tā ǒu rán yǒu yí gè hé fēi cháng chéng gōng de shāng rén tán huà de
　　他 偶 然 有 一 个 和 非 常 成 功 的 商 人 谈 话 的
jī·huì　　dāng tā duì shāng rén jiǎng shù le zì jǐ de　　pò chǎn shǐ
机 会。 当 他 对 商 人 讲 述 了 自 己 的 "破 产 史"
hòu　　shāng rén gěi le tā liǎng gè zhòng yào de jiàn yì　　yī shì cháng shì
后， 商 人 给 了 他 两 个 重 要 的 建 议：一 是 尝 试
wèi bié·rén jiě jué yí gè nán tí　　èr shì bǎ jīng lì jí zhōng zài nǐ
为 别 人 解 决 一 个 难 题；二 是 把 精 力 集 中 在 你
zhī·dào de　　nǐ huì de hé nǐ yōng yǒu de dōng xi·shàng
知 道 的、你 会 的 和 你 拥 有 的 东 西 上。
　　zhè liǎng gè jiàn yì hěn guān jiàn　　yīn·wèi duì yú yí gè bā suì de hái
　　这 两 个 建 议 很 关 键。 因 为 对 于 一 个 八 岁 的 孩

子而言，他不会做的事情很多。于是他穿过大街小巷，不停地思考：人们会有什么难题，他又如何利用这个机会？

一天，吃早饭时父亲让达瑞去取报纸。美国的送报员总是把报纸从花园篱笆的一个特制的管子里塞进来。假如你想穿着睡衣舒舒服服地吃早饭和看报纸，就必须离开温暖的房间，冒着寒风，到花园去取。虽然路短，但十分麻烦。

当达瑞为父亲取报纸的时候，一个主意诞生了。当天他就按响邻居的门铃，对他们说，每个月只需付给他一美元，他就每天早上把报纸塞到他们的房门底下。大多数人都同意了，很快他有//了七十多个顾客。一个月后，当他拿到自己赚的钱时，觉得自己简直是飞上了天。

— 65 —

很快他又有了新的机会，他让他的顾客每天把垃圾袋放在门前，然后由他早上运到垃圾桶里，每个月加一美元。之后他还想出了许多孩子赚钱的办法，并把它集结成书，书名为《儿童挣钱的二百五十个主意》。为此，达瑞十二岁时就成了畅销书作家，十五岁有了自己的谈话节目，十七岁就拥有了几百万美元。

四、"文字+拼音+断句"练习

在达瑞八岁的时候／，有一天／他想去看电影／。因为没有钱／，他想是／向爸妈要钱／，还是／自己挣钱／。最后／他选择了后者／。他自己调制了／一种汽水／，向过路的行人／出售／。可那时／正是寒冷的冬天／，没有人买／，只有两个人例外／——他的爸爸／和妈妈／。

他偶然有一个／和非常成功的商人／谈话的机会／。当他对商人讲述了／自己的"破产史"后／，商人给了他／两个重要的建议／：一是尝试／为别人／解决一个难题／；二是／把精力集中在／你知道的／、你会的／和你拥有的东西上／。

这两个建议／很关键／。因为／对于一个／八岁的孩子而言／，他不会做的事情／很多／。于是／他穿过大街小巷／，不停地思考／：人们／会有什么难题／，他又如何／利用这个机会／？

一天／，吃早饭时／父亲让达瑞／去取报纸／。美国的送报员／总是把报纸／从花园篱笆的／一个特制的管子／里塞进来／。假如你想／穿着睡衣／舒舒服服地／吃早饭／和看报纸／，就必须离开／温暖的房间／，冒着寒风／，到花园去取／。虽然路短／，但十分麻烦／。

当达瑞／为父亲／取报纸的时候／，一个主意／诞生了／。当天／他就按响／邻居的门铃／，对

— 67 —

他们说/，每个月/只需付给他一美元/，他就/每天早上/把报纸塞到他们的房门底下/。大多数人都/同意了/，很快/他有//了七十多个顾客/。一个月后/，当他拿到自己赚的钱时/，觉得自己/简直是飞上了天/。

很快/他又有了/新的机会/，他让他的顾客/每天把垃圾袋/放在门前/，然后由他/早上运到垃圾桶里/，每个月加一美元/。之后/他还想出了许多/孩子赚钱的办法/，并把它/集结成书/，书名为/《儿童挣钱的/二百五十个主意》/。为此/，达瑞十二岁时/就成了畅销书作家/，十五岁/有了自己的/谈话节目/，十七岁/就拥有了几百万美元/。

作品5号：第一场雪

这是入冬以来，胶东半岛上第一场雪。

雪纷纷扬扬，下得很大。开始还伴着一阵儿小雨，不久就只见大片大片的雪花，从彤云密布的天空中飘落下来。地面上一会儿就白了。冬天的山村，到了夜里就万籁俱寂，只听得雪花簌簌地不断往下落，树木的枯枝被雪压断了，偶尔咯吱一声响。

大雪整整下了一夜。今天早晨，天放晴了，太阳出来了。推开门一看，嗬！好大的雪啊！山川、河流、树木、房屋，全都罩上了一层厚厚的雪，万里江山，变成了粉妆玉砌的世界。落光了叶子的柳树上挂满了毛茸茸亮晶晶的银条儿；而那些冬夏常青的松树和柏树上，则挂满了蓬松松沉甸甸的雪球儿。一阵风吹来，树枝轻轻地摇晃，美丽的银条儿和雪球儿簌簌地落下来，玉屑似的雪末儿随风飘扬，映着清晨的阳光，显出一道道五光十色的彩虹。

大街上的积雪足有一尺多深，人踩上去，脚底下发出咯吱咯吱的响声。一群群孩子在雪地里堆雪人，掷雪球儿。那欢乐的叫喊声，把树枝上的雪都震落下来了。

俗话说，"瑞雪兆丰年"。这个话有充分的科学根据，并不是一句迷信的成语。寒冬大雪，可以冻死一部分越冬的害虫；融化了的水渗进土层深处，又能供应//庄稼生长的需要。我相信这一场十分及时的大雪，一定会促进明年春季作物，尤其是小麦的丰收。有经验的老农把雪比作是"麦子的棉被"。冬天"棉被"盖得越厚，明春麦子就长得越好，所以又有这样一句谚语："冬天麦盖三层被，来年枕着馒头睡。"

我想，这就是人们为什么把及时的大雪称为"瑞雪"的道理吧。

（节选自峻青《第一场雪》）

一、逐句讲解

这是入冬以来，胶东半岛上第一场雪。

▶这一句有两处需要注意的地方，第一处是"入冬以来"的"来"是二声，读的时候声音要扬起来；第二处是"胶东半岛上第一场雪"里的"第一"是序数词，所以这里的"一"要读本音，不需要音变。

雪纷纷扬扬，下得很大。

▶这一句有两处需要注意的地方，第一处是"下得很大"的"得"是轻声；第二处是重点字词，如"纷纷扬扬"后面的两个"扬"都是二声，读的时候声音要扬起来。

开始还伴着一阵儿小雨，不久就只见大片大片的雪花，从彤云密布的天空中飘落下来。

▶这一句有三处需要注意的地方，第一处是轻声，句中的"着、的"都是轻声；第二处是儿话音，同学们一定要注意"一阵儿小雨"不要读成"一阵小雨"；第三处是"飘落下来"的"来"是二声，读的时候声音要扬起来。

地面上一会儿就白了。

▶这句话有两处需要注意的地方，第一处是轻声，"地面上"的"上"、"就白了"的"了"在这里要读成轻声；第二处是"一会儿"的儿化音，读的时候一定要发清楚。

冬天的山村，到了夜里就万籁俱寂，只听得雪花簌簌地不断往下落，树木的枯枝被雪压断了，偶尔咯吱一声响。

▶这一句有两处需要注意的地方，第一处是"冬天的"的"的"、"到了"的"了"、"只听得"的"得"、"雪花簌簌地"的"地"、"树木的"的"的"、"压断了"的"了"都是轻声；第二处是"一声响"的"一"在这里要读成四声。

大雪整整下了一夜。

▶这一句有三处需要注意的地方，第一处是"一"的变调，"下了一夜"里的"一"要读成二声；第二处是"整整"这个词是两个三声，根据音变规则，两个三声连在一起，前面的三声要变成二声，所以第一个"整"要读成

— 70 —

二声；第三处是轻声，"下了一夜"的"了"在这里要读成轻声。

今天早晨，天放晴了，太阳出来了。

▶这一句有两处需要注意的地方，第一处是轻声，句中的"了"都要读成轻声；第二个是"早晨"的"晨"是二声，读的时候声音要扬起来。

推开门一看，嗬！好大的雪啊！

▶这一句有三处需要注意地方，第一处是"推开门一看"的"一"在这里要读成二声；第二处是"好大的雪啊"的"啊"要读成"呀"，要注意"啊"字在具体情境中的音变；第三处是语气词"嗬"的发音要干脆。

山川、河流、树木、房屋，全都罩上了一层厚厚的雪，万里江山，变成了粉妆玉砌的世界。

▶这一句有三处需要注意的地方，第一处是句中的"了、的"都是轻声；第二处是"一层厚厚的雪"里的"一"要读成四声；第三处是重点字词，如山川、河流、树木、房屋、万里江山、粉妆玉砌、世界，读的时候一定要注意。

落光了叶子的柳树上挂满了毛茸茸亮晶晶的银条儿。

▶这里有三处需要注意的地方，第一处是句中的"了、的"以及"柳树上"的"上"都要读成轻声；第二处是"银条儿"的儿化音，要注意它的发音；第三处是要把握好整句话的节奏，同学们读的时候要注意停顿。

而那些冬夏常青的松树和柏树上，则挂满了蓬松松沉甸甸的雪球儿。

▶这一句有三处需要注意的地方，第一处是轻声，句中的"的、了"都要读成轻声；第二处是"雪球儿"是一个儿化音，要注意它的发音；第三处是要注意毛茸茸、亮晶晶、蓬松松、沉甸甸这样ABB格式的词，第二个字都读一声。

一阵风吹来，树枝轻轻地摇晃，美丽的银条儿和雪球儿簌簌地落下来，玉屑似的雪末儿随风飘扬，映着清晨的阳光，显出一道道五光十色的彩虹。

▶这句话有四处需要注意的地方，第一处是句中的"地、的"都是轻声；第二处是儿化音，"银条儿、雪球儿、雪末儿"都是儿化音，读的时候要注意；第三处是"一道道五光十色的彩虹""一阵风吹来"里的"一"要读成二声；第四处是"玉屑似的"不要读成"玉屑四的"。

大街上的积雪足有一尺多深，人踩上去，脚底下发出咯吱咯吱的响声。

▶这句话有三处需要注意的地方，第一处是句中的"的"，"脚底下"的"下"都是轻声，读的时候要注意自己的发音；第二处是"一尺多深"的"一"要读成四声；第三处是重点字音，如"咯吱咯吱的"，要注意发音。

一群群孩子在雪地里堆雪人，掷雪球儿。

▶这句话有两处需要注意的地方，第一处是轻声，"孩子"的"子"和"雪地里"的"里"都是轻声；第二处是"掷雪球儿"是一个儿化音，读的时候一定要注意。

那欢乐的叫喊声，把树枝上的雪都震落下来了。

▶这句话有一处需要注意的地方，就是轻声，"欢乐的"的"的"，"树枝上的"的"的"以及"震落下来了"的"了"都是轻声。

俗话说，"瑞雪兆丰年"。这个话有充分的科学根据，并不是一句迷信的成语。寒冬大雪，可以冻死一部分越冬的害虫；融化了的水渗进土层深处，又能供应庄稼生长的需要。

▶这里有三处需要注意的地方，第一处是轻声，句中的"的"都是轻声；第二处是"一部分"的"一"在这里要读成二声；第三处是重点词语，如要注意"供应"中的"供"要读一声。

二、断句练习

这是入冬以来/，胶东半岛上/第一场雪/。

雪/纷纷扬扬/，下得很大。开始还伴着一阵儿/小雨/，不久就只见/大片大片的雪花/，从彤云密布的天空中/飘落下来/。地面上/一会儿就白了/。冬天的山村/，到了夜里/就万籁俱寂，只听得/雪花簌簌地/不断往下落/，树木的枯枝/被雪压断了/，偶尔咯吱/一声响/。

大雪/整整下了一夜/。今天早晨/，天放晴了/，太阳出来了/。推开门一看/，嗬/！好大的雪啊/！山川/、河流/、树木/、房屋/，全都罩上了/一层厚厚的雪/，万里江山/，变成了/粉妆玉砌的世界/。落光了叶子的柳树上/挂满了/毛茸茸/亮晶晶的/银条儿/；而那些/冬夏常青的松树/和柏树上/，则挂满了/蓬松松/沉甸甸的/雪球儿/。一阵风吹来/，树枝轻轻地摇晃/，美丽的银条儿/和雪球儿/簌簌地/落下来/，玉屑似的雪末儿/随风飘扬/，映着清晨的/阳光/，显出一道道/五光十色的/彩虹/。

大街上的积雪/足有一尺多深/，人踩上去/，脚底下/发出咯吱咯吱的/响声/。一群群孩子/在雪地里/堆雪人/，掷雪球儿。那欢乐的/叫喊声/，把树枝上的雪/都震落下来了/。

俗话说/，"瑞雪兆丰年"/。这个话/有充分的/科学根据/，并不是一句/迷信的成语。寒冬大雪/，可以冻死/一部分越冬的害虫；融化了的水/渗进土层深处/，又能供应///庄稼生长的需要/。我相信/这一场十分及时的大雪/，一定会促进/明年春季作物/，尤其是/小麦的丰收/。有经验的老农/把雪/比作是/"麦子的棉被"/。冬天/"棉被"盖得越厚/，明春麦子/就长得越好/，所以/又有这样一句谚语/："冬天/麦盖/三层被/，来年/枕着/馒头睡/。"

我想/，这就是人们/为什么/把及时的大雪/称为"瑞雪"的道理吧/。

三、"文字+拼音"练习

zhè shì rù dōng yǐ lái　jiāo dōng bàn dǎo·shàng dì yī cháng xuě
这 是 入 冬 以 来， 胶 东 半 岛 上 第 一 场 雪。

xuě fēn fēn yáng yáng　xià de hěn dà　kāi shǐ hái bàn zhe yí zhènr
雪 纷 纷 扬 扬， 下 得 很 大。 开 始 还 伴 着 一 阵

xiǎo yǔ　bù jiǔ jiù zhǐ jiàn dà piàn dà piàn de xuě huā　cóng tóng yún
儿 小 雨， 不 久 就 只 见 大 片 大 片 的 雪 花， 从 彤 云

mì bù de tiān kōng zhōng piāo luò xià·lái　dì miàn·shàng yí huìr　jiù
密 布 的 天 空 中 飘 落 下 来。 地 面 上 一 会 儿 就

bái le　dōng tiān de shān cūn　dào le yè·lǐ jiù wàn lài jù jì　zhǐ
白 了。 冬 天 的 山 村， 到 了 夜 里 就 万 籁 俱 寂， 只

tīng de xuě huā sù sù de bú duàn wǎng xià luò　shù mù de kū zhī bèi xuě
听 得 雪 花 簌 簌 地 不 断 往 下 落， 树 木 的 枯 枝 被 雪

yā duàn le　ǒu ěr gē zhī yì shēng xiǎng
压 断 了， 偶 尔 咯 吱 一 声 响。

dà xuě zhěng zhěng xià le yí yè　jīn tiān zǎo·chén　tiān fàng qíng
大 雪 整 整 下 了 一 夜。 今 天 早 晨， 天 放 晴

了,太阳出来了。推开门一看,嗬!好大的雪啊!山川、河流、树木、房屋,全都罩上了一层厚厚的雪,万里江山,变成了粉妆玉砌的世界。落光了叶子的柳树上挂满了毛茸茸亮晶晶的银条儿;而那些冬夏常青的松树和柏树上,则挂满了蓬松松沉甸甸的雪球儿。一阵风吹来,树枝轻轻地摇晃,美丽的银条儿和雪球儿簌簌地落下来,玉屑似的雪末儿随风飘扬,映着清晨的阳光,显出一道道五光十色的彩虹。

　　大街上的积雪足有一尺多深,人踩上去,脚底下发出咯吱咯吱的响声。一群群孩子在雪地里堆雪人,掷雪球儿。那欢乐的叫喊声,把树枝上的雪都震落下来了。

　　俗话说,"瑞雪兆丰年"。这个话有充分的科学根据,并不是一句迷信的成语。寒冬大雪，可以冻死一部分越冬的害虫；融化了的水渗进土层深处，又能供应//庄稼生长的需要。我相信这一场十分及时的大雪，一定会促进明年春季作物，尤其是小麦的丰收。有经验的老农把雪比作是"麦子的棉被"。冬天"棉被"盖得越厚，明春麦子就长得越好，所以又有这样一句谚语："冬天麦盖三层被，来年枕着馒头睡。"

我想，这就是人们为什么把及时的大雪称为"瑞雪"的道理吧。

四、"文字+拼音+断句"练习

这是入冬以来／，胶东半岛上／第一场雪／。

雪／纷纷扬扬／，下得很大。开始还伴着一阵儿／小雨／，不久就只见／大片大片的雪花／，从彤云密布的天空中／飘落下来／。地面·上／一会儿就白了／。冬天的山村／，到了夜里/就万籁俱寂/，只听得/雪花簌簌地/不断往下落/，树木的枯枝/被雪压断了/，偶尔咯吱/一声响/。

大雪/整整下了一夜/。今天早晨/，天放晴了/，太阳出来了/。推开门一看/，嗬/！好大的雪啊/！山川/、河流/、树木/、房屋/，全都罩上了/一层厚厚的雪/，万里江山/，变成了/粉妆玉砌的世界/。落光了叶子的柳树上/挂满了/毛茸茸/亮晶晶的/银条儿/；而那些/冬夏常青的松树/和柏树上/，则挂满了/蓬松松/沉甸甸的/雪球儿/。一阵风吹来/，树枝轻轻地摇晃/，美丽的银条儿/和雪球儿/簌簌地/落下来/，玉屑似的雪末儿/随风飘扬/，映着清晨的/阳光/，显出一道道/五光十色的/彩虹/。

大街上的积雪/足有一尺多深/，人踩

上去/，脚底下/发出咯吱咯吱的/响声/。一群群孩子/在雪地里/堆雪人/，掷雪球儿/。那欢乐的叫喊声/，把树枝上的雪/都震落下来了/。

俗话说/，"瑞雪兆丰年"/。这个话/有充分的/科学根据/，并不是一句迷信的成语/。寒冬大雪/，可以冻死/一部分越冬的害虫/；融化了的水/渗进土层深处/，又能供应///庄稼生长的需要/。我相信/这一场十分及时的大雪/，一定会促进/明年春季作物/，尤其是/小麦的丰收/。有经验的老农/把雪/比作是/"麦子的棉被"/。冬天/"棉被"盖得越厚/，明春麦子/就长得越好/，所以/又有这样一句谚语/："冬天/麦盖/三层被/，来年/枕着/馒头睡/。"

我想/，这就是人们/为什么/把及时的大雪/称为"瑞雪"的道理吧/。

— 77 —

作品6号： 读书人是幸福人

　　我常想读书人是世间幸福人，因为他除了拥有现实的世界之外，还拥有另一个更为浩瀚也更为丰富的世界。现实的世界是人人都有的，而后一个世界却为读书人所独有。由此我想，那些失去或不能阅读的人是多么的不幸，他们的丧失是不可补偿的。世间有诸多的不平等，财富的不平等，权力的不平等，而阅读能力的拥有或丧失却体现为精神的不平等。

　　一个人的一生，只能经历自己拥有的那一份欣悦，那一份苦难，也许再加上他亲自闻知的那一些关于自身以外的经历和经验。然而，人们通过阅读，却能进入不同时空的诸多他人的世界。这样，具有阅读能力的人，无形间获得了超越有限生命的无限可能性。阅读不仅使他多识了草木虫鱼之名，而且可以上溯远古下及未来，饱览存在的与非存在的奇风异俗。

　　更为重要的是，读书加惠于人们的不仅是知识的增广，而且还在于精神的感化与陶冶。人们从读书学做人，从那些往哲先贤以及当代才俊的著述中学得他们的人格。人们从《论语》中学得智慧的思考，从《史记》中学得严肃的历史精神，从《正气歌》中学得人格的刚烈，从马克思学得人世//的激情，从鲁迅学得批判精神，从托尔斯泰学得道德的执着。歌德的诗句刻写着睿智的人生，拜伦的诗句呼唤着奋斗的热情。一个读书人，一个有机会拥有超乎个人生命体验的幸运人。

（节选自谢冕《读书人是幸福人》）

一、逐句讲解

　　我常想读书人是世间幸福人，因为他除了拥有现实的世界之外，还拥有另一个更为浩瀚也更为丰富的世界。

　　▶这句话有三处需要注意的地方，第一处是句中的"的"都是轻声；第二处是"另一个"的"一"在这里要读成二声;第三处是重点字音,如"因为"的"为"是四声,千万不要读成二声。

现实的世界是人人都有的,而后一个世界却为读书人所独有。

▶这一句有两处需要注意的地方,第一处是句中的"的"都是轻声;第二处是"一"的音变,"后一个世界"里的"一"要读成二声。

由此我想,那些失去或不能阅读的人是多么的不幸,他们的丧失是不可补偿的。

▶这一句有两处需要注意的地方,第一处是"由此我想"里的"我"和"想"都是三声,两个三声连在一起,前面的三声要读二声,读的时候一定要注意;第二处是轻声,句中的"的"都要读成轻声。

世间有诸多的不平等,财富的不平等,权力的不平等,而阅读能力的拥有或丧失却体现为精神的不平等。

▶这一句有两处需要注意的地方,第一处是轻声,句中的"的"都要读成轻声;第二处是整句话的节奏一定要把握好,这一点,同学们一定要注意。

一个人的一生,只能经历自己拥有的那一份欣悦,那一份苦难,也许再加上他亲自闻知的那一些关于自身以外的经历和经验。

▶这句话有四处需要注意的地方,第一处是轻声,句中的"的"都要读成轻声;第二处是"一"的音变,"一个人的一生中"的第一个"一"要读成二声,第二个"一"要读成四声,而"那一份心悦""那一份苦难"中的"一"都要读成二声;第三处是重点字词,如经历、欣悦、苦难、经验;第四处是朗读时整句话的节奏一定要把握好。

然而,人们通过阅读,却能进入不同时空的诸多他人的世界。

▶这句话有两处需要注意的地方,第一处是句中的"的"都要读成轻声;第二处是整句话的节奏一定要把握好。

这样,具有阅读能力的人,无形间获得了超越有限生命的无限可能性。

▶这句话有两处需要注意的地方,第一处是句中的"的"都要读成轻声;第二处是整句话的节奏一定要把握好。

阅读不仅使他多识了草木虫鱼之名,而且可以上溯远古下及未来,饱览存在的与非存在的奇风异俗。

▶这句话有两处需要注意的地方，第一处是轻声，句中的"了、的"都要读成轻声；第二处是重点字词，如草木虫鱼之名、上溯远古、下及未来、饱览、奇风异俗，同学们一定要注意这些词的读音。

更为重要的是，读书加惠于人们的不仅是知识的增广，而且还在于精神的感化与陶冶。

▶这句话有三处需要注意的地方，第一处是轻声，句中的"的"都要读成轻声；第二处是"更为重要"中的"为"要读成二声；第三处是重点字词，如读书、加惠、知识、精神、感化、陶冶，同学们一定要注意这些词的读音。

人们从读书学做人，从那些往哲先贤以及当代才俊的著述中学得他们的人格。

▶这句话有三处需要注意的地方，第一处是轻声，句中的"的"都要读成轻声；第二处是重点字词，如往哲先贤、当代才俊、著述、学得、人格；第三处是朗读时要把握好整句话的节奏。

人们从《论语》中学得智慧的思考，从《史记》中学得严肃的历史精神，从《正气歌》中学得人格的刚烈，从马克思学得人世的激情，从鲁迅学得批判精神，从托尔斯泰学得道德的执着。

▶这句话有两处需要注意的地方，第一处是轻声，句中的"的"都要读成轻声；第二处是"学得"的"得"不要读成轻声，要读二声。

二、 断句练习

我常想/读书人/是世间幸福人/，因为他除了/拥有现实的世界/之外/，还拥有/另一个/更为浩瀚/也更为丰富的世界/。现实的世界/是人人都有的/，而后一个世界/却为读书人/所独有/。由此我想/，那些失去/或不能阅读的人/是多么的不幸/，他们的丧失/是不可补偿的/。世间/有诸多的不平等/，财富的不平等/，权力的不平等/，而阅读能力的拥有/或丧失/却体现为/精神的不平等/。

一个人的一生/，只能经历/自己拥有的/那一份欣悦/，那一份苦难/，也许再加上/他亲自闻知的/那一些/关于自身以外的/经历/和经验/。然而/，人们通过阅读/，却能进入/不同时空的/诸多他人的世界/。这样/，具有/阅读能力的人/，无形间/获得了超越有限生命的/无限可能性/。阅读/不仅使他/多识了草木虫鱼/之名/，而且可以/上溯远古/下及未来/，饱览存在的/与非存在的/奇风异俗/。

更为重要的是/，读书/加惠于人们的/不仅是/知识的增广/，而且还在于/精神的感化/与陶冶/。人们/从读书/学做人/，从那些/往哲先贤/以及当代才俊的/著述中/学得他们的人格/。人们从《论语》中/学得智慧的/思考/，从《史记》中/学得严肃的/历史精神/，从《正气歌》中/学得/人格的刚烈/，从马克思/学得/人世//的激情/，从鲁迅/学得/批判精神/，从托尔斯泰/学得/道德的执着/。歌德的诗句/刻写着/睿智的人生/，拜伦的诗句/呼唤着/奋斗的热情/。一个读书人/，一个有机会/拥有超乎/个人生命体验的/幸运人/。

三、"文字+拼音" 练习

wǒ cháng xiǎng dú shū rén shì shì jiān xìng fú rén　yīn wèi tā chú
我 常 想 读 书 人 是 世 间 幸 福 人 ， 因 为 他 除

le yōng yǒu xiàn shí de shì jiè zhī wài　hái yōng yǒu lìng yí gè gèng wéi
了 拥 有 现 实 的 世 界 之 外 ， 还 拥 有 另 一 个 更 为

hào hàn yě gèng wéi fēng fù de shì jiè　xiàn shí de shì jiè shì rén rén dōu
浩 瀚 也 更 为 丰 富 的 世 界 。 现 实 的 世 界 是 人 人 都

yǒu de　ér hòu yí gè shì jiè què wéi dú shū rén suǒ dú yǒu　yóu cǐ wǒ
有 的 ， 而 后 一 个 世 界 却 为 读 书 人 所 独 有 。 由 此 我

xiǎng　nà xiē shī qù huò bù néng yuè dú de rén shì duō me de bú xìng
想 ， 那 些 失 去 或 不 能 阅 读 的 人 是 多 么 的 不 幸 ，

tā men de sàng shī shì bù kě bǔ cháng de　shì jiān yǒu zhū duō de bù píng
他 们 的 丧 失 是 不 可 补 偿 的 。 世 间 有 诸 多 的 不 平

děng　cái fù de bù píng děng　quán lì de bù píng děng　ér yuè dú
等 ， 财 富 的 不 平 等 ， 权 力 的 不 平 等 ， 而 阅 读

néng lì de yōng yǒu huò sàng shī què tǐ xiàn wéi jīng shén de bù
能 力 的 拥 有 或 丧 失 却 体 现 为 精 神 的 不

píng děng
平 等 。

一个人的一生，只能经历自己拥有的那一份欣悦，那一份苦难，也许再加上他亲自闻知的那一些关于自身以外的经历和经验。然而，人们通过阅读，却能进入不同时空的诸多他人的世界。这样，具有阅读能力的人，无形间获得了超越有限生命的无限可能性。阅读不仅使他多识了草木虫鱼之名，而且可以上溯远古下及未来，饱览存在的与非存在的奇风异俗。

更为重要的是，读书加惠于人们的不仅是知识的增广，而且还在于精神的感化与陶冶。人们从读书学做人，从那些往哲先贤以及当代才俊的著述中学得他们的人格。人们从《论语》中学得智慧的思考，从《史记》中学得严肃的历史精神，从《正气歌》中学得人格的刚烈，从马克思学得人世//的激情，从鲁迅学得批判精神，从托尔斯泰学得道德的执着。歌德的诗句刻写着睿智的人生，拜伦的诗句

hū huàn zhe fèn dòu de rè qíng　　　yí gè dú shū rén　　　yí gè yǒu jī·huì
呼 唤 着 奋 斗 的 热 情 。一 个 读 书 人 ，一 个 有 机 会

yōng yǒu chāo hū gè rén shēng mìng tǐ yàn de xìng yùn rén
拥 有 超 乎 个 人 生 命 体 验 的 幸 运 人 。

四、"文字+拼音+断句" 练习

　　　wǒ cháng xiǎng　　dú shū rén　　shì shì jiān xìng fú rén　　　yīn·wèi tā
　　我 常 想 /读 书 人 /是 世 间 幸 福 人 /，因 为 他

chú le　　yōng yǒu xiàn shí de shì jiè　　zhī wài　　　hái yōng yǒu　　lìng yí
除 了 /拥 有 现 实 的 世 界 /之 外 /，还 拥 有 /另 一

gè　gèng wéi hào hàn　　yě gèng wéi fēng fù de shì jiè　　xiàn shí de shì
个 /更 为 浩 瀚 /也 更 为 丰 富 的 世 界 /。现 实 的 世

jiè　　shì rén rén dōu yǒu de　　　ér hòu yí gè shì jiè　　què wéi dú shū rén
界 /是 人 人 都 有 的 /，而 后 一 个 世 界 /却 为 读 书 人 /

suǒ dú yǒu　　　yóu cǐ wǒ xiǎng　　　nà xiē shī qù　　huò bù néng yuè dú de
所 独 有 /。由 此 我 想 /，那 些 失 去 /或 不 能 阅 读 的

rén　　shì duō me de bú xìng　　　tā men de sàng shī　　shì bù kě bǔ cháng
人 /是 多 么 的 不 幸 /，他 们 的 丧 失 /是 不 可 补 偿

de　　　shì jiān　　yǒu zhū duō de bù píng děng　　　cái fù de bù píng
的 /。世 间 /有 诸 多 的 不 平 等 /，财 富 的 不 平

děng　　　quán lì de bù píng děng　　　ér yuè dú néng lì de yōng yǒu
等 /，权 力 的 不 平 等 /，而 阅 读 能 力 的 拥 有 /

huò sàng shī　　què tǐ xiàn wéi　　jīng shén de bù píng děng
或 丧 失 /却 体 现 为 /精 神 的 不 平 等 /。

　　　yí gè rén de yì shēng　　　zhǐ néng jīng lì　　zì jǐ yōng yǒu de　　nà
　　一 个 人 的 一 生 /，只 能 经 历 /自 己 拥 有 的 /那

yí fèn xīn yuè　　　nà yí fèn kǔ nàn　　　yě xǔ zài jiā·shàng　tā qīn zì
一 份 欣 悦 /，那 一 份 苦 难 /，也 许 再 加 上 /他 亲 自

wén zhī de　　nà yì xiē　　guān yú zì shēn yǐ wài de　　jīng lì　hé jīng
闻 知 的 /那 一 些 /关 于 自 身 以 外 的 /经 历 /和 经

yàn　　rán ér　　　rén men tōng guò yuè dú　　　què néng jìn rù　　bù tóng
验 /。然 而 /，人 们 通 过 阅 读 /，却 能 进 入 /不 同

shí kōng de　　zhū duō tā rén de shì jiè　　　zhè yàng　　　jù yǒu　yuè dú
时 空 的 /诸 多 他 人 的 世 界 /。这 样 /，具 有 /阅 读

能力的人/，无形间/获得了超越有限生命的/无限可能性/。阅读/不仅使他/多识了草木虫鱼之名/，而且可以/上溯远古/下及未来/，饱览存在的/与非存在的/奇风异俗/。

更为重要的是/，读书/加惠于人们的/不仅是/知识的增广/，而且还在于/精神的感化/与陶冶/。人们/从读书/学做人/，从那些/往哲先贤/以及当代才俊的/著述中/学得他们的人格/。人们从《论语》中/学得智慧的/思考/，从《史记》中/学得严肃的/历史精神/，从《正气歌》中/学得/人格的刚烈/，从马克思/学得/人世//的激情/，从鲁迅/学得/批判精神/，从托尔斯泰/学得/道德的执着/。歌德的诗句/刻写着/睿智的人生/，拜伦的诗句/呼唤着/奋斗的热情/。一个读书人/，一个有机会/拥有超乎/个人生命体验的/幸运人/。

作品 7 号： 二十美金的价值

一天，爸爸下班回到家已经很晚了，他很累也有点儿烦，他发现五岁的儿子靠在门旁正等着他。

"爸，我可以问您一个问题吗？"

"什么问题？""爸，您一小时可以赚多少钱？""这与你无关，你为什么问这个问题？"父亲生气地说。

"我只是想知道，请告诉我，您一小时赚多少钱？"小孩儿哀求道。"假如你一定要知道的话，我一小时赚二十美金。"

"哦，"小孩儿低下了头，接着又说，"爸，可以借我十美金吗？"父亲发怒了："如果你只是要借钱去买毫无意义的玩具的话，给我回到你的房间睡觉去。好好想想为什么你会那么自私。我每天辛苦工作，没时间和你玩儿小孩子的游戏。"

小孩儿默默地回到自己的房间关上门。

父亲坐下来还在生气。后来，他平静下来了。心想他可能对孩子太凶了——或许孩子真的很想买什么东西，再说他平时很少要过钱。

父亲走进孩子的房间："你睡了吗？""爸，还没有，我还醒着。"孩子回答。

"我刚才可能对你太凶了，"父亲说，"我不应该发那么大的火儿——这是你要的十美金。""爸，谢谢您。"孩子高兴地从枕头下拿出一些被弄皱的钞票，慢慢地数着。

"为什么你已经有钱了还要？"父亲不解地问。

"因为原来不够，但现在凑够了。"孩子回答："爸，我现在有//二十美金了，我可以向您买一个小时的时间吗？明天请早一点儿回家——我想和您一起吃晚餐。"

（节选自唐继柳编译《二十美金的价值》）

一、逐句讲解

一天，爸爸下班回到家已经很晚了，他很累也有点儿烦，他发现五岁的儿子靠在门旁正等着他。

▶这句话有三处需要注意的地方，第一处是轻声，句中的"了""的""子"都是轻声；第二处是"一"的音变，"一天"的"一"在这里要读成四声；第三处是儿化韵，"他很累也有点儿烦"，这里的儿化韵一定要注意。

"爸，我可以问您一个问题吗？"

▶这句话有三处需要注意的地方，第一处是"一"的音变，"一个问题"的"一"要读成二声；第二处是轻声，句里的"吗"要读成轻声；第三处是"您"的发音是二声，读的时候声音要扬起来，而且"您"是前鼻音，不要读成"宁"，要注意前后鼻音的区别。

"什么问题？""爸，您一小时可以赚多少钱？""这与你无关，你为什么问这个问题？"父亲生气地说。

▶这里有两处需要注意的地方，第一处是"一"的音变，"一小时"的"一"要读成四声；第二处是轻声，"父亲生气地说"里的"地"要读成轻声。

"我只是想知道，请告诉我，您一小时赚多少钱？"小孩儿哀求道。"假如你一定要知道的话，我一小时赚二十美金。"

▶这里有两处需要注意的地方，第一处是"一"的音变，"一小时"的"一"要读成四声，"一定"的"一"要读成二声；第二处是"一定要知道的话"中间的"的"要读成轻声。

"哦，"小孩儿低下了头，接着又说，"爸，可以借我十美金吗？"

▶这句话有两处需要注意的地方，第一处是"低下了头"的"了"要读成轻声；第二处是"小孩儿"的儿化韵。

父亲发怒了："如果你只是要借钱去买毫无意义的玩具的话，给我回到你的房间睡觉去。好好想想为什么你会那么自私。我每天辛苦工作，没时间和你玩儿小孩子的游戏。"

▶这句话有三处需要注意的地方，第一处是轻声，句中的"的"都要读成轻声；第二处是儿化韵，要注意"没时间和你玩儿"中的儿化韵；第三处是重点字词，如"好好想想"中的"好好"是两个三声，所以第二个"好"要读成轻声，"想想"中第二个"想"也读轻声。

小孩儿默默地回到自己的房间关上门。

▶这句话有一处需要注意的地方，就是轻声，"默默地""自己的"里的"地""的"都要读成轻声。

父亲坐下来还在生气。后来，他平静下来了。心想他可能对孩子太凶了——或许孩子真的很想买什么东西，再说他平时很少要过钱。

▶这句话有两处需要注意的地方，第一处是轻声，"平静下来了""太凶了"的"了"都是轻声；第二处是"很想"和"很少"都是两个三声，所以前面的三声要读成二声。

父亲走进孩子的房间："你睡了吗？""爸，还没有，我还醒着。"孩子回答。

▶这里有两处需要注意的地方，第一处是轻声，"孩子的房间"的"的"、"你睡了吗"的"吗"都要读成轻声；第二处是整句话较长，读的时候要注意断句。

"我刚才可能对你太凶了，"父亲说，"我不应该发那么大的火儿——这是你要的十美金。"

▶这句话有两处需要注意的地方，第一处是轻声，"了""的"这些都是轻声；第二处是"那么大的火儿"的儿化韵，读的时候要注意。

"爸，谢谢您。"孩子高兴地从枕头下拿出一些被弄皱的钞票，慢慢地数着。

▶这句话有三处需要注意的地方，第一处是轻声，"高兴地"的"地"、"枕头下"的"下"、"被弄皱的"的"的"、"慢慢地"的"地"、"数着"的"着"，都要读成轻声；第二处是"一些"的"一"要读成四声；第三处是整句话较长，要注意断句。

"为什么你已经有钱了还要？"父亲不解地问。

▶这句话有一处需要注意的地方，就是轻声，"有钱了"的"了"、"不解地"的"地"，都是轻声。

"因为原来不够,但现在凑够了。"孩子回答:"爸,我现在有二十美金了,我可以向您买一个小时的时间吗?明天请早一点儿回家——我想和您一起吃晚餐。"

▶这句话有两处需要注意的地方,第一处是轻声,"凑够了"的"了"在这里要读成轻声;第二处是"因为"的"为"要读作四声而不是二声,读的时候要注意。

二、断句练习

一天/,爸爸下班回到家/已经很晚了/,他很累/也有点儿烦/,他发现/五岁的儿子/靠在门旁/正等着他/。

"爸/,我可以问您一个问题吗/?"

"什么问题/?""爸/,您一小时/可以赚多少钱/?""这与你无关/,你为什么/问这个问题/?"父亲/生气地说/。

"我只是/想知道/,请告诉我/,您一小时/赚多少钱/?"小孩儿/哀求道/。"假如/你一定要知道的话/,我一小时/赚二十美金/。"

"哦/,"小孩儿/低下了头/,接着又说/,"爸/,可以借我/十美金吗/?"父亲/发怒了/:"如果/你只是要借钱/去买/毫无意义的玩具的话/,给我回到你的房间/睡觉去/。好好想想/为什么/你会那么自私/。我每天/辛苦工作/,没时间/和你玩儿/小孩子的游戏/。"

小孩儿/默默地/回到自己的房间/关上门/。

父亲坐下来/还在生气/。后来/,他平静下来了/。心想/他可能/对孩子太凶了/——或许/孩子真的/很想买什么东西/,再说/他平时很少要过钱/。

父亲/走进孩子的房间/:"你睡了吗/?""爸/,还没有/,我还醒着/。"孩子回答/。

"我刚才/可能/对你太凶了/,"父亲说/,"我不应该/发那么大的火儿/——这是你要的/十美金。/""爸/,谢谢您。"孩子高兴地/从枕头下/拿出一些/被弄皱的钞票/,慢慢地数着/。

"为什么/你已经有钱了/还要?/"父亲不解地问/。

"因为/原来不够/,但现在/凑够了/。"孩子回答/:"爸/,我现在/有//

二十美金了/，我可以向您/买一个小时的时间吗/？明天/请早一点儿/回家/——我想和您一起/吃晚餐/。"

三、"文字+拼音"练习

　　　　yì tiān　　bà ba xià bān huí dào jiā yǐ·jīng hěn wǎn le　　tā hěn lèi
　　一 天，爸 爸 下 班 回 到 家 已 经 很 晚 了，他 很 累

yě yǒu diǎnr　　fán　　tā fā xiàn wǔ suì de ér zi kào zài mén páng zhèng
也 有 点 儿 烦， 他 发 现 五 岁 的 儿 子 靠 在 门 旁 正

děng zhe tā
等 着 他。

　　　　bà　　wǒ kě yǐ wèn nín yí gè wèn tí ma
　　"爸，我 可 以 问 您 一 个 问 题 吗？"

　　　　shén me wèn tí　　　　bà　　nín yì xiǎo shí kě yǐ zhuàn duō·shǎo
　　"什 么 问 题？""爸，您 一 小 时 可 以 赚 多 少

qián　　　zhè yǔ nǐ wú guān　　nǐ wèi shén me wèn zhè ge wèn tí
钱？""这 与 你 无 关， 你 为 什 么 问 这 个 问 题？"

fù·qīn shēng qì de shuō
父 亲 生 气 地 说。

　　　　wǒ zhǐ shì xiǎng zhī·dào　　qǐng gào su wǒ　　nín yì xiǎo shí zhuàn
　　"我 只 是 想 知 道， 请 告 诉 我， 您 一 小 时 赚

duō·shǎo qián　　xiǎo háir　　āi qiú dào　　　jiǎ rú nǐ yí dìng yào
多 少 钱？"小 孩 儿 哀 求 道。 "假 如 你 一 定 要

zhī·dào de huà　　wǒ yì xiǎo shí zhuàn èr shí měi jīn
知 道 的 话， 我 一 小 时 赚 二 十 美 金。"

　　　　ò　　xiǎo háir　　dī xià le tóu　　jiē zhe yòu shuō　　bà　　kě
　　"哦，"小 孩 儿 低 下 了 头， 接 着 又 说， "爸， 可

yǐ jiè wǒ shí měi jīn ma　　fù·qīn fā nù le　　　rú guǒ nǐ zhǐ shì yào
以 借 我 十 美 金 吗？"父 亲 发 怒 了： "如 果 你 只 是 要

jiè qián qù mǎi háo wú yì yì de wán jù de huà　　gěi wǒ huí dào nǐ de
借 钱 去 买 毫 无 意 义 的 玩 具 的 话， 给 我 回 到 你 的

fáng jiān shuì jiào·qù　　hǎo hao xiǎng xiang wèi shén me nǐ huì nà me zì
房 间 睡 觉 去。 好 好 想 想 为 什 么 你 会 那 么 自

私。我每天辛苦工作，没时间和你玩儿小孩子的游戏。"

小孩儿默默地回到自己的房间关上门。

父亲坐下来还在生气。后来，他平静下来了。心想他可能对孩子太凶了——或许孩子真的很想买什么东西，再说他平时很少要过钱。

父亲走进孩子的房间："你睡了吗？""爸，还没有，我还醒着。"孩子回答。

"我刚才可能对你太凶了，"父亲说，"我不应该发那么大的火儿——这是你要的十美金。"

"爸，谢谢您。"孩子高兴地从枕头下拿出一些被弄皱的钞票，慢慢地数着。

"为什么你已经有钱了还要？"父亲不解地问。

"因为原来不够，但现在凑够了。"孩子回

dá　　　bà　　wǒ xiàn zài yǒu　　　èr shí měi jīn le　　wǒ kě yǐ xiàng nín
答："爸，我现在有//二十美金了，我可以向您

mǎi yí gè xiǎo shí de shí jiān ma　　míng tiān qǐng zǎo yì diǎnr　　huí
买一个小时的时间吗？明天请早一点儿回

jiā　　wǒ xiǎng hé nín yì qǐ chī wǎn cān
家——我想和您一起吃晚餐。"

四、"文字＋拼音＋断句"练习

　　　　yì tiān　　bà ba xià bān huí dào jiā　　yǐ·jīng hěn wǎn le　　　tā
　　　一天／，爸爸下班回到家／已经很晚了／，他

hěn lèi　yě yǒu diǎnr　fán　　tā fā xiàn　wǔ suì de ér zi　kào zài
很累／也有点儿烦／，他发现／五岁的儿子／靠在

mén páng　zhèng děng zhe tā
门旁／正等着他／。

　　　　bà　　wǒ kě yǐ wèn nín yí gè wèn tí ma
　　　"爸／，我可以问您一个问题吗／？"

　　　shén me wèn tí　　　　bà　　nín yì xiǎo shí　kě yǐ zhuàn
　　　"什么问题／？""爸／，您一小时／可以赚

duō·shǎo qián　　　zhè yǔ nǐ wú guān　　nǐ wèi shén me　　wèn
多少钱／？""这与你无关／，你为什么／问

zhè ge wèn tí　　　fù·qīn　shēng qì de shuō
这个问题／？"父亲／生气地说／。

　　　wǒ zhǐ shì　xiǎng zhī·dào　　qǐng gào su wǒ　　nín yì xiǎo shí
　　　"我只是／想知道／，请告诉我／，您一小时／

zhuàn duō shǎo qián　　xiǎo háir　　āi qiú dào　　　jiǎ rú　nǐ yí
赚多少钱／？"小孩儿／哀求道／。"假如／你一

dìng yào zhī·dào de huà　　wǒ yì xiǎo shí　zhuàn èr shí měi jīn
定要知道的话／，我一小时／赚二十美金／。"

　　　　ò　　　xiǎo háir　　dī xià le tóu　　jiē zhe yòu shuō
　　　"哦／，"小孩儿／低下了头／，接着又说／，

bà　　kě yǐ jiè wǒ　shí měi jīn ma　　fù·qīn　fā nù le
"爸／，可以借我／十美金吗／？"父亲／发怒了／：

"如果/你只是要借钱/去买/毫无意义的玩具的话/,给我回到你的房间/睡觉去/。好好想想/为什么/你会那么自私/。我每天/辛苦工作/,没时间/和你玩儿/小孩子的游戏/。"

小孩儿/默默地/回到自己的房间/关上门/。

父亲坐下来/还在生气/。后来/,他平静下来了/。心想/他可能/对孩子太凶了/——或许/孩子真的/很想买什么东西/,再说/他平时很少要过钱/。

父亲/走进孩子的房间/:"你睡了吗/?"

"爸/,还没有/,我还醒着/。"孩子回答/。

"我刚才/可能/对你太凶了/,"父亲说/,"我不应该/发那么大的火儿/——这是你要的/十美金。/" "爸/,谢谢您/。"孩子高兴地/从枕头下/拿出一些/被弄皱的钞票/,慢慢地数着/。

"为什么/你已经有钱了/还要？/"父亲不解地问/。

"因为/原来不够/,但现在/凑够了/。"孩子回答/:"爸/,我现在/有//二十美金了/,我可以向您/买一个小时的时间吗/?明天/请早一点儿/回家/——我想和您一起/吃晚餐/。"

作品 8 号： 繁星

我爱月夜，但我也爱星天。从前在家乡七八月的夜晚在庭院里纳凉的时候，我最爱看天上密密麻麻的繁星。望着星天，我就会忘记一切，仿佛回到了母亲的怀里似的。

三年前在南京我住的地方有一道后门，每晚我打开后门，便看见一个静寂的夜。下面是一片菜园，上面是星群密布的蓝天。星光在我们的肉眼里虽然微小，然而它使我们觉得光明无处不在。那时候我正在读一些天文学的书，也认得一些星星，好像它们就是我的朋友，它们常常在和我谈话一样。

如今在海上，每晚和繁星相对，我把它们认得很熟了。我躺在舱面上，仰望天空。深蓝色的天空里悬着无数半明半昧的星。船在动，星也在动，它们是这样低，真是摇摇欲坠呢！渐渐地我的眼睛模糊了，我好像看见无数萤火虫在我的周围飞舞。海上的夜是柔和的，是静寂的，是梦幻的。我望着许多认识的星，我仿佛看见它们在对我眨眼，我仿佛听见它们在小声说话。这时我忘记了一切。在星的怀抱中我微笑着，我沉睡着。我觉得自己是一个小孩子，现在睡在母亲的怀里了。

有一夜，那个在哥伦波上船的英国人指给我看天上的巨人。他用手指着：//那四颗明亮的星是头，下面的几颗是身子，这几颗是手，那几颗是腿和脚，还有三颗星算是腰带。经他这一番指点，我果然看清楚了那个天上的巨人。看，那个巨人还在跑呢！

（节选自巴金《繁星》）

一、逐句讲解

我爱月夜，但我也爱星天。

▶这一句有两处需要注意的地方，第一处是"月夜"的两个音节都是四声；第二处是"星天"的两个音节都是一声。

从前在家乡七八月的夜晚在庭院里纳凉的时候，我最爱看天上密密麻麻的繁星。

▶这一句有三处需要注意的地方，第一处是"从前"的两个音节都是阳平；第二处是"纳凉"的两个音节分别是四声和二声，第三处是"密密麻麻"是"中重中重"格式。

望着星天，我就会忘记一切，仿佛回到了母亲的怀里似的。

▶这一句有两处需要注意的地方，第一处是"忘记一切"需要重读；第二处是"了""的"要读成轻声。

三年前在南京我住的地方有一道后门，每晚我打开后门，便看见一个静寂的夜。

▶这一句有四处需要注意的地方，第一处是"三年前"需要重读；第二处是"南京"的两个音节分别是二声和一声；第三处是"一道"的两个音节分别是二声和四声；第四处是"静寂"的两个音节都是四声，特别是"静"，后鼻韵母需要归音到位，读的时候要格外注意。

下面是一片菜园，上面是星群密布的蓝天。

▶这一句有四处需要注意的地方，第一处是"下面"的"面"读轻声；第二处是"菜园"中的"园"发音要圆润饱满；第三处是"上面"的"面"也是轻声；第四处是"蓝天"是"重中"格式。

星光在我们的肉眼里虽然微小，然而它使我们觉得光明无处不在。

▶这一句有四处需要注意的地方，第一处是"星光"的两个音节都是后鼻韵母，归音要到位；第二处是"微小"中的"微"读的时候唇部要集中，"小"要三声到位；第三处是"然而"一词读的时候需要逻辑转换；第四处是"光明"这两个字需要重读，同时要注意后鼻韵母归音到位。

那时候我正在读一些天文学的书，也认得一些星星，好像它们就是我的朋友，它们常常在和我谈话一样。

▶这一句有四处需要注意的地方，第一处是"那时候"读的时候需要口语化；第二处是"它们"中的"们"是轻声；第三处是"朋友"的"友"需要轻读；第四处是"一样"的"一"要变调成二声。

如今在海上，每晚和繁星相对，我把它们认得很熟了。

▶这一句有三处需要注意的地方，第一处是"海上"中的"上"是轻声；第二处是"相对"是重音；第三处是"熟了"中的"了"是轻声。

我躺在舱面上，仰望天空。深蓝色的天空里悬着无数半明半昧的星。

▶这一句有两处需要注意的地方，第一处是"舱面上"中的"上"是轻声；第二处是"半明半昧"是重音，是"中重中重"格式。

船在动，星也在动，它们是这样低，真是摇摇欲坠呢！

▶这一句有一处需要注意的地方，就是"低"是重音。

渐渐地我的眼睛模糊了，我好像看见无数萤火虫在我的周围飞舞。

▶这一句有一处需要注意的地方，就是"模糊"的"糊"要轻读。

海上的夜是柔和的，是静寂的，是梦幻的。

▶这一句有三处需要注意的地方，第一处是"柔和"是重音；第二处是"静寂"是重音；第三处是"梦幻"是重音。

我望着许多认识的星，我仿佛看见它们在对我眨眼，我仿佛听见它们在小声说话。

▶这一句有两处需要注意的地方，第一处是"看见"要强调"看"；第二处是"听见"要强调"听"。

这时我忘记了一切。在星的怀抱中我微笑着，我沉睡着。

▶这里有三处需要注意的地方，第一处是"忘记了"中的"了"是轻声；第二处是"微笑"是重音；第三处是"沉睡"是重音。

我觉得自己是一个小孩子，现在睡在母亲的怀里了。

▶这一句有两处需要注意的地方，第一处是"小孩子"的"子"要轻读；第二处是"忘记了"中的"了"是轻声。

二、断句练习

我爱月夜/，但我/也爱星天/。从前在家乡/七八月的夜晚/在庭院里纳凉的时候/，我最爱看/天上密密麻麻的繁星/。望着星天/，我就会/忘记一切/，仿佛回到了/母亲的怀里/似的/。

三年前/在南京/我住的地方/有一道后门/，每晚/我打开后门/，便看见/

一个静寂的夜/。下面是/一片菜园/，上面是/星群密布的/蓝天/。星光在我们的肉眼里/虽然微小/，然而它使我们/觉得光明/无处不在/。那时候/我正在读一些/天文学的书/，也认得/一些星星/，好像/它们就是/我的朋友/，它们常常/在和我谈话一样/。

如今在海上/，每晚/和繁星相对/，我把它们/认得很熟了/。我躺在/舱面上/，仰望天空/。深蓝色的天空里/悬着无数/半明半昧的星/。船在动/，星也在动/，它们/是这样低/，真是/摇摇欲坠呢/！渐渐地/我的眼睛模糊了/，我好像看见无数萤火虫/在我的周围飞舞/。海上的夜/是柔和的/，是静寂的/，是梦幻的/。我望着许多/认识的星/，我仿佛看见/它们在对我眨眼/，我仿佛听见/它们在小声说话/。这时/我忘记了/一切/。在星的怀抱中/我微笑着/，我沉睡着/。我觉得/自己是一个小孩子/，现在/睡在母亲的/怀里了/。

有一夜/，那个在哥伦波/上船的英国人/指给我看/天上的巨人/。他用手指着/：//那四颗明亮的星/是头/，下面的几颗/是身子/，这几颗/是手/，那几颗/是腿/和脚/，还有三颗星/算是腰带/。经他/这一番指点/，我果然/看清楚了/那个天上的巨人/。看，/那个巨人/还在跑呢/！

三、"文字＋拼音" 练习

wǒ ài yuè yè　dàn wǒ yě ài xīng tiān　cóng qián zài jiā xiāng qī
我 爱 月 夜， 但 我 也 爱 星 天 。 从 前 在 家 乡 七

bā yuè de yè wǎn zài tíng yuàn·lǐ nà liáng de shí hou　wǒ zuì ài kàn
八 月 的 夜 晚 在 庭 院 里 纳 凉 的 时 候， 我 最 爱 看

tiān·shàng mì mì má má de fán xīng　wàng zhe xīng tiān　wǒ jiù huì
天 上 密 密 麻 麻 的 繁 星。 望 着 星 天， 我 就 会

wàng jì yí qiè　fǎng fú huí dào le mǔ·qīn de huái·lǐ shì de
忘 记 一 切， 仿 佛 回 到 了 母 亲 的 怀 里 似 的。

sān nián qián zài Nán jīng wǒ zhù de dì fang yǒu yí dào hòu mén　měi
三 年 前 在 南 京 我 住 的 地 方 有 一 道 后 门 ， 每

wǎn wǒ dǎ kāi hòu mén　biàn kàn·jiàn yí gè jìng jì de yè　xià·miàn
晚 我 打 开 后 门， 便 看 见 一 个 静 寂 的 夜。 下 面

是一片菜园，上面是星群密布的蓝天。星光在我们的肉眼里虽然微小，然而它使我们觉得光明无处不在。那时候我正在读一些天文学的书，也认得一些星星，好像它们就是我的朋友，它们常常在和我谈话一样。

如今在海上，每晚和繁星相对，我把它们认得很熟了。我躺在舱面上，仰望天空。深蓝色的天空里悬着无数半明半昧的星。船在动，星也在动，它们是这样低，真是摇摇欲坠呢！渐渐地我的眼睛模糊了，我好像看见无数萤火虫在我的周围飞舞。

海上的夜是柔和的，是静寂的，是梦幻的。我望着许多认识的星，我仿佛看见它们在对我眨眼，我仿佛听见它们在小声说话。这时我忘记了一切。在星的怀抱中我微笑着，我沉睡着。我觉得自己是一个小孩子，现在睡在

mǔ · qīn de huái · lǐ le
母 亲的怀 里了。

　　　　yǒu yí yè　　nà ge zài Gē lún bō shàng chuán de Yīng guó rén zhǐ gěi
　　　有一夜，那个在哥伦波 上　船 的英 国人指给

wǒ kàn tiān · shàng de jù rén　　tā yòng shǒu zhǐ zhe　　nà sì kē míng
我看天　上 的巨 人。他 用 手 指 着：那四颗 明

liàng de xīng shì tóu　　xià · miàn de jǐ kē shì shēn zi　　zhè jǐ kē shì
亮 的星 是头，下　面 的几颗是 身 子， 这 几颗是

shǒu　　nà jǐ kē shì tuǐ hé jiǎo　　hái yǒu sān kē xīng suàn shì yāo dài
手 ， 那几颗是 腿 和 脚， 还 有 三 颗 星　算 是 腰 带。

jīng tā zhè yì fān zhǐ diǎn　　wǒ guǒ rán kàn qīng chu le nà ge tiān · shàng
经 他 这一番 指 点，我果 然 看 清　楚了那个 天　上

de jù rén　　kàn　　nà ge jù rén hái zài pǎo ne
的巨人。看， 那个巨人还在 跑 呢！

四、"文字＋拼音＋断句" 练习

　　　　wǒ ài yuè yè　　dàn wǒ yě ài xīng tiān　　cóng qián zài jiā
　　　我爱月夜／，但 我／也 爱 星 天／。从 前 在家

xiāng　qī bā yuè de yè wǎn　　zài tíng yuàn · lǐ nà liáng de shí hou　　wǒ
乡／七 八 月 的 夜 晚／在 庭 院　里纳 凉 的时 候／，我

zuì ài kàn tiān · shàng mì mì má má de fán xīng　　wàng zhe xīng
最 爱 看／天　上 密 密 麻 麻 的 繁 星／。 望 着 星

tiān　　wǒ jiù huì　wàng jì yí qiè　　fǎng fú huí dào le　　mǔ · qīn de
天／，我 就 会／ 忘 记一切／，仿 佛 回 到 了／母　亲 的

huái · lǐ　shì de
怀 里／似 的／。

　　　　sān nián qián　zài Nán jīng　wǒ zhù de dì fang　yǒu yí dào hòu
　　　三 年 前／在 南 京／我 住 的 地 方／有 一 道 后

mén　　měi wǎn　wǒ dǎ kāi hòu mén　　biàn kàn · jiàn　yí gè jìng jì
门／， 每 晚／我打开后 门／，便 看 见／一个 静 寂

de yè　　xià · miàn shì　yí piàn cài yuán　　shàng · miàn shì　xīng qún
的夜／。下　面 是／一片 菜 园／，上　面 是／星 群

密布的/蓝天/。星光在我们的肉眼里/虽然微小/,然而它使我们/觉得光明/无处不在/。

那时候/我正在读一些/天文学的书/,也认得/一些星星/,好像/它们就是/我的朋友/,它们常常/在和我谈话一样/。

如今在海上/,每晚/和繁星相对/,我把它们/认得很熟了/。我躺在/舱面上/,仰望天空/。深蓝色的天空里/悬着无数/半明半昧的星/。船在动/,星也在动/,它们/是这样低/,真是/摇摇欲坠呢/!渐渐地/我的眼睛模糊了/,我好像看见无数萤火虫/在我的周围飞舞/。海上的夜/是柔和的/,是静寂的/,是梦幻的/。我望着许多/认识的星/,我仿佛看见/它们在对我眨眼/,我仿佛听见/它们在小声说话/。这时/我忘记了/一切/。在星的怀抱中/我微笑着/,我沉睡着/。我觉得/自己是一个小孩子/，现在/睡在母亲的/怀里了/。

有一夜/，那个在哥伦波/上船的英国人/指给我看/天上的巨人/。他用手指着/：//那四颗明亮的星/是头/，下面的几颗/是身子/，这几颗/是手/，那几颗/是腿/和脚/，还有三颗星/算是腰带/。经他/这一番指点/，我果然/看清楚了/那个天上的巨人/。看，/那个巨人/还在跑呢/！

作品9号： 风筝畅想曲

假日到河滩上转转，看见许多孩子在放风筝。一根根长长的引线，一头系在天上，一头系在地上，孩子同风筝都在天与地之间悠荡，连心也被悠荡得恍恍惚惚了，好像又回到了童年。

儿时放的风筝，大多是自己的长辈或家人编扎的，几根削得很薄的篾，用细纱线扎成各种鸟兽的造型，糊上雪白的纸片，再用彩笔勾勒出面孔与翅膀的图案。通常扎得最多的是"老雕""美人儿""花蝴蝶"等。

我们家前院就有位叔叔，擅扎风筝，远近闻名。他扎的风筝不只体形好看，色彩艳丽，放飞得高远，还在风筝上绷一叶用蒲苇削成的膜片，经风一吹，发出"嗡嗡"的声响，仿佛是风筝的歌唱，在蓝天下播扬，给开阔的天地增添了无尽的韵味，给驰荡的童心带来几分疯狂。

我们那条胡同的左邻右舍的孩子们放的风筝几乎都是叔叔编扎的。他的风筝不卖钱，谁上门去要，就给谁，他乐意自己贴钱买材料。

后来，这位叔叔去了海外，放风筝也渐与孩子们远离了。不过年年叔叔给家乡写信，总不忘提起儿时的放风筝。香港回归之后，他的家信中说到，他这只被故乡放飞到海外的风筝，尽管飘荡游弋，经沐风雨，可那线头儿一直在故乡和//亲人手中牵着，如今飘得太累了，也该要回归到家乡和亲人身边来了。

是的。我想，不光是叔叔，我们每个人都是风筝，在妈妈手中牵着，从小放到大，再从家乡放到祖国最需要的地方去啊！

（节选自李恒瑞《风筝畅想曲》）

一、逐句讲解

假日到河滩上转转，看见许多孩子在放风筝。

▶这一句有两处需要注意的地方,第一处是"转转"中的第二个"转"读轻声;第二处是"放风筝"中的"筝"读轻声。

一根根长长的引线,一头系在天上,一头系在地上,孩子同风筝都在天与地之间悠荡,连心也被悠荡得恍恍惚惚了,好像又回到了童年。

▶这一句有三处需要注意的地方,第一处是"一头"中"一"要变调成四声;第二处是"悠荡"是重音;第三处是"恍恍惚惚"是"中轻中重"格式。

儿时放的风筝,大多是自己的长辈或家人编扎的,几根削得很薄的篾,用细纱线扎成各种鸟兽的造型,糊上雪白的纸片,再用彩笔勾勒出面孔与翅膀的图案。

▶这一句有四处需要注意的地方,第一处是"编扎""扎成"中的"扎"是翘舌音;第二处是"篾"读"miè";第三处是"鸟兽"是重音;第四处是"糊上"中的"上"是轻声。

通常扎得最多的是"老雕""美人儿""花蝴蝶"等。

▶这一句有一处需要注意的地方,就是"美人儿"的儿化音。

我们家前院就有位叔叔,擅扎风筝,远近闻名。

▶这一句有一处需要注意的地方,就是"风筝"中的"筝"是轻声。

他扎的风筝不只体形好看,色彩艳丽,放飞得高远,还在风筝上绷一叶用蒲苇削成的膜片,经风一吹,发出"嗡嗡"的声响,仿佛是风筝的歌唱,在蓝天下播扬,给开阔的天地增添了无尽的韵味,给驰荡的童心带来几分疯狂。

▶这一句有五处需要注意的地方,第一处是"好看"是重音;第二处是"艳丽"的两个音节都是四声;第三处是"高远"是重音;第四处是"嗡嗡"是象形词,是形象化重音;第五处是"无尽"是重音。

我们那条胡同的左邻右舍的孩子们放的风筝几乎都是叔叔编扎的。

▶这一句有两处需要注意的地方,第一处是句中的"的"都读成轻声;第二处是"叔叔"的第二个"叔"读成轻声。

他的风筝不卖钱,谁上门去要,就给谁,他乐意自己贴钱买材料。

▶这一句有两处需要注意的地方,第一处是"不卖钱"的"不"要变调成二声；第二处是"贴钱"是重音。

后来，这位叔叔去了海外，放风筝也渐与孩子们远离了。

▶这一句有两处需要注意的地方，第一处是"海外"是重音；第二处是"远离"是重音，注意"远"的发音要圆润饱满。

不过年年叔叔给家乡写信，总不忘提起儿时的放风筝。

▶这一句有一处需要注意的地方，就是"写信"是重音。

香港回归之后，他的家信中说到，他这只被故乡放飞到海外的风筝，尽管飘荡游弋，经沐风雨，可那线头儿一直在故乡和亲人手中牵着，如今飘得太累了，也该要回归到家乡和亲人身边来了。

▶这一句有三处需要注意的地方，第一处是"飘荡游弋"读作"piāo dàng yóu yì"；第二处是"经沐风雨"读作"jīng mù fēng yǔ"；第三处是"线头儿"的儿化音。

二、断句练习

假日/到河滩上转转/，看见许多孩子/在放风筝/。一根根长长的引线/，一头/系在天上/，一头/系在地上/，孩子同风筝/都在天与地之间悠荡/，连心也被悠荡得/恍恍惚惚了/，好像/又回到了童年/。

儿时放的风筝/，大多是/自己的长辈/或家人编扎的/，几根/削得很薄的篾/，用细纱线/扎成各种鸟兽的造型/，糊上雪白的纸片/，再用彩笔/勾勒出/面孔与翅膀的图案/。通常/扎得最多的是/"老雕"/"美人儿"/"花蝴蝶"等/。

我们家前院/就有位叔叔/，擅扎风筝/，远近闻名/。他扎的风筝/不只体形好看/，色彩艳丽/，放飞得/高远/，还在风筝上/绷一叶/用蒲苇/削成的膜片/，经风一吹/，发出"嗡嗡"的/声响/，仿佛是/风筝的歌唱/，在蓝天下播扬/，给开阔的/天地/增添了/无尽的韵味/，给驰荡的/童心/带来/几分疯狂。

我们那条胡同的/左邻右舍的/孩子们/放的风筝/几乎都是/叔叔编扎的/。他的风筝/不卖钱/，谁上门去要/，就给谁/，他乐意/自己贴钱买材料/。

后来/，这位叔叔/去了海外/，放风筝/也渐与孩子们/远离了/。不过年年/叔叔给家乡写信/，总不忘提起/儿时的放风筝/。香港回归之后/，他在家信中/说到/，他这只/被故乡放飞到/海外的风筝/，尽管/飘荡游弋/，经沐风雨/，可那线头儿/一直在故乡/和//亲人/手中牵着/，如今/飘得太累了/，也该要/回归到家乡/和亲人身边来了/。

是的/。我想/，不光是叔叔/，我们每个人/都是风筝/，在妈妈手中/牵着/，从小/放到大/，再从家乡/放到祖国/最需要的/地方去啊/！

三、"文字＋拼音" 练习

　　jià rì dào hé tān·shàng zhuàn zhuan，kàn·jiàn xǔ duō hái zi zài
　　假 日 到 河 滩 上 转 转 ，看 见 许 多 孩 子 在
fàng fēng zheng。yì gēn gēn cháng cháng de yǐn xiàn，yì tóur jì zài
放 风 筝 。一 根 根 长 长 的 引 线 ，一 头 系 在
tiān·shàng，yì tóur jì zài dì·shàng，hái zi tóng fēng zheng dōu zài
天 上 ，一 头 系 在 地 上 ，孩 子 同 风 筝 都 在
tiān yǔ dì zhī jiān yōu dàng，lián xīn yě bèi yōu dàng de huǎng huǎng hū hū
天 与 地 之 间 悠 荡 ，连 心 也 被 悠 荡 得 恍 恍 惚 惚
le，hǎo xiàng yòu huí dào le tóng nián。
了 ，好 像 又 回 到 了 童 年 。

　　ér shí fàng de fēng zheng，dà duō shì zì jǐ de zhǎng bèi huò jiā rén
　　儿 时 放 的 风 筝 ，大 多 是 自 己 的 长 辈 或 家 人
biān zā de，jǐ gēn xiāo de hěn báo de miè，yòng xì shā xiàn zā chéng
编 扎 的 ，几 根 削 得 很 薄 的 篾 ，用 细 纱 线 扎 成
gè zhǒng niǎo shòu de zào xíng，hú·shàng xuě bái de zhǐ piàn，zài yòng
各 种 鸟 兽 的 造 型 ，糊 上 雪 白 的 纸 片 ，再 用
cǎi bǐ gōu lè chū miàn kǒng yǔ chì bǎng de tú àn。tōng cháng zā de zuì
彩 笔 勾 勒 出 面 孔 与 翅 膀 的 图 案 。通 常 扎 得 最
duō de shì "lǎo diāo" "měi rénr" "huā hú dié" děng。
多 的 是 "老 雕" "美 人 儿" "花 蝴 蝶" 等 。

　　wǒ men jiā qián yuàn jiù yǒu wèi shū shu，shàn zā fēng zheng，
　　我 们 家 前 院 就 有 位 叔 叔 ，擅 扎 风 筝 ，
yuǎn jìn wén míng。tā zā de fēng zheng bù zhǐ tǐ xíng hǎo kàn，sè cǎi
远 近 闻 名 。他 扎 的 风 筝 不 只 体 形 好 看 ，色 彩

艳丽，放飞得高远，还在风筝上绷一叶用蒲苇削成的膜片，经风一吹，发出"嗡嗡"的声响，仿佛是风筝的歌唱，在蓝天下播扬，给开阔的天地增添了无尽的韵味，给驰荡的童心带来几分疯狂。

我们那条胡同的左邻右舍的孩子们放的风筝几乎都是叔叔编扎的。他的风筝不卖钱，谁上门去要，就给谁，他乐意自己贴钱买材料。

后来，这位叔叔去了海外，放风筝也渐与孩子们远离了。不过年年叔叔给家乡写信总不忘提起儿时的放风筝。香港回归之后，他在家信中说到，他这只被故乡放飞到海外的风筝，尽管飘荡游弋，经沐风雨，可那线头儿一直在故乡和//亲人手中牵着，如今飘得太累了，也该要回归到家乡和亲人身边来了。

是的。我想，不光是叔叔，我们每个人都

shì fēng zheng　　zài mā ma shǒu zhōng qiān zhe　　cóng xiǎo fàng dào dà
是 风 筝 ，在 妈 妈 手 中 牵 着 ，从 小 放 到 大 ，

zài cóng jiā xiāng fàng dào zǔ guó zuì xū yào de dì fang qù ya
再 从 家 乡 放 到 祖 国 最 需 要 的 地 方 去 啊！

四、"文字 + 拼音 + 断句" 练习

　　jià rì　　dào hé tān·shàng zhuàn zhuan　　kàn·jiàn xǔ duō hái zi
　　假 日／到 河 滩 上 转 转／，看 见 许 多 孩 子／

zài fàng fēng zheng　　yì gēn gēn cháng cháng de yǐn xiàn　　yì tóur
在 放 风 筝／。一 根 根 长 长 的 引 线／，一 头／

jì zài tiān·shàng　　yì tóur　jì zài dì·shàng　　hái zi tóng fēng
系 在 天 上／，一 头／系 在 地 上／，孩 子 同 风

zheng　dōu zài tiān yǔ dì zhī jiān yōu dàng　　lián xīn yě bèi yōu dàng de
筝／都 在 天 与 地 之 间 悠 荡／，连 心 也 被 悠 荡 得／

huǎng huǎng hū hū le　　hǎo xiàng　yòu huí dào le tóng nián
恍 恍 惚 惚 了／，好 像／又 回 到 了 童 年／。

　　ér shí fàng de fēng zheng　　dà duō shì　zì jǐ de zhǎng bèi　huò
　　儿 时 放 的 风 筝／，大 多 是／自 己 的 长 辈／或

jiā rén biān zā de　　jǐ gēn　xiāo de hěn báo de miè　　yòng xì shā
家 人 编 扎 的／，几 根／削 得 很 薄 的 篾／，用 细 纱

xiàn　zā chéng gè zhǒng niǎo shòu de zào xíng　　hú·shàng xuě bái de
线／扎 成 各 种 鸟 兽 的 造 型／，糊 上 雪 白 的

zhǐ piàn　　zài yòng cǎi bǐ　gōu lè chū　miàn kǒng yǔ chì bǎng de tú
纸 片／，再 用 彩 笔／勾 勒 出／面 孔 与 翅 膀 的 图

àn　　tōng cháng　zā de zuì duō de shì　　lǎo diāo　　měi rénr
案／。通 常／扎 得 最 多 的 是／"老 雕"／"美 人

　　　　huā hú dié　　děng
儿"／"花 蝴 蝶" 等／。

　　wǒ men jiā qián yuàn　　jiù yǒu wèi shū shu　　shàn zā fēng zheng
　　我 们 家 前 院／就 有 位 叔 叔／，擅 扎 风 筝／，

yuǎn jìn wén míng　　tā zā de fēng zhēng　bù zhǐ tǐ xíng hǎo kàn
远 近 闻 名／。他 扎 的 风 筝／不 只 体 形 好 看／，

色彩艳丽/，放飞得/高远/，还在风筝 上/绷一叶/用蒲苇/削 成 的 膜片/，经风一吹/，发出"嗡嗡"的/声响/，仿佛是/风筝的/歌唱/，在蓝天 下播扬/，给开阔的/天地/增添了/无尽的韵味/，给驰荡的/童心/带来/几分疯 狂 。

我们那条胡同的/左邻右舍的/孩子们/放的风筝/几乎都是/叔叔编扎的/。他的风筝/不卖钱/，谁 上 门 去 要/，就给谁/，他乐意/自己贴钱买材料/。

后来/，这位叔叔/去了海外/，放风筝/也渐与孩子们/远离了/。不过年年/叔叔给家乡写信/，总不忘提起/儿时的放风筝/。香 港回归之后/，他在家信 中/说到/，他这只/被故乡放飞到/海外的风筝/，尽管/飘荡游弋/，经沐风雨/，可那线头儿/一直在故乡/和//亲人/手 中 牵 着/，如今/飘得太累了/，也该要/回归到家乡/和亲人身边来了/。

是的/。我想/,不光是叔叔/,我们每个人/都是风筝/,在妈妈手中/牵着/,从小/放到大/,再从家乡/放到祖国/最需要的/地方去啊/!

作品 10 号： 父亲的爱

爸不懂得怎样表达爱，使我们一家人融洽相处的是我妈。他只是每天上班下班，而妈则把我们做过的错事开列清单，然后由他来责骂我们。

有一次我偷了一块糖果，他要我把它送回去，告诉卖糖的说是我偷来的，说我愿意替他拆箱卸货作为赔偿。但妈妈却明白我只是个孩子。

我在运动场打秋千跌断了腿，在前往医院的途中一直抱着我的，是我妈。爸把汽车停在急诊室门口，他们叫他驶开，说那空位是留给紧急车辆停放的。爸听了便叫嚷道："你以为这是什么车？旅游车？"

在我生日会上，爸总是显得有些不大相称。他只是忙于吹气球，布置餐桌，做杂务。把插着蜡烛的蛋糕推过来让我吹的，是我妈。

我翻阅照相册时，人们总是问："你爸爸是什么样子的？"天晓得！他老是忙着替别人拍照。妈和我笑容可掬地一起拍的照片，多得不可胜数。

我记得妈有一次叫他教我骑自行车。我叫他别放手，但他却说是应该放手的时候了。我摔倒之后，妈跑过来扶我，爸却挥手要她走开。我当时生气极了，决心要给他点儿颜色看。于是我马上爬上自行车，而且自己骑给他看。他只是微笑。

我念大学时，所有的家信都是妈写的。他//除了寄支票外，还寄过一封短柬给我，说因为我不在草坪上踢足球了，所以他的草坪长得很美。

每次我打电话回家，他似乎都想跟我说话，但结果总是说："我叫你妈来接。"

我结婚时，掉眼泪的是我妈。他只是大声擤了一下鼻子，便走出房间。

我从小到大都听他说："你到哪里去？什么时候回家？汽车有没有汽油？不，不准去。"爸完全不知道怎样表达爱。除非……

会不会是他已经表达了，而我却未能察觉？

（节选自 ［美］艾尔玛·邦贝克《父亲的爱》）

一、逐句讲解

爸不懂得怎样表达爱，使我们一家人融洽相处的是我妈。

▶这一句有两处需要注意的地方，第一处是"不懂得"中的"得"要轻读；第二处是"融洽相处的"里"的"要轻读，"融洽相处"四个字读的时候要注意发音饱满、放慢语速。

他只是每天上班下班，而妈则把我们做过的错事开列清单，然后由他来责骂我们。

▶这一句有三处需要注意的地方，第一处是"上班下班"中"上"和"下"是重音；第二处是"清单"中的"清"是后鼻韵母，读的时候注意归音到位；第三处是"责骂"是重音。

有一次我偷了一块糖果，他要我把它送回去，告诉卖糖的说是我偷来的，说我愿意替他拆箱卸货作为赔偿。

▶这一句有四处需要注意的地方，第一处是"送回去"中的"去"是方位词，要轻读；第二处是"偷来的"中的"来"和"的"是轻声；第三处是"拆箱卸货"读作"chāi xiāng xiè huò"；第四处是"赔偿"是重音。

但妈妈却明白我只是个孩子。

▶这一句有两处需要注意的地方，第一处是"明白"的"白"要轻读；第二处是"孩子"的"子"要轻读。

我在运动场打秋千跌断了腿，在前往医院的途中一直抱着我的，是我妈。

▶这一句有三处需要注意的地方，第一处是"打秋千"是"中重轻"格式；第二处是"跌断了"是"中重轻"格式；第三处是"抱着"的"着"是轻声。

爸把汽车停在急诊室门口，他们叫他驶开，说那空位是留给紧急车辆停放的。

▶这一句有两处需要注意的地方，第一处"驶开"是"重轻"格式；第二处是"空位"是重音。

爸听了便叫嚷道："你以为这是什么车？旅游车？"

▶这一句有一处需要注意的地方，就是"叫嚷"是重音。

在我生日会上，爸总是显得有些不大相称。他只是忙于吹气球，布置餐桌，做杂务。

▶这一句有四处需要注意的地方，第一处是"不大相称"读作"bú dà xiāng chèn"，是"中轻中重"格式；第二处是"忙于"的两个音节都是二声；第三处是"餐桌"的"餐"是平舌音，"桌"是翘舌音，要分清；第四处是"杂物"是重音。

把插着蜡烛的蛋糕推过来让我吹的，是我妈。

▶这一句有三处需要注意的地方，第一处是"插着"的"着"是轻声；第二处是"推过来"是重中轻格式；第三处是句中的"的"都是轻声。

我翻阅照相册时，人们总是问："你爸爸是什么样子的?"天晓得！他老是忙着替别人拍照。妈和我笑容可掬地一起拍的照片，多得不可胜数。

▶这里有三处需要注意的地方，第一处是"别人"是"重轻"格式；第二处是"一起"的"一"读四声；第三处是"不可胜数"读作"bù kě shèng shǔ"。

我记得妈有一次叫他教我骑自行车。我叫他别放手，但他却说是应该放手的时候了。

▶这里有两处需要注意的地方，第一处是"别放手"是"中重轻"格式；第二处是"时候"是"重轻"格式。

我摔倒之后，妈跑过来扶我，爸却挥手要她走开。

▶这一句有两处需要注意的地方，第一处是"跑过来"是"重中轻"格式；第二处是"走开"中的"开"是轻声。

我当时生气极了，决心要给他点儿颜色看。

▶这一句有一处需要注意的地方，就是"点"是三声。

于是我马上爬上自行车，而且自己骑给他看。他只是微笑。

▶这里有两处需要注意的地方，第一处是"马上爬上"中的两个"上"都要轻读；第二处是"骑"是重音。

我念大学时，所有的家信都是妈写的。

▶这一句有一处需要注意的地方，就是"妈"是重音，读的时候要强调。

二、断句练习

爸不懂得/怎样/表达爱/，使我们/一家人/融洽相处的/是我妈/。他只是每天/上班下班/，而妈则/把我们做过的/错事开列清单/，然后/由他来/责骂我们/。

有一次/我偷了/一块糖果/，他要我/把它送回去/，告诉卖糖的说/是我偷来的/，说我愿意/替他拆箱卸货/作为赔偿/。但/妈妈却明白/我只是个孩子/。

我在运动场打秋千/跌断了腿/，在前往医院途中/一直抱着我的/，是我妈/。爸把汽车/停在在急诊室门口/，他们叫他驶开/，说那空位是/留给紧急车辆/停放的/。爸听了/便叫嚷道/：“你以为/这是什么车/？旅游车/？"

在我生日会上/，爸总是显得/有些不大相称/。他只是忙于/吹气球/，布置餐桌/，做杂务/。把插着蜡烛的蛋糕/推过来/让我吹的/，是我妈/。

我翻阅/照相册时/，人们总是问/："你爸爸/是什么样子的/？"天晓得/！他老是忙着/替别人拍照/。妈和我/笑容可掬地/一起拍的照片/，多得不可胜数/。

我记得/妈有一次/叫他教我/骑自行车/。我叫他/别放手/，但他却说/是应该/放手的时候了/。我摔倒之后/，妈跑过来扶我/，爸却挥手/要她走开/。我当时/生气极了/，决心/要给他点儿/颜色看/。于是/我马上爬上自行车/，而且自己/骑给他看/。他只是微笑/。

我念大学时/，所有的家信/都是妈写的/。他//除了/寄支票外/，还寄过/一封短柬给我/，说因为我不在草坪上/踢足球了/，所以/他的草坪/长得很美/。

每次/我打电话回家/，他似乎都/想跟我说话/，但结果总是说/："我叫你妈来接/。"

我结婚时/，掉眼泪的/是我妈/。他只是大声/擤了一下鼻子/，便走出房间/。

我从小到大/都听他说/："你到哪里去/？什么时候回家/？汽车/有没有汽油/？不/，不准去/。"爸完全不知道/怎样表达爱/。除非/……

会不会是/他已经表达了/，而我却/未能察觉/？

三、"文字+拼音"练习

爸不懂得怎样表达爱，使我们一家人融洽相处的是我妈。他只是每天上班下班，而妈则把我们做过的错事开列清单，然后由他来责骂我们。

有一次我偷了一块糖果，他要我把它送回去，告诉卖糖的说是我偷来的，说我愿意替他拆箱卸货作为赔偿。但妈妈却明白我只是个孩子。

我在运动场打秋千跌断了腿，在前往医院途中一直抱着我的，是我妈。爸把汽车停在急诊室门口，他们叫他驶开，说那空位是留给紧急车辆停放的。爸听了便叫嚷道："你以为这是什么车？旅游车？"

在我生日会上，爸总是显得有些不大相称。他只是忙于吹气球，布置餐桌，做杂务。把插着蜡烛的蛋糕推过来让我吹的，是我妈。

我翻阅照相册时，人们总是问："你爸爸是什么样子的？"天晓得！他老是忙着替别人拍照。妈和我笑容可掬地一起拍的照片，多得不可胜数。

我记得妈有一次叫他教我骑自行车。我叫他别放手，但他却说是应该放手的时候了。我摔倒之后，妈跑过来扶我，爸却挥手要她走开。我当时生气极了，决心要给他点儿颜色看。于是我马上爬上自行车，而且自己骑给他看。他只是微笑。

我念大学时，所有的家信都是妈写的。他//除了寄支票外，还寄过一封短柬给我，说因为我不在草坪上踢足球了，所以他的草坪长得很美。

每次我打电话回家，他似乎都想跟我说话，但结果总是说："我叫你妈来接。"

我结婚时，掉眼泪的是我妈。他只是大声擤
了一下鼻子，便走出房间。

我从小到大都听他说："你到哪里去？什
么时候回家？汽车有没有汽油？不，不准去。"
爸完全不知道怎样表达爱。除非……

会不会是他已经表达了，而我却未能察觉？

四、"文字+拼音+断句"练习

爸不懂得/怎样/表达爱/，使我们/一家人/
融洽相处的/是我妈/。他只是每天/上班下
班/，而妈则/把我们做过的/错事开列清单/，
然后/由他来/责骂我们/。

有一次/我偷了/一块糖果/，他要我/把它送
回去/，告诉卖糖的说/是我偷来的/，说我
愿意/替他拆箱卸货/作为赔偿/。但/妈妈
却明白/我只是个孩子/。

我在运动场打秋千/跌断了腿/，在前往

医院途中／一直抱着我的／，是我妈／。爸把汽车／停在急诊室门口／，他们叫他驶开／，说那空位是／留给紧急车辆／停放的／。爸听了／便叫嚷道／："你以为／这是什么车／？旅游车／？"

在我生日会上／，爸总是显得／有些不大相称／。他只是忙于／吹气球／，布置餐桌／，做杂务／。把插着蜡烛的蛋糕／推过来／让我吹的／，是我妈／。

我翻阅／照相册时／，人们总是问／："你爸爸／是什么样子的／？"天晓得／！他老是忙着／替别人拍照／。妈和我／笑容可掬地／一起拍的照片／，多得不可胜数／。

我记得／妈有一次／叫他教我／骑自行车／。我叫他／别放手／，但他却说／是应该／放手的时候了／。我摔倒之后／，妈跑过来扶我／，爸却挥手／要她走开／。我当时／生气极了／，决心／要给他点儿／颜色看／。于是／我马上爬上自行车/，而且自己/骑给他看/。他只是微笑/。

我念大学时/，所有的家信/都是妈写的/。他//除了/寄支票外/，还寄过/一封短柬给我/，说因为我不在草坪上/踢足球了/，所以/他的草坪/长得很美/。

每次/我打电话回家/，他似乎都/想跟我说话/，但结果总是说/："我叫你妈来接/。"

我结婚时/，掉眼泪的/是我妈/。他只是大声/擤了一下鼻子/，便走出房间/。

我从小到大/都听他说/："你到哪里去/？什么时候回家/？汽车/有没有汽油/？不/，不准去/。"爸完全不知道/怎样表达爱/。除非/……

会不会是/他已经表达了/，而我却/未能察觉/？

作品 11 号： 国家荣誉感

一个大问题一直盘踞在我脑袋里：

世界杯怎么会有如此巨大的吸引力？除去足球本身的魅力之外，还有什么超乎其上而更伟大的东西？

近来观看世界杯，忽然从中得到了答案：是由于一种无上崇高的精神情感——国家荣誉感！

地球上的人都会有国家的概念，但未必时时都有国家的感情。往往人到异国，思念家乡，心怀故国，这国家概念就变得有血有肉，爱国之情来得非常具体。而现代社会，科技昌达，信息快捷，事事上网，世界真是太小太小，国家的界限似乎也不那么清晰了。再说足球正在快速世界化，平日里各国球员频繁转会，往来随意，致使越来越多的国家联赛都具有国际的因素。球员们不论国籍，只效力于自己的俱乐部，他们比赛时的激情中完全没有爱国主义的因子。

然而，到了世界杯大赛，天下大变。各国球员都回国效力，穿上与光荣的国旗同样色彩的服装。在每一场比赛前，还高唱国歌以宣誓对自己祖国的挚爱与忠诚。一种血缘情感开始在全身的血管里燃烧起来，而且立刻热血沸腾。

在历史时代，国家间经常发生对抗，好男儿戎装卫国。国家的荣誉往往需要以自己的生命去换//取。但在和平时代，唯有这种国家之间大规模对抗性的大赛，才可以唤起那种遥远而神圣的情感，那就是：为祖国而战！

（节选自冯骥才《国家荣誉感》）

一、逐句讲解

一个大问题一直盘踞在我脑袋里。

▶这一句有一处需要注意的地方，就是"脑袋"一词中的"袋"读轻声。

世界杯怎么会有如此巨大的吸引力？除去足球本身的魅力之外，还有什么超乎其上而更伟大的东西？

▶这里有三处需要注意的地方，第一处是"巨大"是重音；第二处是"超乎其上"是"中轻中重"格式；第三处是"东西"的"西"是轻声。

近来观看世界杯，忽然从中得到了答案：是由于一种无上崇高的精神情感——国家荣誉感！

▶这一句有一处需要注意的地方，就是"得到了"是"中重轻"格式。

地球上的人都会有国家的概念，但未必时时都有国家的感情。

▶这一句有两处需要注意的地方，第一处是"国家"是重音；第二处是"未必"的两个音节都是四声，是重音。

往往人到异国，思念家乡，心怀故国，这国家概念就变得有血有肉，爱国之情来得非常具体。

▶这一句有两处需要注意的地方，第一处是"有血有肉"中的"血"读"xiě"；第二处是要注意"具体"的"体"这个字三声要发到位，弱收到位。

而现代社会，科技昌达，信息快捷，事事上网，世界真是太小太小，国家的界限似乎也不那么清晰了。

▶这一句有两处需要注意的地方，第一处是"太小太小"是"重中重中"格式；第二处是"那么"中的"么"读轻声。

再说足球正在快速世界化，平日里各国球员频繁转会，往来随意，致使越来越多的国家联赛都具有国际的因素。

▶这一句有三处需要注意的地方，第一处是"世界化"是"中轻重"格式；第二处是"越来越多"是"中重中重"格式；第三处是"国际"是重音。

球员们不论国籍，只效力于自己的俱乐部，他们比赛时的激情中完全没有爱国主义的因子。

▶这一句有三处需要注意的地方，第一处是"自己"中的"己"读轻声；第二处是"完全"需要重读；第三处是"爱国主义"是"中轻中重"

格式。

　　然而，到了世界杯大赛，天下大变。各国球员都回国效力，穿上与光荣的国旗同样色彩的服装。

　　▶这里有一处需要注意的地方，就是"世界杯"需要重读。

　　在每一场比赛前，还高唱国歌以宣誓对自己祖国的挚爱与忠诚。

　　▶这一句有两处需要注意的地方，第一处是"挚爱"是重音；第二处是"忠诚"是重音。

　　一种血缘情感开始在全身的血管里燃烧起来，而且立刻热血沸腾。

　　▶这一句中"热血沸腾"是重音，是"中重中重"格式。

　　在历史时代，国家间经常发生对抗，好男儿戎装卫国。

　　▶这一句中"戎装卫国"是重音，是"中重中重"格式，读的时候要注意。

二、断句练习

　　一个大问题/一直盘踞在/我脑袋里/：

　　世界杯/怎么会有/如此巨大的/吸引力/？除去足球本身的/魅力之外/，还有什么/超乎其上/而更伟大的东西/？

　　近来/观看世界杯/，忽然从中/得到了答案/：是由于一种/无上崇高的/精神情感/——国家荣誉感/！

　　地球上的人/都会有/国家的概念/，但未必/时时都有/国家的感情/。往往/人到异国/，思念家乡/，心怀故国/，这国家概念/就变得/有血有肉/，爱国之情/来得/非常具体/。而现代社会/，科技昌达/，信息快捷/，事事上网/，世界/真是太小太小/，国家的界限/似乎也不/那么清晰了/。再说/足球正在快速/世界化/，平日里/各国球员/频繁转会/，往来随意/，致使越来越多的国家联赛/都具有/国际的因素/。球员们/不论国籍/，只效力于/自己的俱乐部/，他们比赛时的激情中/完全没有/爱国主义的因子/。

　　然而/，到了/世界杯大赛/，天下大变/。各国球员/都回国效力/，穿上与光荣的国旗/同样色彩的/服装/。在每一场/比赛前/，还高唱国歌/以宣誓/对自己祖国的挚爱/与忠诚/。一种血缘情感/开始在全身的血管/燃烧起来/，而且立刻/热血沸腾/。

在历史时代/，国家间/经常发生对抗/，好男儿/戎装卫国/。国家的荣誉/往往需要/以自己的生命/去换//取/。但在和平时代/，唯有这种国家之间/大规模对抗性的/大赛/，才可以唤起/那种遥远而神圣的/情感/，那就是/：为祖国而战/！

三、"文字+拼音"练习

yí gè dà wèn tí   yì zhí pán jù zài wǒ nǎo dai·li
一个大问题一直盘踞在我脑袋里：
shì jiè bēi zěn me huì yǒu rú cǐ jù dà de xī yǐn lì   chú qù zú qiú
世界杯怎么会有如此巨大的吸引力？除去足球
běn shēn de mèi lì zhī wài   hái yǒu shén me chāo hū qí shàng ér gèng
本身的魅力之外，还有什么超乎其上而更
wěi dà de dōng xi
伟大的东西？

jìn lái guān kàn shì jiè bēi   hū rán cóng zhōng dé dào le dá àn   shì
近来观看世界杯，忽然从中得到了答案：是
yóu yú yì zhǒng wú shàng chóng gāo de jīng shén qíng gǎn   guó jiā róng
由于一种无上崇高的精神情感——国家荣
yù gǎn
誉感！

dì qiú·shàng de rén dōu huì yǒu guó jiā de gài niàn   dàn wèi bì shí
地球上的人都会有国家的概念，但未必时
shí dōu yǒu guó jiā de gǎn qíng   wǎng wǎng rén dào yì guó   sī niàn jiā
时都有国家的感情。往往人到异国，思念家
xiāng   xīn huái gù guó   zhè guó jiā gài niàn jiù biàn de yǒu xiě yǒu ròu
乡，心怀故国，这国家概念就变得有血有肉，
ài guó zhī qíng lái de fēi cháng jù tǐ   ér xiàn dài shè huì   kē jì chāng
爱国之情来得非常具体。而现代社会，科技昌
dá   xìn xī kuài jié   shì shì shàng wǎng   shì jiè zhēn shì tài xiǎo tài
达，信息快捷，事事上网，世界真是太小太
xiǎo   guó jiā de jiè xiàn sì hū yě bú nà me qīng xī le   zài shuō zú qiú
小，国家的界限似乎也不那么清晰了。再说足球

正在快速世界化，平日里各国球员频繁转会，往来随意，致使越来越多的国家联赛都具有国际的因素。球员们不论国籍，只效力于自己的俱乐部，他们比赛时的激情中完全没有爱国主义的因子。

然而，到了世界杯大赛，天下大变。各国球员都回国效力，穿上与光荣的国旗同样色彩的服装。在每一场比赛前，还高唱国歌以宣誓对自己祖国的挚爱与忠诚。一种血缘情感开始在全身的血管里燃烧起来，而且立刻热血沸腾。

在历史时代，国家间经常发生对抗，好男儿戎装卫国。国家的荣誉往往需要以自己的生命去换取。但在和平时代，唯有这种国家之间大规模对抗性的大赛，才可以唤起那种遥远而神圣的情感，那就是：为祖国而战！

四、"文字+拼音+断句"练习

yí ge dà wèn tí   yì zhí pán jù zài   wǒ nǎo dai·li
一个大问题／一直盘踞在／我脑袋里／：

shì jiè bēi   zěn me huì yǒu   rú cǐ jù dà de   xī yǐn lì   chú qù
世界杯／怎么会有／如此巨大的／吸引力／？除去

zú qiú běn shēn de   mèi lì zhī wài   hái yǒu shén me   chāo hū qí
足球本身的／魅力之外／，还有什么／超乎其

shàng   ér gèng wěi dà de dōng xi
上／而更伟大的东西／？

jìn lái   guān kàn shì jiè bēi   hū rán cóng zhōng   dé dào le dá
近来／观看世界杯／，忽然从中／得到了答

àn   shì yóu yú yì zhǒng   wú shàng chóng gāo de   jīng shén qíng
案／：是由于一种／无上崇高的／精神情

gǎn   guó jiā róng yù gǎn
感／——国家荣誉感／！

dì qiú·shàng de rén   dōu huì yǒu   guó jiā de gài niàn   dàn wèi
地球上的人／都会有／国家的概念／，但未

bì   shí shí dōu yǒu   guó jiā de gǎn qíng   wǎng wǎng   rén dào yì
必／时时都有／国家的感情／。往往／人到异

guó   sī niàn jiā xiāng   xīn huái gù guó   zhè guó jiā gài niàn   jiù
国／，思念家乡／，心怀故国／，这国家概念／就

biàn de   yǒu xiě yǒu ròu   ài guó zhī qíng   lái de   fēi cháng jù tǐ
变得／有血有肉／，爱国之情／来得／非常具体／。

ér xiàn dài shè huì   kē jì chāng dá   xìn xī kuài jié   shì shì
而现代社会／，科技昌达／，信息快捷／，事事

shàng wǎng   shì jiè   zhēn shì tài xiǎo tài xiǎo   guó jiā de jiè xiàn
上网／，世界／真是太小太小／，国家的界限／

sì hū yě bú   nà me qīng xī le   zài shuō   zú qiú zhèng zài kuài sù
似乎也不／那么清晰了／。再说／足球正在快速／

shì jiè huà   píng rì·li   gè guó qiú yuán   pín fán zhuǎn huì
世界化／，平日里／各国球员／频繁转会／，

wǎng lái suí yì   zhì shǐ yuè lái yuè duō de guó jiā lián sài   dōu jù yǒu
往来随意／，致使越来越多的国家联赛／都具有／

国际的因素/。球员们/不论国籍/，只效力于/自己的俱乐部/，他们比赛时的激情中/完全没有/爱国主义的因子/。

然而/，到了/世界杯大赛/，天下大变/。各国球员/都回国效力/，穿上与光荣的国旗/同样色彩的/服装/。在每一场/比赛前/，还高唱国歌/以宣誓/对自己祖国的挚爱/与忠诚/。一种血缘情感/开始在全身的血管里/燃烧起来/，而且立刻/热血沸腾/。

在历史时代/，国家间/经常发生对抗/，好男儿/戎装卫国/。国家的荣誉/往往需要/以自己的生命/去换//取/。但在和平时代/，唯有这种国家之间/大规模对抗性的/大赛/，才可以唤起/那种遥远而神圣的/情感/，那就是/：为祖国而战/！

作品12号： 海滨仲夏夜

夕阳落山不久，西方的天空，还燃烧着一片橘红色的晚霞。大海，也被这霞光染成了红色，而且比天空的景色更要壮观。因为它是活动的，每当一排排波浪涌起的时候，那映照在浪峰上的霞光，又红又亮，简直就像一片片霍霍燃烧着的火焰，闪烁着，消失了。而后面的一排，又闪烁着，滚动着，涌了过来。

天空的霞光渐渐地淡下去了，深红的颜色变成了绯红，绯红又变为浅红。最后，当这一切红光都消失了的时候，那突然显得高而远了的天空，则呈现出一片肃穆的神色。最早出现的启明星，在这蓝色的天幕上闪烁起来了。它是那么大，那么亮，整个广漠的天幕上只有它在那里放射着令人注目的光辉，活像一盏悬挂在高空的明灯。

夜色加浓，苍空中的"明灯"越来越多了。而城市各处的真的灯火也次第亮了起来，尤其是围绕在海港周围山坡上的那一片灯光，从半空倒映在乌蓝的海面上，随着波浪，晃动着，闪烁着，像一串流动着的珍珠，和那一片片密布在苍穹里的星斗互相辉映，煞是好看。

在这幽美的夜色中，我踏着软绵绵的沙滩，沿着海边，慢慢地向前走去。海水，轻轻地抚摸着细软的沙滩，发出温柔的//刷刷声。晚来的海风，清新而又凉爽。我的心里，有着说不出的兴奋和愉快。

夜风轻飘飘地吹拂着，空气中飘荡着一种大海和田禾相混合的香味儿，柔软的沙滩上还残留着白天太阳炙晒的余温。那些在各个工作岗位上劳动了一天的人们，三三两两地来到这软绵绵的沙滩上，他们浴着凉爽的海风，望着那缀满了星星的夜空，尽情地说笑，尽情地休憩。

（节选自峻青《海滨仲夏夜》）

一、逐句讲解

夕阳落山不久，西方的天空，还燃烧着一片橘红色的晚霞。大海，也被这霞光染成了红色，而且比天空的景色更要壮观。

▶这里有一处需要注意的地方，就是"大海"是重音，读的时候要慢、要强调，尤其是"海"的三声要到位。

因为它是活动的，每当一排排波浪涌起的时候，那映照在浪峰上的霞光，又红又亮，简直就像一片片霍霍燃烧着的火焰，闪烁着，消失了。

▶这一句有四处需要注意的地方，第一处是"涌起"的两个音节都是三声；第二处是"浪峰"读作"làng fēng"，是重音；第三处是"又红又亮"是"中重中重"格式；第四处是"燃烧着的"中的"着的"是轻声。

而后面的一排，又闪烁着，滚动着，涌了过来。

▶这一句有三处需要注意的地方，第一处是"闪烁着"的"着"是轻声；第二处是"滚动着"的"着"是轻声；第三处是"涌了过来"的"了"和"来"是轻声。

天空的霞光渐渐地淡下去了，深红的颜色变成了绯红，绯红又变为浅红。

▶这一句有四处需要注意的地方，第一处是"渐渐地"的"地"是轻声；第二处是"深红"一词读的时候要强调"深"字；第三处是"绯红"一词读的时候要强调"绯"字；第四处是"浅红"一词读的时候要强调"浅"字。

最后，当这一切红光都消失了的时候，那突然显得高而远了的天空，则呈现出一片肃穆的神色。

▶这一句有三处需要注意的地方，第一处是"消失"是重音，读的时候要强调；第二处是"高而远"是重音；第三处是"肃穆"读作"sù mù"。

最早出现的启明星，在这蓝色的天幕上闪烁起来了。

▶这一句有一处需要注意的地方，就是"启明星"的"启"要变调，从214变为21。

它是那么大，那么亮，整个广漠的天幕上只有它在那里放射着令人注目的光辉，活像一盏悬挂在高空的明灯。

▶这一句有四处需要注意的地方,第一处是"那么大,那么亮"中,"么"是轻声,"大"和"亮"是重音;第二处是"天幕上"的"上"是轻声;第三处是"令人注目"读作"lìng rén zhù mù",是重音;第四处是"明灯"是重音,读的时候注意后鼻韵母要归音到位。

夜色加浓,苍空中的"明灯"越来越多了。

▶这一句有一处需要注意的地方,就是"明灯"是重音。

而城市各处的真的灯火也次第亮了起来,尤其是围绕在海港周围山坡上的那一片灯光,从半空倒映在乌蓝的海面上,随着波浪,晃动着,闪烁着,像一串流动着的珍珠,和那一片片密布在苍穹里的星斗互相辉映,煞是好看。

▶这一句有六处需要注意的地方,第一处是"真的"一词要强调"真"字;第二处是"次第"是重音,读的时候要放慢语速;第三处是"山坡上的"的"上"和"的"是轻声;第四处是"海面上"的"上"是轻声;第五处是"流动着的"的"着"和"的"是轻声;第六处是"苍穹里"的"里"是轻声。

在这幽美的夜色中,我踏着软绵绵的沙滩,沿着海边,慢慢地向前走去。

▶这一句有两处需要注意的地方,第一处是"软绵绵"读作"ruǎn mián mián";第二处是"向前"是重音。

海水,轻轻地抚摸着细软的沙滩,发出温柔的刷刷声。

▶这一句有一处需要注意的地方,就是"轻轻地"中的"地"是轻声。

二、断句练习

夕阳落山不久/,西方的天空/,还燃烧着/一片橘红色的晚霞/。大海/,也被这霞光/染成了红色/,而且比天空的景色/更要壮观/。因为/它是活动的/,每当一排排/波浪涌起的时候/,那映照在/浪峰上的霞光/,又红又亮/,简直就像/一片片霍霍燃烧着的/火焰/,闪烁着/,消失了/。而后面的/一排/,又闪烁着/,滚动着/,涌了过来/。

天空的霞光/渐渐地/淡下去了/,深红的颜色/变成了绯红/,绯红/又变为/浅红/。最后/,当这一切红光/都消失了/时候/,那突然/显得高而远了的/天空/,则呈现出/一片肃穆的/神色/。最早出现的/启明星/,在这蓝色的天幕上/闪烁起来了/。它是那么大/,那么亮/,整个广漠的天幕上/只有它在那里/放射着/令人注目的光辉/,活像一盏/悬挂在高空的明灯/。

夜色加浓/,苍空中的/"明灯"/越来越多了/。而城市各处的/真的灯火/也次第/亮了起来/,尤其是围绕在/海港周围山坡上的/那一片灯光/,从半空倒映在/乌蓝的海面上/,随着波浪/,晃动着/,闪烁着/,像一串/流动着的/珍珠/,和那一片片/密布在苍穹里的/星斗互相辉映/,煞是好看/。

在这幽美的/夜色中/,我踏着/软绵绵的/沙滩/,沿着海边/,慢慢地/向前走去/。海水/,轻轻地抚摸着/细软的沙滩/,发出温柔的///刷刷声/。晚来的海风/,清新/而又凉爽/。我的心里/,有着说不出的/兴奋和愉快/。

夜风轻飘飘地/吹拂着/,空气中/飘荡着/一种大海/和田禾/相混合的/香味儿/,柔软的沙滩上/还残留着/白天太阳/炙晒的余温/。那些在各个工作岗位上/劳动了一天的人们/,三三两两地/来到这软绵绵的/沙滩上/,他们浴着/凉爽的海风/,望着那缀满了/星星的夜空/,尽情地说笑/,尽情地休憩/。

三、"文字+拼音"练习

xī yáng luò shān bù jiǔ　　xī fāng de tiān kōng　　hái rán shāo zhe yí
夕 阳 落 山 不 久,西 方 的 天 空,还 燃 烧 着 一
piàn jú hóng sè de wǎn xiá　　dà hǎi　　yě bèi zhè xiá guāng rǎn chéng le
片 橘 红 色 的 晚 霞。大 海,也 被 这 霞 光 染 成 了
hóng sè　　ér qiě bǐ tiān kōng de jǐng sè gèng yào zhuàng guān　　yīn·wèi
红 色,而 且 比 天 空 的 景 色 更 要 壮 观。因 为
tā shì huó·dòng de　　měi dāng yì pái pái bō làng yǒng qǐ de shí hou
它 是 活 动 的,每 当 一 排 排 波 浪 涌 起 的 时 候,
nà yìng zhào zài làng fēng·shàng de xiá guāng　　yòu hóng yòu liàng　　jiǎn
那 映 照 在 浪 峰 上 的 霞 光,又 红 又 亮,简
zhí jiù xiàng yí piàn piàn huò huò rán shāo zhe de huǒ yàn　　shǎn shuò
直 就 像 一 片 片 霍 霍 燃 烧 着 的 火 焰,闪 烁
zhe　　xiāo shī le　　ér hòu·miàn de yì pái　　yòu shǎn shuò zhe　　gǔn
着,消 失 了。而 后 面 的 一 排,又 闪 烁 着,滚
dòng zhe　　yǒng le guò·lái
动 着,涌 了 过 来。

天空的霞光渐渐地淡下去了,深红的颜色变成了绯红,绯红又变为浅红。最后,当这一切红光都消失了的时候,那突然显得高而远了的天空,则呈现出一片肃穆的神色。最早出现的启明星,在这蓝色的天幕上闪烁起来了。它是那么大,那么亮,整个广漠的天幕上只有它在那里放射着令人注目的光辉,活像一盏悬挂在高空的明灯。

夜色加浓,苍空中的"明灯"越来越多了。而城市各处的真的灯火也次第亮了起来,尤其是围绕在海港周围山坡上的那一片灯光,从半空倒映在乌蓝的海面上,随着波浪,晃动着,闪烁着,像一串流动着的珍珠,和那一片片密布在苍穹里的星斗互相辉映,煞是好看。

在这幽美的夜色中,我踏着软绵绵的沙

滩，沿着海边，慢慢地向前走去。海水，轻轻地抚摸着细软的沙滩，发出温柔的//刷刷声。晚来的海风，清新而又凉爽。我的心里，有着说不出的兴奋和愉快。

夜风轻飘飘地吹拂着，空气中飘荡着一种大海和田禾相混合的香味儿，柔软的沙滩上还残留着白天太阳炙晒的余温。那些在各个工作岗位上劳动了一天的人们，三三两两地来到这软绵绵的沙滩上，他们浴着凉爽的海风，望着那缀满了星星的夜空，尽情地说笑，尽情地休憩。

四、"文字+拼音+断句"练习

夕阳落山不久/，西方的天空/，还燃烧着/一片橘红色的晚霞/。大海/，也被这霞光/染成了红色/，而且比天空的景色/更要壮观/。因为/它是活动的/，每当一排排/波

浪涌起的时候／，那映照在／浪峰 上 的霞
光／，又 红 又 亮／，简直就 像／一 片 片／霍霍
燃 烧 着 的／火 焰／，闪 烁 着／消失了／。而
后 面 的／一 排／，又 闪 烁 着／，滚 动 着／，涌
了 过 来／。

天 空 的 霞 光／渐 渐 地／淡 下 去 了／，深 红 的
颜色／变 成 了 绯 红／，绯 红／又 变 为／浅 红／。
最后／，当 这 一 切 红 光／都 消失 了 的／时 候／，
那 突 然／显 得 高 而 远 了 的／天 空／，则 呈 现 出／
一 片 肃 穆 的／神 色／。最 早 出 现 的／启 明 星／，在
这 蓝 色 的 天 幕 上／闪 烁 起 来 了／。它 是 那 么
大／，那么亮／，整 个 广 漠 的 天 幕 上／只 有 它
在 那 里／放 射 着／令 人 注 目 的 光 辉／，活 像 一
盏／悬 挂 在 高 空 的 明 灯／。

夜色加浓／，苍 空 中 的／"明 灯"／越 来
越 多 了／。而 城 市 各 处 的／真 的 灯 火／也 次 第／

亮了起来/，尤其是围绕在/海港周围山坡上的/那一片灯光/，从半空倒映在/乌蓝的海面上/，随着波浪/，晃动着/，闪烁着/，像一串/流动着的/珍珠/，和那一片片/密布在苍穹里的/星斗互相辉映/，煞是好看/。

在这幽美的/夜色中/，我踏着/软绵绵的/沙滩/，沿着海边/，慢慢地/向前走去/。海水/，轻轻地抚摸着/细软的沙滩/，发出温柔的///刷刷声/。晚来的海风/，清新/而又凉爽/。我的心里/，有着说不出的/兴奋和愉快/。

夜风轻飘飘地/吹拂着/，空气中/飘荡着/一种大海/和田禾/相混合的/香味儿/，柔软的沙滩上/还残留着/白天太阳/炙晒的余温/。那些在各个工作岗位上/劳动了一天的人们/，三三两两地/来到这软绵绵的/沙滩上/，他们浴着/凉爽的海风/，望着那缀满了/星星的夜空/，尽情地说笑/，尽情地休憩/。

作品13号： 海洋与生命

生命在海洋里诞生绝不是偶然的，海洋的物理和化学性质，使它成为孕育原始生命的摇篮。

我们知道，水是生物的重要组成部分，许多动物组织的含水量在百分之八十以上，而一些海洋生物的含水量高达百分之九十五。水是新陈代谢的重要媒介，没有它，体内的一系列生理和生物化学反应就无法进行，生命也就停止。因此，在短时期内动物缺水要比缺少食物更加危险。水对今天的生命是如此重要，它对脆弱的原始生命，更是举足轻重了。生命在海洋里诞生，就不会有缺水之忧。

水是一种良好的溶剂。海洋中含有许多生命所必需的无机盐，如氯化钠、氯化钾、碳酸盐、磷酸盐，还有溶解氧，原始生命可以毫不费力地从中吸取它所需要的元素。

水具有很高的热容量，加之海洋浩大，任凭夏季烈日曝晒，冬季寒风扫荡，它的温度变化却比较小。因此，巨大的海洋就像是天然的"温箱"，是孕育原始生命的温床。

阳光虽然为生命所必需，但是阳光中的紫外线却有扼杀原始生命的危险。水能有效地吸收紫外线，因而又为原始生命提供了天然的"屏障"。

这一切都是原始生命得以产生和发展的必要条件。//

（节选自童裳亮的《海洋与生命》）

一、逐句讲解

生命在海洋里诞生绝不是偶然的，海洋的物理和化学性质，使它成为孕育原始生命的摇篮。

▶这一句有四处需要注意的地方，第一处是"海洋里"中"海洋"是重音,"里"读轻声;第二处是"偶然的"中"偶然"是重音,"的"读轻声;第三处是"孕育"读作"yùn yù",是重音,读的时候要放慢语速,发音要饱满到位;第四处是"摇篮"这两个音节都是二声,发音要到位。

我们知道,水是生物的重要组成部分,许多动物组织的含水量在百分之八十以上,而一些海洋生物的含水量高达百分之九十五。

▶这一句有三处需要注意的地方,第一处是"生物的"中的"生物"是重音,"的"读轻声;第二处是"百分之八十"中的"八"需要强调;第三处是"百分之九十五"中的"九十五"需要强调。

水是新陈代谢的重要媒介,没有它,体内的一系列生理和生物化学反应就无法进行,生命也就停止。因此,在短时期内动物缺水要比缺少食物更加危险。水对今天的生命是如此重要,它对脆弱的原始生命,更是举足轻重了。

▶这一句有两处需要注意的地方,第一处是"今天的"中的"今天"一词需要强调,"的"读轻声;第二处是"原始"一词需要强调。

生命在海洋里诞生,就不会有缺水之忧。

▶这一句有一处需要注意的地方,就是"缺水"一词是重音,需要强调。

水是一种良好的溶剂。

▶这一句有一处需要注意的地方,就是"溶剂"一词是重音,需要强调。

海洋中含有许多生命所必需的无机盐,如氯化钠、氯化钾、碳酸盐、磷酸盐,还有溶解氧,原始生命可以毫不费力地从中吸取它所需要的元素。

▶这一句有两处需要注意的地方,第一处是"所必需的"中的"必需"一词要强调,"的"是轻声;第二处是"所需要的"中的"需要"一词要强调,"的"读作轻声。

水具有很高的热容量,加之海洋浩大,任凭夏季烈日曝晒,冬季寒风扫荡,它的温度变化却比较小。

▶这一句有三处需要注意的地方,第一处是"烈日曝晒"读作"liè rì pù shài";第二处是"寒风扫荡"读作"hán fēng sǎo dàng";第三处是"比较小"中的"小"是三声,读的时候归音要到位。

因此,巨大的海洋就像是天然的"温箱",是孕育原始生命的温床。

▶这一句有两处需要注意的地方,第一处是"温箱"是重音,读的时候归音要到位；第二处是"温床"是重音，"床"是二声，读的时候归音要到位。

阳光虽然为生命所必需，但是阳光中的紫外线却有扼杀原始生命的危险。

▶这一句有三处需要注意的地方，第一处是"虽然"是逻辑词，读的时候要强调；第二处是"但是"是转折词，读的时候要强调；第三处是"却有"是转折词，读的时候要强调。

水能有效地吸收紫外线，因而又为原始生命提供了天然的"屏障"。

▶这一句有一处需要注意的地方，就是"紫外线"读作"zǐ wài xiàn"，是"中中重"格式。

这一切都是原始生命得以产生和发展的必要条件。

▶这一句有一处需要注意的地方，就是"产生"和"发展"是重音，读的时候要强调。

二、断句练习

生命/在海洋里诞生/绝不是偶然的/，海洋的物理/和化学性质/，使它成为/孕育原始生命的/摇篮/。

我们知道/，水/是生物的/重要组成部分/，许多动物组织的含水量/在百分之八十/以上/，而一些/海洋生物的/含水量/高达/百分之九十五/。水是新陈代谢的/重要媒介/，没有它/，体内的/一系列生理/和生物化学反应/就无法进行/，生命/也就停止/。因此/，在短时期内/动物缺水/要比缺少食物/更加危险/。水/对今天的生命/是如此重要/，它对脆弱的/原始生命/，更是/举足轻重了/。生命/在海洋里/诞生/，就不会/有缺水之忧/。

水是一种/良好的溶剂/。海洋中/含有许多生命/所必需的/无机盐/，如/氯化钠/、氯化钾/、碳酸盐/、磷酸盐/，还有/溶解氧/，原始生命/可以毫不费力地/从中吸取/它所需要的元素/。

水具有很高的/热容量/，加之海洋浩大/，任凭夏季/烈日曝晒/，冬季寒风扫荡/，它的温度变化/却比较小/。因此/，巨大的海洋/就像是/天然的/"温箱"/，是孕育/原始生命的/温床/。

阳光/虽然为生命/所必需/，但是/阳光中的紫外线/却有扼杀原始生命的/危险/。水能有效地/吸收紫外线/,因而/又为原始生命/提供了天然的"屏障"/。

这一切/都是原始生命/得以产生/和发展的/必要条件。//

三、"文字+拼音" 练习

shēng mìng zài hǎi yáng·lǐ dàn shēng jué bú shì ǒu rán de hǎi yáng
生命在海洋里诞生绝不是偶然的,海洋
de wù lǐ hé huà xué xìng zhì shǐ tā chéng wéi yùn yù yuán shǐ shēng
的物理和化学性质,使它成为孕育原始生
mìng de yáo lán
命的摇篮。

wǒ men zhī·dào shuǐ shì shēng wù de zhòng yào zǔ chéng bù fen
我们知道,水是生物的重要组成部分,
xǔ duō dòng wù zǔ zhī de hán shuǐ liàng zài bǎi fēn zhī bā shí yǐ shàng ér
许多动物组织的含水量在百分之八十以上,而
yì xiē hǎi yáng shēng wù de hán shuǐ liàng gāo dá bǎi fēn zhī jiǔ shí wǔ
一些海洋生物的含水量高达百分之九十五。
shuǐ shì xīn chén dài xiè de zhòng yào méi jiè méi·yǒu tā tǐ nèi de
水是新陈代谢的重要媒介,没有它,体内的
yí xì liè shēng lǐ hé shēng wù huà xué fǎn yìng jiù wú fǎ jìn xíng shēng
一系列生理和生物化学反应就无法进行,生
mìng yě jiù tíng zhǐ yīn cǐ zài duǎn shí qī nèi dòng wù quē shuǐ yào bǐ
命也就停止。因此,在短时期内动物缺水要比
quē shǎo shí wù gèng jiā wēi xiǎn shuǐ duì jīn tiān de shēng mìng shì rú cǐ
缺少食物更加危险。水对今天的生命是如此
zhòng yào tā duì cuì ruò de yuán shǐ shēng mìng gèng shì jǔ zú qīng
重要,它对脆弱的原始生命,更是举足轻
zhòng le shēng mìng zài hǎi yáng·lǐ dàn shēng jiù bú huì yǒu quē
重了。生命在海洋里诞生,就不会有缺
shuǐ zhī yōu
水之忧。

shuǐ shì yì zhǒng liáng hǎo de róng jì hǎi yáng zhōng hán yǒu xǔ duō
水是一种良好的溶剂。海洋中含有许多

生命所必需的无机盐，如氯化钠、氯化钾、碳酸盐、磷酸盐，还有溶解氧，原始生命可以毫不费力地从中吸取它所需要的元素。

水具有很高的热容量，加之海洋浩大，任凭夏季烈日曝晒，冬季寒风扫荡，它的温度变化却比较小。因此，巨大的海洋就像是天然的"温箱"，是孕育原始生命的温床。

阳光虽然为生命所必需，但是阳光中的紫外线却有扼杀原始生命的危险。水能有效地吸收紫外线，因而又为原始生命提供了天然的"屏障"。

这一切都是原始生命得以产生和发展的必要条件。//

四、"文字＋拼音＋断句"练习

生命/在海洋里诞生/绝不是偶然的/，海洋的物理/和化学性质/，使它成为/孕育原始生命的/摇篮/。

— 139 —

我们知道/，水/是生物的/重要组成部分/，许多动物组织的含水量/在百分之八十/以上/，而一些/海洋生物的/含水量/高达/百分之九十五/。水是新陈代谢的/重要媒介/，没有它/，体内的/一系列生理/和生物化学反应/就无法进行/，生命/也就停止/。因此/，在短时期内/动物缺水/要比缺少食物/更加危险/。水/对今天的生命/是如此重要/，它对脆弱的/原始生命/，更是/举足轻重了/。生命/在海洋里/诞生/，就不会/有缺水之忧/。

水是一种/良好的溶剂/。海洋中/含有许多生命/所必需的/无机盐/，如/氯化钠/、氯化钾/、碳酸盐/、磷酸盐/，还有/溶解氧/，原始生命/可以毫不费力地/从中吸取/它所需要的元素/。

水具有很高的/热容量/，加之海洋浩大/，任凭夏季/烈日曝晒/,冬季寒风扫荡/,它的温度变化/却比较小/。因此/,巨大的海洋/就像是/天然的/"温箱"/,是孕育/原始生命的/温床/。

阳光/虽然为生命/所必需/,但是/阳光中的紫外线/却有扼杀原始生命的/危险/。水能有效地/吸收紫外线/,因而/又为原始生命/提供了天然的"屏障"/。

这一切/都是原始生命/得以产生/和发展的/必要条件。//

作品 14 号： 和时间赛跑

读小学的时候，我的外祖母去世了。外祖母生前最疼爱我，我无法排除自己的忧伤，每天在学校的操场上一圈儿又一圈儿地跑着，跑得累倒在地上，扑在草坪上痛哭。

那哀痛的日子，断断续续地持续了很久，爸爸妈妈也不知道如何安慰我。他们知道与其骗我说外祖母睡着了，还不如对我说实话：外祖母永远不会回来了。

"什么是永远不会回来呢？"我问着。

"所有时间里的事物，都永远不会回来。你的昨天过去，它就永远变成昨天，你不能再回到昨天。爸爸以前也和你一样小，现在也不能回到你这么小的童年了；有一天你会长大，你会像外祖母一样老；有一天你度过了你的时间，就永远不会回来了。"爸爸说。

爸爸等于给我一个谜语，这谜语比课本上的"日历挂在墙壁，一天撕去一页，使我心里着急"和"一寸光阴一寸金，寸金难买寸光阴"还让我感到可怕；也比作文本上的"光阴似箭，日月如梭"更让我觉得有一种说不出的滋味。

时间过得那么飞快，使我的小心眼儿里不只是着急，还有悲伤。有一天我放学回家，看到太阳快落山了，就下决心说："我要比太阳更快地回家。"我狂奔回去，站在庭院前喘气的时候，看到太阳//还露着半边脸，我高兴地跳跃起来，那一天我跑赢了太阳。以后我就时常做那样的游戏，有时和太阳赛跑，有时和西北风比快，有时一个暑假才能做完的作业，我十天就做完了；那时我三年级，常常把哥哥五年级的作业拿来做。每一次比赛胜过时间，我就快乐得不知道怎么形容。

如果将来我有什么要教给我的孩子，我会告诉他：假若你一直和时间比赛，你就可以成功！

(节选自林清玄的《和时间赛跑》)

一、逐句讲解

读小学的时候，我的外祖母去世了。

▶这一句有三处需要注意的地方，第一处是"小学"一词是重音，要强调；第二处是"外祖母"读作"wài zǔ mǔ"；第三处是"去世"的两个音节都是四声，注意调值到位。

外祖母生前最疼爱我，我无法排除自己的忧伤，每天在学校的操场上一圈儿又一圈儿地跑着，跑得累倒在地上，扑在草坪上痛哭。

▶这一句有六处需要注意的地方，第一处是"生前"一词要强调；第二处是"最"需要重读；第三处是"排除"一词要强调；第四处是"一圈儿又一圈儿"的儿化音；第五处是"地上"的"上"是轻声；第六处是"痛哭"一词要强调。

那哀痛的日子，断断续续地持续了很久，爸爸妈妈也不知道如何安慰我。

▶这一句有两处需要注意的地方，第一处是"断断续续"读作"duàn duàn xù xù"；第二处是"不知道"是"重中中"格式，读的时候要强调。

他们知道与其骗我说外祖母睡着了，还不如对我说实话：外祖母永远不会回来了。

▶这一句有一处需要注意的地方，就是"睡着了"是"中重轻"格式。

"什么是永远不会回来呢？"我问着。

"所有时间里的事物，都永远不会回来。你的昨天过去，它就永远变成昨天，你不能再回到昨天。爸爸以前也和你一样小，现在也不能回到你这么小的童年了；有一天你会长大，你会像外祖母一样老；有一天你度过了你的时间，就永远不会回来了。"爸爸说。

▶这两段有九处需要注意的地方，第一处是"时间里"是"中重轻"格式；第二处是"永远"一词要强调，且都是三声，要注意发音到位，"永"字由214变调成21；第三处是"过去"的"去"是轻声；第四处是"昨天"

— 143 —

的"天"是轻声；第五处是"一样小"是重音，"一"变调成二声，"小"的三声发音要到位；第六处是"这么小"的"么"是轻声，"小"要强调；第七处是"有一天"的"一"是四声；第八处是"一样老"的"一"是二声；第九处是"度"是重音，要强调。

　　爸爸等于给我一个谜语，这谜语比课本上的"日历挂在墙壁，一天撕去一页，使我心里着急"和"一寸光阴一寸金，寸金难买寸光阴"还让我感到可怕；也比作文本上的"光阴似箭，日月如梭"更让我觉得有一种说不出的滋味。

　　▶这一句有四处需要注意的地方，第一处是"等于"读的时候要强调；第二处是"谜语"读作"mí yǔ"；第三处是"着急"要强调；第四处是"说不出"是"中重轻"格式。

　　时间过得那么飞快，使我的小心眼儿里不只是着急，还有悲伤。

　　▶这一句有三处需要注意的地方，第一处是"那么"的"么"读轻声；第二处是"小心眼儿"是儿化音，读的时候要注意；第三处是"悲伤"一词要强调。

　　有一天我放学回家，看到太阳快落山了，就下决心说："我要比太阳更快地回家。"

　　▶这一句有两处需要注意的地方，第一处是"落山"是"中重"格式，读的时候要强调；第二处是"更快地"中的"快"读的时候要强调，"地"读作轻声。

二、断句练习

　　读小学的/时候/，我的外祖母/去世了/。外祖母生前/最疼爱我/，我无法排除/自己的忧伤/，每天/在学校的/操场上/一圈儿/又一圈儿地/跑着/，跑得/累倒在/地上/，扑在草坪上/痛哭/。

　　那哀痛的/日子/，断断续续地/持续了很久/，爸爸妈妈/也不知道/如何安慰我/。他们知道/与其骗我说/外祖母/睡着了/，还不如/对我/说实话/：外祖母/永远不会/回来了/。

　　"什么是/永远不会/回来呢/？"我问着/。

"所有/时间里的/事物/，都永远/不会回来/。你的昨天过去/，它就永远/变成昨天/，你不能/再回到昨天/。爸爸以前/也和你/一样小/，现在/也不能回到/你这么小的童年了/；有一天/你会长大/，你会像/外祖母一样老/；有一天/你度过了/你的时间/，就永远/不会回来了/。"爸爸说/。

爸爸等于/给我一个谜语/，这谜语比/课本上的/"日历/挂在墙壁/，一天/撕去一页/，使我/心里着急"/和"一寸光阴/一寸金/，寸金难买/寸光阴"/还让我/感到可怕/；也比作文本上的/"光阴似箭/，日月如梭"/更让我觉得/有一种/说不出的/滋味/。

时间过得/那么飞快/，使我的小心眼儿里/不只是着急/，还有悲伤/。有一天/我放学回家/，看到太阳/快落山了/，就下决心说/："我要比太阳/更快地回家/。"我狂奔回去/，站在庭院前/喘气的时候/，看到太阳///还露着/半边脸/，我高兴地/跳跃起来/，那一天/我跑赢了/太阳/。以后/我就时常做/那样的游戏/，有时/和太阳赛跑/，有时/和西北风比快/，有时/一个暑假/才能做完的/作业/，我十天/就做完了/；那时/我三年级/，常常/把哥哥五年级的作业/拿来做/。每一次比赛/，胜过时间/，我就快乐得/不知道/怎么形容/。

如果将来/我有什么/要教给我的孩子/，我会告诉他/：假若你/一直和时间比赛/，你就可以成功/！

三、"文字＋拼音"练习

dú xiǎo xué de shí hou　　wǒ de wài zǔ mǔ qù shì le　　wài zǔ mǔ
读 小 学 的 时 候， 我 的 外 祖 母 去 世 了。外 祖 母
shēng qián zuì téng ài wǒ　　wǒ wú fǎ pái chú zì jǐ de yōu shāng　　měi
生 前 最 疼 爱 我， 我 无 法 排 除 自 己 的 忧 伤， 每
tiān zài xué xiào de cāo chǎng·shàng yì quānr　yòu yì quānr　de pǎo
天 在 学 校 的 操 场　 上 一 圈 儿 又 一 圈 儿 地 跑
zhe　pǎo de lèi dǎo zài dì·shàng　　pū zài cǎo píng·shàng tòng kū
着， 跑 得 累 倒 在 地 上， 扑 在 草 坪 上 痛 哭。

nà āi tòng de rì zi　　duàn duàn xù xù de chí xù le hěn jiǔ　　bà ba
那 哀 痛 的 日 子， 断 断 续 续 地 持 续 了 很 久， 爸 爸
mā ma yě bù zhī·dào rú hé ān wèi wǒ　　tā men zhī·dào yǔ qí piàn wǒ
妈 妈 也 不 知 道 如 何 安 慰 我。 他 们 知 道 与 其 骗 我

说外祖母睡着了，还不如对我说实话：外祖母永远不会回来了。

"什么是永远不会回来呢？"我问着。

"所有时间里的事物，都永远不会回来。你的昨天过去，它就永远变成昨天，你不能再回到昨天。爸爸以前也和你一样小，现在也不能回到你这么小的童年了；有一天你会长大，你会像外祖母一样老；有一天你度过了你的时间，就永远不会回来了。"爸爸说。

爸爸等于给我一个谜语，这谜语比课本上的"日历挂在墙壁，一天撕去一页，使我心里着急"和"一寸光阴一寸金，寸金难买寸光阴"还让我感到可怕；也比作文本上的"光阴似箭，日月如梭"更让我觉得有一种说不出的滋味。

时间过得那么飞快，使我的小心眼儿里不只

shì zháo jí　　hái yǒu bēi shāng　　yǒu yì tiān wǒ fàng xué huí jiā　　kàn
是 着 急， 还 有 悲 伤 。 有 一 天 我 放 学 回 家， 看

dào tài·yáng kuài luò shān le　　jiù xià jué xīn shuō　　　　wǒ yào bǐ
到 太 阳 快 落 山 了， 就 下 决 心 说：" 我 要 比

tài·yáng gèng kuài de huí jiā　　wǒ kuáng bēn huí·qù　　zhàn zài tíng
太 阳 更 快 地 回 家。" 我 狂 奔 回 去， 站 在 庭

yuàn qián chuǎn qì de shí hou　　kàn dào tài·yáng　　hái lòu zhe bàn biān
院 前 喘 气 的 时 候， 看 到 太 阳 // 还 露 着 半 边

liǎn　wǒ gāo xìng de tiào yuè qǐ·lái　　nà yì tiān wǒ pǎo yíng le
脸， 我 高 兴 地 跳 跃 起 来， 那 一 天 我 跑 赢 了

tài·yáng　　yǐ hòu wǒ jiù shí cháng zuò nà yàng de yóu xì　　yǒu shí hé
太 阳 。 以 后 我 就 时 常 做 那 样 的 游 戏， 有 时 和

tài·yáng sài pǎo　　yǒu shí hé xī běi fēng bǐ kuài　　yǒu shí yí gè shǔ jià
太 阳 赛 跑， 有 时 和 西 北 风 比 快， 有 时 一 个 暑 假

cái néng zuò wán de zuò yè　　wǒ shí tiān jiù zuò wán le　　nà shí wǒ sān
才 能 做 完 的 作 业， 我 十 天 就 做 完 了； 那 时 我 三

nián jí　　cháng cháng bǎ gē ge wǔ nián jí de zuò yè ná·lái zuò　　měi
年 级， 常 常 把 哥 哥 五 年 级 的 作 业 拿 来 做。 每

yí cì bǐ sài shèng guo shí jiān　　wǒ jiù kuài lè de bù zhī·dào zěn me
一 次 比 赛 胜 过 时 间， 我 就 快 乐 得 不 知 道 怎 么

xíng róng
形 容 。

　　rú guǒ jiāng lái wǒ yǒu shén me yào jiāo gěi wǒ de hái zi　　wǒ huì gào
　如 果 将 来 我 有 什 么 要 教 给 我 的 孩 子， 我 会 告

su tā　　jiǎ ruò nǐ yì zhí hé shí jiān bǐ sài　　nǐ jiù kě yǐ chéng gōng
诉 他： 假 若 你 一 直 和 时 间 比 赛， 你 就 可 以 成 功 !

四、"文字+拼音+断句" 练习

　　dú xiǎo xué de　　shí hou　　wǒ de wài zǔ mǔ　qù shì le　　wài
　读 小 学 的/时 候/， 我 的 外 祖 母/去 世 了/。 外

zǔ mǔ shēng qián　　zuì téng ài wǒ　　wǒ wú fǎ pái chú　zì jǐ de yōu
祖 母 生 前/最 疼 爱 我/， 我 无 法 排 除/自 己 的 忧

伤/,每天/在学校的/操场 上/一 圈儿/又一 圈儿地/跑着/,跑得/累倒在/地 上/,扑在草坪 上/痛哭/。

那哀痛的/日子/,断 断 续续地/持续了很久/,爸爸妈妈/也不知 道/如何安慰我/。他们 知 道/与其骗我 说 /外祖母/睡 着了/,还不如/对我/说 实 话/:外祖母/永 远不会/回 来了/。

"什么是/永 远不会/回 来呢/?"我 问着/。

"所有/时间里的/事 物/,都 永 远/不会回 来/。你的昨天过 去/,它就永 远/变成昨天/,你不能/再回到昨天/。爸爸以前/也和你/一样小/,现在/也不能 回 到/你这么小 的童年了/;有一天/你会 长 大/,你会 像/外祖母一样老/;有一天/你度过了/你的时 间/,就 永远/不会回 来了/。"爸爸说 /。

爸爸 等 于/给我一个谜语/,这 谜语比/课本上的/"日历/挂在墙壁,一天/撕去一页/,使我/心里着急"/和"一寸 光阴/一寸 金/,寸金难买/寸 光 阴"/还让我/感到可怕/;也比作文本 上的/"光 阴 似 箭,日 月 如 梭"/更 让 我 觉得/有 一 种/说 不 出 的/滋 味/。

时间过得/那么飞快/,使我的小心眼儿里/不只是着急/,还有悲伤/。有一天/我放学回家/,看到太阳/快落山了/,就下决心说/:"我要比太阳/更 快地回家。/"我 狂 奔 回 去/,站在庭院前/喘气的时候/,看到 太 阳 ///还露着/半边脸/,我 高 兴 地/跳 跃 起 来/,那一天/我跑赢了/太 阳/。以后/我就 时 常 做/那样的游戏/,有 时/和 太 阳 赛跑/,有时/和西北风比快/,有时/一个暑假/才 能 做 完的/作业/,我十天/就做完了/;那时/我 三 年

— 149 —

级/，常 常/把哥哥五年级的作业/拿 来 做/。

每一次比赛/胜 过 时 间/，我 就 快 乐 得/不 知 道/怎 么 形 容/。

　　如果将来/我有什么/要教给我的孩子/，我会告诉他/：假若你/一直和时间比赛/，你就可以成 功！/

作品15号： 胡适的白话电报

三十年代初，胡适在北京大学任教授。讲课时他常常对白话文大加称赞，引起一些只喜欢文言文而不喜欢白话文的学生的不满。

一次，胡适正讲得得意的时候，一位姓魏的学生突然站了起来，生气地问："胡先生，难道说白话文就毫无缺点吗？"胡适微笑着回答说："没有。"那位学生更加激动了："肯定有！白话文废话太多，打电报用字多，花钱多。"胡适的目光顿时变亮了。轻声地解释说："不一定吧！前几天有位朋友给我打来电报，请我去政府部门工作，我决定不去，就回电拒绝了。复电是用白话写的，看来也很省字。请同学们根据我这个意思，用文言文写一个回电，看看究竟是白话文省字，还是文言文省字？"胡教授刚说完，同学们立刻认真地写了起来。

十五分钟过去，胡适让同学举手，报告用字的数目，然后挑了一份用字最少的文言电报稿，电文是这样写的：

"才疏学浅，恐难胜任，不堪从命。"白话文的意思是：学问不深，恐怕很难担任这个工作，不能服从安排。

胡适说，这份写得确实不错，仅用了十二个字。但我的白话电报却只用了五个字：

"干不了，谢谢！"

胡适又解释说："干不了"就有才疏学浅、恐难胜任的意思；"谢谢"既//对朋友的介绍表示感谢，又有拒绝的意思。所以，废话多不多，并不看它是文言文还是白话文，只要注意选用字词，白话文是可以比文言文更省字的。

[节选自陈灼主编《实用汉语中级教程》（上）中《胡适的白话电报》]

一、逐句讲解

三十年代初，胡适在北京大学任教授。

▶这一句有一处需要注意的地方，就是"北京大学"是"中轻中重"格式。

讲课时他常常对白话文大加称赞，引起一些只喜欢文言文而不喜欢白话文的学生的不满。

▶这一句有三处需要注意的地方，第一处是"白话文"一词读的时候要突出"白"字；第二处是"大加称赞"读作"dà jiā chēng zàn"；第三处是在读"文言文"的时候，要突出第一个"文"字。

一次，胡适正讲得得意的时候，一位姓魏的学生突然站了起来，生气地问："胡先生，难道说白话文就毫无缺点吗？"

▶这一句有三处需要注意的地方，第一处是"得意"一词要强调；第二处是"姓魏"这两个字需要强调；第三处是"站"这个字需要强调。

胡适微笑着回答说："没有。"

▶这一句有一处需要注意的地方，就是"微笑着"中的"着"读轻声。

那位学生更加激动了："肯定有！白话文废话太多，打电报用字多，花钱多。"

▶这一句有一处需要注意的地方，就是"更加"一词需要强调。

胡适的目光顿时变亮了，轻声地解释说："不一定吧！前几天有位朋友给我打来电报，请我去政府部门工作，我决定不去，就回电拒绝了。复电是用白话写的，看来也很省字。请同学们根据我这个意思，用文言文写一个回电，看看究竟是白话文省字，还是文言文省字？"

▶这里有九处需要注意的地方，第一处是"变亮了"是"中重轻"格式；第二处是"轻声地"是"中重轻"格式；第三处是"不一定吧"是"中轻重轻"格式；第四处是"政府部门"需要强调；第五处是"不去"中的"不"是二声；第六处是"拒绝了"是"中重轻"格式；第七处是"省字"是重音；第八处是"写一个"中的"一"是二声；第九处是"看看"是"重轻"格式。

胡教授刚说完，同学们立刻认真地写了起来。

▶这一句有一处需要注意的地方，就是"认真地"是"中重轻"格式。

十五分钟过去，胡适让同学举手，报告用字的数目，然后挑了一份用字最少的文言电报稿，电文是这样写的：

"才疏学浅，恐难胜任，不堪从命。"

▶这一句有两处需要注意的地方，第一处是"过去"中的"去"读轻声；第二处是"举手"中的"手"是三声，读的时候要注意。

白话文的意思是：学问不深，恐怕很难担任这个工作，不能服从安排。

▶这一句有一处需要注意的地方，就是"学问不深"读作"xué wèn bù shēn"，是"中重中重"格式。

胡适说，这份写得确实不错，仅用了十二个字。

▶这一句有两处需要注意的地方，第一处是"不错"中的"不"是二声；第二处是"十二"这个数字需要强调。

二、断句练习

三十年代初/，胡适/在北京大学/任教授/。讲课时/他常常对白话文大加称赞/，引起一些/只喜欢文言文/而不喜欢白话文的/学生的不满/。

一次/，胡适/正讲得/得意的时候/，一位姓魏的学生/突然站了起来/，生气地问/："胡先生/，难道说/白话文/就毫无缺点吗/?"胡适微笑着/回答说/："没有/。"那位学生/更加激动了/："肯定有/！白话文/废话太多/，打电报/用字多/，花钱多/。"胡适的目光/顿时变亮了/。轻声地/解释说/："不一定吧/！前几天/有位朋友/给我打来电报/，请我去/政府部门工作/，我决定不去/，就回电拒绝了/。复电/是用白话写的/，看来/也很省字/。请同学们/根据我这个意思/，用文言文/写一个回电/，看看究竟是/白话文省字/，还是/文言文省字/?"胡教授刚说完/，同学们/立刻认真地/写了起来/。

十五分钟/过去/，胡适/让同学举手/，报告用字的/数目/，然后/挑了一份/用字最少的/文言电报稿/，电文是这样写的/：

"才疏学浅/，恐难胜任/，不堪从命/。"白话文的意思是/：学问不深/，恐怕很难/担任这个工作/，不能服从安排/。

胡适说/，这份写得/确实不错/，仅用了十二个字/。但我的白话电报/却只用了/五个字/：

"干不了/，谢谢/！"

胡适/又解释说/："干不了"/就有才疏学浅/、恐难胜任的/意思/；"谢谢"/既//对朋友的介绍/表示感谢/，又有拒绝的/意思/。所以/，废话多不多/，并不看/它是文言文/还是白话文/，只要注意/选用字词/，白话文/是可以比/文言文/更省字的/。

三、"文字+拼音" 练习

　　sān shí nián dài chū　Hú Shì zài Běi jīng Dà xué rèn jiào shòu　jiǎng
　　三　十　年　代　初，　胡　适　在　北　京　大　学　任　教　授。　讲
kè shí tā cháng cháng duì bái huà wén dà jiā chēng zàn　yǐn qǐ yì xiē zhǐ
课　时　他　常　　常　对　白　话　文　大　加　称　赞，引　起　一　些　只
xǐ huan wén yán wén ér bù xǐ huan bái huà wén de xué sheng de bù mǎn
喜　欢　文　言　文　而　不　喜　欢　白　话　文　的　学　生　的　不　满。

　　yí cì　Hú Shì zhèng jiǎng de dé yì de shí hou　yí wèi xìng Wèi de
　　一　次，胡　适　正　　讲　得　得　意　的　时　候，一　位　姓　魏　的
xué sheng tū rán zhàn le qǐ·lái　shēng qì de wèn　Hú xiān sheng
学　生　突　然　站　了　起　来，生　气　地　问："胡　先　生，
nán dào shuō bái huà wén jiù háo wú quē diǎn ma　Hú Shì wēi xiào zhe
难　道　说　白　话　文　就　毫　无　缺　点　吗？"胡　适　微　笑　着
huí dá shuō　méi·yǒu　nà wèi xué sheng gèng jiā jī dòng le
回　答　说："没　　有。"那　位　学　生　更　加　激　动　了：
　kěn dìng yǒu　bái huà wén fèi huà tài duō　dǎ diàn bào yòng zì duō
"肯　定　有！白　话　文　废　话　太　多，打　电　报　用　字　多，
huā qián duō　Hú Shì de mù guāng dùn shí biàn liàng le　qīng shēng de
花　钱　多。"胡　适　的　目　光　顿　时　变　亮　了。轻　声　地
jiě shì shuō　bù yí dìng ba　qián jǐ tiān yǒu wèi péng you gěi wǒ
解　释　说："不　一　定　吧！前　几　天　有　位　朋　友　给　我
dǎ·lái diàn bào　qǐng wǒ qù zhèng fǔ bù mén gōng zuò　wǒ jué dìng bú
打　来　电　报，请　我　去　政　府　部　门　工　作，我　决　定　不

去,就回电拒绝了。复电是用白话写的,看来也很省字。请同学们根据我这个意思,用文言文写一个回电,看看究竟是白话文省字,还是文言文省字?"胡教授刚说完,同学们立刻认真地写了起来。

十五分钟过去,胡适让同学举手,报告用字的数目,然后挑了一份用字最少的文言电报稿,电文是这样写的:

"才疏学浅,恐难胜任,不堪从命。"白话文的意思是:学问不深,恐怕很难担任这个工作,不能服从安排。

胡适说,这份写得确实不错,仅用了十二个字。但我的白话电报却只用了五个字:

"干不了,谢谢!"

胡适又解释说:"干不了"就有才疏学浅、恐难胜任的意思;"谢谢"既//对朋友的介绍表示感谢,又有拒绝的意思。所以,废话多不

duō bìng bú kàn tā shì wén yán wén hái shì bái huà wén　zhǐ yào zhù yì
多，并不看它是文言文还是白话文，只要注意
xuǎn yòng zì cí　bái huà wén shì kě yǐ bǐ wén yán wén gèng shěng
选用字词，白话文是可以比文言文更省
zì de
字的。

四、"文字+拼音+断句"练习

　　sān shí nián dài chū　Hú Shì　zài Běi jīng Dà xué　rèn jiào shòu
　　三十年代初/，胡适/在北京大学/任教授/。
jiǎng kè shí　tā cháng cháng duì bái huà wén dà jiā chēng zàn　yǐn qǐ
讲课时/他常常对白话文大加称赞/，引起
yì xiē　zhǐ xǐ huan wén yán wén　ér bù xǐ huan bái huà wén de　xué
一些/只喜欢文言文/而不喜欢白话文的/学
sheng de bù mǎn
生的不满/。
　　yí cì　Hú Shì　zhèng jiǎng de　dé yì de shí hou　yí wèi xìng
　　一次/，胡适/正讲得/得意的时候/，一位姓
Wèi de xué sheng　tū rán zhàn le qǐ·lái　shēng qì de wèn　Hú
魏的学生/突然站了起来/，生气地问/："胡
xiān sheng　nán dào shuō　bái huà wén　jiù háo wú quē diǎn ma
先生/，难道说/白话文/就毫无缺点吗/？"
Hú Shì wēi xiào zhe　huí dá shuō　　méi·yǒu　　nà wèi xué
胡适微笑着/回答说/："没有/。"那位学
sheng gèng jiā jī dòng le　kěn dìng yǒu　bái huà wén　fèi huà
生/更加激动了/："肯定有/！白话文/废话
tài duō　dǎ diàn bào　yòng zì duō　huā qián duō　Hú Shì de
太多/，打电报/用字多/，花钱多/。"胡适的
mù guāng　dùn shí biàn liàng le　qīng shēng de　jiě shì shuō　bù
目光/顿时变亮了/。轻声地/解释说/："不
yí dìng ba　qián jǐ tiān　yǒu wèi péng you　gěi wǒ dǎ·lái diàn
一定吧/！前几天/有位朋友/给我打来电
bào　qǐng wǒ qù　zhèng fǔ bù mén gōng zuò　wǒ jué dìng bú qù
报/，请我去/政府部门工作/，我决定不去/，

就回电拒绝了/。复电/是用白话写的/，看来/也很省字/。请同学们/根据我这个意思，用文言文/写一个回电/，看看/究竟是/白话文省字/，还是/文言文省字/？"胡教授刚说完/，同学们/立刻认真地/写了起来/。

十五分钟/过去/，胡适/让同学举手/，报告用字的/数目/，然后/挑了一份/用字最少的/文言电报稿/，电文是这样写的/：

"才疏学浅/，恐难胜任/，不堪从命/。"

白话文的意思是/：学问不深/，恐怕很难/担任这个工作/，不能服从安排/。

胡适说/，这份写得/确实不错/，仅用了十二个字/。但我的白话电报/却只用了/五个字/：

"干不了/，谢谢/！"

胡适/又解释说/："干不了"/就有才疏学浅/、恐难胜任的/意思/；"谢谢"/既//对朋友的介绍/表示感谢/，又有拒绝的/意思/。所

yǐ ， fèi huà duō·bù duō， bìng bú kàn/ tā shì wén yán wén/ hái
以/，废 话 多 不 多/，并 不 看/它 是 文 言 文/还

shì bái huà wén， zhǐ yào zhù yì/ xuǎn yòng zì cí， bái huà wén/
是 白 话 文/，只 要 注 意/选 用 字 词/，白 话 文/

shì kě yǐ bǐ/ wén yán wén/ gèng shěng zì de/。
是 可 以 比/文 言 文/更 省 字 的/。

作品16号： 火光

很久以前，在一个漆黑的秋天的夜晚，我泛舟在西伯利亚一条阴森森的河上。船到一个转弯处，只见前面黑黢黢的山峰下面一星火光蓦地一闪。

火光又明又亮，好像就在眼前……

"好啦，谢天谢地！"我高兴地说，"马上就到过夜的地方啦！"

船夫扭头朝身后的火光望了一眼，又不以为然地划起桨来。

"远着呢！"

我不相信他的话，因为火光冲破朦胧的夜色，明明在那儿闪烁。不过船夫是对的，事实上，火光的确还远着呢。

这些黑夜的火光的特点是：驱散黑暗，闪闪发亮，近在眼前，令人神往。乍一看，再划几下就到了……其实却还远着呢！……

我们在漆黑如墨的河上又划了很久。一个个峡谷和悬崖，迎面驶来，又向后移去，仿佛消失在茫茫的远方，而火光却依然停在前头，闪闪发亮，令人神往——依然是这么近，又依然是那么远……

现在，无论是这条被悬崖峭壁的阴影笼罩的漆黑的河流，还是那一星明亮的火光，都经常浮现在我的脑际，在这以前和在这以后，曾有许多火光，似乎近在咫尺，不止使我一人心驰神往。可是生活之河却仍然在那阴森森的两岸之间流着，而火光也依旧非常遥远。因此，必须加劲划桨……

然而，火光啊……毕竟……毕竟就//在前头！……

（节选自 ［俄］柯罗连科《火光》，张铁夫译）

一、 逐句讲解

很久以前，在一个漆黑的秋天的夜晚，我泛舟在西伯利亚一条阴森森的河上。

▶这一句有一处需要注意的地方，就是"阴森森"读作"yīn sēn sēn"，是"重中中"格式。

船到一个转弯处，只见前面黑黢黢的山峰下面一星火光蓦地一闪。

▶这一句有三处需要注意的地方，第一处是"黑黢黢"读作"hēi qū qū"，是"重中中"格式；第二处是"下面"是"重轻"格式；第三处是"蓦地"中的"蓦"读作"mò"，"地"读轻声。

火光又明又亮，好像就在眼前……

"好啦，谢天谢地！"我高兴地说，"马上就到过夜的地方啦！"

▶这里有一处需要注意的地方，就是"地方啦"是"重轻中"格式。

船夫扭头朝身后的火光望了一眼，又不以为然地划起桨来。

"远着呢！"

▶这一句有两处需要注意的地方，第一处是"划起桨来"读作"huá qǐ jiǎng lái"；第二处是"远着呢"是"中中重"格式。

我不相信他的话，因为火光冲破朦胧的夜色，明明在那儿闪烁。

▶这一句有一处需要注意的地方，就是"朦胧"读作"méng lóng"。

"远着呢！"

不过船夫是对的，事实上，火光的确还远着呢。

这些黑夜的火光的特点是：驱散黑暗，闪闪发亮，近在眼前，令人神往。乍一看，再划几下就到了……其实却还远着呢！……

▶这里的两处"远着呢"要重读。

我们在漆黑如墨的河上又划了很久。一个个峡谷和悬崖，迎面驶来，又向后移去，仿佛消失在茫茫的远方，而火光却依然停在前头，闪闪发亮，令人神往——依然是这么近，又依然是那么远……

▶这里有一处需要注意的地方，就是"一个个"中的"一"是二声。

现在，无论是这条被悬崖峭壁的阴影笼罩的漆黑的河流，还是那一星明亮的火光，都经常浮现在我的脑际，在这以前和在这以后，曾有许多火光，似乎近在咫尺，不止使我一人心驰神往。

▶这一句有一处需要注意的地方，就是"笼罩"一词是重音，读的时候需强调，发音要发饱满。

可是生活之河却仍然在那阴森森的两岸之间流着,而火光也依旧非常遥远。因此,必须加劲划桨……

然而,火光啊……毕竟……毕竟就在前头!……

▶这里有一处需要注意的地方,就是"前头"是"重轻"格式。

二、断句练习

很久以前/,在一个/漆黑的/秋天的/夜晚/,我泛舟在/西伯利亚/一条/阴森森的/河上/。船到一个/转弯处/,只见/前面/黑黢黢的/山峰下面/一星火光/蓦地一闪/。

火光/又明又亮/,好像/就在眼前/……

"好啦/,谢天谢地/!"我高兴地/说/,"马上/就到过夜的/地方啦/!"

船夫扭头/朝身后的火光/望了一眼/,又不以为然地/划起桨来/。

"远着呢/!"

我不相信/他的话/,因为火光/冲破朦胧的夜色/,明明在那儿闪烁/。不过/船夫是对的/,事实上/,火光的确/还远着呢/。

这些黑夜的/火光的/特点是/:驱散黑暗/,闪闪发亮/,近在眼前/,令人神往/。乍一看/,再划几下/就到了/……其实/却还远着呢/!……

我们在/漆黑如墨的河上/又划了很久/。一个个/峡谷和悬崖/,迎面驶来/,又向后移去/,仿佛消失在/茫茫的远方/,而火光/却依然/停在前头/,闪闪发亮/,令人神往——依然是这么近/,又依然是/那么远/……

现在/,无论是/这条被/悬崖峭壁的阴影/笼罩的/漆黑的河流/,还是/那一星/明亮的火光/,都经常浮现在/我的脑际/,在这以前/和在这以后/,曾有/许多火光/,似乎/近在咫尺/,不止/使我一人/心驰神往/。可是生活之河/却仍然在那/阴森森的/两岸之间流着/,而火光/也依旧/非常遥远/。因此/,必须加劲划桨/………

然而/,火光啊/……毕竟/……毕竟/就//在前头/!……

三、"文字+拼音"练习

hěn jiǔ yǐ qián zài yí gè qī hēi de qiū tiān de yè wǎn wǒ fàn
很 久 以 前 ,在 一 个 漆 黑 的 秋 天 的 夜 晚 ,我 泛舟在西伯利亚一条阴森森的河上。船到一个转弯处,只见前面黑黢黢的山峰下面一星火光蓦地一闪。

火光又明又亮,好像就在眼前……

"好啦,谢天谢地!"我高兴地说,"马上就到过夜的地方啦!"

船夫扭头朝身后的火光望了一眼,又不以为然地划起桨来。

"远着呢!"

我不相信他的话,因为火光冲破朦胧的夜色,明明在那儿闪烁。不过船夫是对的,事实上,火光的确还远着呢。

这些黑夜的火光的特点是:驱散黑暗,闪闪发亮,近在眼前,令人神往。乍一看,再划几下就到了……其实还远着呢!……

我们在漆黑如墨的河上又划了很久。一个个

xiá gǔ hé xuán yá　　yíng miàn shǐ·lái　　yòu xiàng hòu yí·qù　　fǎng fú
峡谷和悬崖，迎面驶来，又向后移去，仿佛

xiāo shī zài máng máng de yuǎn fāng　　ér huǒ guāng què yī rán tíng zài qián
消失在茫茫的远方，而火光却依然停在前

tou　　shǎn shǎn fā liàng　　lìng rén shén wǎng　　yī rán shì zhè me jìn
头，闪闪发亮，令人神往——依然是这么近，

yòu yī rán shì nà me yuǎn
又依然是那么远……

　　xiàn zài　　wú lùn shì zhè tiáo bèi xuán yá qiào bì de yīn yǐng lǒng zhào
　　现在，无论是这条被悬崖峭壁的阴影笼罩

de qī hēi de hé liú　　hái shì nà yī xīng míng liàng de huǒ guāng　　dōu jīng
的漆黑的河流，还是那一星明亮的火光，都经

cháng fú xiàn zài wǒ de nǎo jì　　zài zhè yǐ qián hé zài zhè yǐ hòu　　céng
常浮现在我的脑际，在这以前和在这以后，曾

yǒu xǔ duō huǒ guāng　　sì hū jìn zài zhǐ chǐ　　bù zhǐ shǐ wǒ yì rén xīn chí
有许多火光，似乎近在咫尺，不止使我一人心驰

shén wǎng　　kě shì shēng huó zhī hé què réng rán zài nà yīn sēn sēn de
神往。可是生活之河却仍然在那阴森森的

liǎng àn zhī jiān liú zhe　　ér huǒ guāng yě yī jiù fēi cháng yáo yuǎn　　yīn
两岸之间流着，而火光也依旧非常遥远。因

cǐ　　bì xū jiā jìn huá jiǎng
此，必须加劲划桨……

　　rán ér　　huǒ guāng nga　　bì jìng　　bì jìng jiù　　zài qián
　　然而，火光啊……毕竟……毕竟就//在前

tou
头！……

四、"文字+拼音+断句"练习

　　hěn jiǔ yǐ qián　　zài yí gè qī hēi de　　qiū tiān de　　yè wǎn
　　很久以前/，在一个漆黑的/秋天的/夜晚/，

wǒ fàn zhōu zài　　Xī bó lì yà　　yì tiáo　　yīn sēn sēn de　　hé·shàng
我泛舟在/西伯利亚/一条/阴森森的/河　上/。

chuán dào yí gè　　zhuǎn wān chù　　zhǐ jiàn　　qián·miàn　　hēi qū qū de
船到一个/转弯处/，只见/前　面/黑黢黢的/

山峰下面／一星火光／蓦地一闪／。

火光／又明又亮／，好像／就在眼前／……

"好啦／，谢天谢地／！"我高兴地／说／，"马上／就到过夜的／地方啦／！"

船夫扭头／朝身后的火光／望了一眼／，又不以为然地／划起桨来／。

"远着呢／！"

我不相信／他的话／，因为火光／冲破朦胧的夜色／，明明在那儿闪烁／。不过／船夫是对的／，事实上／，火光的确／还远着呢／。

这些黑夜的／火光的／特点是／：驱散黑暗／，闪闪发亮／，近在眼前／，令人神往／。乍一看／，再划几下／就到了／……其实／还远着呢／！……

我们在／漆黑如墨的／河上／又划了很久／。一个个／峡谷和悬崖／，迎面驶来／，又向后移去/，仿佛消失在/茫茫的远方/，而火光/却依然/停在前头/，闪闪发亮/，令人神往/——依然是这么近/，又依然是/那么远/……

现在/，无论是/这条被/悬崖峭壁的阴影/笼罩的/漆黑的河流/，还是/那一星/明亮的火光/，都经常浮现在/我的脑际/，在这以前/和在这以后/，曾有/许多火光/，似乎/近在咫尺/，不止/使我一人/心驰神往/。可是生活之河/却仍然在那/阴森森的/两岸之间流着/，而火光/也依旧/非常遥远/。因此/，必须加劲划桨/……

然而/，火光啊/……毕竟/……毕竟/就//在前头/！……

作品 17 号：济南的冬天

对于一个在北平住惯的人，像我，冬天要是不刮风，便觉得是奇迹；济南的冬天是没有风声的。对于一个刚由伦敦回来的人，像我，冬天要能看得见日光，便觉得是怪事；济南的冬天是响晴的。自然，在热带的地方，日光永远是那么毒，响亮的天气，反有点儿叫人害怕。可是，在北方的冬天，而能有温晴的天气，济南真得算个宝地。

设若单单是有阳光，那也算不了出奇。请闭上眼睛想：一个老城，有山有水，全在天底下晒着阳光，暖和安适地睡着，只等春风来把它们唤醒，这是不是理想的境界？小山整把济南围了个圈儿，只有北边缺着点口儿。这一圈小山在冬天特别可爱，好像是把济南放在一个小摇篮里，它们安静不动地低声地说："你们放心吧，这儿准保暖和。"真的，济南的人们在冬天是面上含笑的。他们一看那些小山，心中便觉得有了着落，有了依靠。他们由天上看到山上，便不知不觉地想起：明天也许就是春天了吧？这样的温暖，今天夜里山草也许就绿起来了吧？就是这点儿幻想不能一时实现，他们也并不着急，因为这样慈善的冬天，干什么还希望别的呢！

最妙的是下点儿小雪呀。看吧，山上的矮松越发的青黑，树尖儿上//顶着一髻儿白花，好像日本看护妇。山尖儿全白了，给蓝天镶上一道银边。山坡上，有的地方雪厚点儿，有的地方草色还露着；这样，一道儿白，一道儿暗黄，给山们穿上一件带水纹儿的花衣；看着看着，这件花衣好像被风儿吹动，叫你希望看见一点儿更美的山的肌肤。等到快日落的时候，微黄的阳光斜射在山腰上，那点儿薄雪好像忽然害羞，微微露出点儿粉色。就是下小雪吧，济南是受不住大雪的，那些小山太秀气。

（节选自老舍《济南的冬天》）

一、逐句讲解

对于一个在北平住惯的人,像我,冬天要是不刮风,便觉得是奇迹;济南的冬天是没有风声的。

▶这一句有两处需要注意的地方,第一处是"冬天"是"重轻"格式;第二处是"风声"是"重中"格式。

对于一个刚由伦敦回来的人,像我,冬天要能看得见日光,便觉得是怪事;济南的冬天是响晴的。自然,在热带的地方,日光永远是那么毒,响亮的天气,反有点儿叫人害怕。

▶这里有一处需要注意的地方,就是"有点儿"是儿化音。

可是,在北方的冬天,而能有温晴的天气,济南真得算个宝地。

▶这一句有两处需要注意的地方,第一处是"天气"一词是"重轻"格式;第二处是"真得"是"重轻"格式。

设若单单是有阳光,那也算不了出奇。

▶这一句有一处需要注意的地方,就是"算不了"是"中重轻"格式。

请闭上眼睛想:一个老城,有山有水,全在天底下晒着阳光,暖和安适地睡着,只等春风来把它们唤醒,这是不是理想的境界?

▶这一句有两处需要注意的地方,第一处是"天底下"是"重轻中"格式;第二处是"睡着"是"重轻"格式。

小山整把济南围了个圈儿,只有北边缺着点口儿。

▶这一句有一处需要注意的地方,就是"围了个圈儿""口儿"的儿化音。

这一圈小山在冬天特别可爱,好像是把济南放在一个小摇篮里,它们安静不动地低声地说:"你们放心吧,这儿准保暖和。"真的,济南的人们在冬天是面上含笑的。他们一看那些小山,心中便觉得有了着落,有了依靠。他们由天上看到山上,便不知不觉地想起:明天也许就是春天了吧?这样的温暖,今天夜里山草也许就绿起来了吧?

▶这里有四处需要注意的地方,第一处是"天上"是"重轻"格式;第二处是"山上"是"重轻"格式;第三处是"明天"是"重轻"格式;第四处是"春天"是"重轻"格式。

就是这点儿幻想不能一时实现，他们也并不着急，因为这样慈善的冬天，干什么还希望别的呢！

▶这里有一处需要注意的地方，就是"干什么"是"重中轻"格式。

最妙的是下点儿小雪呀。

▶这一句有一处需要注意的地方，就是"点儿"的儿化音。

看吧，山上的矮松越发的青黑，树尖儿上顶着一髻儿白花，好像日本看护妇。

▶这一句有两处需要注意的地方，第一处是"尖儿"的儿化音；第二处是"一髻儿"的儿化音。

二、断句练习

对于一个/在北平/住惯的人/，像我/，冬天/要是不刮风/，便觉得/是奇迹/；济南的冬天/是没有风声的/。对于一个/刚由伦敦/回来的人/，像我/，冬天/要能看得见/日光/，便觉得/是怪事/；济南的冬天/是响晴的/。自然/，在热带的/地方/，日光/永远是/那么毒/，响亮的/天气/，反有点儿/叫人害怕/。可是/，在北方的/冬天/，而能有/温晴的天气/，济南/真得算个宝地/。

设若单单是/有阳光/，那也/算不了出奇/。请闭上眼睛想/：一个老城/，有山有水/，全在天底下/晒着阳光/，暖和安适地/睡着/，只等春风来/把它们唤醒/，这是不是/理想的境界/？小山/整把济南/围了个圈儿/，只有北边/缺着点口儿/。这一圈小山/在冬天/特别可爱/，好像是/把济南/放在一个/小摇篮里/，它们安静不动地/低声地说/："你们放心吧/，这儿准保暖和/。"真的/，济南的人们/在冬天/是面上含笑的/。他们/一看那些小山/，心中便觉得/有了着落/，有了依靠/。他们由天上/看到山上/，便不知不觉地/想起/：明天也许/就是春天了吧/？这样的温暖/，今天夜里/山草也许就/绿起来了吧/？就是这点儿幻想/不能一时实现/，他们/也并不着急/，因为/这样慈善的/冬天/，干什么/还希望别的呢/！

最妙的/是下点儿小雪呀/。看吧/，山上的/矮松/越发的青黑/，树尖儿上///顶着一髻儿白花/，好像/日本看护妇/。山尖儿/全白了/，给蓝天/镶上一道银边/。山坡上/，有的地方/雪厚点儿/，有的地方/草色还露着/；这样/，一道儿白/，一道儿暗黄/，给山们/穿上一件/带水纹儿的花衣/；看着看着/，这件花衣/好像被风儿吹动/，叫你希望/看见一点儿/更美的/山的肌肤/。等到/快日落的/时候/，微黄的阳光/斜射在/山腰上/，那点儿薄雪/好像/忽然害羞/，微微露出点儿/粉色/。就是下小雪吧/，济南/是受不住/大雪的/，那些小山/太秀气/。

三、"文字+拼音" 练习

duì yú yí gè zài Běi píng zhù guàn de rén　xiàng wǒ　dōng tiān yào
对　于　一　个　在　北　平　住　惯　的　人，像　我，冬　天　要

shì bù guā fēng　　biàn jué·dé shì qí jì　Jǐ nán de dōng tiān shì
是　不　刮　风，便　觉　得　是　奇　迹；济　南　的　冬　天　是

méi·yǒu fēng shēng de　duì yú yí gè gāng yóu Lún dūn huí·lái de rén
没　有　风　声　的。对　于　一　个　刚　由　伦　敦　回　来　的　人，

xiàng wǒ　dōng tiān yào néng kàn de jiàn rì guāng　biàn jué·dé shì guài
像　我，冬　天　要　能　看　得　见　日　光，便　觉　得　是　怪

shì　Jǐ nán de dōng tiān shì xiǎng qíng de　zì rán　zài rè dài de dì
事；济　南　的　冬　天　是　响　晴　的。自　然，在　热　带　的　地

fang　rì guāng yǒng yuǎn shì nà me dú　xiǎng liàng de tiān qì　fǎn
方，日　光　永　远　是　那　么　毒，响　亮　的　天　气，反

yǒu diǎnr　jiào rén hài pà　kě shì　zài běi fāng de dōng tiān　ér néng
有　点　儿　叫　人　害　怕。可　是，在　北　方　的　冬　天，而　能

yǒu wēn qíng de tiān qì　Jǐ nán zhēn děi suàn gè bǎo dì
有　温　晴　的　天　气，济　南　真　得　算　个　宝　地。

shè ruò dān dān shì yǒu yáng guāng　nà yě suàn·bù liǎo chū qí
设　若　单　单　是　有　阳　光，那　也　算　不　了　出　奇。

qǐng bì·shàng yǎn jing xiǎng　yí gè lǎo chéng　yǒu shān yǒu shuǐ
请　闭　上　眼　睛　想：一　个　老　城，有　山　有　水，

quán zài tiān dǐ·xià shài zhe yáng guāng　nuǎn huo ān shì de shuì zhe
全　在　天　底　下　晒　着　阳　光，暖　和　安　适　地　睡　着，

zhǐ děng chūn fēng lái bǎ tā men huàn xǐng　zhè shì·bú shì lǐ xiǎng de
只　等　春　风　来　把　它　们　唤　醒，这　是　不　是　理　想　的

jìng jiè　xiǎo shān zhěng bǎ Jǐ nán wéi le gè quānr　zhǐ yǒu
境　界？小　山　整　把　济　南　围　了　个　圈　儿，只　有

北边缺着点口儿。这一圈小山在冬天特别可爱,好像是把济南放在一个小摇篮里,它们安静不动地低声地说:"你们放心吧,这儿准保暖和。"真的,济南的人们在冬天是面上含笑的。他们一看那些小山,心中便觉得有了着落,有了依靠。他们由天上看到山上,便不知不觉地想起:明天也许就是春天了吧?这样的温暖,今天夜里山草也许就绿起来了吧?就是这点儿幻想不能一时实现,他们也并不着急,因为这样慈善的冬天,干什么还希望别的呢!

最妙的是下点儿小雪呀。看吧,山上的矮松越发的青黑,树尖儿上//顶着一髻儿白花,好像日本看护妇。山尖儿全白了,给蓝天镶上一道银边。山坡上,有的地方雪厚点儿,有的地方草色还露着;这样,一道儿白，一道儿暗黄，给山们穿上一件带水纹儿的花衣；看着看着，这件花衣好像被风儿吹动，叫你希望看见一点儿更美的山的肌肤。等到快日落的时候，微黄的阳光斜射在山腰上，那点儿薄雪好像忽然害羞，微微露出点儿粉色。就是下小雪吧，济南是受不住大雪的，那些小山太秀气。

四、"文字＋拼音＋断句" 练习

对于一个／在北平／住惯的人／，像我／，冬天／要是不刮风／，便觉得／是奇迹／；济南的冬天／是没有风声的／。对于一个／刚由伦敦／回来的人／，像我／，冬天／要能看得见／日光／，便觉得／是怪事／；济南的冬天／是响晴的／。自然／，在热带的／地方／，日光／永远是／那么毒／，响亮的／天气／，反有点儿／叫人害怕／。可是／，在北方的／冬天／，而能有／温晴的天气／，济南／真得算个宝地／。

设若单单是/有阳光/,那也/算不了出奇/。请闭上眼睛想/:一个老城/,有山有水/,全在天底下/晒着阳光/,暖和安适地/睡着/,只等春风来/把它们唤醒/,这是不是/理想的境界/?小山/整把济南/围了个圈儿/,只有北边/缺着点口儿/。这一圈小山/在冬天/特别可爱/,好像是/把济南/放在一个/小摇篮里/,它们安静不动地/低声地说/:"你们放心吧/,这儿准保暖和/。"真的/,济南的人们/在冬天/是面上含笑的/。他们/一看那些小山/,心中便觉得/有了着落/,有了依靠/。他们由天上/看到山上/,便不知不觉地/想起/:明天也许/就是春天了吧/?这样的温暖/,今天夜里/山草也许就/绿起来了吧/?就是这点幻想/不能一时实现/,他们/也并不着急/，因为/这样慈善的/冬天/，干什么/还希望别的呢/！

最妙的/是下点儿小雪呀/。看吧/，山上的/矮松/越发的青黑/，树尖儿 上///顶着一髻儿白花/，好像/日本看护妇/。山尖儿/全白了/，给蓝天/镶 上 一 道 银 边/。山坡 上/，有的地方/雪厚点儿/，有的地方/草色还露着/；这样/，一道儿白/，一道儿暗黄/，给山们/穿 上一件/带水纹儿的花衣/；看着看着/，这件花衣/好像被风儿吹动/，叫你希望/看 见一点儿/更美的/山的肌肤/。等到/快日落的/时候/，微黄的阳光/斜射在/山 腰 上/，那点儿薄雪/好像/忽然害羞/，微微露 出 点 儿/粉色/。就是下小雪吧/，济南/是受不住/大雪的/，那些小山/太秀气/。

作品18号： 家乡的桥

纯朴的家乡村边有一条河，曲曲弯弯，河中架一弯石桥，弓样的小桥横跨两岸。

每天，不管是鸡鸣晓月，日丽中天，还是月华泻地，小桥都印下串串足迹，洒落串串汗珠。那是乡亲为了追求多棱的希望，兑现美好的遐想。弯弯小桥，不时荡过轻吟低唱，不时露出舒心的笑容。

因而，我稚小的心灵，曾将心声献给小桥：你是一弯银色的新月，给人间普照光辉；你是一把闪亮的镰刀，割刈着欢笑的花果；你是一根晃悠悠的扁担，挑起了彩色的明天！哦，小桥走进我的梦中。

我在飘泊他乡的岁月，心中总涌动着故乡的河水，梦中总看到弓样的小桥。当我访南疆探北国，眼帘闯进座座雄伟的长桥时，我的梦变得丰满了，增添了赤橙黄绿青蓝紫。

三十多年过去，我带着满头霜花回到故乡，第一紧要的便是去看望小桥。

啊！小桥呢？它躲起来了？河中一道长虹，浴着朝霞熠熠闪光。哦，雄浑的大桥敞开胸怀，汽车的呼啸、摩托的笛音、自行车的叮铃，合奏着进行交响乐；南来的钢筋、花布，北往的柑橙、家禽，绘出交流欢悦图……

啊！蜕变的桥，传递了家乡进步的消息，透露了家乡富裕的声音。时代的春风，美好的追求，我蓦地记起儿时唱//给小桥的歌，哦，明艳艳的太阳照耀了，芳香甜蜜的花果捧来了，五彩斑斓的岁月拉开了！

我心中涌动的河水，激荡起甜美的浪花。我仰望一碧蓝天，心底轻声呼喊：家乡的桥啊，我梦中的桥！

（节选自郑莹《家乡的桥》）

一、逐句讲解

纯朴的家乡村边有一条河，曲曲弯弯，河中架一弯石桥，弓样的小桥横跨两岸。

▶这一句有一处需要注意的地方，就是"曲曲弯弯"是"中轻中重"格式。

每天，不管是鸡鸣晓月、日丽中天，还是月华泻地，小桥都印下串串足迹，洒落串串汗珠。

▶这一句有三处需要注意的地方，第一处是"日丽中天"读作"rì lì zhōng tiān"，是"中重中重"格式；第二处是"串串足迹"中的"足迹"一词需要强调；第三处是"串串汗珠"中的"汗珠"一词需要强调。

那是乡亲为了追求多棱的希望，兑现美好的遐想。

▶这一句有一处需要注意的地方，就是"乡亲"是"重轻"格式。

弯弯小桥，不时荡过轻吟低唱，不时露出舒心的笑容。

▶这一句中的"露出"是重轻格式。

因而，我稚小的心灵，曾将心声献给小桥：你是一弯银色的新月，给人间普照光辉；你是一把闪亮的镰刀，割刈着欢笑的花果；你是一根晃悠悠的扁担，挑起了彩色的明天！

▶这一句有四处需要注意的地方，第一处是"一弯""一把""一根"中的"一"是去声；第二处是"割刈"读作"gē yì"；第三处是"晃悠悠"读作"huàng yōu yōu"，是"重中中"格式；第四处是"扁担"是"重轻"格式。

哦，小桥走进我的梦中。

我在飘泊他乡的岁月，心中总涌动着故乡的河水，梦中总看到弓样的小桥。当我访南疆探北国，眼帘闯进座座雄伟的长桥时，我的梦变得丰满了，增添了赤橙黄绿青蓝紫。

三十多年过去，我带着满头霜花回到故乡，第一紧要的便是去看望小桥。

啊！小桥呢？它躲起来了？河中一道长虹，浴着朝霞熠熠闪光。

▶这里有一处需要注意的地方，就是"熠熠闪光"读作"yì yì shǎn guāng"。

哦，雄浑的大桥敞开胸怀，汽车的呼啸、摩托的笛音、自行车的叮铃，合奏着进行交响乐；南来的钢筋、花布，北往的柑橙、家禽，绘出交流欢悦图……

▶这一句有两处需要注意的地方，第一处是"敞开胸怀"读作"chǎng kāi xiōng huái"；第二处是"欢悦图"需要重读。

啊！蜕变的桥，传递了家乡进步的消息，透露了家乡富裕的声音。时代的春风，美好的追求，我蓦地记起儿时唱给小桥的歌，哦，明艳艳的太阳照耀了，芳香甜蜜的花果捧来了，五彩斑斓的岁月拉开了！

▶这一句有五处需要注意的地方，第一处是"蓦地"读作"mò dì"；第二处是"明艳艳"是"重中中"格式；第三处是"照耀了"是"中重轻"格式；第四处是"捧来了"是"重中轻"格式；第五处是"拉开了"是"重中轻"格式。

二、断句练习

纯朴的家乡/村边有/一条河/，曲曲弯弯/，河中/架一弯石桥/，弓样的小桥/横跨两岸/。

每天/，不管是/鸡鸣晓月/，日丽中天/，还是/月华泻地/，小桥/都印下/串串足迹/，洒落/串串汗珠/。那是/乡亲为了追求/多棱的希望/，兑现/美好的遐想/。弯弯小桥/，不时荡过/轻吟低唱/，不时露出/舒心的笑容/。

因而/，我稚小的/心灵/，曾将/心声献给小桥/：你是一弯/银色的新月/，给人间/普照光辉/；你是一把/闪亮的镰刀/，割刈着/欢笑的花果/；你是一根/晃悠悠的扁担/，挑起了/彩色的明天/！哦/，小桥/走进/我的梦中/。

我在/飘泊他乡的/岁月/，心中/总涌动着/故乡的河水/，梦中/总看到/弓样的小桥/。当我/访南疆/探北国/，眼帘闯进/座座雄伟的/长桥时/，我的梦/变得丰满了/，增添了/赤橙黄绿青蓝紫/。

三十多年过去/，我带着满头霜花/回到故乡/，第一紧要的/便是去/看望小桥/。

啊/！小桥呢/？它躲起来了/？河中/一道长虹/，浴着朝霞/熠熠闪光/。哦/，雄浑的大桥/敞开胸怀/，汽车的呼啸/、摩托的笛音/、自行车的叮铃/，合奏着/进行交响乐/；南来的/钢筋/、花布/、北往的/柑橙/、家禽/，绘出/交流欢悦图/……

啊/！蜕变的桥/，传递了/家乡/进步的消息/，透露了/家乡/富裕的声音/。时代的春风/，美好的追求/，我蓦地记起/儿时/唱//给小桥的歌/，哦/，明艳艳的太阳/照耀了/，芳香甜蜜的花果/捧来了/，五彩斑斓的岁月/拉开了/！

我心中/涌动的河水/，激荡起/甜美的浪花/。我仰望/一碧蓝天/，心底/轻声呼喊/：家乡的桥啊/，我梦中的桥/！

三、"文字+拼音"练习

chún pǔ de jiā xiāng cūn biān yǒu yī tiáo hé　qū qū wān wān　hé
纯朴的家乡村边有一条河，曲曲弯弯，河

zhōng jià yì wān shí qiáo　gōng yàng de xiǎo qiáo héng kuà liǎng àn
中架一弯石桥，弓样的小桥横跨两岸。

měi tiān　bù guǎn shì jī míng xiǎo yuè　rì lì zhōng tiān　hái shì
每天，不管是鸡鸣晓月，日丽中天，还是

yuè huá xiè dì　xiǎo qiáo dōu yìn xià chuàn chuàn zú jì　sǎ luò chuàn
月华泻地，小桥都印下串串足迹，洒落串

chuàn hàn zhū　nà shì xiāng qīn wèi le zhuī qiú duō léng de xī wàng　duì
串汗珠。那是乡亲为了追求多棱的希望，兑

xiàn měi hǎo de xiá xiǎng　wān wān xiǎo qiáo　bù shí dàng guò qīng yín
现美好的遐想。弯弯小桥，不时荡过轻吟

dī chàng　bù shí lù chū shū xīn de xiào róng
低唱，不时露出舒心的笑容。

yīn ér　wǒ zhì xiǎo de xīn líng　céng jiāng xīn shēng xiàn gěi xiǎo
因而，我稚小的心灵，曾将心声献给小

qiáo　nǐ shì yì wān yín sè de xīn yuè　gěi rén jiān pǔ zhào guāng huī
桥：你是一弯银色的新月，给人间普照光辉；

nǐ shì yì bǎ shǎn liàng de lián dāo　gē yì zhe huān xiào de huā guǒ　nǐ
你是一把闪亮的镰刀，割刈着欢笑的花果；你

shì yì gēn huàng yōu yōu de biǎn dan　tiāo qǐ le cǎi sè de míng tiān
是一根晃悠悠的扁担，挑起了彩色的明天！

ò　xiǎo qiáo zǒu jìn wǒ de mèng zhōng
哦，小桥走进我的梦中。

我在飘泊他乡的岁月，心中总涌动着故乡的河水，梦中总看到弓样的小桥。当我访南疆探北国，眼帘闯进座座雄伟的长桥时，我的梦变得丰满了，增添了赤橙黄绿青蓝紫。

三十多年过去，我带着满头霜花回到故乡，第一紧要的便是去看望小桥。

啊！小桥呢？它躲起来了？河中一道长虹，浴着朝霞熠熠闪光。哦，雄浑的大桥敞开胸怀，汽车的呼啸、摩托的笛音、自行车的叮铃，合奏着进行交响乐；南来的钢筋、花布，北往的柑橙、家禽，绘出交流欢悦图……

啊！蜕变的桥，传递了家乡进步的消息，透露了家乡富裕的声音。时代的春风，美好的追求，我蓦地记起儿时唱//给小桥的歌，哦，明艳艳的太阳照耀了，芳香甜蜜的花果捧来了，五彩斑斓的岁月拉开了！

我心中涌动的河水，激荡起甜美的浪花。我仰望一碧蓝天，心底轻声呼喊：家乡的桥啊，我梦中的桥！

四、"文字+拼音+断句"练习

纯朴的家乡／村边有／一条河／，曲曲弯弯／，河中／架一弯石桥／，弓样的小桥／横跨两岸／。

每天／，不管是／鸡鸣晓月／，日丽中天／，还是／月华泻地／，小桥／都印下／串串足迹／，洒落／串串汗珠／。那是／乡亲为了追求／多棱的希望／，兑现／美好的遐想／。弯弯小桥／，不时荡过／轻吟低唱／，不时露出／舒心的笑容／。

因而／，我稚小的／心灵／，曾将／心声献给小桥：你是一弯／银色的新月／，给人间／普照光辉／；你是一把／闪亮的镰刀／，割刈着／欢笑的花果/;你是一根/晃悠悠的扁担/,挑起了/彩色的明天/!哦/,小桥/走进/我的梦中/。

我在/飘泊他乡的/岁月/,心中/总涌动着/故乡的河水/,梦中/总看到/弓样的小桥/。当我/访南疆/探北国/,眼帘闯进/座座雄伟的/长桥时/,我的梦/变得丰满了/,增添了/赤橙 黄绿青蓝紫/。

三十多年过去/,我带着满头霜花/回到故乡/,第一紧要的/便是去/看望 小桥/。啊/!小桥呢/?它躲起来了/?河中/一道长虹/,浴着朝霞/熠熠闪 光/。哦/,雄浑的大桥/敞开胸怀/,汽车的呼啸/、摩托的笛音/、自行车的叮铃/,合奏着/进行交响乐/;南来的/钢筋/、花布/,北往的/柑橙/、家禽/,绘出/交流欢悦图/……

啊/!蜕变的桥/,传递了/家乡/进步的消息/,透露了/家乡/富裕的声音/。时代的春风/,美好的追求/,我蓦地记起/儿时/唱//给小桥的歌/,哦/,明艳艳的太阳/照耀了/,芳香甜蜜的花果/捧来了/,五彩斑斓的岁月/拉开了/!

我心中/涌动的河水/,激荡起/甜美的浪花/。我仰望/一碧蓝天/,心底/轻声呼喊/:家乡的桥啊/,我梦中的桥/!

作品19号： 坚守你的高贵

　　三百多年前，建筑设计师莱伊恩受命设计了英国温泽市政府大厅。他运用工程力学的知识，依据自己多年的实践，巧妙地设计了只用一根柱子支撑的大厅天花板。一年以后，市政府权威人士进行工程验收时，却说只用一根柱子支撑天花板太危险，要求莱伊恩再多加几根柱子。

　　莱伊恩自信只要一根坚固的柱子足以保证大厅安全，他的"固执"惹恼了市政官员，险些被送上法庭。他非常苦恼，坚持自己原先的主张吧，市政官员肯定会另找人修改设计；不坚持吧，又有悖自己为人的准则。矛盾了很长一段时间，莱伊恩终于想出了一条妙计，他在大厅里增加了四根柱子，不过这些柱子并未与天花板接触，只不过是装装样子。

　　三百多年过去了，这个秘密始终没有被人发现。直到前两年，市政府准备修缮大厅的天花板，才发现莱伊恩当年的"弄虚作假"。消息传出后，世界各国的建筑专家和游客云集，当地政府对此也不加掩饰，在新世纪到来之际，特意将大厅作为一个旅游景点对外开放，旨在引导人们崇尚和相信科学。

　　作为一名建筑师，莱伊恩并不是最出色的。但作为一个人，他无疑非常伟大，这种//伟大表现在他始终恪守着自己的原则，给高贵的心灵一个美丽的住所，哪怕是遭遇到最大的阻力，也要想办法抵达胜利。

（节选自游宇明《坚守你的高贵》）

一、逐句讲解

　　三百多年前，建筑设计师莱伊恩受命设计了英国温泽市政府大厅。

　　▶这一句有一处需要注意的地方，就是"建筑设计师"中的"建"字读的时候要注意发音到位。

　　他运用工程力学的知识，依据自己多年的实践，巧妙地设计了只用一根柱子支撑的大厅天花板。

▶这一句有两处需要注意的地方，第一处是"一根柱子"中要强调"一"和"柱"这两个字；第二处是"天花板"是"中中重"格式。

一年以后，市政府权威人士进行工程验收时，却说只用一根柱子支撑天花板太危险，要求莱伊恩再多加几根柱子。

▶这一句有两处需要注意的地方，第一处是"一年"中"年"字的发音要饱满到位；第二处是"太危险"这几个字要着重强调，读的时候要放慢语速。

莱伊恩自信只要一根坚固的柱子足以保证大厅安全，他的"固执"惹恼了市政官员，险些被送上法庭。

▶这一句有一处需要注意的地方，就是"险些"需要强调，注意区分 ian 和 ie。

他非常苦恼，坚持自己原先的主张吧，市政官员肯定会另找人修改设计；不坚持吧，又有悖自己为人的准则。

▶这一句有四处需要注意的地方，第一处是"苦恼"的"苦"由 214 变调成 21；第二处是"原先"一词中语音 uan 和 ian 要发音饱满到位；第三处是"有悖"读作"yǒu bèi"；第四处是"为人"的"为"是二声。

矛盾了很长一段时间，莱伊恩终于想出了一条妙计，他在大厅里增加了四根柱子，不过这些柱子并未与天花板接触，只不过是装装样子。

▶这一句有两处需要注意的地方，第一处是"一条"中的"一"是四声；第二处是"装装样子"是"中中重轻"格式。

三百多年过去了，这个秘密始终没有被人发现。

▶这一句有一处需要注意的地方，就是"秘密"是"重轻"格式。

直到前两年，市政府准备修缮大厅的天花板，才发现莱伊恩当年的"弄虚作假"。

▶这一句有一处需要注意的地方，就是"天花板"是"中中重"格式。

消息传出后，世界各国的建筑专家和游客云集，当地政府对此也不加掩饰，在新世纪到来之际，特意将大厅作为一个旅游景点对外开放，旨在引导人们崇尚和相信科学。

▶这一句有一处需要注意的地方,就是"科学"是重音,读的时候要强调。

作为一名建筑师,莱伊恩并不是最出色的。但作为一个人,他无疑非常伟大。这种伟大表现在他始终恪守着自己的原则,给高贵的心灵一个美丽的住所,哪怕是遭遇到最大的阻力,也要想办法抵达胜利。

▶这里有一处需要注意的地方,就是"恪守"读作"kè shǒu"。

二、断句练习

三百多年前/,建筑设计师/莱伊恩/受命设计了/英国温泽/市政府大厅/。他运用/工程力学的/知识/,依据自己/多年的实践/,巧妙地/设计了/只用一根柱子支撑的/大厅天花板/。一年以后/,市政府/权威人士/进行工程验收时/,却说/只用一根柱子/支撑天花板/太危险/,要求莱伊恩/再多加/几根柱子/。

莱伊恩自信/只要一根/坚固的柱子/足以保证/大厅安全/,他的"固执"/惹恼了/市政官员/,险些/被送上法庭/。他非常苦恼/,坚持自己/原先的主张吧/,市政官员/肯定会/另找人/修改设计/;不坚持吧/,又有悖/自己为人的准则/。矛盾了/很长一段时间/,莱伊恩/终于想出了/一条妙计/,他在大厅里/增加了/四根柱子/,不过这些柱子/并未与/天花板接触/,只不过是/装装样子/。

三百多年过去了/,这个秘密/始终没有/被人发现/。直到前两年/,市政府/准备修缮/大厅的天花板/,才发现/莱伊恩当年的/"弄虚作假"/。消息传出后/,世界各国的建筑专家/和游客云集/,当地政府/对此也不加掩饰/,在新世纪到来之际/,特意将大厅/作为一个旅游景点/对外开放/,旨在引导/人们崇尚/和相信科学/。

作为一名建筑师/,莱伊恩并不是/最出色的/。但作为一个人/,他无疑/非常伟大/。这种//伟大/表现在/他始终恪守着/自己的原则/,给高贵的心灵/一个/美丽的住所/,哪怕是/遭遇到/最大的阻力/,也要想办法/抵达胜利/。

三、"文字+拼音"练习

三百多年前,建筑设计师莱伊恩受命设计了英国温泽市政府大厅。他运用工程力学的知识,依据自己多年的实践,巧妙地设计了只用一根柱子支撑的大厅天花板。一年以后,市政府权威人士进行工程验收时,却说只用一根柱子支撑天花板太危险,要求莱伊恩再多加几根柱子。

莱伊恩自信只要一根坚固的柱子足以保证大厅安全,他的"固执"惹恼了市政官员,险些被送上法庭。他非常苦恼,坚持自己原先的主张吧,市政官员肯定会另找人修改设计;不坚持吧,又有悖自己为人的准则。矛盾了很长一段时间,莱伊恩终于想出了一条妙计,他在大厅里增加了四根柱子,不过这些柱子并未与天花板接触,只不过是装装样子。

三百多年过去了，这个秘密始终没有被人发现。直到前两年，市政府准备修缮大厅的天花板，才发现莱伊恩当年的"弄虚作假"。消息传出后，世界各国的建筑专家和游客云集，当地政府对此也不加掩饰，在新世纪到来之际，特意将大厅作为一个旅游景点对外开放，旨在引导人们崇尚和相信科学。

作为一名建筑师，莱伊恩并不是最出色的。但作为一个人，他无疑非常伟大。这种//伟大表现在他始终恪守着自己的原则，给高贵的心灵一个美丽的住所，哪怕是遭遇到最大的阻力，也要想办法抵达胜利。

四、"文字+拼音+断句"练习

三百多年前/，建筑设计师/莱伊恩/受命设计了/英国温泽/市政府大厅/。他运用/工程力学的/知识/，依据自己/多年的实践/，巧妙地/设计了/只用一根柱子支撑的/大厅天花板/。一年以后/,市政府/权威人士/进行工程验收时/,却说/只用一根柱子/支撑天花板/太危险/,要求莱伊恩/再多加/几根柱子/。

莱伊恩自信/只要一根/坚固的柱子/足以保证/大厅安全/,他的"固执"/惹恼了/市政官员/,险些/被送上法庭/。他非常苦恼/,坚持自己/原先的主张吧/,市政官员/肯定会/另找人/修改设计/;不坚持吧/,又有悖/自己为人的准则/。矛盾了/很长一段时间/,莱伊恩/终于想出了/一条妙计/,他在大厅里/增加了/四根柱子/,不过这些柱子/并未与/天花板接触/,只不过是/装装样子/。

三百多年过去了/,这个秘密/始终没有/被人发现/。直到前两年/,市政府/准备修缮/大厅的天花板/,才发现/莱伊恩当年的/

— 187 —

"弄虚作假"/。消息传出后/,世界各国的建筑专家/和游客云集/,当地政府/对此也不加掩饰/,在新世纪到来之际/,特意将大厅/作为一个旅游景点/对外开放/,旨在引导/人们崇尚/和相信科学/。

作为一名建筑师/,莱伊恩并不是/最出色的/。但作为一个人/,他无疑/非常伟大/。这种//伟大/表现在/他始终恪守着/自己的/原则/,给高贵的心灵/一个/美丽的住所/,哪怕是/遭遇到/最大的阻力/,也要想办法/抵达胜利/。

作品 20 号： 金子

自从传言有人在萨文河畔散步时无意发现了金子后，这里便常有来自四面八方的淘金者。他们都想成为富翁，于是寻遍了整个河床，还在河床上挖出很多大坑，希望借助它们找到更多的金子。的确，有一些人找到了，但另外一些人因为一无所得而只好扫兴归去。

也有不甘心落空的，便驻扎在这里，继续寻找。彼得·弗雷特就是其中一员。他在河床附近买了一块没人要的土地，一个人默默地工作。他为了找金子，已把所有的钱都押在这块土地上。他埋头苦干了几个月，直到土地全变成了坑坑洼洼，他失望了——他翻遍了整块土地，但连一丁点儿金子都没看见。

六个月后，他连买面包的钱都没有了。于是他准备离开这儿到别处去谋生。

就在他即将离去的前一个晚上，天下起了倾盆大雨，并且一下就是三天三夜。雨终于停了，彼得走出小木屋，发现眼前的土地看上去好像和以前不一样：坑坑洼洼已被大水冲刷平整，松软的土地上长出一层绿茸茸的小草。

"这里没找到金子，"彼得忽有所悟地说，"但这土地很肥沃，我可以用来种花，并且拿到镇上去卖给那些富人，他们一定会买些花装扮他们华丽的客厅。//如果真是这样的话，那么我一定会赚许多钱。有朝一日我也会成为富人……"

于是他留了下来。彼得花了不少精力培育花苗，不久田地里长满了美丽娇艳的各色鲜花。

五年以后，彼得终于实现了他的梦想——成了一个富翁。"我是唯一的一个找到真金的人！"他时常不无骄傲地告诉别人，"别人在这儿找不到金子后便远远地离开,而我的'金子'是在这块土地里,只有诚实的人用勤劳才能采集到。"

(节选自陶猛译《金子》)

一、逐句讲解

自从传言有人在萨文河畔散步时无意发现了金子后,这里便常有来自四面八方的淘金者。

▶这一句有两处需要注意的地方,第一处是"金子"的"子"是轻声;第二处是"淘金者"是"中中重"格式。

他们都想成为富翁,于是寻遍了整个河床,还在河床上挖出很多大坑,希望借助它们找到更多的金子。的确,有一些人找到了,但另外一些人因为一无所得而只好扫兴归去。

▶这里有一处需要注意的地方,就是"一无所得"中的"一"是四声。

也有不甘心落空的,便驻扎在这里,继续寻找。

▶这一句有两处需要注意的地方,第一处是"落空"是重音;第二处是"驻扎"的"扎"读作"zhā"。

彼得·弗雷特就是其中一员。他在河床附近买了一块没人要的土地,一个人默默地工作。

▶这里有一处需要注意的地方,就是"默默"一词的两个字都是四声,读的时候调值要到位。

他为了找金子,已把所有的钱都押在这块土地上。

▶这一句有一处需要注意的地方,就是"这块"的"这"读"zhè"。

他埋头苦干了几个月,直到土地全变成了坑坑洼洼,他失望了——他翻遍了整块土地,但连一丁点儿金子都没看见。

▶这一句有三处需要注意的地方,第一处是"埋头苦干"读作"mái tóu kǔ gàn";第二处是"坑坑洼洼"读作"kēng kēng wā wā",是"中轻中重"格式;第三处是"一丁点儿"是"轻重中"格式,同时要注意其中的儿化音。

六个月后，他连买面包的钱都没有了。于是他准备离开这儿到别处去谋生。

▶这里有一处需要注意的地方，就是"这儿"的儿化韵。

就在他即将离去的前一个晚上，天下起了倾盆大雨，并且一下就是三天三夜。

▶这一句有三处需要注意的地方，第一处是"晚上"是"重轻"格式；第二处是"倾盆大雨"读作"qīng pén dà yǔ"；第三处是"三天三夜"是"中重中重"格式。

雨终于停了，彼得走出小木屋，发现眼前的土地看上去好像和以前不一样：坑坑洼洼已被大水冲刷平整，松软的土地上长出一层绿茸茸的小草。

▶这一句有两处需要注意的地方，第一处是"不一样"是中中重格式，其中"一"是阳平；第二处是"绿茸茸"读作"lǜ róng róng"。

二、断句练习

自从传言/有人在/萨文河畔散步时/无意发现了/金子后/，这里便常有/来自四面八方的/淘金者/。他们都想/成为富翁/，于是/寻遍了整个河床/，还在河床上/挖出很多大坑/，希望借助它们/找到/更多的金子/。的确/，有一些人/找到了/，但另外一些人/因为一无所得/而只好扫兴归去/。

也有/不甘心落空的/，便驻扎在这里/，继续寻找/。彼得·弗雷特/就是其中一员/。他在河床附近/买了一块/没人要的土地/，一个人默默地/工作/。他为了找金子/，已把所有的钱/都押在这块土地上/。他埋头苦干了几个月/，直到土地/全变成了坑坑洼洼/，他失望了/——他翻遍了/整块土地/，但连/一丁点儿金子都没看见/。

六个月后/，他连买面包的/钱都没有了/。于是/他准备离开这儿/到别处去谋生/。

就在/他即将离去的/前一个晚上/，天/下起了/倾盆大雨/，并且一下/就是三天三夜/。雨终于停了/，彼得/走出小木屋/，发现眼前的土地/看上去/好像和以前/不一样：坑坑洼洼/已被大水冲刷平整/，松软的土地上/长出一层/绿茸茸的小草/。

"这里没找到金子/,"彼得/忽有所悟地说/,"但这土地/很肥沃/,我可以用来种花/,并且拿到镇上/去卖给那些富人/,他们一定会买些花/装扮他们华丽的/客厅/。//如果真是这样的话/,那么我一定会/赚许多钱/。有朝一日/我也会/成为富人/……"

于是/他留了下来/。彼得花了不少精力/培育花苗/,不久田地里长满了/美丽娇艳的/各色鲜花/。

五年以后/,彼得终于实现了/他的梦想/——成了一个富翁/。"我是唯一的一个/找到真金的人/!"他时常/不无骄傲地/告诉别人/,"别人在这儿/找不到金子后/便远远地离开/,而我的'金子'/是在这块土地里/,只有诚实的人/用勤劳才能采集到/。"

三、"文字+拼音"练习

zì cóng chuán yán yǒu rén zài Sà wén hé pàn sǎn bù shí wú yì fā xiàn
自 从 传 言 有 人 在 萨 文 河 畔 散 步 时 无 意 发 现

le jīn zi hòu　　zhè·lǐ biàn cháng yǒu lái zì sì miàn bā fāng de táo jīn
了 金 子 后, 这 里 便 常 有 来 自 四 面 八 方 的 淘 金

zhě　　tā men dōu xiǎng chéng wéi fù wēng　　yú shì xún biàn le zhěng gè
者。他 们 都 想 成 为 富 翁, 于 是 寻 遍 了 整 个

hé chuáng　　hái zài hé chuáng·shàng wā chū hěn duō dà kēng　　xī wàng
河 床, 还 在 河 床 上 挖 出 很 多 大 坑, 希 望

jiè zhù tā men zhǎo dào gèng duō de jīn zi　　dí què　　yǒu yì xiē rén
借 助 它 们 找 到 更 多 的 金 子。的 确, 有 一 些 人

zhǎo dào le　　dàn lìng wài yì xiē rén yīn·wèi yì wú suǒ dé ér zhǐ hǎo sǎo
找 到 了, 但 另 外 一 些 人 因 为 一 无 所 得 而 只 好 扫

xìng guī qù
兴 归 去。

yě yǒu bù gān xīn luò kōng de　　biàn zhù zhā zài zhè·lǐ　　jì xù xún
也 有 不 甘 心 落 空 的, 便 驻 扎 在 这 里, 继 续 寻

zhǎo　　Bǐ dé　Fú léi tè jiù shì qí zhōng yì yuán　　tā zài hé chuáng fù
找。彼 得·弗 雷 特 就 是 其 中 一 员。他 在 河 床 附

近买了一块没人要的土地，一个人默默地工作。他为了找金子，已把所有的钱都押在这块土地·上。他埋头苦干了几个月，直到土地全变成了坑坑洼洼，他失望了——他翻遍了整块土地，但连一丁点儿金子都没看·见。

六个月后，他连买面包的钱都没有了。于是他准备离开这儿到别处去谋生。

就在他即将离去的前一个晚上，天下起了倾盆大雨，并且一下就是三天三夜。雨终于停了，彼得走出小木屋，发现眼前的土地看上·去好像和以前不一样：坑坑洼洼已被大水冲刷平整，松软的土地·上长出一层绿茸茸的小草。

"这·里没找到金子，"彼得忽有所悟地说，"但这土地很肥沃，我可以用来种花，并且拿到镇·上去卖给那些富人，他们一定会买些花装扮他们华丽的客厅。// 如果真是这样的话，那么我一定会赚许多钱。有朝一日我也会成为富人……"

于是他留了下来。彼得花了不少精力培育花苗，不久田地里长满了美丽娇艳的各色鲜花。

五年以后，彼得终于实现了他的梦想——成了一个富翁。"我是唯一的一个找到真金的人！"他时常不无骄傲地告诉别人，"别人在这儿找不到金子后便远远地离开，而我的'金子'是在这块土地里，只有诚实的人用勤劳才能采集到。"

四、"文字+拼音+断句"练习

自从/传言/有人在/萨文河畔散步时/无意发现了/金子后/，这里便常有/来自四面八方的/淘金者/。他们都想/成为富翁/，于是/寻遍了整个河床/，还在河床上/挖出很多大坑/，希望借助它们/找到/更多的金子/。的确/，有一些人/找到了/，但另外一些人/因为一无所得/而只好扫兴归去/。

也有/不甘心落空的/，便驻扎在这·里/，继续寻找/。彼得·弗雷特/就是其中一员/。他在河床附近/买了一块/没人要的土地/，一个人默默地/工作/。他为了找金子/，已把所有的钱/都押在这块土地·上/。他埋头苦干了几个月/，直到土地/全变成了坑坑洼洼/，他失望了/——他翻遍了/整块土地/，但连/一丁点儿金子都没看·见/。

六个月后/，他连买面包的/钱都没·有了/。于是/他准备离开这儿/到别处去谋生/。就在/他即将离去的/前一个晚上/，天/下起了/倾盆大雨/，并且一下/就是三天三夜/。雨终于停了/，彼得/走出小木屋/，发现眼前的土地/看上·去/好像和以前/不一样/：坑坑洼洼/已被大水冲刷平整/，松软的土地上/长出一层/绿茸茸的小草/。

"这里没找到金子/，"彼得/忽有所悟地说/，"但这土地/很肥沃/，我可以用来种花/，并且拿到镇上/去卖给那些富人/，他们一定会买些花/装扮他们华丽的/客厅/。//如果真是这样的话/，那么我一定会/赚许多钱/。有朝一日/我也会/成为富人/……"

于是/他留了下来/。彼得花了不少精力/培育花苗/，不久田地里长满了/美丽娇艳的/各色鲜花/。

五年以后/，彼得终于实现了/他的梦想/——成了一个富翁/。"我是唯一的一个/找到真金的人/！"他时常/不无骄傲地/告诉别人/，"别人在这儿/找不到金子后/便远远地离开/，而我的'金子'/是在这块土地里/，只有诚实的人/用勤劳才能采集到/。"

作品21号： 捐诚

我在加拿大学习期间遇到过两次募捐，那情景至今使我难以忘怀。

一天，我在渥太华的街上被两个男孩子拦住去路。他们十来岁，穿得整整齐齐，每人头上戴着个做工精巧、色彩鲜艳的纸帽，上面写着"为帮助患小儿麻痹的伙伴募捐"。其中的一个，不由分说就坐在小凳上给我擦起皮鞋来，另一个则彬彬有礼地发问："小姐，您是哪国人？喜欢渥太华吗？""小姐，在你们国家有没有小孩儿患小儿麻痹？谁给他们医疗费？"一连串的问题，使我这个有生以来头一次在众目睽睽之下让别人擦鞋的异乡人，从近乎狼狈的窘态中解脱出来。我们像朋友一样聊起天儿来……

几个月之后，也是在街上。一些十字路口处或车站坐着几位老人。他们满头银发，身穿各种老式军装，上面布满了大大小小形形色色的徽章、奖章，每人手捧一大束鲜花，有水仙、石竹、玫瑰及叫不出名字的，一色雪白。匆匆过往的行人纷纷止步，把钱投进这些老人身旁的白色木箱内，然后向他们微微鞠躬，从他们手中接过一朵花。我看了一会儿，有人投一两元，有人投几百元，还有人掏出支票填好后投进木箱。那些老军人毫不注意人们捐多少钱，一直不//停地向人们低声道谢。同行的朋友告诉我，这是为纪念二次大战中参战的勇士，募捐救济残废军人和烈士遗孀，每年一次；认捐的人可谓踊跃，而且秩序井然，气氛庄严。有些地方，人们还耐心地排着队。我想，这是因为他们都知道：正是这些老人们的流血牺牲换来了包括他们信仰自由在内的许许多多。

我两次把那微不足道的一点儿钱捧给他们，只想对他们说声"谢谢"。

（节选自青白《捐诚》）

一、 逐句讲解

我在加拿大学习期间遇到过两次募捐，那情景至今使我难以忘怀。

▶这一句有四处需要注意的地方,第一处是"学习"一词需要强调;第二处是"两次募捐"需要强调,特别是"两"这个字;第三处是"情景"一词的后鼻韵母,读的时候要注意归音到位;第四处"难以忘怀"读作"nán yǐ wàng huái"。

一天,我在渥太华的街上被两个男孩子拦住去路。他们十来岁,穿得整整齐齐,每人头上戴着个做工精巧、色彩鲜艳的纸帽,上面写着"为帮助患小儿麻痹的伙伴募捐"。

▶这里有两处需要注意的地方,第一处是"去路"一词的两个音节都是去声;第二处是"头上"是"重轻"格式。

其中的一个,不由分说就坐在小凳上给我擦起皮鞋来,另一个则彬彬有礼地发问:"小姐,您是哪国人?喜欢渥太华吗?"

▶这一句有一处需要注意的地方,就是"擦起"是"重轻"格式。

"小姐,在你们国家有没有小孩儿患小儿麻痹?谁给他们医疗费?"

▶这一句有一处需要注意的地方,就是"小孩儿"一词的儿化音。

一连串的问题,使我这个有生以来头一次在众目睽睽之下让别人擦鞋的异乡人,从近乎狼狈的窘态中解脱出来。

▶这一句有三处需要注意的地方,第一处是"众目睽睽"读作"zhòng mù kuí kuí";第二处是"窘态"读作"jiǒng tài";第三处是"解脱出来"需要重读,是"中重中轻"格式。

我们像朋友一样聊起天儿来……

▶这一句有一处需要注意的地方,就是"聊起天儿"的儿化音。

几个月之后,也是在街上。一些十字路口处或车站坐着几位老人。

▶这里有一处需要注意的地方,就是"老人"是"重轻"格式。

他们满头银发,身穿各种老式军装,上面布满了大大小小形形色色的徽章、奖章,每人手捧一大束鲜花,有水仙、石竹、玫瑰及叫不出名字的,一色雪白。

▶这里有三处需要注意的地方,第一处是"大大小小"是"中轻中重"格式;第二处是"形形色色"是"中重中重"格式,第三处是"一色雪白"中的"一"是二声。

匆匆过往的行人纷纷止步，把钱投进这些老人身旁的白色木箱内，然后向他们微微鞠躬，从他们手中接过一朵花。

▶这一句有一处需要注意的地方，就是"微微鞠躬"读作"wēi wēi jū gōng"，是"中重中重"格式。

我看了一会儿，有人投一两元，有人投几百元，还有人掏出支票填好后投进木箱。

▶这一句有两处需要注意的地方，第一处是"一会儿"的儿化音；第二处是"填"是二声。

那些老军人毫不注意人们捐多少钱，一直不停地向人们低声道谢。

▶这一句有一处需要注意的地方，就是"毫不注意"读作"háo bù zhù yì"，读的时候需强调。

二、断句练习

我在加拿大/学习期间/遇到过/两次募捐/，那情景/至今使我/难以忘怀/。

一天/，我在/渥太华的街上/被两个男孩子/拦住去路/。他们十来岁/，穿得整整齐齐/，每人头上/戴着个做工精巧/、色彩鲜艳的纸帽/，上面写着/"为帮助/患小儿麻痹的伙伴/募捐/"。其中的一个/，不由分说/就坐在小凳上/给我擦起皮鞋来/，另一个/则彬彬有礼地发问/："小姐/，您是哪国人/？喜欢渥太华吗/？""小姐/，在你们国家/有没有小孩儿/患小儿麻痹/？谁给他们医疗费/？"一连串的问题/，使我这个/有生以来/头一次/在众目睽睽之下/让别人擦鞋的/异乡人/，从近乎狼狈的/窘态中/解脱出来/。我们像朋友一样/聊起天儿来/……

几个月之后/，也是在街上/。一些十字路口处/或车站/坐着几位老人/。他们满头银发/，身穿/各种老式军装/，上面布满了/大大小小/形形色色的/徽章/、奖章/，每人手捧一大束鲜花/，有水仙/、石竹/、玫瑰/及叫不出名字的/，一色雪白/。匆匆过往的行人/纷纷止步/，把钱投进/这些老人身旁的/白色木箱内/，然后向他们/微微鞠躬/，从他们手中/接过一朵花/。我看了一会儿/，有人投/一两元/，有人投/几百元/，还有人/掏出支票/填好后/投进木箱/。那些老军人/毫不注意/人们捐多少钱/，一直不//停地/向人们/低声道谢/。同行的朋友告诉我/，这是为/纪念二次大战中/参战的勇士/，募捐救济残废军人/和烈士遗孀/，每年一次/；认捐的人/可谓踊跃/，而且/秩序井然/，气氛庄严/。有些地方/，人们还耐心地/排着队/。我想/，这是因为/他们都知道/：正是这些/老人们的流血牺牲换来了/包括他们/信仰自由在内的/许许多多/。

我两次/把那微不足道的/一点儿钱/捧给他们/，只想对他们说声"谢谢"/。

三、"文字+拼音" 练习

wǒ zài Jiā ná dà xué xí qī jiān yù dào guo liǎng cì mù juān nà qíng
我 在 加 拿 大 学 习 期 间 遇 到 过 两 次 募 捐， 那 情

jǐng zhì jīn shǐ wǒ nán yǐ wàng huái
景 至 今 使 我 难 以 忘 怀。

yì tiān wǒ zài Wò tài huá de jiē·shàng bèi liǎng gè nán hái zi lán
一 天， 我 在 渥 太 华 的 街 上 被 两 个 男 孩 子 拦

zhù qù lù tā men shí lái suì chuān de zhěng zhěng qí qí měi rén
住 去 路。 他 们 十 来 岁， 穿 得 整 整 齐 齐， 每 人

tóu·shàng dài zhe gè zuò gōng jīng qiǎo sè cǎi xiān yàn de zhǐ mào
头 上 戴 着 个 做 工 精 巧、 色 彩 鲜 艳 的 纸 帽，

shàng·miàn xiě zhe wèi bāng zhù huàn xiǎo ér má bì de huǒ bàn mù
上 面 写 着 "为 帮 助 患 小 儿 麻 痹 的 伙 伴 募

juān qí zhōng de yí gè bù yóu fēn shuō jiù zuò zài xiǎo
捐"。 其 中 的 一 个， 不 由 分 说 就 坐 在 小

dèng·shàng gěi wǒ cā·qǐ pí xié·lái lìng yí gè zé bīn bīn yǒu lǐ de
凳 上 给 我 擦 起 皮 鞋 来， 另 一 个 则 彬 彬 有 礼 地

fā wèn xiǎo·jiě nín shì nǎ guó rén xǐ huan Wò tài huá ma
发 问："小 姐， 您 是 哪 国 人？ 喜 欢 渥 太 华 吗？"

xiǎo·jiě zài nǐ men guó jiā yǒu méi·yǒu xiǎo hái·r huàn xiǎo ér má
"小 姐， 在 你 们 国 家 有 没 有 小 孩 儿 患 小 儿 麻

bì shéi gěi tā men yī liáo fèi yì lián chuàn de wèn tí shǐ wǒ
痹？ 谁 给 他 们 医 疗 费？" 一 连 串 的 问 题， 使 我

这个有生以来头一次在众目睽睽之下让别人擦鞋的异乡人，从近乎狼狈的窘态中解脱出来。我们像朋友一样聊起天儿来……

几个月之后，也是在街上。一些十字路口处或车站坐着几位老人。他们满头银发，身穿各种老式军装，上面布满了大大小小形形色色的徽章、奖章，每人手捧一大束鲜花，有水仙、石竹、玫瑰及叫不出名字的，一色雪白。匆匆过往的行人纷纷止步，把钱投进这些老人身旁的白色木箱内，然后向他们微微鞠躬，从他们手中接过一朵花。我看了一会儿，有人投一两元，有人投几百元，还有人掏出支票填好后投进木箱。那些老军人毫不注意人们捐多少钱，一直不//停地向人们低声道谢。同行的朋友告诉我，这是为纪念二次大战中参战的勇士，募

juān jiù jì cán jí jūn rén hé liè shì yí shuāng   měi nián yí cì   rèn juān
捐 救 济 残 疾 军 人 和 烈 士 遗 孀， 每 年 一 次；认 捐

de rén kě wèi yǒng yuè   ér qiě zhì xù jǐng rán   qì·fēn zhuāng yán
的 人 可 谓 踊 跃， 而 且 秩 序 井 然， 气 氛 庄 严。

yǒu xiē dì fang   rén men hái nài xīn de pái zhe duì   wǒ xiǎng   zhè shì
有 些 地 方， 人 们 还 耐 心 地 排 着 队。我 想， 这 是

yīn·wèi tā men dōu zhī·dào   zhèng shì zhè xiē lǎo rén men de liú xuè xī
因 为 他 们 都 知 道： 正 是 这 些 老 人 们 的 流 血 牺

shēng huàn lái le bāo kuò tā men xìn yǎng zì yóu zài nèi de xǔ xǔ
牲 换 来 了 包 括 他 们 信 仰 自 由 在 内 的 许 许

duō duō
多 多。

　　wǒ liǎng cì bǎ nà wēi bù zú dào de yì diǎnr   qián pěng gěi tā men
　　我 两 次 把 那 微 不 足 道 的 一 点 儿 钱 捧 给 他 们，

zhǐ xiǎng duì tā men shuō shēng   xiè xie
只 想 对 他 们 说 声 "谢 谢"。

四、"文字 + 拼音 + 断句" 练习

　　wǒ zài Jiā ná dà   xué xí qī jiān   yù dào guo   liǎng cì mù juān
　　我 在 加 拿 大 / 学 习 期 间 / 遇 到 过 / 两 次 募 捐 /，

nà qíng jǐng   zhì jīn shǐ wǒ   nán yǐ wàng huái
那 情 景 / 至 今 使 我 / 难 以 忘 怀 /。

　　yì tiān   wǒ zài Wò tài huá de jiē·shàng   bèi liǎng gè nán hái
　　一 天 /，我 在 / 渥 太 华 的 街 上 / 被 两 个 男 孩

zi   lán zhù qù lù   tā men shí lái suì   chuān de zhěng zhěng qí
子 / 拦 住 去 路 /。他 们 十 来 岁 /， 穿 得 整 整 齐

qí   měi rén tóu·shàng   dài zhe gè zuò gōng jīng qiǎo   sè cǎi xiān
齐 /，每 人 头 上 / 戴 着 个 做 工 精 巧 /、色 彩 鲜

yàn de zhǐ mào   shàng·miàn xiě zhe   wèi bāng zhù   huàn xiǎo ér
艳 的 纸 帽 /，上 面 写 着 / "为 帮 助 / 患 小 儿

má bì de huǒ bàn   mù juān   qí zhōng de yí gè   bù yóu fēn
麻 痹 的 伙 伴 / 募 捐 /"。其 中 的 一 个 /，不 由 分

说/就坐在小凳上/给我擦起皮鞋来/,另一个/则彬彬有礼地发问/:"小姐/,您是哪国人/?喜欢渥太华吗/?""小姐/,在你们国家/有没有小孩儿/患小儿麻痹/?谁给他们医疗费/?"一连串的问题/,使我这个/有生以来/头一次/在众目睽睽之下/让别人擦鞋的/异乡人/,从近乎狼狈的/窘态中/解脱出来/。我们像朋友一样/聊起天儿来/……

　　几个月之后/,也是在街上/。一些十字路口处/或车站/坐着几位老人/。他们满头银发/,身穿/各种老式军装/,上面布满了/大大小小/形形色色的/徽章/、奖章/,每人手捧一大束鲜花/,有水仙/、石竹/、玫瑰/及叫不出名字的/,一色雪白/。匆匆过往的行人/纷纷止步/,把钱投进/这些老人身旁的白色木箱内/,然后向他们/微微鞠躬/,从他们手中/接过一朵花/。我看了一会儿/,有人投/一两元/,有人投/几百元/,还有人/掏出支票/填好后/投进木箱/。那些老军人/毫不注意/人们捐多少钱/,一直不//停地/向人们低声道谢。同行的朋友告诉我/,这是为/纪念二次大战中/参战的勇士/,募捐救济残疾军人/和烈士遗孀/,每年一次/;认捐的人/可谓踊跃/,而且/秩序井然,气氛庄严/。有些地方/,人们还耐心地/排着队。我想/,这是因为/他们都知道/:正是这些/老人们的流血牺牲/换来了/包括他们/信仰自由在内的/许许多多/。

我两次/把那微不足道的/一点儿钱/捧给他们/,只想对他们说声"谢谢"/。

作品 22 号： 可爱的小鸟

没有一片绿叶，没有一缕炊烟，没有一粒泥土，没有一丝花香，只有水的世界，云的海洋。

一阵台风袭过，一只孤单的小鸟无家可归，落到被卷到洋里的木板上，乘流而下，姗姗而来，近了，近了！……

忽然，小鸟张开翅膀，在人们头顶盘旋了几圈儿，"噗啦"一声落到了船上。许是累了？还是发现了"新大陆"？水手撵它它不走，抓它，它乖乖地落在掌心。可爱的小鸟和善良的水手结成了朋友。

瞧，它多美丽，娇巧的小嘴，啄理着绿色的羽毛，鸭子样的扁脚，呈现出春草的鹅黄。水手们把它带到舱里，给它"搭铺"，让它在船上安家落户，每天，把分到的一塑料桶淡水匀给它喝，把从祖国带来的鲜美的鱼肉分给它吃，天长日久，小鸟和水手的感情日趋笃厚。清晨，当第一束阳光射进舷窗时，它便敞开美丽的歌喉，唱啊唱，嘤嘤有韵，宛如春水淙淙。人类给它以生命，它毫不悭吝地把自己的艺术青春奉献给了哺育它的人。可能都是这样？艺术家们的青春只会献给尊敬他们的人。

小鸟给远航生活蒙上了一层浪漫色调，返航时，人们爱不释手，恋恋不舍地想把它带到异乡。可小鸟憔悴了，给水，不喝！喂肉，不吃！油亮的羽毛失去了光泽。是啊，我//们有自己的祖国，小鸟也有它的归宿，人和动物都是一样啊，哪儿也不如故乡好！

慈爱的水手们决定放开它，让它回到大海的摇篮去，回到蓝色的故乡去。离别前，这个大自然的朋友与水手们留影纪念。它站在许多人的头上、肩上、掌上、胳膊上，与喂养过它的人们，一起融进那蓝色的画面……

（节选自王文杰《可爱的小鸟》）

一、逐句讲解

没有一片绿叶，没有一缕炊烟，没有一粒泥土，没有一丝花香，只有水的世界，云的海洋。

▶这一句有四处需要注意的地方，第一处是"一片"的"一"是二声；第二处是"一缕"的"一"是四声；第三处是"一粒"的"一"是二声；第四处是"一丝"的"一"是四声。

一阵台风袭过，一只孤单的小鸟无家可归，落到被卷到洋里的木板上，乘流而下，姗姗而来，近了，近了！……

▶这一句有三处需要注意的地方，第一处是"一阵"的"一"是二声；第二处是"一只"的"一"是四声；第三处是"近了"的"了"是轻声。

忽然，小鸟张开翅膀，在人们头顶盘旋了几圈儿，"噗啦"一声落到了船上。

▶这一句有三处需要注意的地方，第一处是"几圈儿"的儿化音；第二处是"噗啦"是拟声词，读的时候要生动一些。

许是累了？还是发现了"新大陆"？水手撵它它不走，抓它，它乖乖地落在掌心。

▶这里有三处需要注意的地方，第一处是"撵它"中的"撵"是动词，读的时候要强调；第二处是"抓它"中的"抓"要强调；第三处是"乖乖地"是"中重轻"格式。

可爱的小鸟和善良的水手结成了朋友。瞧，它多美丽，娇巧的小嘴，啄理着绿色的羽毛，鸭子样的扁脚，呈现出春草的鹅黄。

▶这一句有一处需要注意的地方，就是"啄理着"读作"zhuó lǐ zhe"。

水手们把它带到舱里，给它"搭铺"，让它在船上安家落户，每天，把分到的一塑料桶淡水匀给它喝，把从祖国带来的鲜美的鱼肉分给它吃，天长日久，小鸟和水手的感情日趋笃厚。

▶这一句有两处需要注意的地方，第一处是"安家落户"读作"ān jiā luò hù"，重音需强调，读的时候要放慢语速；第二处是"日趋笃厚"读作"rì qū dǔ hòu"，重音需强调，读的时候要放慢语速。

清晨，当第一束阳光射进舷窗时，它便敞开美丽的歌喉，唱啊唱，嘤嘤有韵，宛如春水淙淙。

▶这一句有三处需要注意的地方，第一处是"舷窗"读作"xián chuāng"；第二处是"嘤嘤有韵"读作"yīng yīng yǒu yùn"；第三处是"春水淙淙"读作"chūn shuǐ cóng cóng"。

人类给它以生命，它毫不悭吝地把自己的艺术青春奉献给了哺育它的人。

▶这里有两处需要注意的地方，第一处是"毫不悭吝"读作"háo bù qiān lìn"；第二处是"哺育"一词需强调。

可能都是这样？艺术家们的青春只会献给尊敬他们的人。

▶这一句有一处需要注意的地方，就是"他们"是"重轻"格式。

小鸟给远航生活蒙上了一层浪漫色调。返航时，人们爱不释手，恋恋不舍地想把它带到异乡。

▶这里有两处需要注意的地方，第一处是"浪漫色调"是重音，需强调；第二处是"恋恋不舍"读作"liàn liàn bù shě"。

可小鸟憔悴了，给水，不喝！喂肉，不吃！油亮的羽毛失去了光泽。

▶这里有两处需要注意的地方，第一处是"不喝"是重音，需强调；第二处是"不吃"是重音，需强调。

二、断句练习

没有/一片绿叶/，没有/一缕炊烟/，没有/一粒泥土/，没有/一丝花香/，只有/水的世界/，云的海洋/。

一阵/台风/袭过/，一只/孤单的小鸟/无家可归/，落到/被卷到洋里的/木板上/，乘流而下/，姗姗而来/，近了/，近了/！……

忽然/，小鸟张开翅膀/，在人们头顶/盘旋了几圈儿/，"噗啦"一声/落到了船上/。许是累了/？还是/发现了"新大陆"/？水手撵它/它不走/，抓它/，它乖乖地/落在掌心/。可爱的小鸟/和善良的水手/结成了朋友/。

瞧/，它多美丽/，娇巧的小嘴/，啄理着/绿色的羽毛/，鸭子样的扁脚/，呈现出/春草的鹅黄/。水手们/把它带到舱里/，给它"搭铺"/，让它在船上/安家落户/，每天/，把分到的/一塑料桶/淡水/匀给它喝/，把从/祖国带来的/鲜美的/鱼肉/分给它吃/,天长日久/,小鸟/和水手的感情/日趋笃厚/。

清晨/,当第一束阳光/射进舷窗时/,它便敞开/美丽的歌喉/,唱啊唱/,嘤嘤有韵/,宛如/春水淙淙/。人类/给它/以生命/,它毫不悭吝地/把自己的艺术青春/奉献给了/哺育它的人/。可能都是这样/?艺术家们的青春/只会献给/尊敬他们的人/。

小鸟/给远航生活/蒙上了一层/浪漫色调/。返航时/,人们爱不释手/,恋恋不舍地/想把它/带到异乡/。可小鸟憔悴了/,给水/,不喝/!喂肉/,不吃/!油亮的羽毛/失去了光泽/。是啊/,我//们有自己的祖国/,小鸟/也有它的归宿/,人和动物/都是一样啊/,哪儿/也不如/故乡好/!

慈爱的水手们/决定放开它/,让它回到/大海的/摇篮去/,回到/蓝色的/故乡去/。离别前/,这个大自然的朋友/与水手们/留影纪念/。它站在/许多人的头上/,肩上/,掌上/,胳膊上/,与喂养过它的/人们/,一起融进/那蓝色的画面/⋯⋯

三、"文字+拼音"练习

　　méi·yǒu yí piàn lǜ yè　méi·yǒu yì lǚ chuī yān　méi·yǒu yí
　　没　有一片绿叶,没　有一缕炊烟,没　有一
lì ní tǔ　méi·yǒu yì sī huā xiāng　zhǐ yǒu shuǐ de shì jiè　yún de
粒泥土,没　有一丝花香,只有水的世界,云的
hǎi yáng
海洋。

　　yí zhèn tái fēng xí guò　yì zhī gū dān de xiǎo niǎo wú jiā kě guī
　　一阵台风袭过,一只孤单的小鸟无家可归,
luò dào bèi juǎn dào yáng·lǐ de mù bǎn·shàng　chéng liú ér xià
落到被卷到洋里的木板　上,乘流而下,
shān shān ér lái　jìn le　jìn le
姗　姗而来,近了,近了!⋯⋯

　　hū rán　xiǎo niǎo zhāng kāi chì bǎng　zài rén men tóu dǐng pán xuán
　　忽然,小鸟张开翅膀,在人们头顶盘旋
le jǐ quānr　pū lā　yì shēng luò dào le chuán·shàng　xǔ shì
了几圈儿,"噗啦"一声落到了船　上。许是

累了?还是发现了"新大陆"?水手攥它它不走,抓它,它乖乖地落在掌心。可爱的小鸟和善良的水手结成了朋友。

瞧,它多美丽,娇巧的小嘴,啄理着绿色的羽毛,鸭子样的扁脚,呈现出春草的鹅黄。水手们把它带到舱里,给它"搭铺",让它在船上安家落户,每天,把分到的一塑料桶淡水匀给它喝,把从祖国带来的鲜美的鱼肉分给它吃,天长日久,小鸟和水手的感情日趋笃厚。清晨,当第一束阳光射进舷窗时,它便敞开美丽的歌喉,唱啊唱,嘤嘤有韵,宛如春水淙淙。人类给它以生命,它毫不悭吝地把自己的艺术青春奉献给了哺育它的人。可能都是这样?艺术家们的青春只会献给尊敬他们的人。

小鸟给远航生活蒙上了一层浪漫色调。返航时,人们爱不释手,恋恋不舍地

xiǎng bǎ tā dài dào yì xiāng   kě xiǎo niǎo qiáo cuì le   gěi shuǐ   bù
想把它带到异乡。可小鸟憔悴了，给水，不

hē   wèi ròu   bù chī   yóu liàng de yǔ máo shī qù le guāng zé   shì
喝！喂肉，不吃！油亮的羽毛失去了光泽。是

ra   wǒ   men yǒu zì jǐ de zǔ guó   xiǎo niǎo yě yǒu tā de guī sù
啊，我//们有自己的祖国，小鸟也有它的归宿，

rén hé dòng wù dōu shì yí yàng nga   nǎr   yě bù rú gù xiāng hǎo
人和动物都是一样啊，哪儿也不如故乡好！

cí ài de shuǐ shǒu men jué dìng fàng kāi tā   ràng tā huí dào dà hǎi
慈爱的水手们决定放开它，让它回到大海

de yáo lán · qù   huí dào lán sè de gù xiāng · qù   lí bié qián   zhè ge
的摇篮去，回到蓝色的故乡去。离别前，这个

dà zì rán de péng you yǔ shuǐ shǒu men liú yǐng jì niàn   tā zhàn zài xǔ
大自然的朋友与水手们留影纪念。它站在许

duō rén de tóu · shàng   jiān · shàng   zhǎng · shàng   gé bo · shàng
多人的头上，肩上，掌上，胳膊上，

yǔ wèi yǎng guo tā de rén men   yì qǐ róng jìn nà lán sè de huà
与喂养过它的人们，一起融进那蓝色的画

miàn
面……

四、"文字+拼音+断句"练习

méi · yǒu yí piàn lǜ yè   méi · yǒu yì lǚ chuī yān
没有／一片绿叶／，没有／一缕炊烟／，

méi · yǒu yí lì ní tǔ   méi · yǒu yì sī huā xiāng   zhǐ yǒu
没有／一粒泥土／，没有／一丝花香／，只有／

shuǐ de shì jiè   yún de hǎi yáng
水的世界／，云的海洋／。

yí zhèn tái fēng xí guò   yì zhī gū dān de xiǎo niǎo wú jiā
一阵／台风／袭过／，一只／孤单的小鸟／无家

kě guī   luò dào bèi juǎn dào yáng · lǐ de mù bǎn · shàng
可归／，落到／被卷到／洋里的／木板上／，

乘流而下/，姗姗而来/，近了/，近了/！……忽然/，小鸟张开翅膀/，在人们头顶/盘旋了几圈儿/，"噗啦"一声/落到了船·上/。许是累了/？还是/发现了"新大陆"/？水手攆它/它不走/，抓它/，它乖乖地/落在掌心/。可爱的小鸟/和善良的水手/结成了朋友/。

瞧/，它多美丽/，娇巧的小嘴/，啄理着/绿色的羽毛/，鸭子样的扁脚/，呈现出/春草的鹅黄/。水手们/把它带到舱里/，给它"搭铺"/，让它在船·上/安家落户/，每天/，把分到的/一塑料桶/淡水/匀给它喝/，把从/祖国带·来的/鲜美的/鱼肉/分给它吃/，天长日久/，小鸟/和水手的感情/日趋笃厚/。清晨/，当第一束阳光/射进舷窗时/，它便敞开/美丽的歌喉/，唱啊唱/，嘤嘤有韵/，宛如/春水淙淙/。人类/给它/以生命/，它毫不悭吝地/把自己的艺术青春/奉献给了/哺育它的人/。可能都是这样/？艺术家们的青春/只会献给/尊敬他们的人/。

小鸟/给远航生活/蒙上了一层/浪漫色调/。返航时/，人们爱不释手/，恋恋不舍地/想把它/带到异乡/。可小鸟憔悴了/，给水/，不喝/！喂肉/，不吃/！油亮的羽毛/失去了光泽/。是啊/，我//们/有自己的祖国/，小鸟/也有它的归宿/，人和动物/都是一样啊/，哪儿/也不如/故乡好/！

慈爱的水手们/决定放开它/，让它回到/大海的/摇篮去/，回到/蓝色的/故乡去/。离别前/，这个大自然的朋友/与水手们/留影纪念/。它站在/许多人的头上/，肩上/，掌上/，胳膊上/，与喂养过它的/人们/，一起融进/那蓝色的画面/……

作品 23 号： 课不能停

纽约的冬天常有大风雪，扑面的雪花不但令人难以睁开眼睛，甚至呼吸都会吸入冰冷的雪花。有时前一天晚上还是一片晴朗，第二天拉开窗帘，却已经积雪盈尺，连门都推不开了。

遇到这样的情况，公司、商店常会停止上班，学校也通过广播，宣布停课。但令人不解的是，唯有公立小学，仍然开放。只见黄色的校车，艰难地在路边接孩子，老师则一大早就口中喷着热气，铲去车子前后的积雪，小心翼翼地开车去学校。

据统计，十年来纽约的公立小学只因为超级暴风雪停过七次课。这是多么令人惊讶的事。犯得着在大人都无须上班的时候让孩子去学校吗？小学的老师也太倒霉了吧？

于是，每逢大雪而小学不停课时，都有家长打电话去骂。妙的是，每个打电话的人，反应全一样——先是怒气冲冲地责问，然后满口道歉，最后笑容满面地挂上电话。原因是，学校告诉家长：

在纽约有许多百万富翁，但也有不少贫困的家庭。后者白天开不起暖气，供不起午餐，孩子的营养全靠学校里免费的中饭，甚至可以多拿些回家当晚餐。学校停课一天，穷孩子就受一天冻，挨一天饿，所以老师们宁愿自己苦一点儿，也不能停//课。

或许有家长会说：何不让富裕的孩子在家里，让贫穷的孩子去学校享受暖气和营养午餐呢？

学校的答复是：我们不愿让那些穷苦的孩子感到他们是在接受救济，因为施舍的最高原则是保持受施者的尊严。

（节选自刘墉《课不能停》）

一、逐句讲解

纽约的冬天常有大风雪,扑面的雪花不但令人难以睁开眼睛,甚至呼吸都会吸入冰冷的雪花。

▶这一句有一处需要注意的地方,就是"冬天"一词是"重轻"格式。

有时前一天晚上还是一片晴朗,第二天拉开窗帘,却已经积雪盈尺,连门都推不开了。

▶这一句有两处需要注意的地方,第一处是"积雪盈尺"读作"jī xuě yíng chǐ";第二处是"推不开了"是"中重中轻"格式。

遇到这样的情况,公司、商店常会停止上班,学校也通过广播,宣布停课。但令人不解的是,唯有公立小学,仍然开放。

▶这里有一处需要注意的地方,就是"不解"是重音,需强调。

只见黄色的校车,艰难地在路边接孩子,老师则一大早就口中喷着热气,铲去车子前后的积雪,小心翼翼地开车去学校。

▶这一句有一处需要注意的地方,就是"小心翼翼"读作"xiǎo xīn yì yì"。

据统计,十年来纽约的公立小学只因为超级暴风雪停过七次课。

▶这一句有一处需要注意的地方,就是"因为"是逻辑词,读的时候需强调。

这是多么令人惊讶的事。

▶这一句有一处需要注意的地方,就是"惊讶"是重音,读的时候需强调。

犯得着在大人都无须上班的时候让孩子去学校吗?小学的老师也太倒霉了吧?

▶这里有两处需要注意的地方,第一处是"犯得着"读作"fàn de zháo",是"中中重"格式;第二处是"太倒霉了吧"中的"了"是轻声。

于是,每逢大雪而小学不停课时,都有家长打电话去骂。妙的是,每个打电话的人,反应全一样——先是怒气冲冲地责问,然后满口道歉,最后笑容满面地挂上电话。

▶这里有一处需要注意的地方，就是"怒气冲冲"读作"nù qì chōng chōng"。

原因是，学校告诉家长：

在纽约有许多百万富翁，但也有不少贫困的家庭。

▶这里有一处需要注意的地方，就是"贫困"一词需强调。

后者白天开不起暖气，供不起午餐，孩子的营养全靠学校里免费的中饭，甚至可以多拿些回家当晚餐。

▶这一句有两处需要注意的地方，第一处是"开不起"是"中重轻"格式；第二处是"供不起"是"中重轻"格式。

学校停课一天，穷孩子就受一天冻，挨一天饿，所以老师们宁愿自己苦一点儿，也不能停课。

▶这一句有两处需要注意的地方，第一处是"宁愿"一词是重音，需强调；第二处是"苦一点儿"的儿化音。

二、断句练习

纽约的冬天／常有大风雪／，扑面的雪花／不但令人／难以睁开眼睛／，甚至呼吸／都会吸入／冰冷的雪花／。有时／前一天晚上／还是一片晴朗／，第二天／拉开窗帘／，却已经／积雪盈尺／，连门／都推不开了／。

遇到这样的情况／，公司／、商店／常会／停止上班／，学校／也通过广播／，宣布停课／。但令人不解的是／，唯有公立小学／，仍然开放／。只见／黄色的校车／，艰难地／在路边接孩子／，老师／则一大早／就口中／喷着热气／，铲去／车子前后的／积雪／，小心翼翼地／开车去学校／。

据统计／，十年来／纽约的／公立小学只因为／超级暴风雪／停过七次课／。这是多么／令人惊讶的事／。犯得着／在大人都／无须上班的时候／让孩子去学校吗／？小学的老师／也太倒霉了吧／？

于是／，每逢大雪／而小学／不停课时／，都有家长／打电话去骂／。妙的是／，每个／打电话的人／，反应／全一样——先是／怒气冲冲地／责问／，然后／满口道歉／，最后／笑容满面地／挂上电话／。原因是／，学校／告诉家长／：

在纽约／有许多百万富翁／，但也有／不少贫困的家庭／。后者／白天开不起暖气／，供不起午餐／，孩子的营养／全靠／学校里／免费的／中饭／，甚至／可以多拿些回家／当晚餐／。学校／停课一天／，穷孩子／就受一天冻／，挨一天饿／，所以／老师们／宁愿自己／苦一点儿／，也不能／停∥课／。

或许／有家长／会说／：何不让／富裕的孩子／在家里／，让贫穷的孩子／去学校／享受暖气／和营养午餐呢／？

学校的／答复是／：我们不愿／让那些／穷苦的孩子／感到他们／是在接受救济／，因为施舍的／最高原则／是保持／受施者的尊严／。

三、"文字＋拼音"练习

Niǔ yuē de dōng tiān cháng yǒu dà fēng xuě　pū miàn de xuě huā bú
纽约的冬天常有大风雪，扑面的雪花不

dàn lìng rén nán yǐ zhēng kāi yǎn jing　shèn zhì hū xī dōu huì xī rù bīng
但令人难以睁开眼睛，甚至呼吸都会吸入冰

lěng de xuě huā　yǒu shí qián yì tiān wǎn shang hái shì yí piàn qíng lǎng
冷的雪花。有时前一天晚上还是一片晴朗，

dì èr tiān lā kāi chuāng lián　què yǐ·jīng jī xuě yíng chǐ　lián mén dōu
第二天拉开窗帘，却已经积雪盈尺，连门都

tuī·bù kāi le
推不开了。

yù dào zhè yàng de qíng kuàng　gōng sī　shāng diàn cháng huì tíng
遇到这样的情况，公司、商店常会停

zhǐ shàng bān　xué xiào yě tōng guò guǎng bō　xuān bù tíng kè　dàn
止上班，学校也通过广播，宣布停课。但

lìng rén bù jiě de shì　wéi yǒu gōng lì xiǎo xué　réng rán kāi fàng　zhǐ
令人不解的是，唯有公立小学，仍然开放。只

jiàn huáng sè de xiào chē　jiān nán de zài lù biān jiē hái zi　lǎo shī zé
见黄色的校车，艰难地在路边接孩子，老师则

yí dà zǎo jiù kǒu zhōng pēn zhe rè qì　chǎn qù chē zi qián hòu de jī
一大早就口中喷着热气，铲去车子前后的积

xuě　xiǎo xīn yì yì de kāi chē qù xué xiào
雪，小心翼翼地开车去学校。

据统计，十年来纽约的公立小学只因为超级暴风雪停过七次课。这是多么令人惊讶的事。犯得着在大人都无须上班的时候让孩子去学校吗？小学的老师也太倒霉了吧？

于是，每逢大雪而小学不停课时，都有家长打电话去骂。妙的是，每个打电话的人，反应全一样——先是怒气冲冲地责问，然后满口道歉，最后笑容满面地挂上电话。

原因是，学校告诉家长：

在纽约有许多百万富翁，但也有不少贫困的家庭。后者白天开不起暖气，供不起午餐，孩子的营养全靠学校里免费的中饭，甚至可以多拿些回家当晚餐。学校停课一天，穷孩子就受一天冻，挨一天饿，所以老师们宁愿自己苦一点儿，也不能停//课。

或许有家长会说：何不让富裕的孩子在

家里，让贫穷的孩子去学校享受暖气和营

养午餐呢？

学校的答复是：我们不愿让那些穷苦的孩

子感到他们是在接受救济，因为施舍的最高

原则是保持受施者的尊严。

四、"文字+拼音+断句" 练习

纽约的冬天/常有大风雪/，扑面的雪花/不但令人/难以睁开眼睛/，甚至呼吸/都会吸入/冰冷的雪花/。有时/前一天晚上/还是一片晴朗/，第二天/拉开窗帘/，却已经/积雪盈尺/，连门/都推不开了/。

遇到这样的情况/，公司/、商店/常会/停止上班/，学校/也通过广播/，宣布停课/。但令人不解的是/，唯有公立小学/，仍然开放/。只见/黄色的校车/，艰难地/在路边接孩子/，老师/则一大早/就口中/喷着热气/，铲去/车子前后的/积雪/，小心翼翼地/开车去学校/。

据统计/，十年来/纽约的/公立小学/只因为/超级暴风雪/停过七次课/。这是多么/令人惊讶的事/。犯得着/在大人都/无须上班的时候/让孩子去学校吗/？小学的老师/也太倒霉了吧/？

于是/，每逢大雪/而小学/不停课时/，都有家长/打电话去骂/。妙的是/，每个/打电话的人/，反应/全一样/——先是/怒气冲冲地/责问/，然后/满口道歉/，最后/笑容满面地/挂上电话/。原因是/，学校/告诉家长/：

在纽约/有许多百万富翁/，但也有/不少贫困的家庭/。后者/白天开不起暖气/，供不起午餐/，孩子的营养/全靠/学校里/免费的/中饭/，甚至/可以多拿些回家/当晚餐/。学校/停课一天/,穷孩子/就受一天冻/,挨一天饿/,所以/老师们/宁愿自己/苦一点儿/,也不能/停//课/。

或许/有家长/会说/:何不让/富裕的孩子/在家里/,让贫穷的孩子/去学校/享受暖气/和营养午餐呢/?

学校的/答复是/:我们不愿/让那些/穷苦的孩子/感到他们/是在接受救济/,因为施舍的/最高原则/是保持/受施者的尊严/。

作品24号： 莲花和樱花

十年，在历史上不过是一瞬间。只要稍加注意，人们就会发现：在这一瞬间里，各种事物都悄悄经历了自己的千变万化。

这次重新访日，我处处感到亲切和熟悉，也在许多方面发觉了日本的变化。就拿奈良的一个角落来说吧，我重游了为之感受很深的唐招提寺，在寺内各处匆匆走了一遍，庭院依旧，但意想不到还看到了一些新的东西。其中之一，就是近几年从中国移植来的"友谊之莲"。

在存放鉴真遗像的那个院子里，几株中国莲昂然挺立，翠绿的宽大荷叶正迎风而舞，显得十分愉快。开花的季节已过，荷花朵朵已变为莲蓬累累。莲子的颜色正在由青转紫，看来已经成熟了。

我禁不住想："因"已转化为"果"。

中国的莲花开在日本，日本的樱花开在中国，这不是偶然。我希望这样一种盛况延续不衰。可能有人不欣赏花，但决不会有人欣赏落在自己面前的炮弹。

在这些日子里，我看到了不少多年不见的老朋友，又结识了一些新朋友。大家喜欢涉及的话题之一，就是古长安和古奈良。那还用得着问吗，朋友们缅怀过去，正是瞩望未来。瞩目于未来的人们必将获得未来。

我不例外，也希望一个美好的未来。

为//了中日人民之间的友谊，我将不浪费今后生命的每一瞬间。

（节选自严文井《莲花和樱花》）

一、逐句讲解

十年，在历史上不过是一瞬间。

▶这一句有两处需要注意的地方，第一处是"历史上"的"上"是轻声；第二处是"一瞬间"读作"yí shùn jiān"，是"中重中"格式。

只要稍加注意，人们就会发现：在这一瞬间里，各种事物都悄悄经历了自己的千变万化。

▶这一句有两处需要注意的地方，第一处是"悄悄"是"中重"格式；第二处是"千变万化"读作"qiān biàn wàn huà"，"中重中重"格式。

这次重新访日，我处处感到亲切和熟悉，也在许多方面发觉了日本的变化。

▶这一句有两处需要注意的地方，第一处是"亲切"是"中重"格式；第二处是"熟悉"是"重轻"格式。

就拿奈良的一个角落来说吧，我重游了为之感受很深的唐招提寺，在寺内各处匆匆走了一遍，庭院依旧，但意想不到还看到了一些新的东西。

▶这一句有三处需要注意的地方，第一处是"一个角落"中的"一"是二声，"角落"是"重轻"格式；第二处是"为之"中的"为"是四声；第三处是"走了一遍"是"中轻轻中"格式。

其中之一，就是近几年从中国移植来的"友谊之莲"。

▶这一句有一处需要注意的地方，就是"友谊之莲"中的"谊"是四声。

在存放鉴真遗像的那个院子里，几株中国莲昂然挺立，翠绿的宽大荷叶正迎风而舞，显得十分愉快。

▶这一句有一处需要注意的地方，就是"那个"中的"那"读"nà"。

开花的季节已过，荷花朵朵已变为莲蓬累累。

▶这一句有两处需要注意的地方，第一处是"荷花朵朵"需要重读；第二处是"莲蓬累累"中"累累"的两个音节都是二声。

莲子的颜色正在由青转紫，看来已经成熟了。

▶这一句有一处需要注意的地方，就是"成熟"的两个音节都是二声。

我禁不住想："因"已转化为"果"。

▶这一句有一处需要注意的地方，就是"禁不住"读作"jīn bú zhù"。

中国的莲花开在日本，日本的樱花开在中国，这不是偶然。我希望这样一种盛况延续不衰。

▶这里有两处需要注意的地方，第一处是"这样"中的"这"读

— 222 —

"zhè"；第二处是"盛况"读作"shèng kuàng"。

可能有人不欣赏花，但决不会有人欣赏落在自己面前的炮弹。

▶这一句有一处需要注意的地方，就是"炮弹"是"重轻"格式。

在这些日子里，我看到了不少多年不见的老朋友，又结识了一些新朋友。大家喜欢涉及的话题之一，就是古长安和古奈良。那还用得着问吗，朋友们缅怀过去，正是瞩望未来。

▶这里有两处需要注意的地方，第一处是"缅怀过去"读作"miǎn huái guò qù"；第二处是"瞩望未来"读作"zhǔ wàng wèi lái"。

二、断句练习

十年／，在历史上／不过是一瞬间／。只要稍加注意／，人们就会发现／：在这一瞬间里／，各种事物／都悄悄经历了／自己的千变万化／。

这次重新访日／，我处处感到亲切／和熟悉／，也在许多方面／发觉了／日本的变化／。就拿奈良的／一个角落／来说吧／，我重游了／为之感受很深的／唐招提寺／，在寺内各处／匆匆走了一遍／，庭院依旧／，但意想不到／还看到了一些／新的东西／。其中之一／，就是近几年／从中国移植来的／"友谊之莲"／。

在存放／鉴真遗像的／那个院子里／，几株中国莲／昂然挺立／，翠绿的宽大荷叶／正迎风而舞／，显得十分愉快／。开花的季节已过／，荷花朵朵／已变为莲蓬累累／。莲子的颜色／正在由青转紫／，看来／已经成熟了／。

我禁不住想／："因"／已转化为／"果"／。

中国的莲花／开在日本／，日本的樱花／开在中国／，这不是偶然／。我希望／这样一种／盛况／延续不衰／。可能有人不欣赏花／，但决不会有人欣赏／落在自己面前的炮弹／。

在这些日子里／，我看到了／不少多年不见的／老朋友／，又结识了／一些新朋友／。大家喜欢涉及的／话题之一／，就是古长安／和古奈良／。那还用得着问吗／，朋友们／缅怀过去／，正是瞩望未来／。瞩目于未来的人们／必将获得未来／。

我不例外／，也希望一个／美好的未来／。

为//了／中日人民／之间的友谊／，我将／不浪费今后／生命的每一瞬间／。

三、"文字+拼音"练习

shí nián， zài lì shǐ· shàng bú guò shì yí shùn jiān。 zhǐ yào shāo jiā
十 年， 在 历 史 上 不 过 是 一 瞬 间。 只 要 稍 加

zhù yì， rén men jiù huì fā xiàn： zài zhè yí shùn jiān· lǐ， gè zhǒng
注 意， 人 们 就 会 发 现： 在 这 一 瞬 间 里， 各 种

shì wù dōu qiāo qiāo jīng lì le zì jǐ de qiān biàn wàn huà。
事 物 都 悄 悄 经 历 了 自 己 的 千 变 万 化。

zhè cì chóng xīn fǎng rì， wǒ chù chù gǎn dào qīn qiè hé shú· xī，
这 次 重 新 访 日， 我 处 处 感 到 亲 切 和 熟 悉，

yě zài xǔ duō fāng miàn fā jué le rì běn de biàn huà。 jiù ná nài liáng de
也 在 许 多 方 面 发 觉 了 日 本 的 变 化。 就 拿 奈 良 的

yí gè jiǎo luò lái shuō ba， wǒ chóng yóu le wèi zhī gǎn shòu hěn shēn de
一 个 角 落 来 说 吧， 我 重 游 了 为 之 感 受 很 深 的

Táng Zhāo tí sì， zài sì nèi gè chù cōng cōng zǒu le yí biàn， tíng yuàn
唐 招 提 寺， 在 寺 内 各 处 匆 匆 走 了 一 遍， 庭 院

yī jiù， dàn yì xiǎng bú dào hái kàn dào le yì xiē xīn de dōng xi。 qí
依 旧， 但 意 想 不 到 还 看 到 了 一 些 新 的 东 西。 其

zhōng zhī yī， jiù shì jìn jǐ nián cóng zhōng guó yí zhí lái de "yǒu yì zhī
中 之 一， 就 是 近 几 年 从 中 国 移 植 来 的 "友 谊 之

lián"。
莲"。

zài cún fàng jiàn zhēn yí xiàng de nà ge yuàn zi· lǐ， jǐ zhū zhōng
在 存 放 鉴 真 遗 像 的 那 个 院 子 里， 几 株 中

guó lián áng rán tǐng lì， cuì lǜ de kuān dà hé yè zhèng yíng fēng ér wǔ，
国 莲 昂 然 挺 立， 翠 绿 的 宽 大 荷 叶 正 迎 风 而 舞，

xiǎn· dé shí fēn yú kuài。 kāi huā de jì jié yǐ guò， hé huā duǒ duǒ yǐ
显 得 十 分 愉 快。 开 花 的 季 节 已 过， 荷 花 朵 朵 已

biàn wéi lián peng léi léi， lián zǐ de yán sè zhèng zài yóu qīng zhuǎn zǐ，
变 为 莲 蓬 累 累， 莲 子 的 颜 色 正 在 由 青 转 紫，

kàn· lái yǐ· jīng chéng shú le。
看 来 已 经 成 熟 了。

我禁不住想："因"已转化为"果"。
中国的莲花开在日本，日本的樱花开在中国，这不是偶然。我希望这样一种盛况延续不衰。可能有人不欣赏花，但决不会有人欣赏落在自己面前的炮弹。

在这些日子里，我看到了不少多年不见的老朋友，又结识了一些新朋友。大家喜欢涉及的话题之一，就是古长安和古奈良。那还用得着问吗，朋友们缅怀过去，正是瞩望未来。瞩目于未来的人们必将获得未来。

我不例外，也希望一个美好的未来。

为//了中日人民之间的友谊，我将不浪费今后生命的每一瞬间。

四、"文字+拼音+断句"练习

十年／，在历史上／不过是一瞬间／。只要稍加注意／，人们就会发现／：在这一瞬间里/，各种事物/都悄悄经历了/自己的千变万化/。

这次重新访日/，我处处感到亲切/和熟悉/，也在许多方面/发觉了/日本的变化/。就拿奈良的/一个角落/来说吧/，我重游了/为之感受很深的/唐招提寺/，在寺内各处/匆匆走了一遍/，庭院依旧/，但意想不到/还看到了一些/新的东西/。其中之一/，就是近几年/从中国移植来的/"友谊之莲"/。

在存放/鉴真遗像的/那个院子里/，几株中国莲/昂然挺立/，翠绿的宽大荷叶/正迎风而舞/，显得十分愉快/。开花的季节已过/，荷花朵朵/已变为/莲蓬累累/。莲子的颜色/正在由青转紫/，看来/已经成熟了/。

我禁不住想/："因"/已转化为/"果"/。

中国的莲花/开在日本/，日本的樱花/开在中国／，这不是偶然／。我希望／这样一种／盛况／延续不衰／。可能有人不欣赏花／，但决不会有人欣赏／落在自己面前的炮弹／。

在这些日子里／，我看到了／不少多年不见的／老朋友／，又结识了一些／新朋友／。大家喜欢涉及的／话题之一／，就是古长安／和古奈良／。那还用得着问吗／，朋友们／缅怀过去／，正是瞩望未来／。瞩目于未来的人们／必将获得未来。

我不例外／，也希望一个／美好的未来／。

为∥了／中日人民／之间的友谊／，我将／不浪费今后／生命的每一瞬间／。

作品 25 号： 绿

梅雨潭闪闪的绿色招引着我们，我们开始追捉她那离合的神光了。揪着草，攀着乱石，小心探身下去，又鞠躬过了一个石穹门，便到了汪汪一碧的潭边了。

瀑布在襟袖之间，但是我的心中已没有瀑布了。我的心随潭水的绿而摇荡。那醉人的绿呀！仿佛一张极大极大的荷叶铺着，满是奇异的绿呀。我想张开两臂抱住她，但这是怎样一个妄想啊。

站在水边，望到那面，居然觉着有些远呢！这平铺着、厚积着的绿，着实可爱。她松松地皱缬着，像少妇拖着的裙幅；她滑滑的明亮着，像涂了"明油"一般，有鸡蛋清那样软，那样嫩；她又不杂些尘滓，宛然一块温润的碧玉，只清清的一色——但你却看不透她！

我曾见过北京什刹海拂地的绿杨，脱不了鹅黄的底子，似乎太淡了。我又曾见过杭州虎跑寺近旁高峻而深密的"绿壁"，丛叠着无穷的碧草与绿叶的，那又似乎太浓了。其余呢，西湖的波太明了，秦淮河的也太暗了。可爱的，我将什么来比拟你呢？我怎么比拟得出呢？大约潭是很深的，故能蕴蓄着这样奇异的绿；仿佛蔚蓝的天融了一块在里面似的，这才这般的鲜润啊。

那醉人的绿呀！我若能裁你以为带，我将赠给那轻盈的//舞女，她必能临风飘举了。我若能挹你以为眼，我将赠给那善歌的盲妹，她必能明眸善睐了。我舍不得你，我怎舍得你呢？我用手拍着你，抚摩着你，如同一个十二三岁的小姑娘。我又掬你入口，便是吻着她了。我送你一个名字，我从此叫你"女儿绿"，好吗？

第二次到仙岩的时候，我不禁惊诧于梅雨潭的绿了。

（节选自朱自清《绿》）

一、逐句讲解

梅雨潭闪闪的绿色招引着我们，我们开始追捉她那离合的神光了。

▶这一句有一处需要注意的地方，就是"追捉"的两个音节都是阴平。

揪着草，攀着乱石，小心探身下去，又鞠躬过了一个石穹门，便到了汪汪一碧的潭边了。

▶这一句有三处需要注意的地方，第一处是"下去"的"去"是轻声；第二处是"石穹门"读作"shí qióng mén"；第三处是"汪汪一碧"是"中重中重"格式。

瀑布在襟袖之间，但是我的心中已没有瀑布了。

▶这一句有一处需要注意的地方，就是"襟袖"读作"jīn xiù"。

我的心随潭水的绿而摇荡。

▶这一句有一处需要注意的地方，就是"摇荡"一词读的时候需强调。

那醉人的绿呀！仿佛一张极大极大的荷叶铺着，满是奇异的绿呀。

▶这里有两处需要注意的地方，第一处是"绿呀"的"呀"是轻声；第二处是"极大极大"需强调，读的时候要放慢语速。

我想张开两臂抱住她，但这是怎样一个妄想啊。

▶这一句有一处需要注意的地方，就是"抱住她"是"重轻中"格式。

站在水边，望到那面，居然觉着有些远呢！这平铺着、厚积着的绿，着实可爱。

▶这一句有一处需要注意的地方，就是"着实可爱"的"着"读"zhuó"。

她松松地皱缬着，像少妇拖着的裙幅。

▶这一句有两处需要注意的地方，第一处是"皱缬着"读作"zhòu xié zhe"；第二处是"裙幅"的两个音节都是二声。

她滑滑的明亮着，像涂了"明油"一般，有鸡蛋清那样软，那样嫩。

▶这里有一处需要注意的地方，就是"那样"的"那"读"nà"。

她又不杂些尘滓，宛然一块温润的碧玉，只清清的一色——但你却看不透她！

▶这一句有一处需要注意的地方，就是"杂些尘滓"读作"zá xiē chén zǐ"。

　　我曾见过北京什刹海拂地的绿杨，脱不了鹅黄的底子，似乎太淡了。

　　▶这一句有两处需要注意的地方，第一处是"什刹海"读作"shí chà hǎi"；第二处是"拂地的"中的"的"是轻声。

　　我又曾见过杭州虎跑寺近旁高峻而深密的"绿壁"，丛叠着无穷的碧草与绿叶的，那又似乎太浓了。其余呢，西湖的波太明了，秦淮河的也太暗了。可爱的，我将什么来比拟你呢？我怎么比拟得出呢？

　　▶这里有一处需要注意的地方，就是"比拟得出"读作"bǐ nǐ de chū"。

　　大约潭是很深的，故能蕴蓄着这样奇异的绿。

　　▶这里有一处需要注意的地方，就是"蕴蓄着"读作"yùn xù zhe"。

　　仿佛蔚蓝的天融了一块在里面似的，这才这般的鲜润啊。

　　▶这里有一处需要注意的地方，就是"似的"中的"的"是轻声。

二、断句练习

　　梅雨潭/闪闪的绿色/招引着我们/，我们开始/追捉/她那离合的/神光了/。揪着草/，攀着乱石/，小心/探身下去/，又鞠躬过了/一个/石穹门/，便到了/汪汪一碧的/潭边了/。

　　瀑布/在襟袖之间/，但是/我的心中/已没有瀑布了/。我的心/随潭水的绿/而摇荡/。那醉人的绿呀/！仿佛一张/极大极大的荷叶/铺着/，满是/奇异的绿呀/。我想/张开两臂/抱住她/，但这是/怎样一个/妄想啊/。

　　站在水边/，望到那面/，居然觉着/有些远呢/！这平铺着/、厚积着的绿/，着实可爱/。她松松地/皱缬着/，像少妇/拖着的裙幅/；她滑滑的/明亮着/，像涂了/"明油"一般/，有鸡蛋清/那样软/，那样嫩/；她又不杂些/尘滓/，宛然一块/温润的碧玉/，只清清的一色/——但你却/看不透她/！

　　我曾见过/北京什刹海/拂地的绿杨/，脱不了/鹅黄的底子/，似乎/太淡了/。我又曾见过/杭州虎跑寺/近旁/高峻而深密的/"绿壁"/，丛叠着/无穷的/碧草/与绿叶的/，那又似乎/太浓了/。其余呢/，西湖的波/太明了/，秦淮河的/也太暗了/。可爱的/，我将什么/来比拟你呢/？我怎么/比拟得/出呢/?大约/潭是很深的/，故能/蕴蓄着/这样/奇异的绿/；仿佛/蔚蓝的天/融了一块/在里面似的/，这才这般的/鲜润啊/。

那醉人的绿呀/！我若能/裁你/以为带/，我将赠给/那轻盈的///舞女/，她必能/临风飘举了/。我若能/挹你/以为眼/，我将赠给/那善歌的/盲妹/，她必/明眸善睐了/。我舍不得你/，我怎/舍得你呢/？我用手/拍着你/，抚摩着你/，如同一个/十二三岁的/小姑娘/。我又/掬你入口/，便是/吻着她了/。我送你/一个名字/，我从此/叫你"女儿绿"/，好吗/？

第二次/到仙岩的时候/，我不禁/惊诧于/梅雨潭的绿了/。

三、"文字+拼音"练习

　　　　Méi yǔ tán shǎn shǎn de lǜ sè zhāo yǐn zhe wǒ men　wǒ men kāi shǐ
　　　　梅 雨 潭 闪 闪 的 绿 色 招 引 着 我 们， 我 们 开 始
zhuī zhuō tā nà lí hé de shén guāng le　　jiū zhe cǎo　　pān zhe luàn shí
追 捉 她 那 离 合 的 神 光 了。揪 着 草，攀 着 乱 石，
xiǎo·xīn tàn shēn xià·qù　　yòu jū gōng guò le yí gè shí qióng mén
小 心 探 身 下 去， 又 鞠 躬 过 了 一 个 石 穹 门，
biàn dào le wāng wāng yí bì de tán biān le
便 到 了 汪 汪 一 碧 的 潭 边 了。

　　　　pù bù zài jīn xiù zhī jiān　　dàn shì wǒ de xīn zhōng yǐ méi·yǒu pù bù
　　　　瀑 布 在 襟 袖 之 间， 但 是 我 的 心 中 已 没 有 瀑 布
le　　wǒ de xīn suí tán shuǐ de lǜ ér yáo dàng　　nà zuì rén de lǜ ya
了。我 的 心 随 潭 水 的 绿 而 摇 荡。那 醉 人 的 绿 呀！
fǎng fú yì zhāng jí dà jí dà de hé yè pū zhe　　mǎn shì qí yì de lǜ ya
仿 佛 一 张 极 大 极 大 的 荷 叶 铺 着， 满 是 奇 异 的 绿 呀。
wǒ xiǎng zhāng kāi liǎng bì bào zhù tā　　dàn zhè shì zěn yàng yí gè wàng
我 想 张 开 两 臂 抱 住 她， 但 这 是 怎 样 一 个 妄
xiǎng nga
想 啊。

　　　　zhàn zài shuǐ biān　　wàng dào nà·miàn　　jū rán jué zhe yǒu xiē yuǎn
　　　　站 在 水 边， 望 到 那 面， 居 然 觉 着 有 些 远
ne　　zhè píng pū zhe　　hòu jī zhe de lǜ　　zhuó shí kě ài　　tā sōng
呢！这 平 铺 着、厚 积 着 的 绿， 着 实 可 爱。她 松

松松地皱缬着，像少妇拖着的裙幅；她滑滑地明亮着，像涂了"明油"一般，有鸡蛋清那样软，那样嫩；她又不杂些尘滓，宛然一块温润的碧玉，只清清的一色——但你却看不透她！

我曾见过北京什刹海拂地的绿杨，脱不了鹅黄的底子，似乎太淡了。我又曾见过杭州虎跑寺近旁高峻而深密的"绿壁"，丛叠着无穷的碧草与绿叶的，那又似乎太浓了。其余呢，西湖的波太明了，秦淮河的也太暗了。可爱的，我将什么来比拟你呢？我怎么比拟得出呢？大约潭是很深的，故能蕴蓄着这样奇异的绿；仿佛蔚蓝的天融了一块在里面似的，这才这般的鲜润啊。

那醉人的绿呀！我若能裁你以为带，我将赠给那轻盈的//舞女，她必能临风飘举了。我若能挹你以为眼，我将赠给那善歌的盲妹，她

必明眸善睐了。我舍不得你，我怎舍得你
呢？我用手拍着你，抚摩着你，如同一个十二
三岁的小姑娘。我又掬你入口，便是吻着她
了。我送你一个名字，我从此叫你"女儿绿"，
好吗？

第二次到仙岩的时候，我不禁惊诧于梅雨潭
的绿了。

四、"文字+拼音+断句"练习

梅雨潭／闪闪的绿色／招引着我们／，我们
开始／追捉／她那离合的／神光了／。揪着草／，
攀着乱石／，小心／探身下去／，又鞠躬过了／
一个／石穹门／，便到了／汪汪一碧的／潭边
了／。

瀑布／在襟袖之间／，但是／我的心中／已没有
瀑布了／。我的心／随潭水的绿／而摇荡／。那醉人
的绿呀／！仿佛一张／极大极大的荷叶／铺着／，满
是／奇异的绿呀／。我想／张开两臂／抱住她／，

dàn zhè shì　　zěn yàng yí gè　　wàng xiǎng nga
但这是 / 怎样一个 / 妄 想 啊 / 。

　　　zhàn zài shuǐ biān　　wàng dào nà·miàn　　jū rán jué zhe　yǒu
　　站 在 水 边 / ，望 到 那 面 / ，居然觉着 / 有

xiē yuǎn ne　　zhè píng pū zhe　　hòu jī zhe de lǜ　　zhuó shí kě
些 远 呢 / ！这 平 铺 着 / 、厚 积 着 的 绿 / ，着 实 可

ài　　tā sōng sōng de　　zhòu xié zhe　　xiàng shǎo fù　　tuō zhe de qún
爱 / 。她 松 松 地 / 皱 缬 着 / ，像 少 妇 / 拖 着 的 裙

fú　　tā huá huá de　　míng liàng zhe　　xiàng tú le　　míng yóu
幅 / ；她 滑 滑 的 / 明 亮 着 / ，像 涂 了 / "明 油"

yì bān　　yǒu jī dàn qīng　　nà yàng ruǎn　　nà yàng nèn　　tā yòu
一 般 / ，有 鸡 蛋 清 / 那 样 软 / ，那 样 嫩 / ；她 又

bù zá xiē　　chén zǐ　　wǎn rán yí kuài　　wēn rùn de bì yù　　zhǐ qīng
不 杂 些 / 尘 滓 / ，宛 然 一 块 / 温 润 的 碧 玉 / ，只 清

qīng de yí sè　　dàn nǐ què　　kàn·bú tòu tā
清 的 一 色 / ——但 你 却 / 看 不 透 她 / ！

　　　wǒ céng jiàn guo　　Běi jīng Shí chà hǎi　　fú dì de lǜ yáng　　tuō·bù
　　我 曾 见 过 / 北 京 什 刹 海 / 拂 地 的 绿 杨 / ，脱 不

liǎo　é huáng de dǐ zi　　sì hū tài dàn le　　wǒ yòu céng jiàn
了 / 鹅 黄 的 底 子 / ，似 乎 / 太 淡 了 / 。我 又 曾 见

guo　Háng zhōu Hǔ páo sì　　jìn páng　　gāo jùn ér shēn mì de　　lǜ
过 / 杭 州 虎 跑 寺 / 近 旁 / 高 峻 而 深 密 的 / "绿

bì　　cóng dié zhe　　wú qióng de　bì cǎo　　yǔ lǜ yè de　　nà yòu
壁" / ，丛 叠 着 / 无 穷 的 / 碧 草 / 与 绿 叶 的 / ，那 又

sì hū　tài nóng le　　qí yú ne　　Xī hú de bō　tài míng le　　Qín
似乎 / 太 浓 了 / 。其 余 呢 / ，西 湖 的 波 / 太 明 了 / ，秦

huái hé de　yě tài àn le　　kě ài de　　wǒ jiāng shén me　lái bǐ nǐ
淮 河 的 / 也 太 暗 了 / 。可 爱 的 / ，我 将 什 么 / 来 比 拟

nǐ ne　　wǒ zěn me　bǐ nǐ de　chū ne　　dà yuē　tán shì hěn shēn
你 呢 / ？我 怎 么 / 比 拟 得 / 出 呢 / ？大 约 / 潭 是 很 深

de　　gù néng　yùn xù zhe　zhè yàng　qí yì de lǜ　　fǎng fú　wèi
的 / ，故 能 / 蕴 蓄 着 / 这 样 / 奇 异 的 绿 / ；仿 佛 / 蔚

lán de tiān　róng le yí kuài　zài lǐ·miàn shì de　　zhè cái zhè bān de
蓝 的 天 / 融 了 一 块 / 在 里 面 似 的 / ，这 才 这 般 的 /

— 234 —

鲜润啊/。

那醉人的绿呀/！我若能/裁你/以为带/，我将赠给/那轻盈的///舞女/，她必能/临风飘举了/。我若能/把你/以为眼/，我将赠给/那善歌的/盲妹/，她必/明眸善睐了/。我舍不得你/，我怎/舍得你呢/？我用手/拍着你/，抚摩着你/，如同一个/十二三岁的/小姑娘/。我又/掬你入口/，便是/吻着她了/。我送你/一个名字/，我从此叫你/"女儿绿"/，好吗/？

第二次/到仙岩的时候/，我不禁/惊诧于/梅雨潭的绿了/。

作品 26 号： 落花生

我们家的后园有半亩空地，母亲说："让它荒着怪可惜的，你们那么爱吃花生，就开辟出来种花生吧。"我们姐弟几个都很高兴，买种，翻地，播种，浇水，没过几个月，居然收获了。

母亲说："今晚我们过一个收获节，请你们父亲也来尝尝我们的新花生，好不好？"我们都说好。母亲把花生做成了好几样食品，还吩咐就在后园的茅亭里过这个节。

晚上天色不太好，可是父亲也来了，实在很难得。

父亲说："你们爱吃花生吗？"

我们争着答应："爱！"

"谁能把花生的好处说出来？"

姐姐说："花生的味美。"

哥哥说："花生可以榨油。"

我说："花生的价钱便宜，谁都可以买来吃，都喜欢吃。这就是它的好处。"

父亲说："花生的好处很多，有一样最可贵：它的果实埋在地里，不像桃子、石榴、苹果那样，把鲜红嫩绿的果实高高地挂在枝头上，使人一见就生爱慕之心。你们看它矮矮地长在地上，等到成熟了，也不能立刻分辨出来它有没有果实，必须挖出来才知道。"

我们都说是，母亲也点点头。

父亲接下去说："所以你们要像花生，它虽然不好看，可是很有用，不是外表好看而没有实用的东西。"

我说："那么，人要做有用的人，不要做只讲体面，而对别人没有好处的人了。"//

父亲说："对。这是我对你们的希望。"

我们谈到夜深才散。花生做的食品都吃完了,父亲的话却深深地印在我的心上。

(节选自许地山《落花生》)

一、逐句讲解

我们家的后园有半亩空地,母亲说:"让它荒着怪可惜的,你们那么爱吃花生,就开辟出来种花生吧。"

▶这一句有两处需要注意的地方,第一处是"空地"的"空"要读成四声;第二处是"母亲"的"亲"要读成一声。

我们姐弟几个都很高兴,买种,翻地,播种,浇水,没过几个月,居然收获了。

▶这一句有两处需要注意的地方,第一处是"买种"是两个三声,两个三声连起来,前面的三声要读二声;第二处是"播种"的"种"要读成三声。

母亲说:"今晚我们过一个收获节,请你们父亲也来尝尝我们的新花生,好不好?"我们都说好。

▶这里有两处需要注意的地方,第一处是"父亲"的"亲"要读一声;第二处是"好不好"中的两个"好"都要读成三声。

母亲把花生做成了好几样食品,还吩咐就在后园的茅亭里过这个节。

▶这一句有一处需要注意的地方,就是"吩咐"的"咐"要读成四声。

晚上天色不太好,可是父亲也来了,实在很难得。

▶这一句有一处需要注意的地方,就是"难得"两个字都要读成二声。

父亲说:"你们爱吃花生吗?"我们争着答应:"爱!"

▶这里有一处需要注意的地方,就是"答应"的"答"要读成一声,"应"要读成轻声。

"谁能把花生的好处说出来?"

▶这一句有一处需要注意的地方,就是"好处"的"处"要读成四声。

姐姐说:"花生的味美。"

— 237 —

哥哥说："花生可以榨油。"

▶这里有两处需要注意的地方，第一处是"姐姐"中第二个"姐"要读成轻声，"哥哥"同理；第二处是"味美"的"味"读的时候要带儿化音。

我说："花生的价钱便宜，谁都可以买来吃，都喜欢吃。这就是它的好处。"

▶这一句有两处需要注意的地方，第一处是"价钱"的"钱"要读成二声；第二处是"便宜"的"宜"要读成轻声。

父亲说："花生的好处很多，有一样最可贵：它的果实埋在地里，不像桃子、石榴、苹果那样，把鲜红嫩绿的果实高高地挂在枝头上，使人一见就生爱慕之心。你们看它矮矮地长在地上，等到成熟了，也不能立刻分辨出来它有没有果实，必须挖出来才知道。"

▶这里有两处需要注意的地方，第一处是"桃子"的"子"要读成轻声；第二处是"石榴"的"榴"要读成轻声。

我们都说是，母亲也点点头。父亲接下去说："所以你们要像花生，它虽然不好看，可是很有用，不是外表好看而没有实用的东西。"

▶这里有一处需要注意的地方，就是"东西"的"西"要读成轻声。

我说："那么，人要做有用的人，不要做只讲体面，而对别人没有好处的人了。"

▶这一句有一处需要注意的地方，就是"体面"的"面"要读成四声。

二、断句练习

我们家的后园/有半亩空地/，母亲说/："让它荒着/怪可惜的/，你们那么爱吃/花生/，就开辟出来/种花生吧/。"我们姐弟几个/都很高兴，买种/，翻地/，播种/，浇水/，没过几个月/，居然收获了/。

母亲说/："今晚/我们过一个/收获节/，请你们父亲/也来尝尝/我们的新花生/，好不好/？"我们都说好/。母亲/把花生/做成了好几样食品/，还吩咐/就在后园的/茅亭里过这个节/。

晚上/天色不太好/，可是父亲/也来了/，实在/很难得/。

父亲说/："你们/爱吃花生吗/？"

我们争着答应/:"爱/!"

"谁能把/花生的好处/说出来/?"

姐姐说/:"花生的味美/。"

哥哥说/:"花生可以榨油/。"

我说/:"花生的价钱/便宜/,谁都可以/买来吃/,都喜欢吃/。这就是/它的好处/。"

父亲说/:"花生的好处/很多/,有一样/最可贵:它的果实/埋在地里/,不像桃子/、石榴/、苹果那样/,把鲜红嫩绿的/果实/高高地/挂在枝头上/,使人一见/就生/爱慕之心/。你们看它/矮矮地/长在地上/,等到成熟了/,也不能/立刻分辨出来/它有没有/果实/,必须挖出来/才知道/。"

我们都说是/,母亲/也点点头/。

父亲接下去说/:"所以你们/要像花生/,它虽然不好看/,可是/很有用/,不是外表好看/而没有/实用的东西/。"

我说/:"那么/,人要做/有用的人/,不要做/只讲体面/,而对别人/没有好处的人了/。"//

父亲说/:"对/。这是/我对你们的希望/。"

我们/谈到夜深才散/。花生做的食品/都吃完了/,父亲的话/却深深地/印在我的心上/。

三、"文字+拼音"练习

wǒ men jiā de hòu yuán yǒu bàn mǔ kòng dì　mǔ·qīn shuō
我 们 家 的 后 园 有 半 亩 空 地 , 母 亲 说 :

ràng tā huāng zhe guài kě xī de　nǐ men nà me ài chī huā shēng　jiù
" 让 它 荒 着 怪 可 惜 的 , 你 们 那 么 爱 吃 花 生 , 就

kāi pì chū·lái zhòng huā shēng ba　wǒ men jiě dì jǐ gè dōu hěn gāo
开 辟 出 来 种 花 生 吧 。" 我 们 姐 弟 几 个 都 很 高

xìng　mǎi zhǒng　fān dì　bō zhǒng　jiāo shuǐ　méi guò jǐ gè yuè
兴 , 买 种 , 翻 地 , 播 种 , 浇 水 , 没 过 几 个 月 ,

jū rán shōu huò le
居 然 收 获 了 。

母亲说:"今晚我们过一个收获节,请你们父亲也来尝尝我们的新花生,好不好?"我们都说好。母亲把花生做成了好几样食品,还吩咐就在后园的茅亭里过这个节。

晚上天色不太好,可是父亲也来了,实在很难得。

父亲说:"你们爱吃花生吗?"

我们争着答应:"爱!"

"谁能把花生的好处说出来?"

姐姐说:"花生的味美。"

哥哥说:"花生可以榨油。"

我说:"花生的价钱便宜,谁都可以买来吃,都喜欢吃。这就是它的好处。"

父亲说:"花生的好处很多,有一样最可贵:它的果实埋在地里,不像桃子、石榴、苹果那样，把鲜红嫩绿的果实高高地挂在枝头上，使人一见就生爱慕之心。你们看它矮矮地长在地上，等到成熟了，也不能立刻分辨出来它有没有果实，必须挖出来才知道。"

我们都说是，母亲也点点头。

父亲接下去说："所以你们要像花生，它虽然不好看，可是很有用，不是外表好看而没有实用的东西。"

我说："那么，人要做有用的人，不要做只讲体面，而对别人没有好处的人了。" //

父亲说："对。这是我对你们的希望。"

我们谈到夜深才散。花生做的食品都吃完了，父亲的话却深深地印在我的心上。

四、"文字＋拼音＋断句"练习

我们家的后园／有半亩空地／，母亲说／：

"让它荒着/怪可惜的/,你们那么爱吃/花生/,就开辟出来/种花生吧/。"我们姐弟几个/都很高兴/,买种/,翻地/,播种/,浇水/,没过几个月/,居然收获了/。

母亲说/:"今晚/我们过一个/收获节/,请你们父亲/也来尝尝/我们的新花生/,好不好/?"我们都说好/。母亲/把花生/做成了好几样食品/,还吩咐/就在后园的/茅亭里过这个节/。

晚上/天色不太好/,可是父亲/也来了/,实在/很难得/。

父亲说/:"你们/爱吃花生吗/?"

我们争着答应/:"爱/!"

"谁能把/花生的好处/说出来/?"

姐姐说/:"花生的味美/。"

哥哥说/:"花生可以榨油/。"

我说/:"花生的价钱/便宜/,谁都可以/买来吃/,都喜欢吃/。这就是/它的好处/。"

父亲说/:"花生的好处/很多/,有一样/最可贵/:它的果实/埋在地里/,不像桃子/、石榴/、苹果那样/,把鲜红嫩绿的/果实/高高地/挂在枝头上/,使人一见/就生/爱慕之心/。你们看它/矮矮地/长在地上/,等到成熟了/,也不能/立刻分辨出来/它有没有/果实/,必须挖出来/才知道/。"

我们都说是/,母亲/也点点头/。

父亲接下去说/:"所以你们/要像花生/,它虽然不好看/,可是/很有用/,不是外表好看/而没有/实用的东西/。"

我说/:"那么/,人要做/有用的人/,不要做/只讲体面/,而对别人/没有好处的人了/。" //

父亲说/:"对/。这是/我对你们的希望/。"

我们/谈到夜深才散/。花生做的食品/都吃完了/,父亲的话/却深深地/印在我的心上/。

作品 27 号： 麻雀

我打猎归来，沿着花园的林荫路走着。狗跑在我前边。

突然，狗放慢脚步，蹑足潜行，好像嗅到了前边有什么野物。

我顺着林荫路望去，看见了一只嘴边还带黄色、头上生着柔毛的小麻雀。风猛烈地吹打着林荫路上的白桦树，麻雀从巢里跌落下来，呆呆地伏在地上，孤立无援地张开两只羽毛还未丰满的小翅膀。

我的狗慢慢向它靠近。忽然，从附近一棵树上飞下一只黑胸脯的老麻雀，像一颗石子似的落到狗的跟前。老麻雀全身倒竖着羽毛，惊恐万状，发出绝望、凄惨的叫声，接着向露出牙齿、大张着的狗嘴扑去。

老麻雀是猛扑下来救护幼雀的。它用身体掩护着自己的幼儿……但它整个小小的身体因恐怖而战栗着，它小小的声音也变得粗暴嘶哑，它在牺牲自己！

在它看来，狗该是多么庞大的怪物啊！然而，它还是不能站在自己高高的、安全的树枝上……一种比它的理智更强烈的力量，使它从那儿扑下身来。

我的狗站住了，向后退了退……看来，它也感到这种力量。

我赶紧唤住惊慌失措的狗，然后我怀着崇敬的心情，走开了。

是啊，请不要见笑。我崇敬那只小小的、英勇的鸟儿，我崇敬它那种爱的冲动和力量。

爱，我//想，比死和死的恐惧更强大。只有依靠它，依靠这种爱，生命才能维持下去，发展下去。

（节选自［俄］屠格涅夫《麻雀》，巴金译）

一、逐句讲解

我打猎归来，沿着花园的林荫路走着。狗跑在我前边。

▶这里有两处需要注意的地方，第一处是"我打"是两个三声，两个三声连起来，前面的三声要读二声（"狗跑"同理）；第二处是"的"和"着"要读成轻声。

突然，狗放慢脚步，蹑足潜行，好像嗅到了前边有什么野物。

▶这一句有一处需要注意的地方，就是"了"要读成轻声。

我顺着林荫路望去，看见了一只嘴边还带黄色、头上生着柔毛的小麻雀。

▶这一句有一处需要注意的地方，就是"了""着""的"要读成轻声。

风猛烈地吹打着林荫路上的白桦树，麻雀从巢里跌落下来，呆呆地伏在地上，孤立无援地张开两只羽毛还未丰满的小翅膀。

▶这一句有两处需要注意的地方，第一处是"风"后面要断句；第二处是"孤立无援地"后面要断句。

我的狗慢慢向它靠近。忽然，从附近一棵树上飞下一只黑胸脯的老麻雀，像一颗石子似的落到狗的跟前。

▶这一句有两处需要注意的地方，第一处是"胸脯"的"脯"要读成二声；第二处是"跟前"的"前"要读成二声。

老麻雀全身倒竖着羽毛，惊恐万状，发出绝望、凄惨的叫声，接着向露出牙齿、大张着的狗嘴扑去。

▶这一句有一处需要注意的地方，就是"接着"后面要断句。

老麻雀是猛扑下来救护幼雀的。它用身体掩护着自己的幼儿……但它整个小小的身体因恐怖而战栗着，它小小的声音也变得粗暴嘶哑，它在牺牲自己！

▶这里有一处需要注意的地方，就是"小小的身体"后面要断句。

在它看来，狗该是多么庞大的怪物啊！然而它还是不能站在自己高高的、安全的树枝上……一种比它的理智更强烈的力量，使它从那儿扑下身来。

▶这里有两处需要注意的地方，第一处是"怪物啊"中的"啊"要发生语流音变，读成"ya"；第二处是"那儿"的儿化音。

我的狗站住了，向后退了退……看来，它也感到这种力量。

我赶紧唤住惊慌失措的狗，然后我怀着崇敬的心情，走开了。

▶这里有一处需要注意的地方，就是"站住"的"住"要读成四声。

是啊，请不要见笑。我崇敬那只小小的、英勇的鸟儿，我崇敬它那种爱的冲动和力量。

▶这里有一处需要注意的地方，就是"是啊"的"啊"要发生语流音变，读成"ra"。

二、断句练习

我打猎归来／，沿着花园的／林荫路走着／。狗／跑在我前边／。

突然／，狗／放慢脚步／，蹑足潜行／，好像／嗅到了／前边有什么野物／。

我顺着林荫路／望去／，看见了一只／嘴边还带黄色、头上／生着柔毛的／小麻雀／。风／猛烈地／吹打着／林荫路上的／白桦树／，麻雀／从巢里／跌落下来／，呆呆地／伏在地上／，孤立无援地／张开／两只羽毛／还未丰满的／小翅膀／。

我的狗／慢慢向它靠近／。忽然／，从附近一棵树上／飞下一只／黑胸脯的／老麻雀／，像一颗石子似的／落到／狗的跟前。老麻雀／全身倒竖着羽毛／，惊恐万状／，发出绝望／、凄惨的叫声／，接着／向露出牙齿、大张着的／狗嘴／扑去／。

老麻雀／是猛扑下来／救护幼雀的／。它用身体／掩护着／自己的幼儿／……但它整个／小小的／身体／因恐怖／而战栗着／，它小小的声音／也变得／粗暴嘶哑／，它在／牺牲自己／！

在它看来／，狗该是／多么庞大的／怪物啊／！然而／，它还是／不能站在／自己高高的、安全的树枝上／……一种比它的理智／更强烈的／力量／，使它从那儿／扑下身来／。

我的狗／站住了／，向后退了退／……看来／，它也感到了／这种力量／。

我赶紧唤住／惊慌失措的狗／，然后／我怀着／崇敬的心情／，走开了／。

是啊／，请不要见笑。我崇敬／那只小小的、英勇的鸟儿／，我崇敬／它那种／爱的冲动／和力量／。

爱／，我∥想／，比死／和死的恐惧／更强大／。只有依靠它／，依靠这种爱／，生命／才能维持下去／，发展下去／。

三、"文字+拼音"练习

　　　　wǒ dǎ liè guī lái　yán zhe huā yuán de lín yīn lù zǒu zhe　gǒu pǎo
　　　　我打猎归来，沿着花园的林荫路走着。狗跑
zài wǒ qián·biān
在我前边。

　　　　tū rán　gǒu fàng màn jiǎo bù　niè zú qián xíng　hǎo xiàng xiù dào
　　　　突然，狗放慢脚步，蹑足潜行，好像嗅到
le qián·biān yǒu shén me yě wù
了前边有什么野物。

　　　　wǒ shùn zhe lín yīn lù wàng·qù　kàn·jiàn le yì zhī zuǐ biān hái dài
　　　　我顺着林荫路望去，看见了一只嘴边还带
huáng sè　tóu·shàng shēng zhe róu máo de xiǎo má què　fēng měng liè
黄色、头上生着柔毛的小麻雀。风猛烈
de chuī dǎ zhe lín yīn lù·shàng de bái huà shù　má què cóng cháo·lǐ
地吹打着林荫路上的白桦树，麻雀从巢里
diē luò xià·lái　dāi dāi de fú zài dì·shàng　gū lì wú yuán de zhāng
跌落下来，呆呆地伏在地上，孤立无援地张
kāi liǎng zhī yǔ máo hái wèi fēng mǎn de xiǎo chì bǎng
开两只羽毛还未丰满的小翅膀。

　　　　wǒ de gǒu màn màn xiàng tā kào jìn　hū rán　cóng fù jìn yì kē
　　　　我的狗慢慢向它靠近。忽然，从附近一棵
shù·shàng fēi·xià yì zhī hēi xiōng pú de lǎo má què　xiàng yì kē shí zǐ
树上飞下一只黑胸脯的老麻雀，像一颗石子
shì de luò dào gǒu de gēn·qián　lǎo má què quán shēn dào shù zhe yǔ
似的落到狗的跟前。老麻雀全身倒竖着羽
máo　jīng kǒng wàn zhuàng　fā chū jué wàng　qī cǎn de jiào shēng
毛，惊恐万状，发出绝望、凄惨的叫声，
jiē zhe xiàng lòu chū yá chǐ　dà zhāng zhe de gǒu zuǐ pū·qù
接着向露出牙齿、大张着的狗嘴扑去。

　　　　lǎo má què shì měng pū xià·lái jiù hù yòu què de　tā yòng shēn tǐ
　　　　老麻雀是猛扑下来救护幼雀的。它用身体

— 248 —

掩护着自己的幼儿……但它整个小小的身体因恐怖而战栗着,它小小的声音也变得粗暴嘶哑,它在牺牲自己!

在它看来,狗该是多么庞大的怪物啊!然而它还是不能站在自己高高的、安全的树枝上……一种比它的理智更强烈的力量,使它从那儿扑下身来。

我的狗站住了,向后退了退……看来,它也感到了这种力量。

我赶紧唤住惊慌失措的狗,然后我怀着崇敬的心情,走开了。

是啊,请不要见笑。我崇敬那只小小的、英勇的鸟儿,我崇敬它那种爱的冲动和力量。

爱,我//想,比死和死的恐惧更强大。只有依靠它,依靠这种爱,生命才能维持下去,发展下去。

四、"文字+拼音+断句"练习

wǒ dǎ liè guī lái　　yán zhe huā yuán de　lín yīn lù zǒu zhe
我打猎归来/，沿着花园的/林荫路走着/。

gǒu　pǎo zài wǒ qián·biān
狗/跑在我前边/。

　　　　tū rán　　gǒu fàng màn jiǎo bù　　niè zú qián xíng　　hǎo
突然/，狗/放慢脚步/，蹑足潜行/，好

xiàng xiù dào le　qián·biān yǒu shén me yě wù
像/嗅到了/前边有什么野物/。

　　　wǒ shùn zhe lín yīn lù　　wàng·qù　　kàn·jiàn le yì zhī　zuǐ biān
我顺着林荫路/望去/，看见了一只/嘴边

hái dài huáng sè　　tóu·shàng　　shēng zhe róu máo de　xiǎo má què
还带黄色/、头上/生着柔毛的/小麻雀/。

fēng　měng liè de　chuī dǎ zhe　lín yīn lù·shàng de　bái huà shù
风/猛烈地/吹打着/林荫路上的/白桦树/，

má què cóng cháo·lǐ　diē luò xià·lái　　dāi dāi de　fú zài
麻雀/从巢里/跌落下来/，呆呆地/伏在

dì·shàng　　gū lì wú yuán de　zhāng kāi　liǎng zhī yǔ máo　hái wèi
地上/，孤立无援地/张开/两只羽毛/还未

fēng mǎn de　xiǎo chì bǎng
丰满的/小翅膀/。

　　　wǒ de gǒu　màn màn xiàng tā kào jìn　　hū rán　　cóng fù jìn yì
我的狗/慢慢向它靠近/。忽然/，从附近一

kē shù·shàng　fēi·xià yì zhī　hēi xiōng pú de　lǎo má què　　xiàng
棵树上/飞下一只/黑胸脯的/老麻雀/，像

yì kē shí zǐ shì de　luò dào　gǒu de gēn·qián　　lǎo má què　quán
一颗石子似的/落到/狗的跟前/。老麻雀/全

shēn dào shù zhe yǔ máo　　jīng kǒng wàn zhuàng　　fā chū jué
身倒竖着羽毛/，惊恐万状/，发出绝

wàng　　qī cǎn de jiào shēng　　jiē zhe　xiàng lòu chū yá chǐ　dà
望/、凄惨的叫声/，接着/向露出牙齿/、大

张着的/狗嘴/扑去/。

老麻雀/是猛扑下来/救护幼雀的/。它用身体/掩护着/自己的幼儿/……但它整个/小小的/身体/因恐怖/而战栗着/,它小小的声音/也变得/粗暴嘶哑/,它在/牺牲自己/!

在它看来/,狗该是/多么庞大的/怪物啊/!然而/,它还是/不能站在/自己高高的/、安全的树枝上/……一种比它的理智/更强烈的/力量/,使它从那儿/扑下身来/。

我的狗/站住了/,向后退了退/……看来/,它也感到了/这种力量/。

我赶紧唤住/惊慌失措的狗/,然后/我怀着/崇敬的心情/,走开了/。

是啊/,请不要见笑/。我崇敬/那只小小的/、英勇的鸟儿/,我崇敬/它那种/爱的冲动/和力量/。

爱/，我//想/，比死/和死的恐惧/更强大/。只有依靠它/，依靠这种爱/，生命/才能维持下去/，发展下去/。

作品 28 号： 迷途笛音

那年我六岁。离我家仅一箭之遥的小山坡旁，有一个早已被废弃的采石场，双亲从来不准我去那儿，其实那儿风景十分迷人。

一个夏季的下午，我随着一群小伙伴偷偷上那儿去了。就在我们穿越了一条孤寂的小路后，他们却把我一个人留在原地，然后奔向"更危险的地带"了。

等他们走后，我惊慌失措地发现，再也找不到要回家的那条孤寂的小道了。像只无头的苍蝇，我到处乱钻，衣裤上挂满了芒刺。太阳已经落山，而此时此刻，家里一定开始吃晚餐了，双亲正盼着我回家……想着想着，我不由得背靠着一棵树，伤心地呜呜大哭起来……

突然，不远处传来了声声柳笛。我像找到了救星，急忙循声走去。一条小道边的树桩上坐着一位吹笛人，手里还正削着什么。走近细看，他不就是被大家称为"乡巴佬儿"的卡廷吗？

"你好，小家伙儿，"卡廷说，"看天气多美，你是出来散步的吧？"

我怯生生地点点头，答道："我要回家了。"

"请耐心等上几分钟，"卡廷说，"瞧，我正在削一支柳笛，差不多就要做好了，完工后就送给你吧！"

卡廷边削边不时把尚未成形的柳笛放在嘴里试吹一下。没过多久，一支柳笛便递到我手中。我俩在一阵阵清脆悦耳的笛音中，踏上了归途……

当时，我心中只充满感激，而今天，当我自己也成了祖父时，却突然领悟到他用心之良苦！那天当他听到我的哭声时，便判定我一定迷了路，但他并不想在孩子面前扮演"救星"的角色，于是吹响柳笛以便让我能发现他，并跟着他走出困境！就这样，卡廷先生以乡下人的纯朴，保护了一个小男孩儿强烈的自尊。

（节选自唐若水译《迷途笛音》）

一、逐句讲解

　　那年我六岁。离我家/仅一箭之遥的小山坡旁,有一个早已被废弃的采石场,双亲从来不准我去那儿,其实/那儿风景十分迷人。

　　▶这里有一处地方需要注意,就是"其实"后面要断句。

　　一个夏季的下午,我随着一群小伙伴偷偷上那儿去了。就在我们穿越了一条孤寂的小路后,他们却把我一个人留在原地,然后奔向"更危险的地带"了。

　　▶这里有三处地方需要注意,第一处是"伙伴"的"伴"读的时候要带儿化音;第二处是"他们"后面要断句;第三处是"然后"后面要断句。

　　等他们走后,我惊慌失措地发现,再也找不到要回家的那条孤寂的小道了。像只无头的苍蝇,我到处乱钻,衣裤上挂满了芒刺。

　　▶这里有一处地方需要注意,就是每一个"的"都要读成轻声。

　　太阳已经落山,而此时此刻,家里一定开始吃晚餐了,双亲正盼着我回家……想着想着,我不由得背靠着一棵树,伤心地呜呜大哭起来……

　　▶这一句有三处地方需要注意,第一处是"双亲"的后面要断句;第二处是"不由得"的"得"要读成轻声;第三处是"伤心地"后面要断句。

　　突然,不远处传来了声声柳笛。我像找到了救星,急忙循声走去。

　　▶这里有一处地方需要注意,就是"声声"两字均为后鼻音。

　　一条小道边的树桩上坐着一位吹笛人,手里还正削着什么。走近细看,他不就是被大家称为"乡巴佬儿"的卡廷吗?

　　▶这里有两处地方需要注意,第一处是"树桩上"后面要断句;第二处是"乡巴佬儿"的"佬儿"要读成儿化音。

　　"你好,小家伙儿,"卡廷说,"看天气多美,你是出来散步的吧?"

　　▶这一句有两处需要注意的地方,第一处是"小家伙儿"的"伙儿"要读成儿化音;第二处是"吧"要读成轻声。

　　我怯生生地点点头,答道:"我要回家了。"

　　▶这一句有两处地方需要注意,第一处是"点点"是两个三声,两个三声连起来,前面的三声要读二声;第二处是"了"要读成轻声。

"请耐心等上几分钟，"卡廷说，"瞧，我正在削一支柳笛，差不多就要做好了，完工后就送给你吧！"

▶这一句有两处需要注意的地方，第一处是"完工后"后面要断句；第二处是"了"和"吧"都要读成轻声。

卡廷边削边不时把尚未成形的柳笛放在嘴里试吹一下。没过多久，一支柳笛便递到我手中。我俩在一阵阵清脆悦耳的笛音中，踏上了归途……

▶这里有两处需要注意的地方，第一处是"边削"后面要断句；第二处是"我俩"后面要断句。

二、断句练习

那年/我六岁/。离我家/仅一箭之遥的/小山坡旁/，有一个/早已被废弃的/采石场/，双亲/从来不准/我去那儿/，其实/那儿风景/十分迷人/。

一个夏季的下午/，我随着一群小伙伴/偷偷/上那儿去了/。就在我们/穿越了一条/孤寂的小路后/，他们却把我一个人/留在原地/，然后奔向/"更危险的地带"了/。

等他们走后/，我惊慌失措地/发现/，再也找不到/要回家的那条/孤寂的小道了/。像只/无头的苍蝇/，我到处乱钻/，衣裤上挂满了芒刺/。太阳已经落山/，而此时此刻/，家里一定/开始/吃晚餐了/，双亲/正盼着我回家/……想着想着/，我不由得/背靠着/一棵树/，伤心地/呜呜大哭起来/……

突然/，不远处/传来了/声声柳笛/。我像找到了救星/，急忙/循声走去/。一条小道边的/树桩上/坐着一位吹笛人/，手里/还正削着什么/。走近细看/，他不就是/被大家称为/"乡巴佬儿"的/卡廷吗/？

"你好/，小家伙儿/，"卡廷说/，"看天气多美/，你是出来/散步的吧/？"

我怯生生地/点点头/，答道/："我要回家了/。"

"请耐心等上/几分钟/，"卡廷说/，"瞧/，我正在/削一支柳笛/，差不多/就要做好了/，完工后/就送给你吧/！"

卡廷/边削边不时/把尚未成形的柳笛/放在嘴里/试吹一下/。没过多久/，一支柳笛/便递到我手中/。我俩/在一阵阵/清脆悦耳的笛音//中/，踏上了归途/……

　　当时/，我心中/只充满感激/，而今天/，当我自己/也成了祖父时/，却突然领悟到/他用心/之良苦/！那天/当他听到/我的哭声时/，便判定/我一定/迷了路/，但他并不想/在孩子面前/扮演"救星"的角色/，于是/吹响柳笛/以便让我/能发现他/，并跟着他/走出困境/！就这样/，卡廷先生/以乡下人的/纯朴/，保护了/一个小男孩儿/强烈的自尊/。

三、"文字+拼音"练习

　　那年我六岁。离我家仅一箭之遥的小山坡旁，有一个早已被废弃的采石场，双亲从来不准我去那儿，其实那儿风景十分迷人。

　　一个夏季的下午，我随着一群小伙伴偷偷上那儿去了。就在我们穿越了一条孤寂的小路后，他们却把我一个人留在原地，然后奔向"更危险的地带"了。

　　等他们走后，我惊慌失措地发现，再也找·不到要回家的那条孤寂的小道了。像只无头的苍蝇，我到处乱钻，衣裤·上挂满了芒刺。太·阳已·经落山，而此时此刻，家·里一定开始吃晚餐了，双亲正盼着我回家……想着想着，我不由得背靠着一棵树，伤心地呜呜大哭起来……

突然，不远处传来了声声柳笛。我像找到了救星，急忙循声走去。一条小道边的树桩上坐着一位吹笛人，手里还正削着什么。走近细看，他不就是被大家称为"乡巴佬儿"的卡廷吗？

"你好，小家伙儿，"卡廷说，"看天气多美，你是出来散步的吧？"

我怯生生地点点头，答道："我要回家了。"

"请耐心等上几分钟，"卡廷说，"瞧，我正在削一支柳笛，差不多就要做好了，完工后就送给你吧！"

卡廷边削边不时把尚未成形的柳笛放在嘴里试吹一下。没过多久，一支柳笛便递到我手中。我俩在一阵阵清脆悦耳的笛音//中，踏上了归途……

当时，我心中只充满感激，而今天，当我自己也成了祖父时，却突然领悟到他用心之良苦！那天当他听到我的哭声时，便判定我一定迷了路，但他并不想在孩子面前扮演"救星"的角色，于是吹响柳笛以便让我能发现他，并跟着他走出困境！就这样，卡廷先生以乡下人的纯朴，保护了一个小男孩儿强烈的自尊。

四、"文字+拼音+断句" 练习

那年/我六岁/。离我家/仅一箭之遥的/小山坡旁/，有一个/早已被废弃的/采石场/，双亲/从来不准/我去那儿/，其实/那儿风景/十分迷人/。

一个夏季的下午/，我随着一群小伙伴/偷偷/上那儿去了/。就在我们/穿越了一条/孤寂的

— 258 —

小路后/，他们/却把我一个人/留在原地/，然后奔向/"更危险的地带"了/。

等他们走后/，我惊慌失措地/发现/，再也找不到/要回家的那条/孤寂的小道了/。像只/无头的苍蝇/，我到处乱钻/，衣裤上挂满了芒刺/。太阳已经落山/，而此时此刻/，家里一定/开始/吃晚餐了/，双亲/正盼着我回家/……想着想着/，我不由得/背靠着/一棵树/，伤心地/呜呜大哭起来/……

突然/，不远处/传来了/声声柳笛/。我像找到了救星/，急忙/循声走去/。一条小道边的/树桩上/坐着一位吹笛人/，手里/还正削着什么/。走近细看/，他不就是/被大家称为/"乡巴佬儿"的/卡廷吗/？

"你好/，小家伙儿/，"卡廷说/，"看天气多美/，你是出来/散步的吧/？"

我怯生生地/点点头/,答道/:"我要回家了/。"

"请耐心等上/几分钟/,"卡廷说/,"瞧/,我正在/削一支柳笛/,差不多/就要做好了/,完工后/就送给你吧/!"

卡廷/边削边不时/把尚未成形的柳笛/放在嘴里/试吹一下/。没过多久/,一支柳笛/便递到我手中/。我俩/在一阵阵/清脆悦耳的笛音//中/,踏上了归途/……

当时/,我心中/只充满感激/,而今天/,当我自己/也成了祖父时/,却突然领悟到/他用心/之良苦/!那天/当他听到/我的哭声时/,便判定/我一定/迷了路/,但他并不想/在孩子面前/扮演"救星"的角色/,于是/吹响柳笛/以便让我/能发现他/,并跟着他/走出困境/!就这样/,卡廷先生/以乡下人的/纯朴/,保护了/一个小男孩儿/强烈的自尊/。

作品 29 号： 莫高窟

在浩瀚无垠的沙漠里，有一片美丽的绿洲，绿洲里藏着一颗闪光的珍珠。这颗珍珠就是敦煌莫高窟。它坐落在我国甘肃省敦煌市三危山和鸣沙山的怀抱中。

鸣沙山东麓是平均高度为十七米的崖壁。在一千六百多米长的崖壁上，凿有大小洞窟七百余个，形成了规模宏伟的石窟群。其中四百九十二个洞窟中，共有彩色塑像两千一百余尊，各种壁画共四万五千多平方米。莫高窟是我国古代无数艺术匠师留给人类的珍贵文化遗产。

莫高窟的彩塑，每一尊都是一件精美的艺术品。最大的有九层楼那么高，最小的还不如一个手掌大。这些彩塑个性鲜明，神态各异。有慈眉善目的菩萨，有威风凛凛的天王，还有强壮勇猛的力士……

莫高窟壁画的内容丰富多彩，有的是描绘古代劳动人民打猎、捕鱼、耕田、收割的情景，有的是描绘人们奏乐、舞蹈、演杂技的场面，还有的是描绘大自然的美丽风光。其中最引人注目的是飞天。壁画上的飞天，有的臂挎花篮，采摘鲜花；有的反弹琵琶，轻拨银弦；有的倒悬身子，自天而降；有的彩带飘拂，漫天遨游；有的舒展着双臂，翩翩起舞。看着这些精美动人的壁画，就像走进了//灿烂辉煌的艺术殿堂。

莫高窟里还有一个面积不大的洞窟——藏经洞。洞里曾藏有我国古代的各种经卷、文书、帛画、刺绣、铜像等共六万多件。由于清朝政府腐败无能，大量珍贵的文物被外国强盗掠走。仅存的部分经卷，现在陈列于北京故宫等处。

莫高窟是举世闻名的艺术宝库。这里的每一尊彩塑、每一幅壁画、每一件文物，都是中国古代人民智慧的结晶。

（节选自小学《语文》第六册中《莫高窟》）

一、逐句讲解

在浩瀚无垠的沙漠里,有一片美丽的绿洲,绿洲里藏着一颗闪光的珍珠。这颗珍珠就是敦煌莫高窟。它坐落在我国甘肃省敦煌市三危山和鸣沙山的怀抱中。

▶这里有三处需要注意的地方,第一处是"绿洲里"后面要断句;第二处是"这颗珍珠""就是""敦煌"后都要断句;第三处是"敦煌市"后面要断句。

鸣沙山东麓是平均高度为十七米的崖壁。在一千六百多米长的崖壁上,凿有大小洞窟七百余个,形成了规模宏伟的石窟群。

▶这里有两处需要注意的地方,第一处是"东麓"后面要断句;第二处是"七百余个"中的"七百"读的时候要加重语气。

其中四百九十二个洞窟中,共有彩色塑像两千一百余尊,各种壁画共四万五千多平方米。

▶这一句有两处需要注意的地方,第一处是读"两千一百"的时候语气要加重;第二处是"壁画"后面要断句。

莫高窟是我国古代无数艺术匠师留给人类的珍贵文化遗产。

▶这一句有三处需要注意的地方,第一处是"莫高窟"后面要断句;第二处是"匠师"后面要断句;第三处是"珍贵"一词读的时候语气要加重。

莫高窟的彩塑,每一尊都是一件精美的艺术品。最大的有九层楼那么高,最小的还不如一个手掌大。

▶这里有三处需要注意的地方,第一处是"每一尊"读的时候要加重语气,且后面要断句;第二处是"九层楼"读的时候要加重语气;第三处是"最小的"读的时候要加重语气。

这些彩塑个性鲜明,神态各异。有慈眉善目的菩萨,有威风凛凛的天王,还有强壮勇猛的力士……

▶这里有两处需要注意的地方,第一处是"凛凛"是两个三声,两个三声连起来,前面的三声要读二声;第二处是"还有"后面要断句。

莫高窟壁画的内容丰富多彩,有的是描绘古代劳动人民打猎、捕鱼、耕田、收割的情景,有的是描绘人们奏乐、舞蹈、演杂技的场面,还有的是描绘大自然的美丽风光。其中最引人注目的是飞天。

▶这里有两处需要注意的地方,第一处是"的"要读成轻声;第二处是"引人注目的"后面要断句。

壁画上的飞天,有的臂挎花篮,采摘鲜花;有的反弹琵琶,轻拨银弦;有的倒悬身子,自天而降;有的彩带飘拂,漫天遨游;有的舒展着双臂,翩翩起舞。

▶这一句需要注意的地方是五个"有的"的读法,可快可缓,缓慢时需声断气不断。

看着这些精美动人的壁画,就像走进了灿烂辉煌的艺术殿堂。

▶这一句有两处需要注意的地方,第一处是"看着"的"着"要读成轻声;第二处是"这些"的"这"要读成四声。

二、断句练习

在浩瀚无垠的/沙漠里/,有一片/美丽的绿洲/,绿洲里/藏着一颗/闪光的珍珠/。这颗珍珠/就是/敦煌莫高窟/。它坐落在/我国甘肃省/敦煌市/三危山/和鸣沙山的/怀抱中/。

鸣沙山东麓/是平均高度/为十七米的/崖壁/。在一千六百/多米长的/崖壁上/,凿有大小/洞窟七百余个/,形成了/规模宏伟的/石窟群/。其中/四百九十二个/洞窟中/,共有彩色塑像/两千一百余尊/,各种壁画/共四万五千多/平方米/。莫高窟是我国古代/无数艺术匠师/留给人类的/珍贵文化遗产/。

莫高窟的彩塑/,每一尊/都是一件/精美的艺术品/。最大的/有九层楼/那么高/,最小的/还不如一个/手掌大/。这些彩塑/个性鲜明/,神态各异/。有慈眉善目的/菩萨/,有威风凛凛的/天王/,还有强壮勇猛的/力士/……

莫高窟壁画的内容/丰富多彩/,有的是/描绘古代/劳动人民/打猎、捕鱼、耕田、收割的情景/,有的是/描绘人们/奏乐、舞蹈、演杂技的场面/,还有的是/描绘大自然的/美丽风光/。其中/最引人注目的/是飞天/。壁画上的/飞天/,有的/臂挎花篮/,采摘鲜花/;有的/反弹琵琶/,轻拨银弦/;有的/倒悬身子/,自天而降/;有的/彩带飘拂/,漫天遨游/;有的/舒展着双臂/,翩翩起舞/。看着这些/精美动人的壁画/,就像走进了///灿烂辉煌的/艺术殿堂/。

莫高窟里/还有一个/面积不大的/洞窟/——藏经洞/。洞里/曾藏有/我国古代的/各种经卷/、文书/、帛画/、刺绣/、铜像等/共六万多件/。由于清朝政府/腐败无能/,大量珍贵的/文物/被外国强盗/掠走/。仅存的部分/经卷/,现在陈列于/北京/故宫等处/。

莫高窟/是举世闻名的/艺术宝库/。这里的/每一尊彩塑/、每一幅壁画/、每一件文物/,都是/中国古代人民/智慧的结晶/。

三、"文字+拼音"练习

zài hào hàn wú yín de shā mò·lǐ　yǒu yí piàn měi lì de lǜ zhōu
在浩瀚无垠的沙漠里,有一片美丽的绿洲,
lǜ zhōu·lǐ cáng zhe yì kē shǎn guāng de zhēn zhū　zhè kē zhēn zhū jiù
绿洲里藏着一颗闪光的珍珠。这颗珍珠就
shì Dūn huáng Mò gāo kū　tā zuò luò zài wǒ guó Gān sù Shěng Dūn huáng
是敦煌莫高窟。它坐落在我国甘肃省敦煌
Shì Sān wēi Shān hé Míng shā Shān de huái bào zhōng
市三危山和鸣沙山的怀抱中。

Míng shā Shān dōng lù shì píng jūn gāo dù wéi shí qī mǐ de yá bì
鸣沙山东麓是平均高度为十七米的崖壁。
zài yì qiān liù bǎi duō mǐ cháng de yá bì·shàng　záo yǒu dà xiǎo dòng kū
在一千六百多米长的崖壁上,凿有大小洞窟
qī bǎi yú gè　xíng chéng le guī mó hóng wěi de shí kū qún　qí zhōng
七百余个,形成了规模宏伟的石窟群。其中
sì bǎi jiǔ shí èr gè dòng kū zhōng　gòng yǒu cǎi sè sù xiàng liǎng qiān yì
四百九十二个洞窟中,共有彩色塑像两千一
bǎi yú zūn　gè zhǒng bì huà gòng sì wàn wǔ qiān duō píng fāng mǐ　Mò
百余尊,各种壁画共四万五千多平方米。莫
gāo kū shì wǒ guó gǔ dài wú shù yì shù jiàng shī liú gěi rén lèi de zhēn guì
高窟是我国古代无数艺术匠师留给人类的珍贵
wén huà yí chǎn
文化遗产。

莫高窟的彩塑，每一尊都是一件精美的艺术品。最大的有九层楼那么高，最小的还不如一个手掌大。这些彩塑个性鲜明，神态各异。有慈眉善目的菩萨，有威风凛凛的天王，还有强壮勇猛的力士……

莫高窟壁画的内容丰富多彩，有的是描绘古代劳动人民打猎、捕鱼、耕田、收割的情景，有的是描绘人们奏乐、舞蹈、演杂技的场面，还有的是描绘大自然的美丽风光。其中最引人注目的是飞天。壁画上的飞天，有的臂挎花篮，采摘鲜花；有的反弹琵琶，轻拨银弦；有的倒悬身子，自天而降；有的彩带飘拂，漫天遨游；有的舒展着双臂，翩翩起舞。看着这些精美动人的壁画，就像走进了//灿烂辉煌的艺术殿堂。

莫高窟里还有一个面积不大的洞窟——藏经洞。洞里曾藏有我国古代的各种经卷、

wén shū　　bó huà　　cì xiù　　tóng xiàng děng gòng liù wàn duō jiàn
文 书、帛 画、刺 绣、铜 像 等 共 六 万 多 件。

yóu yú Qīng cháo zhèng fǔ fǔ bài wú néng　　dà liàng zhēn guì de wén wù
由 于 清 朝 政 府 腐 败 无 能，大 量 珍 贵 的 文 物

bèi wài guó qiáng dào lüè zǒu　　jǐn cún de bù fēn jīng juàn　　xiàn zài chén
被 外 国 强 盗 掠 走。仅 存 的 部 分 经 卷，现 在 陈

liè yú Běi jīng Gù gōng děng chù
列 于 北 京 故 宫 等 处。

Mò gāo kū shì jǔ shì wén míng de yì shù bǎo kù　　zhè·lǐ de měi yì
莫 高 窟 是 举 世 闻 名 的 艺 术 宝 库。这 里 的 每 一

zūn cǎi sù　　měi yì fú bì huà　　měi yí jiàn wén wù　　dōu shì Zhōng guó
尊 彩 塑、每 一 幅 壁 画、每 一 件 文 物，都 是 中 国

gǔ dài rén mín zhì huì de jié jīng
古 代 人 民 智 慧 的 结 晶。

四、"文字+拼音+断句"练习

　　zài hào hàn wú yín de　　shā mò·lǐ　　yǒu yí piàn　měi lì de lǜ
　　在 浩 瀚 无 垠 的／沙 漠 里／，有 一 片／美 丽 的 绿

zhōu　　lǜ zhōu·lǐ　cáng zhe yì kē　shǎn guāng de zhēn zhū　　zhè
洲／，绿 洲 里／藏 着 一 颗／闪 光 的 珍 珠／。这

kē zhēn zhū　　jiù shì　Dūn huáng Mò gāo kū　　tā zuò luò zài　wǒ guó
颗 珍 珠／就 是／敦 煌 莫 高 窟／。它 坐 落 在／我 国

Gān sù Shěng　Dūn huáng Shì　Sān wēi Shān　hé Míng shā Shān de　huái
甘 肃 省／敦 煌 市／三 危 山／和 鸣 沙 山 的／怀

bào zhōng
抱 中／。

　　Míng shā Shān dōng lù　shì píng jūn gāo dù　wéi shí qī mǐ de　yá
　　鸣 沙 山 东 麓／是 平 均 高 度／为 十 七 米 的／崖

bì　　zài yì qiān liù bǎi　duō mǐ cháng de　yá bì·shàng　　záo yǒu
壁／。在 一 千 六 百／多 米 长 的／崖 壁 上／，凿 有

dà xiǎo　dòng kū qī bǎi yú gè　　xíng chéng le　guī mó hóng wěi de
大 小／洞 窟 七 百 余 个／，形 成 了／规 模 宏 伟 的／

石窟群/。其中/四百九十二个/洞窟中/，共有彩色塑像/两千一百余尊/，各种壁画/共四万五千多/平方米/。莫高窟是我国古代/无数艺术匠师/留给人类的/珍贵文化遗产/。

莫高窟的彩塑/，每一尊/都是一件/精美的艺术品/。最大的/有九层楼/那么高/，最小的/还不如一个/手　掌　大/。这些彩塑/个性鲜明/，神态各异/。有慈眉善目的/菩萨/，有威风凛凛的/天　王/，还有强　壮　勇　猛的/力士/……

莫高窟壁画的内容/丰富多彩/，有的是/描绘古代/劳动人民/打猎/、捕鱼/、耕田/、收割的情景/，有的是/描绘人们/奏乐/、舞蹈/、演杂技的场　面/，还有的是/描绘大自然的/美丽风　光/。其中/最引人注目的/是飞天/。壁画·上的/飞天/，有的/臂挎花篮/，采摘鲜花/；有的/反弹琵琶/，轻拨银弦/；有的/倒悬身子/，自天而降/；有的/彩带飘拂/，漫天遨游/；有的/舒展着双臂/，翩翩起舞/。看着这些/精美动人的壁画/，就像走进了///灿烂辉煌的/艺术殿堂/。

莫高窟里/还有一个/面积不大的/洞窟——藏经洞/。洞里曾藏有/我国古代的/各种经卷/、文书/、帛画/、刺绣/、铜像等/共六万多件/。由于清朝政府/腐败无能/，大量珍贵的/文物/被外国强盗/掠走/。仅存的部分/经卷/，现在陈列于/北京/故宫等处/。

莫高窟/是举世闻名的/艺术宝库/。这里的/每一尊彩塑/、每一幅壁画/、每一件文物/，都是/中国古代人民/智慧的结晶/。

作品 30 号： 牡丹的拒绝

其实你在很久以前并不喜欢牡丹，因为它总被人作为富贵膜拜。后来你目睹了一次牡丹的落花，你相信所有的人都会为之感动：一阵清风徐来，娇艳鲜嫩的盛期牡丹忽然整朵整朵地坠落，铺撒一地绚丽的花瓣。那花瓣落地时依然鲜艳夺目，如同一只奉上祭坛的大鸟脱落的羽毛，低吟着壮烈的悲歌离去。

牡丹没有花谢花败之时，要么烁于枝头，要么归于泥土，它跨越萎顿和衰老，由青春而死亡，由美丽而消遁。它虽美却不吝惜生命，即使告别也要展示给人最后一次的惊心动魄。

所以在这阴冷的四月里，奇迹不会发生。任凭游人扫兴和诅咒，牡丹依然安之若素。它不苟且、不俯就、不妥协、不媚俗，甘愿自己冷落自己。它遵循自己的花期自己的规律，它有权利为自己选择每年一度的盛大节日。它为什么不拒绝寒冷？

天南海北的看花人，依然络绎不绝地涌入洛阳城。人们不会因牡丹的拒绝而拒绝它的美。如果它再被贬谪十次，也许它就会繁衍出十个洛阳牡丹城。

于是你在无言的遗憾中感悟到，富贵与高贵只是一字之差。同人一样，花儿也是有灵性的，更有品位之高低。品位这东西为气为魂为//筋骨为神韵，只可意会。你叹服牡丹卓尔不群之姿，方知品位是多么容易被世人忽略或是漠视的美。

（节选自张抗抗《牡丹的拒绝》）

一、逐句讲解

其实你在很久以前并不喜欢牡丹，因为它总被人作为富贵膜拜。

▶这一句有两处需要注意的地方，第一处是"其实"后面要断句；第二处是"富贵"的"贵"要读成四声。

后来你目睹了一次牡丹的落花，你相信所有的人都会为之感动：一阵清风徐来，娇艳鲜嫩的盛期牡丹忽然整朵整朵地坠落，铺撒一地绚丽的花瓣。

▶这一句有五处需要注意的地方，第一处是"后来"后面要断句；第二处是"所有"一词读的时候语气要加重；第三处是"为之"的"为"要读成二声；第四处是"徐来"的"来"要读成二声；第五处是第一个"整朵"读的时候语气要加重。

那花瓣落地时依然鲜艳夺目，如同一只奉上祭坛的大鸟脱落的羽毛，低吟着壮烈的悲歌离去。

▶这一句有两处需要注意的地方，第一处是"落地时"后面要断句；第二处是"壮烈"读的时候语气要加重。

牡丹没有花谢花败之时，要么烁于枝头，要么归于泥土，它跨越萎顿和衰老，由青春而死亡，由美丽而消遁。

▶这一句有两处需要注意的地方，第一处是"牡丹"后面要断句；第二处是"烁于"的"烁"读四声。

它虽美却不吝惜生命，即使告别也要展示给人最后一次的惊心动魄。

▶这一句有两处需要注意的地方，第一处是"它虽美"后面要断句；第二处是"最后一次"读的时候语气要加重。

所以在这阴冷的四月里，奇迹不会发生。任凭游人扫兴和诅咒，牡丹依然安之若素。

▶这里有两处需要注意的地方，第一处是"所以"后面要断句；第二处是"奇迹"的"迹"要读成四声。

它不苟且、不俯就、不妥协、不媚俗，甘愿自己冷落自己。

▶这一句有一处需要注意的地方，就是"俯就"的"俯"读三声。

它遵循自己的花期自己的规律，它有权利为自己选择每年一度的盛大节日。它为什么不拒绝寒冷？

▶这里有一处需要注意的地方，就是"花期"后面要断句。

天南海北的看花人，依然络绎不绝地涌入洛阳城。人们不会因牡丹的拒绝而拒绝它的美。

▶这里有一处需要注意的地方，就是"的"要读成轻声。

如果它再被贬谪十次，也许它就会繁衍出十个洛阳牡丹城。

▶这一句有两处需要注意的地方，第一处是"如果"后面要断句；第二处是"十个"读的时候语气要加重。

于是你在无言的遗憾中感悟到，富贵与高贵只是一字之差。同人一样，花儿也是有灵性的，更有品位之高低。

▶这里有三处需要注意的地方，第一处是"富贵"的"贵"读成四声；第二处是"差"要读成一声；第三处是"花儿"要读成儿化音。

品位这东西为气为魂为筋骨为神韵，只可意会。

▶这一句有一处需要注意的地方，就是"东西"后面要断句。

二、断句练习

其实/你在很久以前/并不喜欢/牡丹/，因为/它总被人/作为富贵膜拜/。后来/你目睹了一次/牡丹的落花/，你相信/所有的人/都会/为之感动/：一阵清风徐来/，娇艳鲜嫩的/盛期牡丹/忽然/整朵整朵地/坠落/，铺撒一地/绚丽的花瓣/。那花瓣落地时/依然鲜艳夺目/，如同一只/奉上祭坛的大鸟/脱落的羽毛/，低吟着/壮烈的悲歌/离去/。

牡丹/没有花谢/花败之时/，要么/烁于枝头/，要么/归于泥土/，它跨越萎顿/和衰老/，由青春/而死亡/，由美丽/而消遁/。它虽美却不吝惜/生命/，即使告别/也要展示给人/最后一次的/惊心动魄/。

所以/在这阴冷的/四月里/，奇迹不会发生/。任凭游人/扫兴和诅咒/，牡丹/依然安之若素/。它不苟且/、不俯就/、不妥协/、不媚俗/，甘愿自己冷落自己/。它遵循/自己的花期/自己的规律/，它有权利/为自己选择/每年一度的/盛大节日/。它为什么/不拒绝寒冷/？

天南海北的看花人/，依然络绎不绝地/涌入洛阳城/。人们不会因/牡丹的拒绝/而拒绝它的美/。如果它/再被贬谪十次/，也许/它就会繁衍出/十个/洛阳牡丹城/。

于是/你在无言的遗憾中/感悟到/，富贵/与高贵/只是一字之差/。同人一样/，花儿/也是有灵性的/，更有品位/之高低/。品位这东西/为气/为魂/

为//筋骨/为神韵/，只可意会/。你叹服/牡丹卓尔不群/之姿/，方知品位/是多么容易/被世人忽略/或是漠视的美/。

三、"文字+拼音"练习

其实你在很久以前并不喜欢牡丹，因为它总被人作为富贵膜拜。后来你目睹了一次牡丹的落花，你相信所有的人都会为之感动：一阵清风徐来，娇艳鲜嫩的盛期牡丹忽然整朵整朵地坠落，铺撒一地绚丽的花瓣。那花瓣落地时依然鲜艳夺目，如同一只奉上祭坛的大鸟脱落的羽毛，低吟着壮烈的悲歌离去。牡丹没有花谢花败之时，要么烁于枝头，要么归于泥土，它跨越萎顿和衰老，由青春而死亡，由美丽而消遁。它虽美却不吝惜生命，即使告别也要展示给人最后一次的惊心动魄。

所以在这阴冷的四月里，奇迹不会发生。任凭游人扫兴和诅咒，牡丹依然安之若素。它不苟且、不俯就、不妥协、不媚俗，甘愿自己冷落自己。它遵循自己的花期自己的规律，它有权利为自己选择每年一度的盛大节日。它为什么不拒绝寒冷？

天南海北的看花人，依然络绎不绝地涌入洛阳城。人们不会因牡丹的拒绝而拒绝它的美。如果它再被贬谪十次，也许它就会繁衍出十个洛阳牡丹城。

于是你在无言的遗憾中感悟到，富贵与高贵只是一字之差。同人一样，花儿也是有灵性的，更有品位之高低。品位这东西为气为魂为//筋骨为神韵，只可意会。你叹服牡丹卓尔不群之姿，方知品位是多么容易被世人忽略或是漠视的美。

四、"文字+拼音+断句" 练习

其实/你在很久以前/并不喜欢/牡丹/，

因为／它总被人／作为富贵膜拜／。后来／你目睹了一次／牡丹的落花／，你相信／所有的人／都会／为之感动／：一阵清风徐来／，娇艳鲜嫩的／盛期牡丹／忽然／整朵整朵地／坠落／，铺撒一地／绚丽的花瓣／。那花瓣落地时／依然鲜艳夺目／，如同一只／奉上祭坛的大鸟／脱落的羽毛／，低吟着／壮烈的悲歌／离去／。

牡丹／没有花谢／花败之时／，要么／烁于枝头／，要么／归于泥土／，它跨越萎顿／和衰老／，由青春／而死亡／，由美丽／而消遁／。它虽美却不吝惜／生命／，即使告别／也要展示给人／最后一次的／惊心动魄／。

所以／在这阴冷的／四月里／，奇迹不会发生／。任凭游人／扫兴和诅咒／，牡丹／依然安之若素／。它不苟且／、不俯就／、不妥协／、不媚俗／，甘愿自己冷落自己／。它遵循／自己的花期／

自己的规律/，它有权利/为自己选择/每年一度

的/盛大节日/。它为什么/不拒绝寒冷/？

天南海北的看花人/，依然络绎不绝地/涌入

洛阳城/。人们不会因/牡丹的拒绝/而拒绝它

的美/。如果它/再被贬谪十次/，也许/它就会繁

衍出/十个/洛阳牡丹城/。

于是/你在无言的遗憾中/感悟到/，富贵/与

高贵/只是一字之差/。同人一样/，花儿/也是

有灵性的/，更有品位/之高低/。品位这东西/

为气/为魂/为//筋骨/为神韵/，只可意会/。你

叹服/牡丹卓尔不群/之姿/，方知品位/是多

么容易/被世人忽略/或是漠视的美/。

作品 31 号："能吞能吐"的森林

森林涵养水源，保持水土，防止水旱灾害的作用非常大。据专家测算，一片十万亩面积的森林，相当于一个两百万立方米的水库，这正如农谚所说的："山上多栽树，等于修水库。雨多它能吞，雨少它能吐。"

说起森林的功劳，那还多得很。它除了为人类提供木材及许多种生产、生活的原料之外，在维护生态环境方面也是功劳卓著。它用另一种"能吞能吐"的特殊功能孕育了人类。因为地球在形成之初，大气中的二氧化碳含量很高，氧气很少，气温也高，生物是难以生存的。大约在四亿年之前，陆地才产生了森林。森林慢慢将大气中的二氧化碳吸收，同时吐出新鲜氧气，调节气温：这才具备了人类生存的条件，地球上才最终有了人类。

森林，是地球生态系统的主体，是大自然的总调度室，是地球的绿色之肺。森林维护地球生态环境的这种"能吞能吐"的特殊功能是其他任何物体都不能取代的。然而，由于地球上的燃烧物增多，二氧化碳的排放量急剧增加，使得地球生态环境急剧恶化，主要表现为全球气候变暖，水分蒸发加快，改变了气流的循环，使气候变化加剧，从而引发热浪、飓风、暴雨、洪涝及干旱。

为了//使地球的这个"能吞能吐"的绿色之肺能恢复健壮，以改善生态环境，抑制全球变暖，减少水旱等自然灾害，我们应该大力造林、护林，使每一座荒山都绿起来。

（节选自《中考语文课外阅读试题精选》中《"能吞能吐"的森林》）

一、逐句讲解

森林涵养水源，保持水土，防止水旱灾害的作用非常大。

▶这一句有一处需要注意的地方，就是"作用"的"用"要读成轻声。

据专家测算，一片十万亩面积的森林，相当于一个两百万立方米的水库，这正如农谚所说的："山上多栽树，等于修水库。雨多它能吞，雨少它能吐。"

▶这一句有两处需要注意的地方，第一处是"两百万"读的时候语气要加重；第二处是"能吐"的"吐"要读成三声。

说起森林的功劳，那还多得很。它除了为人类提供木材及许多种生产、生活的原料之外，在维护生态环境方面也是功劳卓著。它用另一种"能吞能吐"的特殊功能孕育了人类。

▶这里有一处需要注意的地方，就是"木材"的"材"要读成二声。

因为地球在形成之初，大气中的二氧化碳含量很高，氧气很少，气温也高，生物是难以生存的。

▶这一句有一处需要注意的地方，就是"的"要读成轻声。

大约在四亿年之前，陆地才产生了森林。森林慢慢将大气中的二氧化碳吸收，同时吐出新鲜氧气，调节气温：这才具备了人类生存的条件，地球上才最终有了人类。

▶这里有两处需要注意的地方，第一处是"慢慢"中的两个"慢"都要读成四声；第二处是"条件"的"件"要读成四声。

森林，是地球生态系统的主体，是大自然的总调度室，是地球的绿色之肺。

▶这一句有一处需要注意的地方，就是"主体"是两个三声，两个三声连起来，前面的三声要读二声。

森林维护地球生态环境的这种"能吞能吐"的特殊功能是其他任何物体都不能取代的。

▶这一句有两处需要注意的地方，第一处是"特殊功能"后面要断句；第二处是"的"要读成轻声。

然而，由于地球上的燃烧物增多，二氧化碳的排放量急剧增加，使得地球生态环境急剧恶化，主要表现为全球气候变暖，水分蒸发加快，改变了气流的循环，使气候变化加剧，从而引发热浪、飓风、暴雨、洪涝及干旱。

▶这一句有两处需要注意的地方，第一处是"急剧"读的时候语气要加重；第二处是"主要表现为"后面要断句。

二、断句练习

森林/涵养水源/，保持水土/，防止水旱灾害的作用/非常大/。据专家测算/，一片十万亩面积的/森林/，相当于一个/两百万立方米的/水库/，这正如/农谚所说的/："山上多栽树/，等于修水库/。雨多/它能吞/，雨少/它能吐/。"

说起森林的功劳/，那还多得很/。它除了/为人类提供木材/及许多种生产/、生活的/原料之外/，在维护/生态环境方面/也是功劳卓著/。它用另一种/"能吞能吐"的/特殊功能/孕育了人类/。因为地球/在形成之初/，大气中的/二氧化碳/含量很高/，氧气很少/，气温也高/，生物/是难以生存的/。大约在/四亿年之前/，陆地/才产生了/森林/。森林/慢慢将/大气中的/二氧化碳/吸收/，同时吐出/新鲜氧气/，调节气温：这才具备了/人类生存的/条件/，地球上/才最终/有了人类/。

森林/，是地球生态系统的/主体/，是大自然的/总调度室/，是地球的/绿色之肺/。森林/维护地球生态环境的/这种"能吞能吐"的/特殊功能/是其他任何物体/都不能取代的/。然而/，由于地球上的/燃烧物增多/，二氧化碳的排放量/急剧增加/，使得地球生态环境/急剧恶化/，主要表现为/全球气候变暖/，水分蒸发加快/，改变了/气流的循环/，使气候/变化加剧/，从而引发/热浪/、飓风/、暴雨/、洪涝/及干旱/。

为了//使地球的/这个"能吞能吐"的/绿色之肺/恢复健壮/，以改善/生态环境/，抑制/全球变暖/，减少/水旱等/自然灾害/，我们应该/大力造林/、护林/，使每一座荒山/都绿起来/。

三、"文字+拼音"练习

sēn lín hán yǎng shuǐ yuán　　bǎo chí shuǐ tǔ　　fáng zhǐ shuǐ hàn zāi
森　林　涵　养　水　源，保　持　水　土，防　止　水　旱　灾
hài de zuò yòng fēi cháng dà　　jù zhuān jiā cè suàn　　yí piàn shí wàn mǔ
害　的　作　用　非　常　大。据　专　家　测　算，一　片　十　万　亩
miàn jī de sēn lín　　xiāng dāng yú yí gè liǎng bǎi wàn lì fāng mǐ de shuǐ
面　积　的　森　林，相　当　于　一　个　两　百　万　立　方　米　的　水

库，这正如农谚所说的："山上多栽树，等于修水库。雨多它能吞，雨少它能吐。"

说起森林的功劳，那还多得很。它除了为人类提供木材及许多种生产、生活的原料之外，在维护生态环境方面也是功劳卓著。它用另一种"能吞能吐"的特殊功能孕育了人类。因为地球在形成之初，大气中的二氧化碳含量很高，氧气很少，气温也高，生物是难以生存的。大约在四亿年之前，陆地才产生了森林。森林慢慢将大气中的二氧化碳吸收，同时吐出新鲜氧气，调节气温；这才具备了人类生存的条件，地球上才最终有了人类。

森林，是地球生态系统的主体，是大自然的总调度室，是地球的绿色之肺。森林维护地球生态环境的这种"能吞能吐"的特殊功能是其他任何物体都不能取代的。然而，由于地球上的燃烧物增多，二氧化碳的排放量急剧增加，使得地球生态环境急剧恶化，主要表现为全球气候变暖，水分蒸发加快，改变了气流的循环，使气候变化加剧，从而引发热浪、飓风、暴雨、洪涝及干旱。

为了//使地球的这个"能吞能吐"的绿色之肺恢复健壮，以改善生态环境，抑制全球变暖，减少水旱等自然灾害，我们应该大力造林、护林使每一座荒山都绿起来。

四、"文字+拼音+断句"练习

森林/涵养水源/，保持水土/，防止水旱灾害的作用/非常大/。据专家测算/，一片十万亩面积的/森林/，相当于一个/两百万立方米的/水库/，这正如/农谚所说的/："山上多栽树/，等于修水库/。雨多/它能吞/，雨少/它能吐/。"

说起森林的功劳/，那还多得很/。它除了/为人类提供木材/及许多种生产/、生活的/原料之外/，在维护/生态环境方面/也是功劳卓著/。它用另一种/"能吞能吐"的/特殊功能/孕育了人类/。因为地球/在形成之初/，大气中的/二氧化碳/含量很高/，氧气很少/，气温也高/，生物是/难以生存的/。大约在/四亿年之前/，陆地/才产生了/森林/。森林/慢慢将/大气中的/二氧化碳/吸收/，同时吐出/新鲜氧气/，调节气温/；这才具备了/人类生存的/条件/，地球上/才最终/有了人类/。

森林/，是地球生态系统的/主体/，是大自然的/总调度室/，是地球的/绿色之肺/。森林/维护地球生态环境的/这种/"能吞能吐"的/特殊功能/是其他任何物体/都不能取代的/。然而/,由于地球上的/燃烧物增多/,二氧化碳的排放量/急剧增加/,使得地球生态环境/急剧恶化/,主要表现为/全球气候变暖/,水分蒸发加快/,改变了/气流的循环/,使气候/变化加剧/,从而引发/热浪/、飓风/、暴雨/、洪涝/及干旱/。

　　为了//使地球的/这个"能吞能吐"的/绿色之肺/恢复健壮/,以改善/生态环境/,抑制/全球变暖/,减少/水旱等/自然灾害/,我们应该大力造林/、护林/,使每一座荒山/都绿起来/。

作品 32 号： 朋友和其他

朋友即将远行。

暮春时节，又邀了几位朋友在家小聚。虽然都是极熟的朋友，却是终年难得一见，偶尔电话里相遇，也无非是几句寻常话。一锅小米稀饭，一碟大头菜，一盘自家酿制的泡菜，一只巷口买回的烤鸭，简简单单，不像请客，倒像家人团聚。

其实，友情也好，爱情也好，久而久之都会转化为亲情。

说也奇怪，和新朋友会谈文学、谈哲学、谈人生道理等等，和老朋友却只话家常，柴米油盐，细细碎碎，种种琐事。很多时候，心灵的契合已经不需要太多的言语来表达。

朋友新烫了个头，不敢回家见母亲，恐怕惊骇了老人家，却欢天喜地来见我们，老朋友颇能以一种趣味性的眼光欣赏这个改变。

年少的时候，我们差不多都在为别人而活，为苦口婆心的父母活，为循循善诱的师长活，为许多观念、许多传统的约束力而活。年岁逐增，渐渐挣脱外在的限制与束缚，开始懂得为自己活，照自己的方式做一些自己喜欢的事，不在乎别人的批评意见，不在乎别人的诋毁流言，只在乎那一份随心所欲的舒坦自然。偶尔，也能够纵容自己放浪一下，并且有一种恶作剧的窃喜。

就让生命顺其自然，水到渠成吧，犹如窗前的//乌桕，自生自落之间，自有一份圆融丰满的喜悦。春雨轻轻落着，没有诗，没有酒，有的只是一份相知相属的自在自得。

夜色在笑语中渐渐沉落，朋友起身告辞，没有挽留，没有送别，甚至也没有问归期。

已经过了大喜大悲的岁月，已经过了伤感流泪的年华，知道了聚散原来是这样的自然和顺理成章，懂得这点，便懂得珍惜每一次相聚的温馨，离别便也欢喜。

(节选自杏林子《朋友和其他》)

一、逐句讲解

朋友即将远行。

▶这一句有一处需要注意的地方，就是"即将"的"即"要读成二声。

暮春时节，又邀了几位朋友在家小聚。虽然都是极熟的朋友，却是终年难得一见，偶尔电话里相遇，也无非是几句寻常话。

▶这里有两处需要注意的地方，第一处是"朋友"的"友"要读成轻声；第二处是"终年"一词读的时候语气要加重。

一锅小米稀饭，一碟大头菜，一盘自家酿制的泡菜，一只巷口买回的烤鸭，简简单单，不像请客，倒像家人团聚。

▶这一句有两处需要注意的地方，第一处是"简简单单"中的"简简"是两个三声，两个三声连起来，前面的三声要读二声；第二处是"不像"的"不"要读成二声。

其实，友情也好，爱情也好，久而久之都会转化为亲情。

▶这一句有一处需要注意的地方，就是"也好"是两个三声，两个三声连起来，前面的三声要读二声。

说也奇怪，和新朋友会谈文学、谈哲学、谈人生道理等等，和老朋友却只话家常，柴米油盐，细细碎碎，种种琐事。

▶这一句有一处需要注意的地方，就是"种种"是两个三声，两个三声连起来，前面的三声要读二声。

很多时候，心灵的契合已经不需要太多的言语来表达。

▶这一句有一处需要注意的地方，就是"时候"的"候"要读成轻声。

朋友新烫了个头，不敢回家见母亲，恐怕惊骇了老人家，却欢天喜地来见我们，老朋友颇能以一种趣味性的眼光欣赏这个改变。

▶这一句有一处需要注意的地方，就是句中的"的""了"都要读成

— 284 —

轻声。

年少的时候，我们差不多都在为别人而活，为苦口婆心的父母活，为循循善诱的师长活，为许多观念、许多传统的约束力而活。

▶这一句有一处需要注意的地方，就是"别人"的"人"要读成二声。

年岁逐增，渐渐挣脱外在的限制与束缚，开始懂得为自己活，照自己的方式做一些自己喜欢的事，不在乎别人的批评意见，不在乎别人的诋毁流言，只在乎那一份随心所欲的舒坦自然。

▶这一句有两处需要注意的地方，第一处是"懂得"的"得"要读成二声；第二处是"舒坦"的"坦"要读成轻声。

偶尔，也能够纵容自己放浪一下，并且有一种恶作剧的窃喜。

▶这一句有两处需要注意的地方，第一处是"一下"的"一"要读成二声；第二处是"一种"的"一"要读成四声。

就让生命顺其自然，水到渠成吧，犹如窗前的乌桕，自生自落之间，自有一份圆融丰满的喜悦。

▶这一句有一处需要注意的地方，就是"吧"要读成轻声。

二、断句练习

朋友即将远行/。

暮春时节/，又邀了/几位朋友/在家小聚/。虽然都是/极熟的/朋友/，却是/终年难得一见/，偶尔/电话里相遇/，也无非是/几句寻常话/。一锅小米稀饭/，一碟大头菜/，一盘自家酿制的泡菜/，一只巷口/买回的烤鸭/，简简单单/，不像请客/，倒像/家人团聚/。

其实/，友情也好/，爱情也好/，久而久之/都会转化为亲情/。

说也奇怪/，和新朋友/会谈文学/、谈哲学/、谈人生道理等等/，和老朋友/却只话家常/，柴米油盐/，细细碎碎/，种种琐事/。很多时候/，心灵的契合/已经不需要太多的/言语来表达/。

朋友/新烫了个头/，不敢回家/见母亲/，恐怕惊骇了/老人家/，却欢天喜地/来见我们/，老朋友/颇能以一种/趣味性的眼光/欣赏这个改变/。

年少的时候/，我们差不多/都在/为别人而活/，为苦口婆心的父母活/，为循循善诱的/师长活/，为许多观念/、许多传统的/约束力而活/。年岁逐增/，渐渐挣脱/外在的限制/与束缚/，开始懂得/为自己活/，照自己的方式/做一些/自己喜欢的事/，不在乎/别人的/批评意见/，不在乎/别人的/诋毁流言/，只在乎/那一份/随心所欲的/舒坦自然/。偶尔/，也能够/纵容自己/放浪一下/，并且有一种/恶作剧的窃喜/。

就让生命/顺其自然/，水到渠成吧/，犹如窗前的///乌桕/，自生自落之间/，自有一份/圆融丰满的/喜悦/。春雨轻轻落着/，没有诗/，没有酒/，有的只是一份/相知相属的/自在自得/。

夜色/在笑语中/渐渐沉落/，朋友/起身告辞/，没有挽留/，没有送别/，甚至/也没有/问归期/。

已经过了/大喜大悲的/岁月/，已经过了/伤感流泪的/年华/，知道了/聚散/原来是这样的/自然/和顺理成章/，懂得这点/，便懂得/珍惜每一次/相聚的温馨/，离别/便也欢喜/。

三、"文字+拼音"练习

péng you jí jiāng yuǎn xíng
朋友即将远行。

mù chūn shí jié yòu yāo le jǐ wèi péng you zài jiā xiǎo jù suī rán
暮春时节，又邀了几位朋友在家小聚。虽然
dōu shì jí shú de péng you què shì zhōng nián nán dé yí jiàn ǒu ěr
都是极熟的朋友，却是终年难得一见，偶尔
diàn huà·lǐ xiāng yù yě wú fēi shì jǐ jù xún cháng huà yì guō xiǎo
电话里相遇，也无非是几句寻常话。一锅小
mǐ xī fàn yì dié dà tóu cài yì pán zì jiā niàng zhì de pào cài yì
米稀饭，一碟大头菜，一盘自家酿制的泡菜，一
zhī xiàng kǒu mǎi huí de kǎo yā jiǎn jiǎn dān dān bú xiàng qǐng kè
只巷口买回的烤鸭，简简单单，不像请客，
dǎo xiàng jiā rén tuán jù
倒像家人团聚。

qí shí yǒu qíng yě hǎo ài qíng yě hǎo jiǔ ér jiǔ zhī dōu huì
其实，友情也好，爱情也好，久而久之都会

转化为亲情。

说也奇怪，和新朋友会谈文学、谈哲学、谈人生道理等等，和老朋友却只话家常，柴米油盐，细细碎碎，种种琐事。很多时候，心灵的契合已经不需要太多的言语来表达。

朋友新烫了个头，不敢回家见母亲，恐怕惊骇了老人家，却欢天喜地来见我们，老朋友颇能以一种趣味性的眼光欣赏这个改变。

年少的时候，我们差不多都在为别人而活，为苦口婆心的父母活，为循循善诱的师长活，为许多观念、许多传统的约束力而活。年岁逐增，渐渐挣脱外在的限制与束缚，开始懂得为自己活，照自己的方式做一些自己喜欢的事，不在乎别人的批评意见，不在乎别人的诋毁流言，只在乎那一份随心所欲的舒坦自然。偶尔，也能够纵容自己放浪一下，并且有一种恶作剧的窃喜。

就让生命顺其自然，水到渠成吧，犹如窗前的//乌桕，自生自落之间，自有一份圆融丰满的喜悦。春雨轻轻落着，没有诗，没有酒，有的只是一份相知相属的自在自得。

夜色在笑语中渐渐沉落，朋友起身告辞，没有挽留，没有送别，甚至也没有问归期。

已经过了大喜大悲的岁月，已经过了伤感流泪的年华，知道了聚散原来是这样的自然和顺理成章，懂得这点，便懂得珍惜每一次相聚的温馨，离别便也欢喜。

四、"文字＋拼音＋断句"练习

朋友即将远行/。

暮春时节/，又邀了/几位朋友/在家小聚/。

— 288 —

虽然都是/极熟的/朋友/，却是/终年难得一见/，偶尔/电话里相遇/，也无非是/几句寻常话/。一锅小米稀饭/，一碟大头菜/，一盘自家酿制的泡菜/，一只巷口/买回的烤鸭/，简简单单/，不像请客/，倒像/家人团聚/。

其实/，友情也好/，爱情也好/，久而久之/都会转化为亲情/。

说也奇怪/，和新朋友/会谈文学/、谈哲学/、谈人生道理等等/，和老朋友/却只话家常/，柴米油盐/，细细碎碎/，种种琐事/。很多时候/，心灵的契合/已经不需要太多的/言语来表达/。

朋友/新烫了个头/，不敢回家/见母亲/，恐怕惊骇了/老人家/，却欢天喜地/来见我们/，老朋友/颇能以一种/趣味性的眼光/欣赏这个改变/。

年少的时候，我们差不多/都在/为别人而活/，为苦口婆心的父母活/，为循循善诱的/师长活/，为许多观念/、许多传统的/约束力而活/。年岁逐增/，渐渐挣脱/外在的限制/与束缚/，开始懂得/为自己活/，照自己的方式/做一些/自己喜欢的事/，不在乎/别人的/批评意见/，不在乎/别人的/诋毁流言/，只在乎/那一份/随心所欲的/舒坦自然/。偶尔/，也能够/纵容自己/放浪一下/，并且有一种/恶作剧的窃喜/。

就让生命/顺其自然/，水到渠成吧/，犹如窗前的///乌桕/，自生自落之间/，自有一份/圆融丰满的/喜悦/。春雨轻轻落着/，没有诗/，没有酒/，有的只是一份/相知相属的/自在自得/。

夜色/在笑语中/渐渐沉落/，朋友/起身

告辞/，没有挽留/，没有送别/，甚至/也没有/问归期/。

已经过了/大喜大悲的/岁月/，已经过了/伤感流泪的/年华/，知道了/聚散/原来是这样的/自然/和顺理成章/，懂得这点/，便懂得/珍惜每一次/相聚的温馨/，离别/便也欢喜/。

作品33号： 散步

我们在田野散步：我，我的母亲，我的妻子和儿子。

母亲本不愿出来的。她老了，身体不好，走远一点儿就觉得很累。我说，正因为如此，才应该多走走。母亲信服地点点头，便去拿外套。她现在很听我的话，就像我小时候很听她的话一样。

这南方初春的田野，大块小块的新绿随意地铺着，有的浓，有的淡，树上的嫩芽也密了，田里的冬水也咕咕地起着水泡。这一切都使人想着一样东西——生命。

我和母亲走在前面，我的妻子和儿子走在后面。小家伙突然叫起来："前面是妈妈和儿子，后面也是妈妈和儿子。"我们都笑了。

后来发生了分歧：母亲要走大路，大路平顺；我的儿子要走小路，小路有意思。不过，一切都取决于我。我的母亲老了，她早已习惯听从她强壮的儿子；我的儿子还小，他还习惯听从他高大的父亲；妻子呢，在外面，她总是听我的。一霎时我感到了责任的重大。我想找一个两全的办法，找不出；我想拆散一家人，分成两路，各得其所，终不愿意。我决定委屈儿子，因为我伴同他的时日还长。我说："走大路。"

但是母亲摸摸孙儿的小脑瓜儿，变了主意："还是走小路吧。"她的眼随小路望去：那里有金色的菜花，两行整齐的桑树，//尽头一口水波粼粼的鱼塘。"我走不过去的地方，你就背着我。"母亲对我说。

这样，我们在阳光下，向着那菜花、桑树和鱼塘走去。到了一处，我蹲下来，背起了母亲；妻子也蹲下来，背起了儿子。我和妻子都是慢慢地，稳稳地，走得很仔细，好像我背上的同她背上的加起来，就是整个世界。

（节选自莫怀戚《散步》）

一、逐句讲解

我们在田野散步：我，我的母亲，我的妻子和儿子。

▶这一句有一处需要注意的地方，就是"我们"的"们"，两个"的"和"儿子"的"子"都要读成轻声。

母亲本不愿出来的。她老了，身体不好，走远一点儿就觉得很累。

▶这里有两处需要注意的地方，第一处是"的""了""得"都要读成轻声；第二处是"一点儿"的儿化音。

我说，正因为如此，才应该多走走。母亲信服地点点头，便去拿外套。

▶这里有三处需要注意的地方，第一处是"因为"的"为"要读成四声；第二处是"走走"是两个三声，两个三声连起来，前面的三声要读二声，同时第二个"走"要读轻声；第三处是"点点"是两个三声，两个三声连起来，前面的三声要读二声。

她现在很听我的话，就像我小时候很听她的话一样。

▶这一句有一处需要注意的地方，就是"小时候"的"候"要读成轻声。

这南方初春的田野，大块小块的新绿随意地铺着，有的浓，有的淡，树上的嫩芽也密了，田里的冬水也咕咕地起着水泡。这一切都使人想着一样东西——生命。

▶这里有一处需要注意的地方，就是句中的"的"和"起着"的"着"以及"东西"的"西"都要读成轻声。

我和母亲走在前面，我的妻子和儿子走在后面。小家伙突然叫起来："前面是妈妈和儿子，后面也是妈妈和儿子。"我们都笑了。

▶这里有两处需要注意的地方，第一处是"前面""后面"中的"面"，"妈妈"中第二个"妈"，"儿子"的"子"，以及"笑了"的"了"都要读成轻声；第二处是"小家伙"的"伙"读的时候要有儿化音。

后来发生了分歧：母亲要走大路，大路平顺；我的儿子要走小路，小路有意思。不过，一切都取决于我。

▶这里有三处需要注意的地方，第一处是"分歧"的"歧"要读成轻声；第二处是"意思"的"思"要读成轻声；第三处是"一切"的"一"要读成二声。

我的母亲老了，她早已习惯听从她强壮的儿子；我的儿子还小，他还习惯听从他高大的父亲；妻子呢，在外面，她总是听我的。

▶这一句有一处需要注意的地方，就是句中的"了""的""子""呢"都要读成轻声。

一霎时我感到了责任的重大。我想找一个两全的办法，找不出；我想拆散一家人，分成两路，各得其所，终不愿意。

▶这里有两处需要注意的地方，第一处是"重大"的"大"要读成四声；第二处是"愿意"的"意"要读成轻声。

我决定委屈儿子，因为我伴同他的时日还长。我说："走大路。"

▶这里有一处需要注意的地方，就是"因为"的"为"要读成四声。

但是母亲摸摸孙儿的小脑瓜儿，变了主意："还是走小路吧。"

▶这一句有三处需要注意的地方，第一处是"小脑瓜儿"的儿化音；第二处是"主意"的"主"要读成二声；第三处是"摸摸"的第二个"摸"，"变了"的"了"还有"吧"都要读成轻声。

她的眼随小路望去：那里有金色的菜花，两行整齐的桑树，尽头一口水波粼粼的鱼塘。

▶这一句有一处需要注意的地方，就是"望去"的"去"要读成四声。

二、断句练习

我们在田野散步/：我/，我的母亲/，我的妻子/和儿子/。

母亲/本不愿/出来的/。她老了/，身体不好/，走远一点儿/就觉得很累/。我说/，正因为如此/，才应该/多走走/。母亲信服地/点点头/，便去拿外套/。她现在/很听我的话/，就像我小时候/很听她的话/一样/。

这南方初春的田野/，大块小块的新绿/随意地铺着/，有的浓/，有的淡/，树上的嫩芽/也密了/，田里的冬水/也咕咕地/起着水泡/。这一切/都使人/想着一样东西/——生命/。

我和母亲/走在前面/，我的妻子/和儿子/走在后面/。小家伙/突然叫起来/:"前面是/妈妈和儿子/,后面/也是/妈妈和儿子/。"我们都笑了/。

后来/发生了分歧/:母亲要走大路/,大路平顺/;我的儿子/要走小路/,小路有意思/。不过/,一切/都取决于我/。我的母亲/老了/,她早已习惯/听从她/强壮的/儿子/;我的儿子还小/,他还习惯听从/他高大的父亲/;妻子呢/,在外面/,她总是/听我的/。一霎时/我感到了/责任的重大/。我想/找一个两全的/办法/,找不出/;我想/拆散一家人/,分成两路/,各得其所/,终不愿意/。我决定/委屈儿子/,因为/我伴同他的/时日还长/。我说/:"走大路/。"

但是/母亲摸摸孙儿的/小脑瓜儿/,变了主意/:"还是走小路吧/。"她的眼/随小路望去/:那里有/金色的菜花/,两行整齐的桑树/,//尽头一口/水波粼粼的/鱼塘/。"我走不过去的/地方/,你就背着我/。"母亲/对我说/。

这样/,我们在阳光下/,向着那菜花/、桑树/和鱼塘/走去/。到了一处/,我蹲下来/,背起了母亲/;妻子也蹲下来/,背起了儿子/。我和妻子/都是慢慢地/,稳稳地/,走得很仔细/,好像/我背上的/同她背上的/加起来/,就是整个世界/。

三、"文字+拼音" 练习

　　wǒ men zài tián yě sǎn bù　　wǒ　　wǒ de mǔ·qīn　　wǒ de qī·zǐ
　　我 们 在 田 野 散 步：我， 我 的 母 亲， 我 的 妻 子
hé ér zi
和 儿 子。

　　mǔ·qīn běn bú yuàn chū·lái de　　tā lǎo le　　shēn tǐ bù hǎo
　　母 亲 本 不 愿 出 来 的。她 老 了， 身 体 不 好，
zǒu yuǎn yì diǎnr　　jiù jué·dé hěn lèi　　wǒ shuō　　zhèng yīn·wèi rú
走 远 一 点 儿 就 觉 得 很 累。我 说， 正 因 为 如
cǐ　　cái yīng gāi duō zǒu zou　　mǔ·qīn xìn fú de diǎn diǎn tóu　　biàn qù
此， 才 应 该 多 走 走。母 亲 信 服 地 点 点 头， 便 去
ná wài tào　　tā xiàn zài hěn tīng wǒ de huà　　jiù xiàng wǒ xiǎo shí hou hěn
拿 外 套。她 现 在 很 听 我 的 话， 就 像 我 小 时 候 很
tīng tā de huà yí yàng
听 她 的 话 一 样 。

这南方初春的田野，大块小块的新绿随意地铺着，有的浓，有的淡，树上的嫩芽也密了，田里的冬水也咕咕地起着水泡。这一切都使人想着一样东西——生命。

我和母亲走在前面，我的妻子和儿子走在后面。小家伙突然叫起来："前面是妈妈和儿子，后面也是妈妈和儿子。"我们都笑了。

后来发生了分歧：母亲要走大路，大路平顺；我的儿子要走小路，小路有意思。不过，一切都取决于我。我的母亲老了，她早已习惯听从她强壮的儿子；我的儿子还小，他还习惯听从他高大的父亲；妻子呢，在外面，她总是听我的。一霎时我感到了责任的重大。我想找一个两全的办法，找不出；我想拆散一家人，分成两路，各得其所，终不愿意。我决定委屈儿子，因为我伴同他的时日还长。我说：" 走大路。"

但是母亲摸摸孙儿的小脑瓜儿，变了主意：

"还是走小路吧。"她的眼随小路望去：那里

有金色的菜花，两行整齐的桑树，//尽头一

口水波粼粼的鱼塘。"我走不过去的地方，你就

背着我。"母亲对我说。

这样，我们在阳光下，向着那菜花、

桑树和鱼塘走去。到了一处，我蹲下来，背起

了母亲；妻子也蹲下来，背起了儿子。我和

妻子都是慢慢地，稳稳地，走得很仔细，好

像我背上的同她背上的加起来，就是整

个世界。

四、"文字+拼音+断句"练习

我们在田野散步／：我／，我的母亲／，我的

妻子／和儿子／。

母亲／本不愿／出来的／。她老了／，身体不

好／，走远一点儿／就觉得很累／。我说／，正因为如此／，才应该／多走走／。母亲信服地／点点头／，便去拿外套／。她现在／很听我的话／，就像我小时候／很听她的话／一样／。

这南方初春的田野／，大块小块的新绿／随意地铺着／，有的浓／，有的淡／，树上的嫩芽／也密了／，田里的冬水／也咕咕地／起着水泡／。这一切／都使人／想着一样东西——生命／。

我和母亲／走在前面／，我的妻子／和儿子／走在后面／。小家伙／突然叫起来：“前面是／妈妈和儿子／，后面／也是／妈妈和儿子／。”我们都笑了／。

后来／发生了分歧／：母亲要走大路／，大路平顺；我的儿子／要走小路／，小路有意思／。不过／，一切／都取决于我／。我的母亲／老了／；她早已习惯/听从她/强壮的/儿子/；我的儿子还小/，他还习惯听从/他高大的父亲/；妻子呢/，在外面/，她总是/听我的/。一霎时/我感到了/责任的重大/。我想/找一个两全的/办法/，找不出/；我想/拆散一家人/，分成两路/，各得其所/，终不愿意/。我决定/委屈儿子/，因为/我伴同他的/时日还长/。我说/：“走大路/。”

但是/母亲摸摸孙儿的/小脑瓜儿/，变了主意/：“还是走小路吧/。”她的眼/随小路望去/：那里有/金色的菜花/，两行整齐的桑树/，//尽头一口/水波粼粼的/鱼塘/。"我走不过 去的/地方/，你就背着我/。"母亲/对我说/。

这样/，我们在阳光下/，向着那菜花/、桑树/和鱼塘/走去/。到了一处/，我蹲下来/,背起了母亲/;妻子也蹲下来/,背起了儿子/。我和妻子/都是慢慢地/,稳稳地/,走得很仔细/,好像/我背上的/同她背上的/加起来/,就是整个世界/。

作品34号: 神秘的 "无底洞"

  地球上是否真的存在"无底洞"? 按说地球是圆的, 由地壳、地幔和地核三层组成, 真正的"无底洞"是不应存在的, 我们所看到的各种山洞、裂口、裂缝, 甚至火山口也都只是地壳浅部的一种现象。然而中国一些古籍却多次提到海外有个深奥莫测的无底洞。事实上地球上确实有这样一个"无底洞"。

  它位于希腊亚各斯古城的海滨。由于濒临大海, 大涨潮时, 汹涌的海水便会排山倒海般地涌入洞中, 形成一股湍湍的急流。据测, 每天流入洞内的海水量达三万多吨。奇怪的是, 如此大量的海水灌入洞中, 却从来没有把洞灌满。曾有人怀疑, 这个"无底洞", 会不会就像石灰岩地区的漏斗、竖井、落水洞一类的地形。然而从二十世纪三十年代以来, 人们就做了多种努力企图寻找它的出口, 却都是枉费心机。

  为了揭开这个秘密, 一九五八年美国地理学会派出一支考察队, 他们把一种经久不变的带色染料溶解在海水中, 观察染料是如何随着海水一起沉下去。接着又察看了附近海面以及岛上的各条河、湖, 满怀希望地寻找这种带颜色的水, 结果令人失望。难道是海水量太大把有色水稀释得太淡, 以致无法发现?

  至今谁也不知道为什么这里的海水会没完没了地"漏"下去, 这个"无底洞"的出口又在哪里, 每天大量的海水究竟都流到哪里去了?

(节选自 [美] 罗伯特·罗威尔《神秘的"无底洞"》)

一、逐句讲解

地球上是否真的存在"无底洞"?

▶这一句有一处需要注意的地方, 就是"上"要读成四声。

按说地球是圆的, 由地壳、地幔和地核三层组成, 真正的"无底洞"是不应存在的，我们所看到的各种山洞、裂口、裂缝，甚至火山口也都只是地壳浅部的一种现象。

▶这一句有三处需要注意的地方，第一处是"地壳"的"壳"要读"qiào"；第二处是"不应"的"不"要读成四声，"应"要读成一声；第三处是"一种"的"一"要读成四声。

然而中国一些古籍却多次提到海外有个深奥莫测的无底洞。事实上地球上确实有这样一个"无底洞"。

▶这里有两处需要注意的地方，第一处是"一些"的"一"要读成四声；第二处是"一个"的"一"要读成二声。

它位于希腊亚各斯古城的海滨。由于濒临大海，大涨潮时，汹涌的海水便会排山倒海般地涌入洞中，形成一股湍湍的急流。

▶这里有两处需要注意的地方，第一处是"海滨"的"滨"要读成一声；第二处是"洞中"的"中"要读成一声。

据测，每天流入洞内的海水量达三万多吨。奇怪的是，如此大量的海水灌入洞中，却从来没有把洞灌满。

▶这里有两处需要注意的地方，第一处是句中的"的"要读成轻声；第二处是"洞中"的"中"要读成一声。

曾有人怀疑，这个"无底洞"，会不会就像石灰岩地区的漏斗、竖井、落水洞一类的地形。

▶这一句有两处需要注意的地方，第一处是"会不会"的"不"要读成二声；第二处是"的"要读成轻声。

然而从二十世纪三十年代以来，人们就做了多种努力企图寻找它的出口，却都是枉费心机。

▶这一句有两处需要注意的地方，第一处是"努力"后面要断句；第二处是"们""了""的"都要读成轻声。

为了揭开这个秘密，一九五八年美国地理学会派出一支考察队，他们把一种经久不变的带色染料溶解在海水中，观察染料是如何随着海水一起沉下去。

▶这一句有四处需要注意的地方，第一处是"为了"的"为"要读成四声；第二处是"一种"的"一"要读成四声，"种"要读成三声；第三处是"中"要读成一声；第四处是"海水"是两个三声，两个三声连起来，前面的三声要读二声。

　　接着又察看了附近海面以及岛上的各条河、湖，满怀希望地寻找这种带颜色的水，结果令人失望。

　　▶这一句有两处需要注意的地方，第一处是"了""的"都要读成轻声；第二处是"结果"的"结"读二声。

　　难道是海水量太大把有色水稀释得太淡，以致无法发现？

　　▶这一句有一处需要注意的地方，就是"难道"后面要断句。

二、断句练习

　　地球上/是否真的/存在/"无底洞"/？按说/地球是圆的/，由地壳/、地幔/和地核/三层组成/，真正的"无底洞"/是不应存在的/，我们所看到的/各种山洞/、裂口/、裂缝/，甚至火山口/也都只是/地壳浅部的/一种现象/。然而/中国一些古籍/却多次提到/海外有个/深奥莫测的无底洞/。事实上/地球上/确实有这样一个/"无底洞"/。

　　它位于/希腊亚各斯古城的/海滨/。由于濒临大海/，大涨潮时/，汹涌的海水/便会排山倒海般地/涌入洞中/，形成一股/湍湍的急流/。据测/，每天流入洞内的/海水量/达三万多吨/。奇怪的是/，如此大量的海水/灌入洞中/，却从来没有/把洞灌满/。曾有人怀疑/，这个"无底洞"/，会不会就像/石灰岩地区的漏斗/、竖井/、落水洞/一类的地形/。然而/从二十世纪/三十年代/以来/，人们/就做了多种努力/企图寻找/它的出口/，却都是枉费心机/。

　　为了揭开/这个秘密/，一九五八年/美国地理学会/派出一支考察队/，他们把一种/经久不变的/带色染料/溶解在海水中/，观察染料/是如何随着海水/一起沉下去/。接着/又察看了/附近海面/以及岛上的/各条河/、湖/，满怀希望地/寻找这种/带颜色的水/，结果/令人失望/。难道/是海水量太大/把有色水/稀释得太淡/，以致无法发现/？//

　　至今/，谁也不知道/为什么/这里的海水/会没完没了地/"漏"下去/，这个"无底洞"的出口/又在哪里/，每天/大量的海水/究竟都/流到哪里去了/？

三、"文字 + 拼音"练习

地球上是否真的存在"无底洞"？按说地球是圆的，由地壳、地幔和地核三层组成，真正的"无底洞"是不应存在的，我们所看到的各种山洞、裂口、裂缝，甚至火山口也都只是地壳浅部的一种现象。然而中国一些古籍却多次提到海外有个深奥莫测的无底洞。事实上地球上确实有这样一个"无底洞"。

它位于希腊亚各斯古城的海滨。由于濒临大海，大涨潮时，汹涌的海水便会排山倒海般地涌入洞中，形成一股湍湍的急流。据测，每天流入洞内的海水量达三万多吨。奇怪的是，如此大量的海水灌入洞中，却从来没有把洞灌满。曾有人怀疑，这个"无底洞"，会不会就像石灰岩地区的漏斗、竖井、落水洞一类的地形。然而从二十世纪三十年代以来，人们就做了多种努力企图寻找它的出口，却都是枉费心机。

为了揭开这个秘密，一九五八年美国地理学会派出一支考察队，他们把一种经久不变的带色染料溶解在海水中，观察染料是如何随着海水一起沉下去。接着又察看了附近海面以及岛上的各条河、湖，满怀希望地寻找这种带颜色的水，结果令人失望。难道是海水量太大把有色水稀释得太淡，以致无法发现？//

至今谁也不知道为什么这里的海水会没完没了地"漏"下去，这个"无底洞"的出口又在哪里，每天大量的海水究竟都流到哪里去了？

四、"文字+拼音+断句" 练习

地球 上/是否真的/存在/"无底洞"/？按说/地球是圆的/，由地壳/、地幔/和地核/三层组成/,真正的"无底洞"/是不应存在的/,我们所看到的/各种山洞/、裂口/、裂缝/,甚至火山口/也都只是/地壳浅部的/一种现象/。然而/中国一些古籍/却多次提到/海外有个/深奥莫测的无底洞/。事实上/地球上/确实有这样一个/"无底洞"/。

它位于/希腊亚各斯古城的/海滨/。由于濒临大海/,大涨潮时/,汹涌的海水/便会排山倒海般地/涌入洞中/,形成一股/湍湍的急流/。据测/,每天流入洞内的/海水量/达三万多吨/。奇怪的是/,如此大量的海水/灌入洞中/,却从来没有/把洞灌满/。曾有人怀疑/,这个"无底洞"/,会不会就像/石灰岩地区的漏斗/、竖井/、落水洞/一类的地形/。然而/从二十世纪/三十年代/以来/,人们/就做了多种努力/企图寻找/它的出口/,却都是枉费心机/。

为了揭开/这个秘密/,一九五八年/美国地理学会/派出一支考察队/,他们把一种/经久不变的/带色染料/溶解在海水中/,观察染料/是如何随着海水/一起沉下去/。接着/又察看了/附近海面/以及岛上的/各条河/、湖/,满怀希望地/寻找这种/带颜色的水/,结果令人失望/。难道/是海水量太大/把有色水/稀释得太淡/,以致无法发现/?//

至今/谁也不知道/为什么/这里的海水/会没完没了地/"漏"下去/,这个"无底洞"的出口/又在哪里/,每天/大量的海水/究竟都/流到哪里去了/?

作品 35 号： 世间最美的坟墓

我在俄国见到的景物再没有比托尔斯泰墓更宏伟、更感人的。

完全按照托尔斯泰的愿望，他的坟墓成了世间最美的，给人印象最深刻的坟墓。它只是树林中的一个小小的长方形土丘，上面开满鲜花——没有十字架，没有墓碑，没有墓志铭，连托尔斯泰这个名字也没有。

这个比谁都感到受自己的声名所累的伟人，却像偶尔被发现的流浪汉，不为人知的士兵，不留名姓地被人埋葬了。谁都可以踏进他最后的安息地，围在四周稀疏的木栅栏是不关闭的——保护列夫·托尔斯泰得以安息的没有任何别的东西，唯有人们的敬意；而通常，人们却总是怀着好奇，去破坏伟人墓地的宁静。

这里，逼人的朴素禁锢住任何一种观赏的闲情，并且不容许你大声说话。风儿俯临，在这座无名者之墓的树木之间飒飒响着，和暖的阳光在坟头嬉戏；冬天，白雪温柔地覆盖这片幽暗的土地。无论你在夏天或冬天经过这儿，你都想象不到，这个小小的、隆起的长方体里安放着一位当代最伟大的人物。

然而，恰恰是这座不留姓名的坟墓，比所有挖空心思用大理石和奢华装饰建造的坟墓更扣人心弦。在今天这个特殊的日子里，//到他的安息地来的成百上千人中间，没有一个有勇气，哪怕仅仅从这幽暗的土丘上摘下一朵花留作纪念。人们重新感到，世界上再没有比托尔斯泰最后留下的、这座纪念碑式的朴素坟墓，更打动人心的了。

(节选自 [奥] 茨威格《世间最美的坟墓》，张厚仁译)

一、逐句讲解

我在俄国见到的景物再没有比托尔斯泰墓更宏伟、更感人的。

▶这一句有两处需要注意的地方，第一处是"的"要读成轻声；第二处是"更"要读成四声。

完全按照托尔斯泰的愿望,他的坟墓成了世间最美的,给人印象最深刻的坟墓。

▶这一句有两处需要注意的地方,第一处是"的"要读成轻声;第二处是"最美的""最深刻的"读的时候语气要加重。

它只是树林中的一个小小的长方形土丘,上面开满鲜花——没有十字架,没有墓碑,没有墓志铭,连托尔斯泰这个名字也没有。

▶这一句有两处需要注意的地方,第一处是"树林中"的"中"要读成一声;第二处是"一个"的"一"要读成二声。

这个比谁都感到受自己的声名所累的伟人,却像偶尔被发现的流浪汉,不为人知的士兵,不留名姓地被人埋葬了。

▶这一句有两处需要注意的地方,第一处是"所累"的"累"要读成三声;第二处是"不为人知"的"不"要读成四声,"为"要读成二声。

谁都可以踏进他最后的安息地,围在四周稀疏的木栅栏是不关闭的——保护列夫·托尔斯泰得以安息的没有任何别的东西,唯有人们的敬意;而通常,人们却总是怀着好奇,去破坏伟人墓地的宁静。

▶这一句有三处需要注意的地方,第一处是"不关闭的"的"不"要读成四声;第二处是"得以"的"得"要读成二声;第三处是"东西"的"西"以及句中的"的"都要读成轻声。

这里,逼人的朴素禁锢住任何一种观赏的闲情,并且不容许你大声说话。

▶这一句有两处需要注意的地方,第一处是"一种"的"一"要读成四声;第二处是"不容许"的"不"要读成四声。

风儿俯临,在这座无名者之墓的树木之间飒飒响着,和暖的阳光在坟头嬉戏;冬天,白雪温柔地覆盖这片幽暗的土地。

▶这一句有两处需要注意的地方,第一处是"的""着""地"都要读成轻声;第二处是"土地"的"地"要读成四声。

无论你在夏天或冬天经过这儿,你都想象不到,这个小小的、隆起的长方体里安放着一位当代最伟大的人物。

▶这一句有四处需要注意的地方,第一处是"这儿"要读儿化音;第二处是"不到"的"不"要读成二声;第三处是"小小"是两个三声,两个三声连起来,前面的三声要读二声;第四处是"一位"的"一"要读成二声。

然而,恰恰是这座不留姓名的坟墓,比所有挖空心思用大理石和奢华装饰建造的坟墓更扣人心弦。

▶这一句有两处需要注意的地方,第一处是"不留"的"不"要读成四声;第二处是"更"要读成四声。

在今天这个特殊的日子里,到他的安息地来的成百上千人中间,没有一个有勇气,哪怕仅仅从这幽暗的土丘上摘下一朵花留作纪念。

▶这一句有一处需要注意的地方,就是"的"要读成轻声。

二、断句练习

我在俄国/见到的景物/再没有比/托尔斯泰墓/更宏伟/、更感人的/。

完全按照/托尔斯泰的/愿望/,他的坟墓/成了/世间最美的/,给人印象/最深刻的坟墓/。它只是树林中的/一个小小的/长方形土丘/,上面/开满鲜花/——没有十字架/,没有墓碑/,没有墓志铭/,连托尔斯泰这个名字/也没有/。

这位比谁都感到/受自己的声名所累的/伟人/,却像偶尔/被发现的/流浪汉/,不为人知的/士兵/,不留名姓地/被人埋葬了/。谁都可以/踏进他/最后的安息地/,围在四周/稀疏的木栅栏/是不关闭的/——保护列夫·托尔斯泰/得以安息的/没有任何/别的东西/,唯有人们的/敬意/;而通常/,人们却总是/怀着好奇/,去破坏/伟人墓地的宁静/。

这里/,逼人的朴素/禁锢住任何一种/观赏的闲情/,并且不容许你/大声说话/。风儿俯临/,在这座/无名者之墓的树木之间/飒飒响着/,和暖的阳光/在坟头嬉戏/;冬天/,白雪温柔地/覆盖这片/幽暗的土地/。无论你在夏天/或冬天/经过这儿/,你都想象不到/,这个小小的/、隆起的长方体里/安放着一位/当代/最伟大的人物/。

然而/,恰恰是这座/不留姓名的/坟墓/,比所有挖空心思/用大理石/和奢华装饰/建造的坟墓/更扣人心弦/。在今天/这个特殊的日子里/,//到他的安息地来的/成百上千人中间/,没有一个有勇气/,哪怕仅仅/从这幽暗的土丘上/摘下一朵花/留作纪念/。人们重新感到/，世界上/再没有比托尔斯泰/最后留下的/、这座纪念碑式的/朴素坟墓/，更打动人心的了/。

三、"文字+拼音"练习

我在俄国见到的景物再没有比托尔斯泰墓更宏伟、更感人的。

完全按照托尔斯泰的愿望，他的坟墓成了世间最美的，给人印象最深刻的坟墓。它只是树林中的一个小小的长方形土丘，上面开满鲜花——没有十字架，没有墓碑，没有墓志铭，连托尔斯泰这个名字也没有。

这位比谁都感到受自己的声名所累的伟人，却像偶尔被发现的流浪汉，不为人知的士兵，不留名姓地被人埋葬了。谁都可以踏进他最后的安息地，围在四周稀疏的木栅栏是不关闭的——保护列夫·托尔斯泰得以安息的没有任何别的东西，唯有人们的敬意；而通常，人们却总是怀着好奇，去破坏伟人墓地的宁静。

这里，逼人的朴素禁锢住任何一种观赏的闲情，并且不容许你大声说话。风儿俯临，在这座无名者之墓的树木之间飒飒响着，和暖的阳光在坟头嬉戏；冬天，白雪温柔地覆盖这片幽暗的土地。无论你在夏天或冬天经过这儿，你都想象不到，这个小小的、隆起的长方体里安放着一位当代最伟大的人物。

然而，恰恰是这座不留姓名的坟墓，比所有挖空心思用大理石和奢华装饰建造的坟墓更扣人心弦。在今天这个特殊的日子里，//到他的安息地来的成百上千人中间，没有一个有勇气，哪怕仅仅从这幽暗的土丘上摘下一朵花留作纪念。人们重新感到，世界上再没有比托尔斯泰最后留下的、这座纪念碑式的朴素坟墓，更打动人心的了。

四、"文字+拼音+断句"练习

我在俄国/见到的景物/再没有比/托尔斯泰

墓/更宏伟/、更感人的/。

完全按照/托尔斯泰的/愿望/，他的坟墓/成了/世间最美的/，给人印象/最深刻的坟墓/。它只是树林中的/一个小小的/长方形土丘/，上面/开满鲜花/——没有十字架/，没有墓碑/，没有墓志铭/，连托尔斯泰这个名字/也没有/。

这位比谁都感到/受自己的声名所累的/伟人/，却像偶尔/被发现的/流浪汉/，不为人知的/士兵/，不留名姓地/被人埋葬了/。谁都可以/踏进他/最后的安息地/，围在四周/稀疏的木栅栏/是不关闭的/——保护列夫·托尔斯泰/得以安息的/没有任何/别的东西/，唯有人们的/敬意/；而通常/，人们却总是/怀着好奇/，去破坏/伟人墓地的宁静/。

这里/，逼人的朴素/禁锢住任何一种/观

赏的闲情/，并且不容许你/大声说话/。风儿俯临/，在这座/无名者之墓的树木之间/飒飒响着/，和暖的阳光/在坟头嬉戏/；冬天/，白雪温柔地/覆盖这片/幽暗的土地/。无论你在夏天/或冬天/经过这儿/，你都想象不到/，这个小小的/、隆起的长方体里/安放着一位/当代/最伟大的人物/。

然而/，恰恰是这座/不留姓名的/坟墓/，比所有挖空心思/用大理石/和奢华装饰/建造的坟墓/更扣人心弦/。在今天/这个特殊的日子里/，//到他的安息地来的/成百上千人中间/，没有一个有勇气/，哪怕仅仅/从这幽暗的土丘上/摘下一朵花/留作纪念/。人们重新感到/，世界上/再没有比托尔斯泰/最后留下的/、这座纪念碑式的/朴素坟墓/，更打动人心的了/。

作品36号： 苏州园林

　　我国的建筑，从古代的宫殿到近代的一般住房，绝大部分是对称的，左边怎么样，右边怎么样。苏州园林可绝不讲究对称，好像故意避免似的。东边有了一个亭子或者一道回廊，西边决不会来一个同样的亭子或者一道同样的回廊。这是为什么？我想，用图画来比方，对称的建筑是图案画，不是美术画，而园林是美术画，美术画要求自然之趣，是不讲究对称的。

　　苏州园林里都有假山和池沼。

　　假山的堆叠，可以说是一项艺术而不仅是技术。或者是重峦叠嶂，或者是几座小山配合着竹子花木，全在乎设计者和匠师们生平多阅历，胸中有丘壑，才能使游览者攀登的时候忘却苏州城市，只觉得身在山间。

　　至于池沼，大多引用活水。有些园林池沼宽敞，就把池沼作为全园的中心，其他景物配合着布置。水面假如成河道模样，往往安排桥梁。假如安排两座以上的桥梁，那就一座一个样，决不雷同。

　　池沼或河道的边沿很少砌齐整的石岸，总是高低屈曲任其自然。还在那儿布置几块玲珑的石头，或者种些花草。这也是为了取得从各个角度看都成一幅画的效果。池沼里养着金鱼或各色鲤鱼，夏秋季节荷花或睡莲开//放，游览者看"鱼戏莲叶间"，又是入画的一景。

（节选自叶圣陶《苏州园林》）

一、逐句讲解

　　我国的建筑，从古代的宫殿到近代的一般住房，绝大部分是对称的，左边怎么样，右边怎么样。

　　▶这一句有两处需要注意的地方，第一处是"的""么"都要读成轻声；第二处是"宫殿"后面要断句。

苏州园林可绝不讲究对称，好像故意避免似的。

▶这一句有两处需要注意的地方，第一处是"对称"的"称"读四声；第二处是"似的"的"似"读四声。

东边有了一个亭子或者一道回廊，西边决不会来一个同样的亭子或者一道同样的回廊。这是为什么？

▶这里有两处需要注意的地方，第一处是"西边"的"边"要读成轻声；第二处是"西边"后面要断句。

我想，用图画来比方，对称的建筑是图案画，不是美术画，而园林是美术画，美术画要求自然之趣，是不讲究对称的。

▶这一句有两处需要注意的地方，第一处是"不是"的"不"要读成二声；第二处是"不讲究"的"不"要读成四声。

苏州园林里都有假山和池沼。

▶这一句有一处需要注意的地方，就是"都有假山"中的"有假"是两个三声，两个三声连起来，前面的三声要读二声。

假山的堆叠，可以说是一项艺术而不仅是技术。

▶这一句有一处需要注意的地方，就是"不仅"的"不"要读成四声。

或者是重峦叠嶂，或者是几座小山配合着竹子花木，全在乎设计者和匠师们生平多阅历，胸中有丘壑，才能使游览者攀登的时候忘却苏州城市，只觉得身在山间。

▶这一句有五处需要注意的地方，第一处是"不仅"的"不"要读成四声；第二处是"几座"的"几"要读成三声；第三处是"胸中"的"中"要读成一声；第四处是"只觉得"的"只"要读成三声；第五处是"山间"的"间"要读成一声。

至于池沼，大多引用活水。有些园林池沼宽敞，就把池沼作为全园的中心，其他景物配合着布置。

▶这里有一处需要注意的地方，就是"的""着""置"都要读成轻声。

水面假如成河道模样，往往安排桥梁。假如安排两座以上的桥梁，那就一座一个样，决不雷同。

▶这里有两处需要注意的地方，第一处是"往往"是两个三声，两个三声连起来，前面的三声要读二声；第二处是"决不"的"不"要读成四声。

池沼或河道的边沿很少砌齐整的石岸，总是高低屈曲任其自然。

▶这一句有一处需要注意的地方，就是"很少"是两个三声，两个三声连起来，前面的三声要读二声。

还在那儿布置几块玲珑的石头，或者种些花草。这也是为了取得从各个角度看都成一幅画的效果。

▶这里有四处需要注意的地方，第一处是"那儿"要读儿化音；第二处是"几块"要读儿化音，且"几"要读成三声；第三处是"种些"的"种"要读成四声；第四处是"一幅画"的"一"要读成四声。

池沼里养着金鱼或各色鲤鱼，夏秋季节荷花或睡莲开放，游览者看"鱼戏莲叶间"，又是入画的一景。

▶这一句有一处需要注意的地方，就是"夏秋季节"后面要断句。

二、断句练习

我国的建筑/，从古代的宫殿/到近代的一般住房/，绝大部分/是对称的/，左边怎么样/，右边怎么样/。苏州园林/可绝不讲究对称/，好像/故意避免似的/。东边/有了一个亭子/或者一道回廊/，西边/决不会/来一个同样的亭子/或者一道/同样的回廊/。这是为什么/？我想/，用图画来比方/，对称的建筑/是图案画/，不是美术画/，而园林/是美术画/，美术画要求自然之趣/，是不讲究/对称的/。

苏州园林里/都有假山/和池沼/。

假山的堆叠/，可以说是/一项艺术/而不仅是技术/。或者/重峦叠嶂/，或者是/几座小山/配合着/竹子花木/，全在乎设计者/和匠师们/生平多阅历/，胸中有丘壑/，才能使游览者/攀登的时候/忘却苏州城市/，只觉得/身在山间/。

至于池沼/，大/多引用活水/。有些园林/池沼宽敞/，就把池沼/作为/全园的中心/，其他景物/配合着布置/。水面/假如成/河道模样/，往往安排桥梁/。假如安排/两座以上的桥梁/，那就一座/一个样/，决不雷同/。

池沼/或河道的边沿/很少砌/齐整的石岸/，总是高低屈曲/任其自然/。

还在那儿/布置几块/玲珑的石头/，或者/种些花草/。这也是/为了取得/从各个角度看/都成一幅画的效果/。池沼里/养着金鱼/或各色鲤鱼/，夏秋季节/荷花或睡莲/开//放/，游览者/看"鱼戏莲叶间/"，又是入画的一景/。

三、"文字+拼音"练习

wǒ guó de jiàn zhù　cóng gǔ dài de gōng diàn dào jìn dài de yì bān
我　国　的　建　筑，从　古　代　的　宫　殿　到　近　代　的　一　般

zhù fáng　jué dà bù fen shì duì chèn de　zuǒ·biān zěn me yàng
住　房，绝　大　部　分　是　对　称　的，左　边　怎　么　样，

yòu·biān zěn me yàng　Sū zhōu yuán lín kě jué bù jiǎng·jiū duì chèn
右　边　怎　么　样。苏　州　园　林　可　绝　不　讲　究　对　称，

hǎo xiàng gù yì bì miǎn shì de　dōng·biān yǒu le yí gè tíng zi huò zhě
好　像　故　意　避　免　似　的。东　边　有　了　一　个　亭　子　或　者

yí dào huí láng　xī·biān jué bú huì lái yí gè tóng yàng de tíng zi huò
一　道　回　廊，西　边　决　不　会　来　一　个　同　样　的　亭　子　或

zhě yí dào tóng yàng de huí láng　zhè shì wèi shén me　wǒ xiǎng
者　一　道　同　样　的　回　廊。这　是　为　什　么？我　想，

yòng tú huà lái bǐ fang　duì chèn de jiàn zhù shì tú àn huà　bú shì měi
用　图　画　来　比　方，对　称　的　建　筑　是　图　案　画，不　是　美

shù huà　ér yuán lín shì měi shù huà　měi shù huà yào qiú zì rán zhī
术　画，而　园　林　是　美　术　画，美　术　画　要　求　自　然　之

qù　shì bù jiǎng·jiū duì chèn de
趣，是　不　讲　究　对　称　的。

Sū zhōu yuán lín·lǐ dōu yǒu jiǎ shān hé chí zhǎo
苏　州　园　林　里　都　有　假　山　和　池　沼。

jiǎ shān de duī dié　kě yǐ shuō shì yí xiàng yì shù ér bù jǐn shì jì
假　山　的　堆　叠，可　以　说　是　一　项　艺　术　而　不　仅　是　技

shù　huò zhě shì chóng luán dié zhàng　huò zhě shì jǐ zuò xiǎo shān pèi
术。或　者　是　重　峦　叠　嶂，或　者　是　几　座　小　山　配

hé zhe zhú zi huā mù　quán zài hu shè jì zhě hé jiàng shī men shēng píng
合　着　竹　子　花　木，全　在　乎　设　计　者　和　匠　师　们　生　平

多阅历，胸中有丘壑，才能使游览者攀登的时候忘却苏州城市，只觉得身在山间。

至于池沼，大多引用活水。有些园林池沼宽敞，就把池沼作为全园的中心，其他景物配合着布置。水面假如成河道模样，往往安排桥梁。假如安排两座以上的桥梁，那就一座一个样，决不雷同。

池沼或河道的边沿很少砌齐整的石岸，总是高低屈曲任其自然。还在那儿布置几块玲珑的石头，或者种些花草。这也是为了取得从各个角度看都成一幅画的效果。池沼·里养着金鱼或各色鲤鱼，夏秋季节荷花或睡莲开//放，游览者看"鱼戏莲叶间"，又是入画的一景。

四、"文字+拼音+断句" 练习

我国的建筑／，从古代的宫殿／到近代的一般住房／，绝大部分／是对称的／，左边怎么

— 319 —

样／，右边怎么样／。苏州园林／可绝不讲究对称／，好像／故意避免似的／。东边／有了一个亭子／或者一道回廊／，西边／决不会／来一个同样的亭子／或者一道／同样的回廊／。这是为什么／？我想／，用图画来比方／，对称的建筑／是图案画／，不是美术画，而园林／是美术画／，美术画要求自然之趣／，是不讲究／对称的／。

苏州园林里／都有假山／和池沼／。假山的堆叠／，可以说是／一项艺术／而不仅是技术／。或者是／重峦叠嶂／，或者是／几座小山／配合着／竹子花木／，全在乎设计者／和匠师们／生平多阅历／，胸中有丘壑／，才能使游览者／攀登的时候／忘却苏州城市／，只觉得／身在山间／。

至于池沼／，大／多引用活水／。有些园林／

chí zhǎo kuān·chǎng，jiù bǎ chí zhǎo zuò wéi quán yuán de zhōng
池沼宽 敞／，就把池沼／作为／全 园 的 中

xīn qí tā jǐng wù pèi hé zhe bù zhì shuǐ miàn jiǎ rú chéng hé
心／，其他景物／配合着布置／。水 面／假如成／河

dào mú yàng wǎng wǎng ān pái qiáo liáng jiǎ rú ān pái liǎng zuò
道模样／，往 往 安排桥梁／。假如安排／两 座

yǐ shàng de qiáo liáng nà jiù yí zuò yí gè yàng jué bù léi
以 上 的 桥 梁／，那就一 座／一 个 样／，决不雷

tóng
同 ／。

chí zhǎo huò hé dào de biān yán hěn shǎo qì qí zhěng de shí
池沼／或河道的边沿／很 少 砌／齐 整 的 石

àn zǒng shì gāo dī qū qū rèn qí zì rán hái zài nàr bù zhì jǐ
岸／，总是高低屈曲／任其自然／。还在那儿／布置几

kuài líng lóng de shí tou huò zhě zhòng xiē huā cǎo zhè yě shì
块／玲珑的石头／，或者／种 些 花 草／。这也是／

wèi le qǔ dé cóng gè gè jiǎo dù kàn dōu chéng yì fú huà de xiào guǒ
为了取得／从 各 个 角 度 看／都 成 一 幅 画 的 效 果／。

chí zhǎo·lǐ yǎng zhe jīn yú huò gè sè lǐ yú xià qiū jì jié hé
池沼 里／养 着金 鱼／或各色鲤鱼／，夏秋季节／荷

huā huò shuì lián kāi fàng yóu lǎn zhě kàn yú xì lián yè
花 或 睡 莲／开／／放／，游览者／看"鱼 戏 莲 叶

jiān yòu shì rù huà de yì jǐng
间／"，又 是 入 画 的 一 景／。

作品 37 号： 态度创造快乐

　　一位访美中国女作家，在纽约遇到一位卖花的老太太。老太太穿着破旧，身体虚弱，但脸上的神情却是那样祥和兴奋。女作家挑了一朵花说："看起来，你很高兴。"老太太面带微笑地说："是的，一切都这么美好，我为什么不高兴呢？""对烦恼，你倒真能看得开。"女作家又说了一句。没料到，老太太的回答更令女作家大吃一惊："耶稣在星期五被钉上十字架时，是全世界最糟糕的一天，可三天后就是复活节。所以，当我遇到不幸时，就会等待三天，这样一切就恢复正常了。"

　　"等待三天"，多么富于哲理的话语，多么乐观的生活方式。它把烦恼和痛苦抛下，全力去收获快乐。

　　沈从文在"文革"期间，陷入了非人的境地。可他毫不在意，他在咸宁时给他的表侄、画家黄永玉写信说："这里的荷花真好，你若来……"身陷苦难却仍为荷花的盛开欣喜赞叹不已，这是一种趋于澄明的境界，一种旷达洒脱的胸襟，一种面临磨难坦荡从容的气度，一种对生活童子般的热爱和对美好事物无限向往的生命情感。

　　由此可见，影响一个人快乐的，有时并不是困境及磨难，而是一个人的心态。如果把自己浸泡在积极、乐观、向上的心态中，快乐必然会//占据你的每一天。

（节选自《态度创造快乐》）

一、逐句讲解

一位访美中国女作家，在纽约遇到一位卖花的老太太。

▶这一句有三处需要注意的地方，第一处是"一位"的"一"要读成二声；第二处是"访美"是两个三声，两个三声连起来，前面的三声要读成二声；第三处是"老太太"的第二个"太"要读成轻声。

老太太穿着破旧，身体虚弱，但脸上的神情却是那样祥和兴奋。

▶这一句有两处需要注意的地方，第一处是"却是"后面要断句；第二处是"兴奋"的"兴"要读成一声。

女作家挑了一朵花说："看起来，你很高兴。"

▶这一句有两处需要注意的地方，第一处是"一朵"的"一"要读成四声；第二处是"高兴"的"兴"要读成四声。

老太太面带微笑地说："是的，一切都这么美好，我为什么不高兴呢？"

▶这一句有两处需要注意的地方，第一处是"一切"的"一"要读成二声；第二处是"不高兴"的"不"要读成四声。

"对烦恼，你倒真能看得开。"女作家又说了一句。

▶这一句有两处需要注意的地方，第一处是"倒"要读成四声；第二处是"一句"的"一"要读成二声。

没料到，老太太的回答更令女作家大吃一惊："耶稣在星期五被钉上十字架时，是全世界最糟糕的一天，可三天后就是复活节。所以，当我遇到不幸时，就会等待三天，这样一切就恢复正常了。"

▶这里有六处需要注意的地方，第一处是"一惊"的"一"要读成四声；第二处是"钉上"的"钉"要读成一声；第三处是"一天"的"一"要读成四声；第四处是"所以"是两个三声，两个三声连起来，前面的三声要读二声；第五处是"不幸"的"不"要读成二声；第六处是"一切"的"一"要读成二声。

"等待三天"，多么富于哲理的话语，多么乐观的生活方式。它把烦恼和痛苦抛下，全力去收获快乐。

▶这里有一处需要注意的地方，就是"全力"后面要断句。

沈从文在"文革"期间，陷入了非人的境地。

▶这一句有一处需要注意的地方，就是"期间"的"间"要读成一声。

可他毫不在意，他在咸宁时给他的表侄、画家黄永玉写信说："这里的荷花真好，你若来……"身陷苦难却仍为荷花的盛开欣喜赞叹不已，这是一种趋于澄明的境界，一种旷达洒脱的胸襟，一种面临磨难坦荡从容的气度，一种对生活童子般的热爱和对美好事物无限向往的生命情感。

▶这里有五处需要注意的地方，第一处是"毫不"的"不"要读成四声；第二处是"苦难"的"难"要读成四声；第三处是"仍为"的"为"要读成四声；第四处是"不已"的"不"要读成四声；第五处是"一种"的"一"要读成四声，"种"要读成三声。

由此可见，影响一个人快乐的，有时并不是困境及磨难，而是一个人的心态。

▶这一句有三处需要注意的地方，第一处是"影响"是两个三声，两个三声连起来，前面的三声要读成二声；第二处是"一个人"的"一"要读成二声；第三处是"并不是"的"不"要读成二声。

如果把自己浸泡在积极、乐观、向上的心态中，快乐必然会占据你的每一天。

▶这一句有一处需要注意的地方，就是"中"要读成一声。

二、断句练习

一位访美/中国女作家/，在纽约/遇到一位/卖花的老太太/。老太太/穿着破旧/，身体虚弱/，但脸上的神情/却是那样/祥和兴奋/。女作家/挑了一朵花说/："看起来/，你很高兴/。"老太太/面带微笑地说/："是的/，一切都这么美好/，我为什么/不高兴呢/?""对烦恼/，你倒真能/看得开/。"女作家/又说了一句/。没料到/，老太太的回答/更令女作家/大吃一惊/："耶稣在星期五/被钉上十字架时/，是全世界/最糟糕的一天/，可三天后/就是复活节/。所以/，当我遇到不幸时/，就会等待三天/，这样一切/就恢复正常了/。"

"等待三天"/，多么富于哲理的话语/，多么乐观的/生活方式/。它把烦恼/和痛苦抛下/，全力/去收获快乐/。

沈从文/在"文革"期间/，陷入了/非人的境地/。可他毫不在意/，他在咸宁时/给他的表侄/、画家黄永玉/写信说/："这里的荷花真好/，你若来……"/身陷苦难/却仍为荷花的盛开/欣喜/赞叹不已/，这是一种/趋于澄明的境界/，一种/旷达洒脱的胸襟/，一种/面临磨难/坦荡从容的气度/，一种/对生活童子般的热爱/和对美好事物/无限向往的/生命情感/。

由此可见/,影响一个人/快乐的/,有时/并不是困境/及磨难/,而是一个人的心态/。如果/把自己浸泡在/积极/、乐观/、向上的心态中/,快乐/必然会//占据/你的每一天/。

三、"文字+拼音"练习

yí wèi fǎng Měi zhōng guó nǚ zuò jiā   zài niǔ yuē yù dào yí wèi mài
一 位 访 美 中 国 女 作 家 , 在 纽 约 遇 到 一 位 卖

huā de lǎo tài tai   lǎo tài tai chuān zhuó pò jiù   shēn tǐ xū ruò   dàn
花 的 老 太 太。 老 太 太 穿 着 破 旧, 身 体 虚 弱, 但

liǎn·shàng de shén qíng què shì nà yàng xiáng hé xīng fèn   nǚ zuò jiā tiāo
脸 上 的 神 情 却 是 那 样 祥 和 兴 奋。 女 作 家 挑

le yì duǒ huā shuō   kàn qǐ·lái   nǐ hěn gāo xìng   lǎo tài tai
了 一 朵 花 说 : " 看 起 来 , 你 很 高 兴。" 老 太 太

miàn dài wēi xiào de shuō   shì de   yí qiè dōu zhè me měi hǎo   wǒ
面 带 微 笑 地 说 : " 是 的, 一 切 都 这 么 美 好 , 我

wèi shén me bù gāo xìng ne   duì fán nǎo   nǐ dào zhēn néng kàn de
为 什 么 不 高 兴 呢 ? " " 对 烦 恼, 你 倒 真 能 看 得

kāi   nǚ zuò jiā yòu shuō le yí jù   méi liào dào   lǎo tài tai de huí dá
开。" 女 作 家 又 说 了 一 句。 没 料 到, 老 太 太 的 回 答

gèng lìng nǚ zuò jiā dà chī yì jīng   yē sū zài xīng qī wǔ bèi dìng·shàng
更 令 女 作 家 大 吃 一 惊 : " 耶 稣 在 星 期 五 被 钉 上

shí zì jià shí   shì quán shì jiè zuì zāo gāo de yì tiān   kě sān tiān hòu jiù
十 字 架 时, 是 全 世 界 最 糟 糕 的 一 天 , 可 三 天 后 就

shì fù huó jié   suǒ yǐ   dāng wǒ yù dào bú xìng shí   jiù huì děng dài
是 复 活 节。 所 以 , 当 我 遇 到 不 幸 时 , 就 会 等 待

sān tiān   zhè yàng yí qiè jiù huī fù zhèng cháng le
三 天 , 这 样 一 切 就 恢 复 正 常 了。"

děng dài sān tiān   duō me fù yú zhé lǐ de huà yǔ   duō me lè
" 等 待 三 天 ", 多 么 富 于 哲 理 的 话 语, 多 么 乐

guān de shēng huó fāng shì   tā bǎ fán nǎo hé tòng kǔ pāo·xià   quán
观 的 生 活 方 式。 它 把 烦 恼 和 痛 苦 抛 下 , 全

力去收获快乐。

沈从文在"文革"期间，陷入了非人的境地。可他毫不在意，他在咸宁时给他的表侄、画家黄永玉写信说："这里的荷花真好，你若来……"身陷苦难却仍为荷花的盛开欣喜赞叹不已，这是一种趋于澄明的境界，一种旷达洒脱的胸襟，一种面临磨难坦荡从容的气度，一种对生活童子般的热爱和对美好事物无限向往的生命情感。

由此可见，影响一个人快乐的，有时并不是困境及磨难，而是一个人的心态。如果把自己浸泡在积极、乐观、向上的心态中，快乐必然会//占据你的每一天。

四、"文字＋拼音＋断句"练习

一位访美／中国女作家／，在纽约／遇到一位／卖花的老太太／。老太太／穿着破旧／，身体虚弱／，但脸上的神情／却是那样／祥和兴奋/。女作家/挑了一朵花说/："看起来/，你很高兴/。"老太太/面带微笑地说/："是的/，一切都这么美好/，我为什么/不高兴呢/？"

"对烦恼/，你倒真能/看得开/。"女作家/又说了一句/。没料到/，老太太的回答/更令女作家/大吃一惊/："耶稣在星期五/被钉上十字架时/，是全世界/最糟糕的一天/，可三天后/就是复活节/。所以/，当我遇到不幸时/，就会等待三天/，这样一切/就恢复正常了/。"

"等待三天"/，多么富于哲理的话语/，多么乐观的/生活方式/。它把烦恼/和痛苦抛下/，全力/去收获快乐/。

沈从文/在"文革"期间/，陷入了/非人的境地/。可他毫不在意/，他在咸宁时/给他的表侄/、画家黄永玉/写信说/："这里的荷花真好/，你若来……"/身陷苦难/却仍为荷花的盛开/欣喜/赞叹不已/，这是一种/趋于澄明的境界/，一种/旷达洒脱的胸襟/，一种/面临磨难/坦荡从容的气度/，一种/对生活童子般的热爱/和对美好事物/无限向往的/生命情感/。

由此可见/，影响一个人/快乐的/，有时/并不是困境及磨难/，而是一个人的心态/。如果/把自己浸泡在/积极/、乐观/、向上的心态中/，快乐/必然会//占据/你的每一天/。

作品 38 号： 泰山极顶

　　泰山极顶看日出，历来被描绘成十分壮观的奇景。有人说：登泰山而看不到日出，就像一出大戏没有戏眼，味儿终究有点寡淡。

　　我去爬山那天，正赶上个难得的好天，万里长空，云彩丝儿都不见。素常，烟雾腾腾的山头，显得眉目分明。同伴们都欣喜地说："明天早晨准可以看见日出了。"我也是抱着这种想头，爬上山去。

　　一路从山脚往上爬，细看山景，我觉得挂在眼前的不是五岳独尊的泰山，却像一幅规模惊人的青绿山水画，从下面倒展开来。在画卷中最先露出的是山根底那座明朝建筑岱宗坊，慢慢地便现出王母池、斗母宫、经石峪。山是一层比一层深，一叠比一叠奇，层层叠叠，不知还会有多深多奇。万山丛中，时而点染着极其工细的人物。王母池旁的吕祖殿里有不少尊明塑，塑着吕洞宾等一些人，姿态神情是那样有生气，你看了，不禁会脱口赞叹说："活啦。"

　　画卷继续展开，绿阴森森的柏洞露面不太久，便来到对松山。两面奇峰对峙着，满山峰都是奇形怪状的老松，年纪怕都上千岁了，颜色竟那么浓，浓得好像要流下来似的。来到这儿，你不妨权当一次画里的写意人物，坐在路旁的对松亭里，看看山色，听听流//水和松涛。一时间，我又觉得自己不仅是在看画卷，却又像是在零零乱乱翻动着一卷历史稿本。

（节选自杨朔《泰山极顶》）

一、 逐句讲解

　　泰山极顶看日出，历来被描绘成十分壮观的奇景。有人说：登泰山而看不到日出，就像一出大戏没有戏眼，味儿终究有点寡淡。

　　▶这里有三处需要注意的地方，第一处是"看不到"的"不"要读成二声；第二处是"一出"的"一"要读成四声；第三处是"味儿"和"有点儿"的儿化音。

我去爬山那天，正赶上个难得的好天，万里长空，云彩丝儿都不见。素常，烟雾腾腾的山头，显得眉目分明。

▶这里有三处需要注意的地方，第一处是"的"要读成轻声；第二处是"难得"的"得"要读成二声；第三处是"丝儿"要读儿化音。

同伴们都欣喜地说："明天早晨准可以看见日出了。"我也是抱着这种想头，爬上山去。

▶这一句有两处需要注意的地方，第一处是"地""着"都要读成轻声；第二处是"想头"的"头"要读成轻声。

一路从山脚往上爬，细看山景，我觉得挂在眼前的不是五岳独尊的泰山，却像一幅规模惊人的青绿山水画，从下面倒展开来。

▶这一句有两处需要注意的地方，第一处是"的"要读成轻声；第二处是"倒展开来"的"倒"要读成四声。

在画卷中最先露出的是山根底那座明朝建筑岱宗坊，慢慢地便现出王母池、斗母宫、经石峪。

▶这一句有三处需要注意的地方，第一处是"中"要读成一声；第二处是"坊"要读成一声；第三处是"斗"要读成三声。

山是一层比一层深，一叠比一叠奇，层层叠叠，不知还会有多深多奇。万山丛中，时而点染着极其工细的人物。

▶这里有三处需要注意的地方，第一处是"一"要读成四声；第二处是"不知"的"不"要读成四声；第三处是"丛中"的"中"要读成一声。

王母池旁的吕祖殿里有不少尊明塑，塑着吕洞宾等一些人，姿态神情是那样有生气，你看了，不禁会脱口赞叹说："活啦。"

▶这一句有四处需要注意的地方，第一处是"吕祖"是两个三声，两个三声连起来，前面的三声要读成二声；第二处是句中的"不"都要读成四声；第三处是"一些"的"一"要读成四声；第四处是"不禁"的"禁"要读成一声。

画卷继续展开，绿阴森森的柏洞露面不太久，便来到对松山。

▶这一句有一处需要注意的地方，就是"不太久"的"不"要读成二声。

两面奇峰对峙着，满山峰都是奇形怪状的老松，年纪怕都上千岁了，颜色竟那么浓，浓得好像要流下来似的。

▶这一句有两处需要注意的地方，第一处是"着""的""了"都要读成轻声；第二处是"似的"的"似"要读成"shì"。

来到这儿你不妨权当一次画里的写意人物，坐在路旁的对松亭里，看看山色，听听流水和松涛。

▶这一句有两处需要注意的地方，第一处是"这儿"要读儿化音；第二处是"不妨"的"不"要读成四声。

二、断句练习

泰山极顶/看日出/，历来/被描绘成/十分壮观的奇景/。有人说/：登泰山/而看不到日出/，就像一出大戏/没有戏眼/，味儿/终究/有点寡淡/。

我去爬山那天/，正赶上个/难得的好天/，万里长空/，云彩丝儿都不见/。素常/，烟雾腾腾的山头/，显得眉目分明/。同伴们/都欣喜地说/："明天早晨/准可以/看见日出了/。"我也是/抱着这种想头/，爬上山去/。

一路/从山脚/往上爬/，细看山景/，我觉得/挂在眼前的/不是五岳独尊的泰山/，却像一幅/规模惊人的青绿山水画/，从下面/倒展开来/。在画卷中/最先露出的是/山根底/那座明朝建筑/岱宗坊/，慢慢地/便现出王母池/、斗母宫/、经石峪/。山/是一层比一层深/，一叠比一叠奇/，层层叠叠/，不知还会有/多深多奇/。万山丛中/，时而点染着/极其工细的人物/。王母池旁的吕祖殿里/有不少尊明塑/，塑着吕洞宾/等一些人/，姿态神情/是那样/有生气/，你看了/，不禁会脱口赞叹说/："活啦/。"

画卷/继续展开/，绿阴森森的/柏洞/露面不太久/，便来到/对松山/。两面奇峰/对峙着/，满山峰/都是奇形怪状的/老松/，年纪怕都有/上千岁了/，颜色竟那么浓/，浓得好像/要流下来似的/。来到这儿/，你不妨/权当一次/画里的/写意人物/，坐在路旁的/对松亭里/，看看山色/，听听流//水和松涛/。

一时间/，我又觉得/自己不仅是在/看画卷/，却又像是/在零零乱乱/翻着一卷/历史稿本/。

三、"文字+拼音"练习

tài shān jí dǐng kàn rì chū   lì lái bèi miáo huì chéng shí fēn zhuàng
泰 山 极 顶 看 日 出， 历 来 被 描 绘 成 十 分 壮

guān de qí jǐng   yǒu rén shuō   dēng Tài Shān ér kàn‧bú dào rì chū
观 的 奇 景。 有 人 说： 登 泰 山 而 看 不 到 日 出，

jiù xiàng yì chū dà xì méi‧yǒu xì yǎn   wèir   zhōng jiū yǒu diǎnr
就 像 一 出 大 戏 没 有 戏 眼， 味 儿 终 究 有 点

guǎ dàn
寡 淡。

wǒ qù pá shān nà tiān   zhèng gǎn‧shàng gè nán dé de hǎo tiān
我 去 爬 山 那 天， 正 赶 上 个 难 得 的 好 天，

wàn lǐ cháng kōng yún cǎi sīr dōu bú jiàn   sù cháng   yān wù téng
万 里 长 空， 云 彩 丝 儿 都 不 见。 素 常， 烟 雾 腾

téng de shān tóu   xiǎn‧de méi‧mù fēn míng   tóng bàn men dōu xīn xǐ
腾 的 山 头， 显 得 眉 目 分 明。 同 伴 们 都 欣 喜

de shuō   míng tiān zǎo‧chén zhǔn kě yǐ kàn‧jiàn rì chū le   wǒ
地 说："明 天 早 晨 准 可 以 看 见 日 出 了。" 我

yě shì bào zhe zhè zhǒng xiǎng tou   pá‧shàng shān‧qù
也 是 抱 着 这 种 想 头， 爬 上 山 去。

yí lù cóng shān jiǎo wǎng shàng pá   xì kàn shān jǐng   wǒ jué‧dé
一 路 从 山 脚 往 上 爬， 细 看 山 景， 我 觉 得

guà zài yǎn qián de bú shì Wǔ Yuè dú zūn de Tài Shān   què xiàng yì fú guī
挂 在 眼 前 的 不 是 五 岳 独 尊 的 泰 山， 却 像 一 幅 规

mó jīng rén de qīng lǜ shān shuǐ huà   cóng xià‧miàn dào zhǎn kāi‧lái
模 惊 人 的 青 绿 山 水 画， 从 下 面 倒 展 开 来。

zài huà juàn zhōng zuì xiān lòu chū de shì shān gēnr dǐ nà zuò Míng cháo jiàn
在 画 卷 中 最 先 露 出 的 是 山 根 底 那 座 明 朝 建

zhù Dài zōng fāng   màn màn de biàn xiàn chū Wáng mǔ chí   Dǒu mǔ
筑 岱 宗 坊， 慢 慢 地 便 现 出 王 母 池、 斗 母

gōng   Jīng shí yù   shān shì yì céng bǐ yì céng shēn   yì dié bǐ yì dié
宫、 经 石 峪。 山 是 一 层 比 一 层 深， 一 叠 比 一 叠

奇，层层叠叠，不知还会有多深多奇。万山丛中，时而点染着极其工细的人物。王母池旁的吕祖殿里有不少尊明塑，塑着吕洞宾等一些人，姿态神情是那样有生气，你看了，不禁会脱口赞叹说："活啦。"

画卷继续展开，绿阴森森的柏洞露面不太久，便来到对松山。两面奇峰对峙着，满山峰都是奇形怪状的老松，年纪怕都有上千岁了，颜色竟那么浓，浓得好像要流下来似的。来到这儿，你不妨权当一次画里的写意人物，坐在路旁的对松亭里，看看山色，听听流//水和松涛。

一时间，我又觉得自己不仅是在看画卷，却又像是在零零乱乱翻着一卷历史稿本。

四、"文字 + 拼音 + 断句" 练习

泰 山 极 顶 / 看 日 出 ，历 来 / 被 描 绘 成 / 十 分

壮观的奇景/。有人说/：登泰山/而看不到日出/，就像一出大戏/没有戏眼/，味儿/终究/有点寡淡/。

我去爬山那天/，正赶上个/难得的好天/，万里长空/，云彩丝儿都不见/。素常/，烟雾腾腾的山头/，显得眉目分明/。同伴们/都欣喜地说/："明天早晨/准可以/看见日出了/。"我也是/抱着这种想头/，爬上山去/。

一路/从山脚/往上爬/，细看山景/，我觉得/挂在眼前的/不是五岳独尊的泰山，却像一幅/规模惊人的青绿山水画/，从下面/倒展开来/。在画卷中/最先露出的是/山根底/那座明朝建筑/岱宗坊/，慢慢地/便现出王母池/、斗母宫/、经石峪/。山/是一层比一层深/，一叠比一叠奇/，层层叠叠/，

不知还会有/多深多奇/。万山丛中/，时而
点染着/极其工细的人物/。王母池旁的吕祖
殿 里/有不少尊明塑/，塑着吕洞宾/等一些
人/，姿态神情/是那样/有生气/，你看了/，
不禁会脱口赞叹说/："活啦/。"
画卷/继续展开/，绿阴森森的/柏洞/露面
不太久/，便来到/对松山/。两面奇峰/对峙
着/，满山峰/都是奇形怪状的/老松/，
年纪怕都有/上千岁了/，颜色竟那么浓/，
浓得好像/要流下来似的/。来到这儿/，你不
妨/权当一次/画里的/写意人物/，坐在路旁
的/对松亭里/，看看山色/，听听流//水/和
松涛/。
一时间/，我又觉得/自己不仅是在/看画卷/，
却又像是/在零零乱乱/翻着一卷/历史稿本/。

作品39号: 陶行知的"四块糖果"

育才小学校长陶行知在校园看到学生王友用泥块砸自己班上的同学,陶行知当即喝止了他,并令他放学后到校长室去。无疑,陶行知是要好好教育这个"顽皮"的学生。那么他是如何教育的呢?

放学后,陶行知来到校长室,王友已经等在门口准备挨训了。可一见面,陶行知却掏出一块糖果送给王友,并说:"这是奖给你的,因为你按时来到这里,而我却迟到了。"王友惊疑地接过糖果。

随后,陶行知又掏出一块糖果放到他手里,说:"这第二块糖果也是奖给你的,因为当我不让你再打人时,你立即就住手了,这说明你很尊重我,我应该奖你。"王友更惊疑了,他眼睛睁得大大的。

陶行知又掏出第三块糖果塞到王友手里,说:"我调查过了,你用泥块砸那些男生,是因为他们不守游戏规则,欺负女生;你砸他们,说明你很正直善良,且有批评不良行为的勇气,应该奖励你啊!"王友感动极了,他流着眼泪后悔地喊道:"陶……陶校长你打我两下吧!我砸的不是坏人,而是自己的同学啊……"

陶行知满意地笑了,他随即掏出第四块糖果递给王友,说:"为你正确地认识错误,我再奖给你一块糖果,只可惜我只有这一块糖果了。我的糖果//没有了,我看我们的谈话也该结束了吧!"说完,就走出了校长室。

(节选自《陶行知的"四块糖果"》)

一、逐句讲解

育才小学校长陶行知在校园看到学生王友用泥块砸自己班上的同学,陶行知当即喝止了他,并令他放学后到校长室去。

▶这一句有一处需要注意的地方,就是"当即"的"当"要读成一声。

无疑，陶行知是要好好教育这个"顽皮"的学生。那么他是如何教育的呢？

▶这里有一处需要注意的地方，就是"好好"的第二个"好"要读成一声。

放学后，陶行知来到校长室，王友已经等在门口准备挨训了。

▶这一句有一处需要注意的地方，就是"挨训"的"挨"要读成一声。

可一见面，陶行知却掏出一块糖果送给王友，并说："这是奖给你的，因为你按时来到这里，而我却迟到了。"王友惊疑地接过糖果。

▶这里有三处需要注意的地方，第一处是"一"都要读成二声；第二处是"奖给"是两个三声，两个三声连起来，前面的三声要读成二声；第三处是"因为"的"为"要读成四声。

随后，陶行知又掏出一块糖果放到他手里，说："这第二块糖果也是奖给你的，因为当我不让你再打人时，你立即就住手了，这说明你很尊重我，我应该奖你。"王友更惊疑了，他眼睛睁得大大的。

▶这里有四处需要注意的地方，第一处是"一块"的"一"都要读成二声；第二处是"奖给"和"奖你"都是两个三声，两个三声连起来，前面的三声要读成二声；第三处是"因为"的"为"要读成四声；第四处是"不让"的"不"要读成二声。

陶行知又掏出第三块糖果塞到王友手里，说："我调查过了，你用泥块砸那些男生，是因为他们不守游戏规则，欺负女生；你砸他们，说明你很正直善良，且有批评不良行为的勇气，应该奖励你啊！"

▶这一句有三处需要注意的地方，第一处是"因为"的"为"要读成四声；第二处是"不"都要读成四声；第三处是"且有"是两个三声，两个三声连起来，前面的三声要读成二声。

王友感动极了，他流着眼泪后悔地喊道："陶……陶校长你打我两下吧！我砸的不是坏人，而是自己的同学啊……"

▶这一句有两处需要注意的地方，第一处是"打我"是两个三声，两个三声连起来，前面的三声要读二声；第二处是"不是"的"不"要读成二声。

陶行知满意地笑了,他随即掏出第四块糖果递给王友,说:"为你正确地认识错误,我再奖给你一块糖果,只可惜我只有这一块糖果了。我的糖果没有了,我看我们的谈话也该结束了吧!"

▶这一句有四处需要注意的地方,第一处是"随即"的"即"要读成二声;第二处是"奖给""只可""只有"都是两个三声,两个三声连起来,前面的三声要读成二声;第三处是"一块"的"一"要读成二声。

二、断句练习

育才小学/校长/陶行知/在校园看到学生/王友/用泥块/砸自己班上的/同学/,陶行知/当即喝止了他/,并令他/放学后/到校长室去/。无疑/,陶行知/是要好好教育/这个"顽皮"的/学生/。那么/他是/如何教育的呢/?

放学后/,陶行知/来到校长室/,王友已经等在门口/准备挨训了/。可一见面/,陶行知/却掏出一块糖果/送给王友/,并说/:"这是/奖给你的/,因为你按时/来到这里/,而我/却迟到了/。"王友惊疑地/接过糖果/。

随后/,陶行知/又掏出一块糖果/放到他手里/,说/:"这第二块糖果/也是奖给你的/,因为/当我不让你/再打人时/,你立即/就住手了/,这说明/你很尊重我/,我应该奖你/。"王友/更惊疑了/,他眼睛/睁得大大的/。

陶行知/又掏出/第三块糖果/塞到王友手里/,说/:"我调查过了/,你用泥块/砸那些男生/,是因为他们/不守游戏规则/,欺负女生/;你砸他们/,说明/你很正直/善良/,且有/批评不良行为的/勇气/,应该奖励你啊/!"王友/感动极了/,他流着眼泪/后悔地喊道/:"陶……/陶校长/你打我/两下吧/!我砸的/不是坏人/,而是自己的/同学啊/……"

陶行知/满意地/笑了/,他随即/掏出/第四块糖果/递给王友/,说/:"为你/正确地/认识错误/,我再奖给你/一块糖果/,只可惜/我只有/这一块糖果了/。我的糖果///没有了/,我看我们的谈话/也该结束了吧/!"说完/,就走出了/校长室/。

三、"文字+拼音"练习

yù cái xiǎo xué xiào zhǎng Táo Xíng zhī zài xiào yuán kàn dào xué sheng
育 才 小 学 校 长 陶 行 知 在 校 园 看 到 学 生

王友用泥块砸自己班上的同学，陶行知当即喝止了他，并令他放学后到校长室去。无疑，陶行知是要好好教育这个"顽皮"的学生。那么他是如何教育的呢？

放学后，陶行知来到校长室，王友已经等在门口准备挨训了。可一见面，陶行知却掏出一块糖果送给王友，并说："这是奖给你的，因为你按时来到这里，而我却迟到了。"王友惊疑地接过糖果。

随后，陶行知又掏出一块糖果放到他手里，说："这第二块糖果也是奖给你的，因为当我不让你再打人时，你立即就住手了，这说明你很尊重我，我应该奖你。"王友更惊疑了，他眼睛睁得大大的。

陶行知又掏出第三块糖果塞到王友手里，说："我调查过了，你用泥块砸那些

— 339 —

男生，是因为他们不守游戏规则，欺负女生；你砸他们，说明你很正直善良，且有批评不良行为的勇气，应该奖励你啊！"王友感动极了，他流着眼泪后悔地喊道："陶……陶校长你打我两下吧！我砸的不是坏人，而是自己的同学啊……"

陶行知满意地笑了，他随即掏出第四块糖果递给王友，说："为你正确地认识错误，我再奖给你一块糖果，只可惜我只有这一块糖果。我的糖果//没有了，我看我们的谈话也该结束了吧！"说完，就走出了校长室。

四、"文字+拼音+断句" 练习

育才小学/校长/陶行知/在校园看到学生/王友/用泥块/砸自己班上的/同学/，陶行知/当即喝止了他/，并令他/放学后/到校长室去/。无疑/，陶行知/是要好好教育/

这个"顽皮"的/学生/。那么/他是/如何教育的呢/？

放学后/，陶行知/来到校长室/，王友已经等在门口/准备挨训了/。可一见面/，陶行知/却掏出一块糖果/送给王友/，并说/："这是/奖给你的/，因为你按时/来到这里/，而我/却迟到了/。"王友惊疑地/接过糖果/。

随后/，陶行知/又掏出一块糖果/放到他手里/，说/："这第二块糖果/也是奖给你的/，因为/当我不让你/再打人时/，你立即/就住手了/，这说明/你很尊重我/，我应该奖你/。"王友/更惊疑了/，他眼睛/睁得大大的/。

陶行知/又掏出/第三块糖果/塞到王友手里/，说/："我调查过了/，你用泥块/砸

— 341 —

那些男生/，是因为他们/不守游戏规则/，欺负女生/；你砸他们/，说明/你很正直/善良/，且有/批评不良行为的/勇气/，应该奖励你啊/！"王友/感动极了/，他流着眼泪/后悔地喊道/："陶……/陶校长/你打我/两下吧/！我砸的/不是坏人，而是自己的/同学啊/……"

陶行知/满意地/笑了/，他随即/掏出/第四块糖果/递给王友/，说/："为你/正确地/认识错误/，我再奖给你/一块糖果/，只可惜/我只有/这一块糖果/。我的糖果///没有了/，我看我们的谈话/也该结束了吧/！"说完/，就走出了/校长室/。

作品 40 号： 提醒幸福

　　享受幸福是需要学习的，当它即将来临的时刻需要提醒。人可以自然而然地学会感官的享乐，却无法天生地掌握幸福的韵律。灵魂的快意同器官的舒适像一对孪生兄弟，时而相傍相依，时而南辕北辙。

　　幸福是一种心灵的震颤。它像会倾听音乐的耳朵一样，需要不断地训练。

　　简而言之，幸福就是没有痛苦的时刻。它出现的频率并不像我们想象的那样少。人们常常只是在幸福的金马车已经驶过去很远时，才拣起地上的金鬃毛说，原来我见过它。

　　人们喜爱回味幸福的标本，却忽略它披着露水散发清香的时刻。那时候我们往往步履匆匆，瞻前顾后不知在忙着什么。

　　世上有预报台风的，有预报蝗灾的，有预报瘟疫的，有预报地震的。没有人预报幸福。

　　其实幸福和世界万物一样，有它的征兆。

　　幸福常常是朦胧的，很有节制地向我们喷洒甘霖。你不要总希望轰轰烈烈的幸福，它多半只是悄悄地扑面而来。你也不要企图把水龙头拧得更大，那样它会很快地流失。你需要静静地以平和之心，体验它的真谛。

　　幸福绝大多数是朴素的。它不会像信号弹似的，在很高的天际闪烁红色的光芒。它披着本色的外//衣，亲切温暖地包裹起我们。

（节选自毕淑敏《提醒幸福》）

一、逐句讲解

　　享受幸福是需要学习的，当它即将来临的时刻需要提醒。

　　▶这一句有一处需要注意的地方，就是"即将"的"即"要读成二声。

　　人可以自然而然地学会感官的享乐，却无法天生地掌握幸福的韵律。

▶这一句有一处需要注意的地方，就是"天生地"后面要断句。

灵魂的快意同器官的舒适像一对孪生兄弟，时而相傍相依，时而南辕北辙。

▶这一句有一处需要注意的地方，就是"舒适"后面要断句。

幸福是一种心灵的震颤。它像会倾听音乐的耳朵一样，需要不断地训练。

▶这里有一处需要注意的地方，就是"耳朵"的"朵"要读成轻声。

简而言之，幸福就是没有痛苦的时刻。它出现的频率并不像我们想象的那样少。

▶这里有一处需要注意的地方，就是"并不"的"不"要读成二声。

人们常常只是在幸福的金马车已经驶过去很远时，才拣起地上的金鬃毛说，原来我见过它。

▶这一句有两处需要注意的地方，第一处是"只是"的"只"要读成三声；第二处是"拣起"是两个三声，两个三声连起来，前面的三声要读成二声。

人们喜爱回味幸福的标本，却忽略它披着露水散发清香的时刻。

▶这一句有一处需要注意的地方，就是"散发"的"散"读四声。

那时候我们往往步履匆匆，瞻前顾后不知在忙着什么。

▶这一句有两处需要注意的地方，第一处是"往往"是两个三声，两个三声连起来，前面的三声要读成二声；第二处是"不知"的"不"读四声。

世上有预报台风的，有预报蝗灾的，有预报瘟疫的，有预报地震的。没有人预报幸福。

▶这里有一处需要注意的地方，就是"世上"后面要断句。

其实幸福和世界万物一样，有它的征兆。

▶这一句有两处需要注意的地方，第一处是"一样"的"一"要读成二声；第二处是"征兆"的"征"要读成一声。

幸福常常是朦胧的，很有节制地向我们喷洒甘霖。

▶这一句有一处需要注意的地方，就是"很有"是两个三声，两个三声连起来，前面的三声要读成二声。

你不要总希望轰轰烈烈的幸福，它多半只是悄悄地扑面而来。你也不要企图把水龙头拧得更大，那样它会很快地流失。你需要静静地以平和之心，体验它的真谛。

▶这里有三处需要注意的地方，第一处是"不要"的"不"要读成二声；第二处是"只是"的"只"要读成三声；第三处是"你也"是两个三声，两个三声连起来，前面的三声要读成二声。

幸福绝大多数是朴素的。它不会像信号弹似的，在很高的天际闪烁红色的光芒。

▶这一句有两处需要注意的地方，第一处是"不会"的"不"要读成二声；第二处是"似的"的"似"读四声。

二、 断句练习

享受幸福/是需要学习的/，当它即将来临的/时刻/需要提醒/。人可以自然而然地/学会感官的享乐/，却无法天生地/掌握幸福的韵律/。灵魂的快意/同器官的舒适/像一对孪生兄弟/，时而/相傍相依/，时而/南辕北辙/。

幸福/是一种心灵的/震颤/。它像/会倾听音乐的/耳朵一样/，需要不断地/训练/。

简而言之/，幸福就是/没有痛苦的时刻/。它出现的频率/并不像/我们想象的/那样少/。人们常常/只是在幸福的/金马车/已经驶过去/很远时/，才拣起地上的/金鬃毛说/，原来/我见过它/。

人们喜爱回味/幸福的标本/，却忽略它/披着露水/散发清香的/时刻/。那时候/我们往往/步履匆匆/，瞻前顾后/不知/在忙着什么/。

世上/有预报台风的/，有预报蝗灾的/，有预报瘟疫的/，有预报地震的/。没有人预报幸福/。

其实幸福/和世界万物一样/，有它的征兆/。

幸福/常常是/朦胧的/，很有节制地/向我们/喷洒甘霖/。你不要总希望/轰轰烈烈的/幸福/，它多半只是/悄悄地/扑面而来/。你也不要企图/把水龙头/拧得更大/，那样它会/很快地流失/。你需要静静地/以平和之心/，体验/它的真谛/。

幸福/绝大多数/是朴素的/。它不会/像信号弹似的/，在很高的天际/闪烁/红色的光芒/。它披着/本色的外//衣/，亲切温暖地/包裹起我们/。

三、"文字+拼音"练习

　　xiǎng shòu xìng fú shì xū yào xué xí de　dāng tā jí jiāng lái lín de
　　享受幸福是需要学习的，当它即将来临的
shí kè xū yào tí xǐng　rén kě yǐ zì rán ér rán de xué huì gǎn guān de
时刻需要提醒。人可以自然而然地学会感官的
xiǎng lè　què wú fǎ tiān shēng de zhǎng wò xìng fú de yùn lǜ　líng hún
享乐，却无法天生地掌握幸福的韵律。灵魂
de kuài yì tóng qì guān de shū shì xiàng yí duì luán shēng xiōng dì　shí
的快意同器官的舒适像一对孪生兄弟，时
ér xiāng bàng xiāng yī　shí ér nán yuán běi zhé
而相傍相依，时而南辕北辙。

　　xìng fú shì yì zhǒng xīn líng de zhèn chàn　tā xiàng huì qīng tīng yīn
　　幸福是一种心灵的震颤。它像会倾听音
yuè de ěr duo yí yàng　xū yào bú duàn de xùn liàn
乐的耳朵一样，需要不断地训练。

　　jiǎn ér yán zhī　xìng fú jiù shì méi·yǒu tòng kǔ de shí kè　tā chū
　　简而言之，幸福就是没·有痛苦的时刻。它出
xiàn de pín lǜ bìng bú xiàng wǒ men xiǎng xiàng de nà yàng shǎo　rén men
现的频率并不像我们想象的那样少。人们
cháng cháng zhǐ shì zài xìng fú de jīn mǎ chē yǐ·jīng shǐ guò·qù hěn yuǎn
常常只是在幸福的金马车已·经驶过·去很远
shí　cái jiǎn qǐ dì·shàng de jīn zōng máo shuō　yuán lái wǒ jiàn
时，才拣起地·上的金鬃毛说，原来我见
guo tā
过它。

　　rén men xǐ ài huí wèi xìng fú de biāo běn　què hū lüè tā pī zhe
　　人们喜爱回味幸福的标本，却忽略它披着
lù·shuǐ sàn fā qīng xiāng de shí kè　nà shí hou wǒ men wǎng wǎng bù
露·水散发清香的时刻。那时候我们往往步
lǚ cōng cōng　zhān qián gù hòu bù zhī zài máng zhe shén me
履匆匆，瞻前顾后不知在忙着什么。

世上有预报台风的，有预报蝗灾的，有预报瘟疫的，有预报地震的。没有人预报幸福。

其实幸福和世界万物一样，有它的征兆。幸福常常是朦胧的，很有节制地向我们喷洒甘霖。你不要总希望轰轰烈烈的幸福，它多半只是悄悄地扑面而来。你也不要企图把水龙头拧得更大，那样它会很快地流失。你需要静静地以平和之心，体验它的真谛。

幸福绝大多数是朴素的。它不会像信号弹似的，在很高的天际闪烁红色的光芒。它披着本色的外//衣，亲切温暖地包裹起我们。

四、"文字+拼音+断句" 练习

享受幸福/是需要学习的/，当它即将来临的/时刻/需要提醒/。人可以自然而然地/学会感官的享乐/，却无法天生地/掌握幸福的韵律/。灵魂的快意/同器官的舒适/像一对孪

— 347 —

生兄弟/，时而/相傍相依/，时而/南辕北辙/。

幸福/是一种心灵的/震颤/。它像/会倾听音乐的/耳朵一样/，需要不断地/训练/。

简而言之/，幸福就是/没有痛苦的时刻/。它出现的频率/并不像/我们想象的/那样少/。人们常常/只是在幸福的/金马车/已经驶过去/很远时/，才拣起地上的/金鬃毛说/，原来/我见过它/。

人们喜爱回味/幸福的标本/，却忽略它/披着露水/散发清香的/时刻/。那时候/我们往往/步履匆匆/，瞻前顾后/不知/在忙着什么/。

世上/有预报台风的/，有预报蝗灾的/，有预报瘟疫的/，有预报地震的/。没有人预报幸福/。

其实幸福/和世界万物一样/，有它的征

兆/。

幸福/常常是/朦胧的/,很有节制地/向我们/喷洒甘霖/。你不要总希望/轰轰烈烈的/幸福/,它多半只是/悄悄地/扑面而来/。你也不要企图/把水龙头/拧得更大/,那样它会/很快地流失/。你需要静静地/以平和之心/,体验/它的真谛/。

幸福/绝大多数/是朴素的/。它不会/像信号弹似的/,在很高的天际/闪烁/红色的光芒/。它披着/本色的外//衣/,亲切温暖地/包裹起我们/。

作品41号： 天才的造就

在里约热内卢的一个贫民窟里，有一个男孩子，他非常喜欢足球，可是又买不起，于是就踢塑料盒，踢汽水瓶，踢从垃圾箱里拣来的椰子壳。他在胡同里踢，在能找到的任何一片空地上踢。

有一天，当他在一处干涸的水塘里猛踢一个猪膀胱时，被一位足球教练看见了。他发现这个男孩儿踢得很像是那么回事，就主动提出要送给他一个足球。小男孩儿得到足球后踢得更卖劲了。不久，他就能准确地把球踢进远处随意摆放的一个水桶里。

圣诞节到了，孩子的妈妈说："我们没有钱买圣诞礼物送给我们的恩人，就让我们为他祈祷吧。"

小男孩儿跟随妈妈祈祷完毕，向妈妈要了一把铲子便跑了出去。他来到一座别墅前的花园里，开始挖坑。

就在他快要挖好坑的时候，从别墅里走出一个人来，问小孩儿在干什么。孩子抬起满是汗珠的脸蛋儿，说："教练，圣诞节到了，我没有礼物送给您，我愿给您的圣诞树挖一个树坑。"

教练把小男孩儿从树坑里拉上来，说，我今天得到了世界上最好的礼物，明天你就到我的训练场去吧。

三年后，这位十七岁的男孩儿在第六届足球锦标赛上独进二十一球，为巴西第一次捧回了金杯。一个原//来不为世人所知的名字——贝利，随之传遍世界。

（节选自刘燕敏《天才的造就》）

一、逐句讲解

在里约热内卢的一个贫民窟里，有一个男孩子，他非常喜欢足球，可是又买不起，于是就踢塑料盒，踢汽水瓶，踢从垃圾箱里拣来的椰子壳。他在胡同里踢，在能找到的任何一片空地上踢。

▶这里有三处需要注意的地方，第一处是"一个"的"一"要读成二声；第二处是"买不起"的"不"要读成四声；第三处是"胡同"的"同"要读成轻声。

有一天，当他在一处干涸的水塘里猛踢一个猪膀胱时，被一位足球教练看见了。

▶这一句有两处需要注意的地方，第一处是"一天"的"一"要读成四声；第二处是"一处""一个""一位"的"一"都要读成二声。

他发现这个男孩儿踢得很像是那么回事，就主动提出要送给他一个足球。

▶这一句有两处需要注意的地方，第一处是"男孩儿"的儿化音；第二处是"一个"的"一"要读成二声。

小男孩儿得到足球后踢得更卖劲了。不久，他就能准确地把球踢进远处随意摆放的一个水桶里。

▶这里有两处需要注意的地方，第一处是"男孩儿"和"卖劲"都要读儿化音；第二处是"不久"的"不"要读成四声。

小男孩儿跟随妈妈祈祷完毕，向妈妈要了一把铲子便跑了出去。他来到一座别墅前的花园里，开始挖坑。

▶这里有三处需要注意的地方，第一处是"男孩儿"的儿化音；第二处是"一把"的"一"要读成四声；第三处是"一座"的"一"要读成二声。

就在他快要挖好坑的时候，从别墅里走出一个人来，问小孩儿在干什么。孩子抬起满是汗珠的脸蛋儿，说："教练，圣诞节到了，我没有礼物送给您，我愿给您的圣诞树挖一个树坑。"

▶这一句有三处需要注意的地方，第一处是"一个"的"一"要读成二声；第二处是"小孩儿"和"脸蛋儿"的儿化音；第三处是"干什么"的"干"要读成四声。

教练把小男孩儿从树坑里拉上来，说，我今天得到了世界上最好的礼物，明天你就到我的训练场去吧。

▶这一句有两处需要注意的地方，第一处是"男孩儿"的儿化音；第二处是"的""吧"都要读成轻声。

三年后,这位十七岁的男孩儿在第六届足球锦标赛上独进二十一球,为巴西第一次捧回了金杯。

▶这一句有一处需要注意的地方,就是"男孩儿"的儿化音。

二、断句练习

在里约热内卢的/一个贫民窟里/,有一个/男孩子/,他非常喜欢/足球/,可是/又买不起/,于是/就踢/塑料盒/,踢/汽水瓶/,踢/从垃圾箱里/拣来的/椰子壳/。他在胡同里踢/,在能找到的/任何一片/空地上踢/。

有一天/,当他在一处/干涸的水塘里/猛踢一个/猪膀胱时/,被一位/足球教练/看见了/。他发现/这个男孩儿/踢得/很像是那么回事/,就主动提出/要送给他/一个足球/。小男孩儿/得到足球后/踢得/更卖劲了/。不久/,他就能准确地/把球踢进/远处随意摆放的/一个水桶里/。

圣诞节到了/,孩子的妈妈说/:"我们没有钱/买圣诞礼物/送给我们的恩人/,就让我们/为他祈祷吧/。"

小男孩儿/跟随妈妈/祈祷完毕/,向妈妈/要了一把铲子/便跑了出去/。他来到/一座别墅前的花园里/,开始挖坑/。

就在他/快要挖好坑的时候/,从别墅里/走出一个人来/,问小孩儿/在干什么/。孩子抬起/满是汗珠的脸蛋儿/,说/:"教练/,圣诞节到了/,我没有礼物/送给您/,我愿/给您的圣诞树/挖一个树坑/。"

教练/把小男孩儿/从树坑里/拉上来/,说/,我今天得到了/世界上/最好的礼物/,明天/你就到/我的训练场/去吧/。

三年后/,这位十七岁的男孩儿/在第六届/足球锦标赛上/独进二十一球/,为巴西/第一次/捧回了金杯/。一个/原//来/不为世人/所知的名字/——贝利/,随之/传遍世界/。

三、"文字+拼音"练习

zài Lǐ yuē rè nèi lú de yí gè pín mín kū · lǐ　　yǒu yí gè nán hái
在　里　约　热　内　卢　的　一　个　贫　民　窟　里，有　一　个　男　孩子，他非常喜欢足球，可是又买不起，于是就踢塑料盒，踢汽水瓶，踢从垃圾箱里拣来的椰子壳。他在胡同里踢，在能找到的任何一片空地上踢。

有一天，当他在一处干涸的水塘里猛踢一个猪膀胱时，被一位足球教练看见了。他发现这个男孩儿踢得很像是那么回事，就主动提出要送给他一个足球。小男孩儿得到足球后踢得更卖劲了。不久，他就能准确地把球踢进远处随意摆放的一个水桶里。

圣诞节到了，孩子的妈妈说："我们没有钱买圣诞礼物送给我们的恩人，就让我们为他祈祷吧。"

小男孩儿跟随妈妈祈祷完毕，向妈妈要了一把铲子便跑了出去。他来到一座别墅前的花园里，开始挖坑。

　　　　jiù zài tā kuài yào wā hǎo kēng de shí hou　　cóng bié shù·lǐ zǒu chū
　　　　就在他快要挖好坑的时候，从别墅里走出

yí gè rén·lái　　wèn xiǎo háir　zài gàn shén me　　hái zi tái qǐ mǎn shì
一个人来，问小孩儿在干什么。孩子抬起满是

hán zhū de liǎn dànr　　shuō　　jiào liàn　shèng dàn jié dào le　　wǒ
汗珠的脸蛋儿，说："教练，圣诞节到了，我

méi·yǒu lǐ wù sòng gěi nín　　wǒ yuàn gěi nín de shèng dàn shù wā yí gè
没 有礼物送给您，我愿给您的圣诞树挖一个

shù kēng
树坑。"

　　　　jiào liàn bǎ xiǎo nán háir　cóng shù kēng·lǐ lā shàng·lái　　shuō
　　　　教练把小男孩儿从树坑里拉上来，说，

wǒ jīn tiān dé dào le shì jiè·shàng zuì hǎo de lǐ wù　　míng tiān nǐ jiù
我今天得到了世界 上最好的礼物，明天你就

dào wǒ de xùn liàn chǎng qù ba
到我的训练场去吧。

　　　　sān nián hòu　　zhè wèi shí qī suì de nán háir　zài dì liù jiè zú qiú jǐn
　　　　三年后，这位十七岁的男孩儿在第六届足球锦

biāo sài·shàng dú jìn èr shí yī qiú　　wèi bā xī dì yī cì pěng huí le jīn
标赛 上独进二十一球，为巴西第一次捧回了金

bēi　　yí gè yuán　　lái bù wéi shì rén suǒ zhī de míng zi　　bèi lì
杯。一个原//来不为世人所知的名字——贝利，

suí zhī chuán biàn shì jiè
随之传遍世界。

四、"文字+拼音+断句" 练习

　　　　zài Lǐ yuē rè nèi lú de　yí gè pín mín kū·lǐ　　yǒu yí gè　nán
　　　　在里约热内卢的/一个贫民窟里/，有一个/男

hái zi　　tā fēi cháng xǐ huan　zú qiú　　kě shì yòu mǎi·bù qǐ
孩子/，他非常喜欢/足球/，可是/又买不起/，

yú shì jiù tī　sù liào hér　　tī qì shuǐ píng　　tī cóng lā jī
于是/就踢/塑料盒/，踢/汽水瓶/，踢/从垃圾

箱里/拣来的/椰子壳/。他在胡同里踢/，在能找到的/任何一片/空地上踢/。

有一天/，当他在一处/干涸的水塘里/猛踢一个/猪膀胱时/，被一位/足球教练/看见了/。他发现/这个男孩儿/踢得/很像是那么回事/，就主动提出/要送给他/一个足球/。小男孩儿/得到足球后/踢得/更卖劲了/。不久/，他就能准确地/把球踢进/远处随意摆放的/一个水桶里/。

圣诞节到了/，孩子的妈妈说/："我们没有钱/买圣诞礼物/送给我们的恩人/，就让我们/为他祈祷吧/。"

小男孩儿/跟随妈妈/祈祷完毕/，向妈妈/要了一把铲子/便跑了出去/。他来到/一座别墅前的花园里/，开始挖坑/。

就在他/快要挖好坑的时候/，从别墅里/

走出一个人来/,问小孩儿/在干什么/。孩子抬起/满是汗珠的脸蛋儿/,说/:"教练/,圣诞节到了/,我没有礼物/送给您/,我愿/给您的圣诞树/挖一个树坑/。"

教练/把小男孩儿/从树坑里/拉上来/,说/,我今天得到了/世界上/最好的礼物/,明天/你就到/我的训练场/去吧/。

三年后/,这位十七岁的男孩儿/在第六届/足球锦标赛上/独进二十一球/,为巴西/第一次/捧回了金杯/。一个/原//来/不为世人/所知的名字/——贝利/,随之/传遍世界/。

作品 42 号： 我的母亲独一无二

　　记得我十三岁时，和母亲住在法国东南部的耐斯城。母亲没有丈夫，也没有亲戚，够清苦的，但她经常能拿出令人吃惊的东西，摆在我面前。她从来不吃肉，一再说自己是素食者。然而有一天，我发现母亲正仔细地用一小块碎面包擦那给我煎牛排用的油锅。我明白了她称自己为素食者的真正原因。

　　我十六岁时，母亲成了耐斯市美蒙旅馆的女经理。这时，她更忙碌了。一天，她瘫在椅子上，脸色苍白，嘴唇发灰。马上找来医生，做出诊断：她摄取了过多的胰岛素。直到这时我才知道母亲多年一直对我隐瞒的疾痛——糖尿病。

　　她的头歪向枕头一边，痛苦地用手抓挠胸口。床架上方，则挂着一枚我一九三二年赢得耐斯市少年乒乓球冠军的银质奖章。

　　啊，是对我的美好前途的憧憬支撑着她活下去。为了给她那荒唐的梦至少加一点真实的色彩，我只能继续努力，与时间竞争，直至一九三八年我被征入空军。巴黎很快失陷，我辗转调到英国皇家空军。刚到英国就接到了母亲的来信。这些信是由在瑞士的一个朋友秘密地转到伦敦，送到我手中的。

　　现在我要回家了，胸前佩带着醒目的绿黑两色的解放十字绶//带，上面挂着五六枚我终身难忘的勋章，肩上还佩带着军官肩章。到达旅馆时，没有一个人跟我打招呼。原来，我母亲在三年半以前就已经离开人间了。

　　在她死前的几天中，她写了近二百五十封信，把这些信交给她在瑞士的朋友，请这个朋友定时寄给我。就这样，在母亲死后的三年半的时间里，我一直从她身上吸取着力量和勇气——这使我能够继续战斗到胜利那一天。

（节选自［法］罗曼加里《我的母亲独一无二》）

一、 逐句讲解

　　记得我十三岁时，和母亲住在法国东南部的耐斯城。

▶这一句有一处需要注意的地方，就是"记得"的"得"要读成轻声。

　　母亲没有丈夫，也没有亲戚，够清苦的，但她经常能拿出令人吃惊的东西，摆在我面前。

　　▶这一句有一处需要注意的地方，就是"夫""戚""的""西"都要读成轻声。

　　她从来不吃肉，一再说自己是素食者。

　　▶这一句有两处需要注意的地方，第一处是"不吃"的"不"要读成四声；第二处是"一再"的"一"要读成二声。

　　然而有一天，我发现母亲正仔细地用一小块碎面包擦那给我煎牛排用的油锅。我明白了她称自己为素食者的真正原因。

　　▶这里有两处需要注意的地方，第一处是"一"要读成四声；第二处是"的""了"都要读成轻声。

　　我十六岁时，母亲成了耐斯市美蒙旅馆的女经理。这时，她更忙碌了。

　　▶这一句有一处需要注意的地方，就是"更"要读成四声。

　　一天，她瘫在椅子上，脸色苍白，嘴唇发灰。马上找来医生，做出诊断：她摄取了过多的胰岛素。

　　▶这里有一处需要注意的地方，就是"一天"的"一"要读成四声。

　　直到这时我才知道母亲多年一直对我隐瞒的疾痛——糖尿病。

　　▶这一句有一处需要注意的地方，就是"一直"的"一"要读成四声。

　　她的头歪向枕头一边，痛苦地用手抓挠胸口。床架上方，则挂着一枚我一九三二年赢得耐斯市少年乒乓球冠军的银质奖章。

　　▶这里有两处需要注意的地方，第一处是"一边""一枚"的"一"要读成四声；第二处是"一九三二年"的"一"要读成一声。

　　啊，是对我的美好前途的憧憬支撑着她活下去。为了给她那荒唐的梦至少加一点真实的色彩，我只能继续努力，与时间竞争，直至一九三八年我被征入空军。

　　▶这一句有四处需要注意的地方，第一处是"为了"的"为"要读成四声；第二处是"一点"的"一"要读成四声；第三处是"只能"的"只"要读成三声。

巴黎很快失陷，我辗转调到英国皇家空军。刚到英国就接到了母亲的来信。

▶这里有一处需要注意的地方，就是"辗转"是两个三声，两个三声连起来，前面的三声要读成二声。

这些信是由在瑞士的一个朋友秘密地转到伦敦，送到我手中的。

▶这一句有一处需要注意的地方，就是"一个"的"一"要读成二声。

现在我要回家了，胸前佩带着醒目的绿黑两色的解放十字绶带，上面挂着五六枚我终身难忘的勋章，肩上还佩带着军官肩章。

▶这一句有一处需要注意的地方，就是"现在"后面要断句。

二、断句练习

记得/我十三岁时/，和母亲/住在法国东南部的/耐斯城/。母亲没有丈夫/，也没有亲戚/，够清苦的/，但她经常/能拿出/令人吃惊的/东西/，摆在我面前/。她从来不吃肉/，一再说/自己是素食者/。然而/有一天/，我发现母亲/正仔细地/用一小块碎面包/擦那/给我煎牛排用的油锅/。我明白了/她称自己/为素食者的/真正原因/。

我十六岁时/，母亲/成了/耐斯市/美蒙旅馆的/女经理/。这时/，她更忙碌了/。一天/，她瘫在椅子上/，脸色苍白/，嘴唇发灰/。马上找来医生/，做出诊断/：她摄取了/过多的胰岛素/。直到这时/我才知道/母亲/多年一直对我隐瞒的疾痛/——糖尿病/。

她的头/歪向枕头一边/，痛苦地/用手抓挠胸口/。床架上方/，则挂着/一枚/我一九三二年/赢得/耐斯市/少年乒乓球冠军的/银质奖章/。

啊/，是对我的/美好前途的/憧憬/支撑着/她活下去/。为了给她/那荒唐的梦/至少加一点/真实的色彩/，我只能继续努力/，与时间竞争/，直至一九三八年/我被征入空军/。巴黎/很快失陷/，我辗转/调到/英国皇家空军/。刚到英国/就接到了/母亲的来信/。这些信/是由在瑞士的/一个朋友秘密地/转到伦敦/，送到我手中的/。

现在/我要回家了/，胸前佩带着/醒目的绿黑两色的/解放十字绶//带/，上面挂着/五六枚/我终身难忘的/勋章/，肩上/还佩带着/军官肩章/。到达旅馆时/，没有一个人/跟我打招呼/。原来/，我母亲/在三年半以前/就已经/离开人间了/。

在她死前的几天中/，她写了/近二百五十封信/，把这些信/交给/她在瑞士的朋友/，请这个朋友/定时寄给我/。就这样/，在母亲死后的/三年半的/时间里/，我一直从她身上/吸取着力量/和勇气/——这使我/能够继续战斗到/胜利那一天/。

三、"文字+拼音"练习

jì · dé wǒ shí sān suì shí　　hé mǔ · qīn zhù zài Fǎ guó dōng nán bù
记 得 我 十 三 岁 时， 和 母 亲 住 在 法 国 东 南 部

de Nài sī Chéng　　mǔ · qīn méi · yǒu zhàng fu　　yě méi · yǒu qīn qi
的 耐 斯 城 。 母 亲 没 有 丈 夫， 也 没 有 亲 戚，

gòu qīng kǔ de　　dàn tā jīng cháng néng ná · chū lìng rén chī jīng de dōng
够 清 苦 的， 但 她 经 常 能 拿 出 令 人 吃 惊 的 东

xi　　bǎi zài wǒ miàn qián　　tā cóng lái bù chī ròu　　yí zài shuō zì jǐ shì
西， 摆 在 我 面 前 。 她 从 来 不 吃 肉， 一 再 说 自 己 是

sù shí zhě　　rán ér yǒu yì tiān　　wǒ fā xiàn mǔ · qīn zhèng zǐ xì de yòng
素 食 者 。 然 而 有 一 天， 我 发 现 母 亲 正 仔 细 地 用

yì xiǎo kuài suì miàn bāo cā nà gěi wǒ jiān niú pái yòng de yóu guō　　wǒ
一 小 块 碎 面 包 擦 那 给 我 煎 牛 排 用 的 油 锅 。 我

míng bai le tā chēng zì jǐ wéi sù shí zhě de zhēn zhèng yuán yīn
明 白 了 她 称 自 己 为 素 食 者 的 真 正 原 因 。

wǒ shí liù suì shí　　mǔ · qīn chéng le Nài sī Shì Měi méng lǚ guǎn de
我 十 六 岁 时， 母 亲 成 了 耐 斯 市 美 蒙 旅 馆 的

nǚ jīng lǐ　　zhè shí　　tā gèng máng lù le　　yì tiān　　tā tān zài yǐ
女 经 理 。 这 时， 她 更 忙 碌 了 。 一 天， 她 瘫 在 椅

zi · shàng　　liǎn sè cāng bái　　zuǐ chún fā huī　　mǎ shàng zhǎo lái yī
子 上， 脸 色 苍 白， 嘴 唇 发 灰 。 马 上 找 来 医

shēng　　zuò · chū zhěn duàn　　tā shè qǔ le guò duō de yí dǎo sù　　zhí
生， 做 出 诊 断： 她 摄 取 了 过 多 的 胰 岛 素 。 直

dào zhè shí wǒ cái zhī · dào mǔ · qīn duō nián yì zhí duì wǒ yǐn mán de jí
到 这 时 我 才 知 道 母 亲 多 年 一 直 对 我 隐 瞒 的 疾

痛——糖尿病。

她的头歪向枕头一边，痛苦地用手抓挠胸口。床架上方，则挂着一枚我一九三二年赢得耐斯市少年乒乓球冠军的银质奖章。

啊，是对我的美好前途的憧憬支撑着她活下去。为了给她那荒唐的梦至少加一点真实的色彩，我只能继续努力，与时间竞争，直至一九三八年我被征入空军。巴黎很快失陷，我辗转调到英国皇家空军。刚到英国就接到了母亲的来信。这些信是由在瑞士的一个朋友秘密地转到伦敦，送到我手中的。

现在我要回家了，胸前佩带着醒目的绿黑两色的解放十字绶//带，上面挂着五六枚我终身难忘的勋章，肩上还佩带着军官肩章。到达旅馆时，没有一个人跟我打招呼。原来，我母亲在三年半以前就已经离开人间了。

在她死前的几天中，她写了近二百五十封信，把这些信交给她在瑞士的朋友，请这个朋友定时寄给我。就这样，在母亲死后的三年半的时间里，我一直从她身上吸取着力量和勇气——这使我能够继续战斗到胜利那一天。

四、"文字+拼音+断句"练习

记得/我十三岁时/，和母亲/住在法国东南部的/耐斯城/。母亲没有丈夫/，也没有亲戚/，够清苦的/，但她经常/能拿出/令人吃惊的/东西/，摆在我面前/。她从来不吃肉/，一再说/自己是素食者/。然而/有一天/，我发现母亲/正仔细地/用一小块碎面包/擦那/给我煎牛排用的油锅/。我明白了/她称自己/为素食者的/真正原因/。

我十六岁时/，母亲/成了/耐斯市/美蒙旅馆的/女经理/。这时/，她更忙碌了/。一天/，她瘫在椅子上/，脸色苍白/，嘴唇发灰/。马上找来医生/，做出诊断：她摄取了/过多的胰岛素/。直到这时/我才知道/母亲/多年一直对我隐瞒的疾痛/——糖尿病/。

她的头/歪向枕头一边/，痛苦地/用手抓挠胸口/。床架上方/，则挂着/一枚/我一九三二年/赢得/耐斯市/少年乒乓球冠军的/银质奖章/。

啊/，是对我的/美好前途的/憧憬/支撑着/她活下去/。为了给她/那荒唐的梦/至少加一点/真实的色彩/，我只能继续努力/，与时间竞争/，直至一九三八年/我被征入空军/。巴黎/很快失陷/，我辗转/调到/英国皇家空军/。刚到英国/就接到了/母亲的来信/。这些信/是由在瑞士的/一个朋友秘密地/转到伦敦/，送到我手中的/。

现在/，我要回家了/，胸前佩带着/醒目的绿黑两色的/解放十字绶带/，上面挂着/五六枚/我终身难忘的/勋章/，肩上/还佩带着/军官肩章/。到达旅馆时/，没有一个人/跟我打招呼/。原来/，我母亲/在三年半以前/就已经/离开人间了/。

在她死前的几天中/，她写了/近二百五十封信/，把这些信/交给/她在瑞士的朋友/，请这个朋友/定时寄给我/。就这样/，在母亲死后的/三年半的/时间里/，我一直从她身上/吸取着力量/和勇气/——这使我/能够继续战斗到/胜利那一天/。

作品 43 号： 我的信念

　　生活对于任何人都非易事，我们必须有坚韧不拔的精神。最要紧的，还是我们自己要有信心。我们必须相信，我们对每一件事情都具有天赋的才能，并且，无论付出任何代价，都要把这件事完成。当事情结束的时候，你要能问心无愧地说："我已经尽我所能了。"

　　有一年的春天，我因病被迫在家里休息数周。我注视着我的女儿们所养的蚕正在结茧，这使我很感兴趣。望着这些蚕执着地、勤奋地工作，我感到我和它们非常相似。像它们一样，我总是耐心地把自己的努力集中在一个目标上。我之所以如此，或许是因为有某种力量在鞭策着我——正如蚕被鞭策着去结茧一般。

　　近五十年来，我致力于科学研究，而研究，就是对真理的探讨。我有许多美好快乐的记忆。少女时期我在巴黎大学，孤独地过着求学的岁月；在后来献身科学的整个时期，我丈夫和我专心致志，像在梦幻中一般，坐在简陋的书房里艰辛地研究，后来我们就在那里发现了镭。

　　我永远追求安静的工作和简单的家庭生活。为了实现这个理想，我竭力保持宁静的环境，以免受人事的干扰和盛名的拖累。

　　我深信，在科学方面我们有对事业而不//是对财富的兴趣。我的唯一奢望是在一个自由国家中，以一个自由学者的身份从事研究工作。

　　我一直沉醉于世界的优美之中，我所热爱的科学也不断增加它崭新的远景。我认定科学本身就具有伟大的美。

（节选自 ［波兰］ 玛丽·居里《我的信念》，剑捷译）

一、逐句讲解

　　生活对于任何人都非易事，我们必须有坚韧不拔的精神。最要紧的，还是我们自己要有信心。

▶这里两处需要注意的地方,第一处是"不拔"的"不"要读成四声;第二处是"精神"的"神"要读成轻声。

我们必须相信,我们对每一件事情都具有天赋的才能,并且,无论付出任何代价,都要把这件事完成。当事情结束的时候,你要能问心无愧地说:"我已经尽我所能了。"

▶这里有两处需要注意的地方,第一处是"每一件"中的"一"要读成二声;第二处是"我所"是两个三声,两个三声连起来,前面的三声要读成二声。

有一年的春天,我因病被迫在家里休息数周。

▶这一句有一处需要注意的地方,就是"一年"的"一"要读成四声。

我注视着我的女儿们所养的蚕正在结茧,这使我很感兴趣。

▶这一句有一处需要注意的地方,就是"所养""使我""很感"都是两个三声,两个三声连起来,前面的三声要读成二声。

望着这些蚕执着地、勤奋地工作,我感到和它们非常相似。

▶这一句有一处需要注意的地方,就是"相似"的"似"要读成"sì"。

像它们一样,我总是耐心地把自己的努力集中在一个目标上。

▶这一句有一处需要注意的地方,就是"一样""一个"中的"一"都要读成二声。

我之所以如此,或许是因为有某种力量在鞭策着我——正如蚕被鞭策着去结茧一般。

▶这一句有三处需要注意的地方,第一处是"所以""某种"都是两个三声,两个三声连起来,前面的三声要读成二声;第二处是"因为"的"为"要读成四声;第三处是"一般"的"一"要读成四声。

近五十年来,我致力于科学研究,而研究,就是对真理的探讨。我有许多美好快乐的记忆。

▶这里有一处需要注意的地方,就是"我有""美好"都是两个三声,两个三声连起来,前面的三声要读成二声。

少女时期我在巴黎大学,孤独地过着求学的岁月;在后来献身科学的整个时期,我丈夫和我专心致志,像在梦幻中一般,坐在简陋的书房里艰辛地研究,后来我们就在那里发现了镭。

▶这一句有两处需要注意的地方，第一处是"夫""的""了"都要读成轻声；第二处是"一般"的"一"要读成四声。

我永远追求安静的工作和简单的家庭生活。为了实现这个理想，我竭力保持宁静的环境，以免受人事的干扰和盛名的拖累。

▶这里有一处需要注意的地方，就是"永远""理想""以免"都是两个三声，两个三声连起来，前面的三声要读成二声。

我深信，在科学方面我们有对事业而不是对财富的兴趣。

▶这一句有一处需要注意的地方，就是"而不"的"不"要读成二声。

二、断句练习

生活/对于任何人/都非易事/，我们必须有/坚韧不拔的/精神/。最要紧的/，还是我们自己/要有信心/。我们必须相信/，我们对每一件事情/都具有/天赋的才能/，并且/，无论付出/任何代价/，都要把/这件事完成/。当事情/结束的时候/，你要能/问心无愧地说/："我已经/尽我所能了/。"

有一年的春天/，我因病/被迫在家里/休息数周/。我注视着/我的女儿们/所养的蚕/正在结茧/，这使我/很感兴趣/。望着这些蚕/执着地、勤奋地/工作/，我感到/我和它们/非常相似/。像它们一样/，我总是耐心地/把自己的努力/集中在/一个目标上/。我之所以如此/，或许是因为/有某种力量/在鞭策着我/——正如蚕/被鞭策着/去结茧一般/。

近五十年来/，我致力于/科学研究/，而研究/，就是/对真理的探讨/。我有许多/美好快乐的记忆/。少女时期/我在巴黎大学/，孤独地/过着求学的岁月/；在后来/献身科学的整个时期/，我丈夫和我/专心致志/，像在梦幻中一般/，坐在简陋的书房里/艰辛地研究/，后来我们/就在那里/发现了镭/。

我永远追求/安静的工作/和简单的家庭生活/。为了实现/这个理想/，我竭力保持/宁静的环境/，以免受/人事的干扰/和盛名的拖累/。

我深信/，在科学方面/我们有对事业/而不//是/对财富的兴趣/。我的唯一奢望/是在一个/自由国家中/，以一个自由学者的身份/从事研究工作/。

我一直沉醉于/世界的优美之中/，我所热爱的科学/也不断增加/它崭新的远景/。我认定/科学本身/就具有伟大的美/。

三、"文字+拼音"练习

　　shēng huó duì yú rèn hé rén dōu fēi yì shì， wǒ men bì xū yǒu jiān
　　生　活　对　于　任　何　人　都　非　易　事，我　们　必　须　有　坚
rèn bù bá de jīng shén。 zuì yào jǐn de， hái shì wǒ men zì jǐ yào yǒu xìn
韧　不　拔　的　精　神。最　要　紧　的，还　是　我　们　自　己　要　有　信
xīn。 wǒ men bì xū xiāng xìn， wǒ men duì měi yí jiàn shì qing dōu jù yǒu
心。我　们　必　须　相　信，我　们　对　每　一　件　事　情　都　具　有
tiān fù de cái néng， bìng qiě， wú lùn fù chū rèn hé dài jià， dōu yào bǎ
天　赋　的　才　能，并　且，无　论　付　出　任　何　代　价，都　要　把
zhè jiàn shì wán chéng。 dāng shì qing jié shù de shí hou， nǐ yào néng
这　件　事　完　成。当　事　情　结　束　的　时　候，你　要　能
wèn xīn wú kuì de shuō： "wǒ yǐ·jīng jìn wǒ suǒ néng le。"
问　心　无　愧　地　说："我　已　经　尽　我　所　能　了。"

　　yǒu yì nián de chūn tiān， wǒ yīn bìng bèi pò zài jiā·li xiū xi shù
　　有　一　年　的　春　天，我　因　病　被　迫　在　家　里　休　息　数
zhōu。 wǒ zhù shì zhe wǒ de nǚ ér men suǒ yǎng de cán zhèng zài jié jiǎn，
周。我　注　视　着　我　的　女　儿　们　所　养　的　蚕　正　在　结　茧，
zhè shǐ wǒ hěn gǎn xìng qù。 wàng zhe zhè xiē cán zhí zhuó de、 qín fèn de
这　使　我　很　感　兴　趣。望　着　这　些　蚕　执　着　地、勤　奋　地
gōng zuò， wǒ gǎn dào wǒ hé tā men fēi cháng xiāng shì。 xiàng tā men
工　作，我　感　到　我　和　它　们　非　常　相　似。像　它　们
yí yàng， wǒ zǒng shì nài xīn de bǎ zì jǐ de nǔ lì jí zhōng zài yí gè mù
一　样，我　总　是　耐　心　地　把　自　己　的　努　力　集　中　在　一　个　目
biāo·shàng。 wǒ zhī suǒ yǐ rú cǐ， huò xǔ shì yīn·wèi yǒu mǒu zhǒng
标　上。我　之　所　以　如　此，或　许　是　因　为　有　某　种
lì·liàng zài biān cè zhe wǒ—— zhèng rú cán bèi biān cè zhe qù jié jiǎn
力　量　在　鞭　策　着　我——正　如　蚕　被　鞭　策　着　去　结　茧
yì bān。
一　般。

　　jìn wǔ shí nián lái， wǒ zhì lì yú kē xué yán jiū， ér yán jiū， jiù
　　近　五　十　年　来，我　致　力　于　科　学　研　究，而　研　究，就
shì duì zhēn lǐ de tàn tǎo。 wǒ yǒu xǔ duō měi hǎo kuài lè de jì yì。
是　对　真　理　的　探　讨。我　有　许　多　美　好　快　乐　的　记　忆。

少女时期我在巴黎大学，孤独地过着求学的岁月；在后来献身科学的整个时期，我丈夫和我专心致志，像在梦幻中一般，坐在简陋的书房里艰辛地研究，后来我们就在那里发现了镭。

我永远追求安静的工作和简单的家庭生活。为了实现这个理想，我竭力保持宁静的环境，以免受人事的干扰和盛名的拖累。

我深信，在科学方面我们有对事业而不//是对财富的兴趣。我的唯一奢望是在一个自由国家中，以一个自由学者的身份从事研究工作。

我一直沉醉于世界的优美之中，我所热爱的科学也不断增加它崭新的远景。我认定科学本身就具有伟大的美。

四、"文字＋拼音＋断句"练习

生活/对于任何人/都非易事/，我们必须有/坚韧不拔的/精神/。最要紧的/，还是我们自己/

要有信心/。我们必须相信/，我们对每一件事情/都具有/天赋的才能/，并且/，无论付出/任何代价/，都要把/这件事完成/。当事情/结束的时候/，你要能/问心无愧地说/："我已经/尽我所能了/。"

有一年的春天/，我因病/被迫在家里/休息数周/。我注视着/我的女儿们/所养的蚕/正在结茧/，这使我/很感兴趣/。望着这些蚕/执着地/、勤奋地/工作/，我感到/我和它们/非常相似/。像它们一样/，我总是耐心地/把自己的努力/集中在/一个目标上/。我之所以如此/，或许是因为/有某种力量/在鞭策着我/——正如蚕/被鞭策着/去结茧一般/。

近五十年来/，我致力于/科学研究/，而研究/，就是/对真理的探讨/。我有许多/美好快乐的记忆/。少女时期/我在巴黎大学/，孤独地/过着求学的岁月/；在后来/献身科学的整个时期/，我丈夫和我/专心致志/，像在梦幻中一般/，坐在简陋的书房里/艰辛地研究/，后来我们/就在那里/发现了镭/。

我永远追求/安静的工作/和简单的家庭生活/。为了实现/这个理想/，我竭力保持/宁静的环境/，以免受/人事的干扰/和盛名的拖累/。

我深信/，在科学方面/我们有对事业/而不//是/对财富的兴趣/。我的唯一奢望/是在一个/自由国家中/，以一个自由学者的身份/从事研究工作/。

我一直沉醉于/世界的优美之中/，我所热爱的科学/也不断增加/它崭新的远景/。我认定/科学本身/就具有伟大的美/。

作品 44 号： 我为什么当教师

我为什么非要教书不可？是因为我喜欢当教师的时间安排表和生活节奏。七、八、九三个月给我提供了进行回顾、研究、写作的良机，并将三者有机融合，而善于回顾、研究和总结正是优秀教师素质中不可缺少的成分。

干这行给了我多种多样的"甘泉"去品尝，找优秀的书籍去研读，到"象牙塔"和实际世界里去发现。教学工作给我提供了继续学习的时间保证，以及多种途径、机遇和挑战。

然而，我爱这一行的真正原因，是爱我的学生。学生们在我的眼前成长、变化。当教师意味着亲历"创造"过程的发生——恰似亲手赋予一团泥土以生命，没有什么比目睹它开始呼吸更激动人心的了。

权利我也有了：我有权利去启发诱导，去激发智慧的火花，去问费心思考的问题，去赞扬回答的尝试，去推荐书籍，去指点迷津。还有什么别的权利能与之相比呢？

而且，教书还给我金钱和权利之外的东西，那就是爱心。不仅有对学生的爱，对书籍的爱，对知识的爱，还有老师才能感受到的对"特别"学生的爱。这些学生，有如冥顽不灵的泥块，由于接受了老师的炽爱才勃发了生机。

所以，我爱教书，还因为，在那些勃发生机的"特别"学//生身上，我有时发现自己和他们呼吸相通，忧乐与共。

（节选自［美］彼得·基·贝得勒《我为什么当教师》）

一、逐句讲解

我为什么非要教书不可？是因为我喜欢当教师的时间安排表和生活节奏。

▶这里有两处需要注意的地方，第一处是"为什么"后面要断句；第二处是"当教师"后面要断句。

七、八、九三个月给我提供了进行回顾、研究、写作的良机，并将三者有机融合，而善于回顾、研究和总结正是优秀教师素质中不可缺少的成分。

▶这一句有两处需要注意的地方，第一处是"写作"要连读；第二处是读"不可缺少的"时不能断句。

干这行给了我多种多样的"甘泉"去品尝，找优秀的书籍去研读，到"象牙塔"和实际世界里去发现。

▶这一句有两处需要注意的地方，第一处是"多种多样"是成语；第二处是"优秀"分别读一声和四声。

教学工作给我提供了继续学习的时间保证，以及多种途径、机遇和挑战。

▶这一句有两处需要注意的地方，第一处是"时间"要重读；第二处是朗读"途径、机遇和挑战"时要注意节奏。

然而，我爱这一行的真正原因，是爱我的学生。学生们在我的眼前成长、变化。

▶这里有一处需要注意的地方，就是句中的后鼻音，读的时候要注意发音到位。

当教师意味着亲历"创造"过程的发生——恰似亲手赋予一团泥土以生命，没有什么比目睹它开始呼吸更激动人心的了。

▶这一句有一处需要注意的地方，就是"更"要读四声。

权利我也有了：我有权利去启发诱导，去激发智慧的火花，去问费心思考的问题，去赞扬回答的尝试，去推荐书籍，去指点迷津。还有什么别的权利能与之相比呢？

▶这里有两处需要注意的地方，第一处是"权利"分别读二声和四声；第二处是"的"要读轻声。

而且，教书还给我金钱和权利之外的东西，那就是爱心。

▶这句话有一处需要注意的地方，就是句中的前鼻音，读的时候要注意发音到位。

不仅有对学生的爱，对书籍的爱，对知识的爱，还有老师才能感受到的对"特别"学生的爱。这些学生，有如冥顽不灵的泥块，由于接受了老师的炽爱才勃发了生机。

▶这里有一处需要注意的地方，就是句中的"的"要读成轻声。

二、断句练习

我为什么/非要教书不可/？是因为/我喜欢当教师/的时间安排表/和生活节奏/。七、八、九三个月/给我提供了/进行回顾/、研究/、写作的良机/，并将三者/有机融合/，而善于回顾/、研究/和总结/正是优秀教师素质中/不可缺少/的成分/。

干这行/给了我/多种多样的/"甘泉"/去品尝/，找优秀的书籍/去研读/，到"象牙塔"/和实际世界里/去发现/。教学工作/给我提供了/继续学习的/时间保证/，以及/多种途径/、机遇/和挑战/。

然而/，我爱这一行的/真正原因/，是爱我的学生/。学生们/在我的眼前/成长/、变化/。当教师/意味着/亲历"创造"过程的发生/——恰似/亲手赋予一团泥土/以生命/，没有什么比目睹它/开始呼吸/更激动人心的了/。

权利/我也有了/：我有权利/去启发诱导/，去激发/智慧的火花/，去问/费心思考的问题/，去赞扬/回答的尝试/，去推荐书籍/，去指点迷津/。还有什么别的权利/能与之相比呢/？

而且/，教书/还给我金钱/和权利之外的/东西/，那就是爱心/。不仅有对学生的爱/，对书籍的爱/，对知识的爱/，还有教师/才能感受到的/对"特别"学生的爱/。这些学生/，有如/冥顽不灵的泥块/，由于接受了/老师的炽爱/才勃发了生机/。

所以/，我爱教书/，还因为/，在那些勃发生机的/"特别"学//生身上/，我有时发现自己/和他们呼吸相通/，忧乐与共/。

三、"文字+拼音"练习

wǒ wèi shén me fēi yào jiāo shū bù kě　shì yīn·wèi wǒ xǐ huan
我 为 什 么 非 要 教 书 不 可？是 因 为 我 喜 欢

dāng jiào shī de shí jiān ān pái biǎo hé shēng huó jié zòu　qī bā jiǔ
当 教 师 的 时 间 安 排 表 和 生 活 节 奏。七、八、九

sān gè yuè gěi wǒ tí gōng le jìn xíng huí gù　yán jiū　xiě zuò de liáng
三 个 月 给 我 提 供 了 进 行 回 顾、研 究、写 作 的 良

机，并将三者有机融合，而善于回顾、研究和总结正是优秀教师素质中不可缺少的成分。

干这行给了我多种多样的"甘泉"去品尝，找优秀的书籍去研读，到"象牙塔"和实际世界里去发现。教学工作给我提供了继续学习的时间保证，以及多种途径、机遇和挑战。

然而，我爱这一行的真正原因，是爱我的学生。学生们在我的眼前成长、变化。当教师意味着亲历"创造"过程的发生——恰似亲手赋予一团泥土以生命，没有什么比目睹它开始呼吸更激动人心的了。

权利我也有了：我有权利去启发诱导，去激发智慧的火花，去问费心思考的问题，去赞扬回答的尝试，去推荐书籍，去指点迷津。还有什么别的权利能与之相比呢？

而且，教书还给我金钱和权利之外的东西，

nà jiù shì ài xīn　　bù jǐn yǒu duì xué sheng de ài　duì shū jí de ài
　　那 就 是 爱 心 。不 仅 有 对 学 生 的 爱 ，对 书 籍 的 爱，
duì zhī shi de ài　　hái yǒu jiào shī cái néng gǎn shòu dào de duì　tè bié
对 知 识 的 爱 ， 还 有 教 师 才 能 感 受 到 的 对 "特 别"
xué sheng de ài　　zhè xiē xué sheng　yǒu rú míng wán bù líng de ní
学 生 的 爱 。 这 些 学 生 ， 有 如 冥 顽 不 灵 的 泥
kuài　yóu yú jiē shòu le lǎo shī de chì ài cái bó fā le shēng jī
块 ， 由 于 接 受 了 老 师 的 炽 爱 才 勃 发 了 生 机 。
　　suǒ yǐ　wǒ ài jiāo shū　hái yīn·wèi　zài nà xiē bó fā shēng jī
　　所 以 , 我 爱 教 书 , 还 因 为 , 在 那 些 勃 发 生 机
de　tè bié　xué sheng shēn·shàng　wǒ yǒu shí fā xiàn zì jǐ hé
的 "特 别" 学//生 身 上 , 我 有 时 发 现 自 己 和
tā men hū xī xiāng tōng　yōu lè yǔ gòng
他 们 呼 吸 相 通 , 忧 乐 与 共 。

四、"文字＋拼音＋断句" 练习

　　　　wǒ wèi shén me　fēi yào jiāo shū bù kě　　shì yīn·wèi　wǒ xǐ
　　　　我 为 什 么/非 要 教 书 不 可/？是 因 为/我 喜
huan dāng jiào shī　de shí jiān ān pái biǎo hé shēng huó jié zòu　qī
欢 当 教 师/的 时 间 安 排 表/和 生 活 节 奏/。七、
bā　jiǔ sān gè yuè　gěi wǒ tí gōng le　jìn xíng huí gù　yán jiū
八 、九 三 个 月/给 我 提 供 了/进 行 回 顾/、研 究/、
xiě zuò de liáng jī　bìng jiāng sān zhě　yǒu jī róng hé　ér shàn yú
写 作 的 良 机/，并 将 三 者/有 机 融 合/，而 善 于
huí gù　yán jiū hé zǒng jié　zhèng shì yōu xiù jiào shī sù zhì zhōng
回 顾/、研 究/和 总 结/正 是 优 秀 教 师 素 质 中/
bù kě quē shǎo　de chéng·fèn
不 可 缺 少/的 成 分/。

　　　　gàn zhè háng　gěi le wǒ　duō zhǒng duō yàng de　gān quán
　　　　干 这 行/给 了 我/多 种 多 样 的/"甘 泉"/
qù pǐn cháng　zhǎo yōu xiù de shū jí　qù yán dú　dào　xiàng yá
去 品 尝/，找 优 秀 的 书 籍/去 研 读/，到 "象 牙

塔"/和实际世界里/去发现/。教学工作/给我提供了/继续学习的/时间保证/,以及/多种途径/、机遇/和挑战/。

然而/,我爱这一行的/真正原因/,是爱我的学生/。学生们/在我的眼前/成长、变化/。当教师/意味着/亲历"创造"过程的发生/——恰似/亲手赋予一团泥土/以生命/,没有什么比目睹它/开始呼吸/更激动人心的了/。

权利/我也有了/:我有权利/去启发诱导/,去激发/智慧的火花/,去问/费心思考的问题/,去赞扬/回答的尝试/,去推荐书籍/,去指点迷津/。还有什么别的权利/能与之相比呢/?

而且/,教书/还给我金钱/和权利之外的/东西/,那就是爱心/。不仅有对学生的爱/,对书籍的爱/,对知识的爱/,还有教师/才能感受到的对/对"特别"学生的爱/。这些学生/,有如/

— 377 —

冥顽不灵的泥块/，由于接受了/老师的炽爱/才勃发了生机/。

所以/，我爱教书/，还因为/，在那些勃发生机的/"特别"学//生身上/，我有时发现自己/和他们呼吸相通/，忧乐与共/。

作品 45 号： 西部文化和西部开发

中国西部我们通常是指黄河与秦岭相连一线以西，包括西北和西南的十二个省、市、自治区。这块广袤的土地面积为五百四十六万平方公里，占国土总面积的百分之五十七；人口二点八亿，占全国总人口的百分之二十三。

西部是华夏文明的源头。华夏祖先的脚步是顺着水边走的：长江上游出土过元谋人牙齿化石，距今约一百七十万年；黄河中游出土过蓝田人头盖骨，距今约七十万年。这两处古人类都比距今约五十万年的北京猿人资格更老。

西部地区是华夏文明的重要发源地。秦皇汉武以后，东西方文化在这里交汇融合，从而有了丝绸之路的驼铃声声，佛院深寺的暮鼓晨钟。敦煌莫高窟是世界文化史上的一个奇迹，它在继承汉晋艺术传统的基础上，形成了自己兼收并蓄的恢宏气度，展现出精美绝伦的艺术形式和博大精深的文化内涵。秦始皇兵马俑、西夏王陵、楼兰古国、布达拉宫、三星堆、大足石刻等历史文化遗产，同样为世界所瞩目，成为中华文化重要的象征。

西部地区又是少数民族及其文化的集萃地，几乎包括了我国所有的少数民族。在一些偏远的少数民族地区，仍保留//了一些久远时代的艺术品种，成为珍贵的"活化石"，如纳西古乐、戏曲、剪纸、刺绣、岩画等民间艺术和宗教艺术。

（节选自《中考语文课外阅读试题精选》中《西部文化和西部开发》）

一、逐句讲解

中国西部我们通常是指黄河与秦岭相连一线以西，包括西北和西南的十二个省、市、自治区。

▶这一句有一处需要注意的地方，就是句中的"西"读一声。

这块广袤的土地面积为五百四十六万平方公里，占国土总面积的百分之五十七；人口二点八亿，占全国总人口的百分之二十三。

▶这一句有一处需要注意的地方，就是数字的读音要读准确。

西部是华夏文明的源头。华夏祖先的脚步是顺着水边走的：长江上游出土过元谋人牙齿化石，距今约一百七十万年；黄河中游出土过蓝田人头盖骨，距今约七十万年。

▶这一句有两处需要注意的地方，第一处是"元谋人"都读二声；第二处是"蓝田人"要连读。

西部地区是华夏文明的重要发源地。秦皇汉武以后，东西方文化在这里交汇融合，从而有了丝绸之路的驼铃声声，佛院深寺的暮鼓晨钟。

▶这一句有两处需要注意的地方，第一处是"重要"一词要重读；第二处是"丝绸之路"要连读，不能断句读。

敦煌莫高窟是世界文化史上的一个奇迹，它在继承汉晋艺术传统的基础上，形成了自己兼收并蓄的恢宏气度，展现出精美绝伦的艺术形式和博大精深的文化内涵。

▶这一句有两处需要注意的地方，第一处是"传统"的"统"调值为211；第二处是"恢宏气度"要连读。

秦始皇兵马俑、西夏王陵、楼兰古国、布达拉宫、三星堆、大足石刻等历史文化遗产，同样为世界所瞩目，成为中华文化重要的象征。

▶这里有两处需要注意的地方，第一处是"等"的调值为211；第二处是"同样"的两个音节分别是二声和四声，要读重音。

二、断句练习

中国西部/我们通常是指/黄河与秦岭/相连一线/以西/，包括西北/和西南的/十二个省/、市/、自治区/。这块广袤的土地/面积/为五百四十六万/平方公里/，占国土总面积的/百分之五十七/；人口二点八亿/，占全国总人口的/百分之二十三/。

西部/是华夏文明的/源头/。华夏祖先的脚步/是顺着水边走的/：长江上游/出土过/元谋人/牙齿化石/，距今约/一百七十万年/；黄河中游/出土过/蓝田人/头盖骨/，距今约/七十万年/。这两处古人类/都比/距今约五十万年的/北京猿人/资格更老/。

西部地区/是华夏文明的/重要发源地/。秦皇汉武以后/,东西方文化/在这里/交汇融合/,从而有了/丝绸之路的/驼铃声声/,佛院深寺的/暮鼓晨钟/。敦煌莫高窟/是世界文化史上的/一个奇迹/,它在继承/汉晋艺术传统的/基础上/,形成了/自己兼收并蓄的/恢宏气度/,展现出/精美绝伦的/艺术形式/和博大精深的/文化内涵/。秦始皇兵马俑/、西夏王陵/、楼兰古国/、布达拉宫/、三星堆/、大足石刻等/历史文化遗产/,同样为世界/所瞩目/,成为中华文化/重要的象征/。

西部地区/又是少数民族/及其文化的/集萃地/,几乎包括了/我国/所有的/少数民族/。在一些/偏远的/少数民族地区/,仍保留//了一些/久远时代的/艺术品种/,成为/珍贵的/"活化石",如/纳西古乐/、戏曲/、剪纸/、刺绣/、岩画等/民间艺术/和宗教艺术/。

三、"文字+拼音" 练习

Zhōng guó xī bù wǒ men tōng cháng shì zhǐ Huáng Hé yǔ Qín Lǐng xiāng
中 国 西 部 我 们 通 常 是 指 黄 河 与 秦 岭 相
lián yī xiàn yǐ xī bāo kuò xī běi hé xī nán de shí èr gè shěng shì
连 一 线 以 西, 包 括 西 北 和 西 南 的 十 二 个 省 、 市 、
zì zhì qū zhè kuài guǎng mào de tǔ dì miàn jī wéi wǔ bǎi sì shí liù wàn
自 治 区。 这 块 广 袤 的 土 地 面 积 为 五 百 四 十 六 万
píng fāng gōng lǐ zhàn guó tǔ zǒng miàn jī de bǎi fēn zhī wǔ shí qī
平 方 公 里, 占 国 土 总 面 积 的 百 分 之 五 十 七;
rén kǒu èr diǎn bā yì zhàn quán guó zǒng rén kǒu de bǎi fēn zhī èr
人 口 二 点 八 亿, 占 全 国 总 人 口 的 百 分 之 二
shí sān
十 三。

xī bù shì Huá xià wén míng de yuán tóu Huá xià zǔ xiān de jiǎo bù
西 部 是 华 夏 文 明 的 源 头。 华 夏 祖 先 的 脚 步
shì shùn zhe shuǐ biān zǒu de Cháng Jiāng shàng yóu chū tǔ guo Yuán móu
是 顺 着 水 边 走 的: 长 江 上 游 出 土 过 元 谋
rén yá chǐ huà shí jù jīn yuē yī bǎi qī shí wàn nián Huáng Hé zhōng
人 牙 齿 化 石, 距 今 约 一 百 七 十 万 年; 黄 河 中

游出土过蓝田人头盖骨,距今约七十万年。这两处古人类都比距今约五十万年的北京猿人资格更老。

西部地区是华夏文明的重要发源地。秦皇汉武以后,东西方文化在这里交汇融合,从而有了丝绸之路的驼铃声声,佛院深寺的暮鼓晨钟。敦煌莫高窟是世界文化史上的一个奇迹,它在继承汉晋艺术传统的基础上,形成了自己兼收并蓄的恢宏气度,展现出精美绝伦的艺术形式和博大精深的文化内涵。秦始皇兵马俑、西夏王陵、楼兰古国、布达拉宫、三星堆、大足石刻等历史文化遗产,同样为世界所瞩目,成为中华文化重要的象征。

西部地区又是少数民族及其文化的集萃地,几乎包括了我国所有的少数民族。在一些偏远的少数民族地区,仍保留//了一些久远时代的艺

shù pǐn zhǒng，chéng wéi zhēn guì de　huó huà shí　rú Nà xī gǔ
术品种，成为珍贵的"活化石"，如纳西古
lè、xì qǔ、jiǎn zhǐ、cì xiù、yán huà děng mín jiān yì shù hé zōng
乐、戏曲、剪纸、刺绣、岩画等民间艺术和宗
jiào yì shù
教艺术。

四、"文字+拼音+断句"练习

Zhōng guó xī bù　wǒ men tōng cháng shì zhǐ　Huáng Hé yǔ Qín Lǐng
中国西部/我们通常是指/黄河与秦岭/
xiāng lián yí xiàn　yǐ xī　bāo kuò xī běi　hé xī nán de　shí èr gè
相连一线/以西/，包括西北/和西南的/十二个
shěng　shì　zì zhì qū　zhè kuài guǎng mào de tǔ dì　miàn jī
省/、市/、自治区/。这块广袤的土地/面积/
wéi wǔ bǎi sì shí liù wàn　píng fāng gōng lǐ　zhàn guó tǔ zǒng miàn
为五百四十六万/平方公里/，占国土总面
jī de　bǎi fēn zhī wǔ shí qī　rén kǒu èr diǎn bā yì　zhàn quán guó
积的/百分之五十七/；人口二点八亿/，占全国
zǒng rén kǒu de　bǎi fēn zhī èr shí sān
总人口的/百分之二十三/。

xī bù　shì Huá xià wén míng de　yuán tóu　Huá xià zǔ xiān de jiǎo
西部/是华夏文明的/源头/。华夏祖先的脚
bù　shì shùn zhe shuǐ biān zǒu de　Cháng Jiāng shàng yóu　chū tǔ guo
步/是顺着水边走的/：长江上游/出土过/
Yuán móu rén　yá chǐ huà shí　jù jīn yuē　yì bǎi qī shí wàn nián
元谋人/牙齿化石/，距今约/一百七十万年/；
Huáng Hé zhōng yóu　chū tǔ guo Lán tián rén　tóu gài gǔ　jù jīn
黄河中游/出土过/蓝田人/头盖骨/，距今
yuē qī shí wàn nián　zhè liǎng chù gǔ rén lèi　dōu bǐ　jù jīn yuē wǔ
约/七十万年/。这两处古人类/都比/距今约五
shí wàn nián de　Běi jīng yuán rén　zī·gé gèng lǎo
十万年的/北京猿人/资格更老/。

xī bù dì qū　shì Huá xià wén míng de　zhòng yào fā yuán dì
西部地区/是华夏文明的/重要发源地/。

秦皇汉武以后/，东西方文化/在这里/交汇融合/，从而有了/丝绸之路的/驼铃声声/，佛院深寺的/暮鼓晨钟/。敦煌莫高窟/是世界文化史 上 的/一个奇迹/，它在继承/汉晋艺术传统的/基础 上/，形成了/自己/兼收并蓄的/恢宏气度/，展现出/精美绝伦的/艺术形式/和博大精深的/文化内涵/。秦始皇兵马俑/、西夏王陵/、楼兰古国/、布达拉宫/、三星堆/、大足石刻等/历史文化遗产/，同样为世界/所瞩目/，成为中华文化/重要的象征/。

西部地区/又是少数民族/及其文化的/集萃地/，几乎包括了/我国/所有的/少数民族/。在一些/偏远的/少数民族地区/，仍保留//了一些/久远时代的/艺术品种/，成为/珍贵的/"活化石"/，如纳西古乐/、戏曲/、剪纸/、刺绣/、岩画等/民间艺术/和宗教艺术/。

— 384 —

作品46号： 喜悦

　　高兴，这是一种具体的被看得到摸得着的事物所唤起的情绪。它是心理的，更是生理的。它容易来也容易去，谁也不应该对它视而不见失之交臂，谁也不应该总是做那些使自己不高兴也使旁人不高兴的事。让我们说一件最容易做也最令人高兴的事吧，尊重你自己，也尊重别人，这是每一个人的权利，我还要说这是每一个人的义务。

　　快乐，它是一种富有概括性的生存状态、工作状态。它几乎是先验的，它来自生命本身的活力，来自宇宙、地球和人间的吸引，它是世界的丰富、绚丽、阔大、悠久的体现。快乐还是一种力量，是埋在地下的根脉。消灭一个人的快乐比挖掘掉一棵大树的根要难得多。

　　欢欣，这是一种青春的、诗意的情感。它来自面向着未来伸开双臂奔跑的冲力，它来自一种轻松而又神秘、朦胧而又隐秘的激动，它是激情即将到来的预兆，它又是大雨过后的比下雨还要美妙得多也久远得多的回味……

　　喜悦，它是一种带有形而上色彩的修养和境界。与其说它是一种情绪，不如说它是一种智慧、一种超拔、一种悲天悯人的宽容和理解，一种饱经沧桑的充实和自信，一种光明的理性，一种坚定//的成熟，一种战胜了烦恼和庸俗的清明澄澈。它是一潭清水，它是一抹朝霞，它是无边的平原，它是沉默的地平线。多一点儿、再多一点儿喜悦吧，它是翅膀，也是归巢。它是一杯美酒，也是一朵永远开不败的莲花。

（节选自王蒙《喜悦》）

一、逐句讲解

　　高兴，这是一种具体的被看得到摸得着的事物所唤起的情绪。它是心理的，更是生理的。

　　▶这里有一处需要注意的地方，就是句中的"的"都读轻声。

它容易来也容易去，谁也不应该对它视而不见失之交臂，谁也不应该总是做那些使自己不高兴也使旁人不高兴的事。

▶这一句有一处需要注意的地方，就是"去"要读四声。

让我们说一件最容易做也最令人高兴的事吧，尊重你自己，也尊重别人，这是每一个人的权利，我还要说这是每一个人的义务。

▶这一句有两处需要注意的地方，第一处是"最"读四声；第二处是"每"读三声。

快乐，它是一种富有概括性的生存状态、工作状态。它几乎是先验的，它来自生命本身的活力，来自宇宙、地球和人间的吸引，它是世界的丰富、绚丽、阔大、悠久的体现。

▶这里有两处需要注意地方，第一处是"概括性"要连读；第二处是句子较长，要注意断句。

快乐还是一种力量，是埋在地下的根脉。消灭一个人的快乐比挖掘掉一棵大树的根要难得多。

▶这里有两处需要注意的地方，第一处是"力量"要重读；第二处是"地下"的"下"读轻声。

欢欣，这是一种青春的、诗意的情感。它来自面向着未来伸开双臂奔跑的冲力，它来自一种轻松而又神秘、朦胧而又隐秘的激动，它是激情即将到来的预兆，它又是大雨过后的比下雨还要美妙得多也久远得多的回味……

▶这里有一处需要注意的地方，就是"伸开双臂"要连读。

二、断句练习

高兴/，这是一种/具体的/被看得到/摸得着的/事物/所唤起的情绪/。它是心理的/，更是/生理的/。它容易来/也容易去/，谁也不应该/对它视而不见/失之交臂/，谁也不应该/总是做那些/使自己不高兴/也使旁人/不高兴的事/。让我们说一件/最容易做/也最令人/高兴的事吧/，尊重你自己/，也尊重别人/，这是每一个人的权利/，我还要说/这是每一个人的义务/。

快乐/，它是一种/富有概括性的/生存状态/、工作状态/。它几乎是/先验的/，它来自/生命本身的活力/，来自宇宙/、地球/和人间的吸引/，它是世界的丰富/、绚丽/、阔大/、悠久的体现/。快乐/还是一种力量/，是埋在地下的/根脉/。消灭一个人的/快乐/比挖掘掉/一棵大树的根/要难得多/。

欢欣/，这是一种/青春的/、诗意的情感/。它来自/面向着未来/伸开双臂/奔跑的冲力/，它来自一种/轻松而又神秘/、朦胧而又隐秘的激动/，它是激情/即将到来的预兆/，它又是/大雨过后的/比下雨/还要美妙得多/也久远得多的/回味/……

喜悦/，它是一种/带有形而上色彩的/修养和境界/。与其说/它是一种情绪/，不如说/它是一种智慧/、一种超拔/、一种悲天悯人的/宽容和理解/，一种/饱经沧桑的/充实和自信/，一种/光明的理性/，一种/坚定//的成熟/，一种/战胜了烦恼/和庸俗的清明澄澈/。它是/一潭清水/，它是/一抹朝霞/，它是/无边的平原/，它是/沉默的地平线/。多一点儿/、再多一点儿/喜悦吧/，它是翅膀/，也是归巢/。它是/一杯美酒/，也是/一朵永远/开不败的莲花/。

三、"文字+拼音"练习

gāo xìng　zhè shì yì zhǒng jù tǐ de bèi kàn de dào mō de zháo de
高　兴，这是一　种　具体的被看得到摸得着的

shì wù suǒ huàn qǐ de qíng·xù　tā shì xīn lǐ de　gèng shì shēng lǐ
事物所唤起的情　绪。它是心理的，更是生理

de　tā róng·yì lái yě róng·yì qù　shéi yě bù yīng gāi duì tā shì ér
的。它容　易来也容　易去，谁也不应该对它视而

bú jiàn shī zhī jiāo bì　shéi yě bù yīng gāi zǒng shì zuò nà xiē shǐ zì jǐ bù
不见失之交臂，谁也不应该总是做那些使自己不

gāo xìng yě shǐ páng rén bù gāo xìng de shì　ràng wǒ men shuō yí jiàn zuì
高兴也使旁人不高兴的事。让我们说一件最

róng·yì zuò yě zuì lìng rén gāo xìng de shì ba　zūn zhòng nǐ zì jǐ　yě
容　易做也最令人高兴的事吧，尊重你自己，也

zūn zhòng bié·rén　zhè shì měi yí gè rén de quán lì　wǒ hái yào shuō
尊重别人，这是每一个人的权利，我还要说

zhè shì měi yí gè rén de yì wù
这是每一个人的义务。

快乐，它是一种富有概括性的生存状态、工作状态。它几乎是先验的，它来自生命本身的活力，来自宇宙、地球和人间的吸引，它是世界的丰富、绚丽、阔大、悠久的体现。快乐还是一种力量，是埋在地下的根脉。消灭一个人的快乐比挖掘掉一棵大树的根要难得多。

欢欣，这是一种青春的、诗意的情感。它来自面向着未来伸开双臂奔跑的冲力，它来自一种轻松而又神秘、朦胧而又隐秘的激动，它是激情即将到来的预兆，它又是大雨过后的比下雨还要美妙得多也久远得多的回味……

喜悦，它是一种带有形而上色彩的修养和境界。与其说它是一种情绪，不如说它是一种智慧、一种超拔、一种悲天悯人的宽容和理解，一种饱经沧桑的充实和自信，一种光明的理性，一种坚定//的成熟，一种战胜了烦恼和庸俗的清明澄澈。它是一潭清水,它是一抹朝霞,它是无边的平原,它是沉默的地平线。多一点儿、再多一点儿喜悦吧,它是翅膀,也是归巢。它是一杯美酒,也是一朵永远开不败的莲花。

四、"文字+拼音+断句" 练习

高兴/,这是一种/具体的/被看得到/摸得着的/事物/所唤起的情绪/。它是心理的/,更是/生理的/。它容易来/也容易去/,谁也不应该/对它视而不见/失之交臂/,谁也不应该/总是做那些/使自己不高兴/也使旁人/不高兴/的事/。让我们说一件/最容易做/也最令人/高兴的事吧/,尊重你自己/,也尊重别人/,这是每一个人的权利/,我还要说/这是每一个人的义务/。

快乐/,它是一种/富有概括性的/生存

— 389 —

状态、工作状态。它几乎是/先验的/,它来自/生命本身的活力/,来自宇宙/、地球/和人间的吸引/,它是世界的丰富/、绚丽/、阔大/、悠久的体现/。快乐/还是一种力量/,是埋在地下的/根脉/。消灭一个人的/快乐/比挖掘掉/一棵大树的根/要难得多/。

欢欣/,这是一种/青春的/、诗意的情感/。它来自/面向着未来/伸开双臂/奔跑的冲力/,它来自一种/轻松而又神秘/、朦胧而又隐秘的激动/,它是激情/即将到来的预兆/,它又是/大雨过后的/比下雨/还要美妙得多/也久远得多的/回味/……

喜悦/,它是一种/带有形而上色彩的/修养和境界/。与其说/它是一种情绪/,不如说/它是一种智慧/、一种超拔/、一种悲天悯人的/宽容和理解/,一种/饱经沧桑的/充实和自信/,一种/光明的理性/,一种/

坚定//的成熟/，一种/战胜了烦恼/和庸俗的清明澄澈/。它是/一潭清水/，它是/一抹朝霞/，它是/无边的平原/，它是/沉默的地平线/。多一点儿/、再多一点儿/喜悦吧/，它是翅膀/，也是归巢/。它是/一杯美酒/，也是/一朵永远/开不败的莲花/。

作品 47 号： 香港：最贵的一棵树

在湾仔，香港最热闹的地方，有一棵榕树，它是最贵的一棵树，不光在香港，在全世界，都是最贵的。

树，活的树，又不卖，何言其贵？只因它老，它粗，是香港百年沧桑的活见证，香港人不忍看着它被砍伐，或者被移走，便跟要占用这片山坡的建筑者谈条件：可以在这儿建大楼盖商厦，但一不准砍树，二不准挪树，必须把它原地精心养起来，成为香港闹市中的一景。太古大厦的建设者最后签了合同，占用这个大山坡建豪华商厦的先决条件是同意保护这棵老树。

树长在半山坡上，计划将树下面的成千上万吨山石全部掏空取走，腾出地方来盖楼，把树架在大楼上面，仿佛它原本是长在楼顶上似的。建设者就地造了一个直径十八米、深十米的大花盆，先固定好这棵老树，再在大花盆底下盖楼，光这一项就花了两千三百八十九万港币，这也堪称是最昂贵的保护措施了。

太古大厦落成之后，人们可以乘滚动扶梯一次到位，来到太古大厦的顶层。出后门，那儿是一片自然景色。一棵大树出现在人们面前，树干有一米半粗，树冠直径足有二十多米，独木成林，非常壮观，形成一座以它为中心的小公园，取名叫"榕圃"。树前面//插着铜牌，说明原由。此情此景，如不看铜牌的说明，绝对想不到巨树根底下还有一座宏伟的现代大楼。

（节选自舒乙《香港：最贵的一棵树》）

一、逐句讲解

在湾仔，香港最热闹的地方，有一棵榕树，它是最贵的一棵树，不光在香港，在全世界，都是最贵的。

▶这一句有四处需要注意的地方，第一处是"湾仔"中的"仔"跟词组在一起时调值为211；第二处是"最"读四声，要重读；第三处是"榕"读二声；第四处是"不光"中的"不"读四声，发音要准确。

树，活的树，又不卖，何言其贵？只因它老，它粗，是香港百年沧桑的活见证，香港人不忍看着它被砍伐，或者被移走，便跟要占用这片山坡的建筑者谈条件。

▶这里有三处需要注意的地方，第一处是"活"和"何"都读二声，语音语调要扬起来；第二处是"不忍"中的"忍"，注意前鼻音发音到位；第三处是"占用"的两个音节都读四声。

可以在这儿建大楼盖商厦，但一不准砍树，二不准挪树，必须把它原地精心养起来，成为香港闹市中的一景。

▶这一句有三处需要注意的地方，第一处是"可以"都读三声；第二处是数字发音要准确；第三处是"闹市"的两个音节都读四声。

太古大厦的建设者最后签了合同，占用这个大山坡建豪华商厦的先决条件是同意保护这棵老树。

▶这一句有三处需要注意的地方，第一处是"最后"的两个音节都是四声；第二处是"先决"中的"决"读二声，语音语调要扬上去；第三处是"同意"的两个音节分别读二声和四声。

树长在半山坡上，计划将树下面的成千上万吨山石全部掏空取走，腾出地方来盖楼。把树架在大楼上面，仿佛它原本是长在楼顶上似的。

▶这一句有五处需要注意的地方，第一处是"半山坡"中"山坡"都读一声；第二处的"全部"分别读二声和四声；第三处是"地方"的"方"读轻声；第四处是"上面"都读四声；第五处是"长"是多音字，在此处应读"zhǎng"。

建设者就地造了一个直径十八米、深十米的大花盆，先固定好这棵老树，再在大花盆底下盖楼，光这一项就花了两千三百八十九万港币，这也堪称是最昂贵的保护措施了。

▶这一句有两处需要注意的地方，第一处是读"八、十、九"这些数字时，语音语调要准确；第二处是"固定"的两个音节都读四声，要重读。

太古大厦落成之后，人们可以乘滚动扶梯一次到位，来到太古大厦的顶层。出后门，那儿是一片自然景色。

▶这一句有三处需要注意的地方，第一处是"落成"分别读四声和二声；

第二处是句中的"一"都读二声,读的时候语音语调要准确;第三处是"顶"读作三声,后鼻音发音要到位。

　　一棵大树出现在人们面前,树干有一米半粗,树冠直径足有二十多米,独木成林,非常壮观,形成一座以它为中心的小公园,取名叫"榕圃"。树前面插着铜牌,说明原由。

　　▶这里有三处需要注意的地方,第一处是"大树"的两个音节都读四声,重音要读下去;第二处是"非常"的两个音节分别读一声和二声,读"常"的时候语调要扬起来;第三处是"它"读一声,轻音。

二、断句练习

　　在湾仔/,香港最热闹的地方/,有一棵/榕树/,它是最贵的/一棵树/,不光在香港/,在全世界/,都是/最贵的/。

　　树/,活的树/,又不卖/,何言其贵/?只因它老/,它粗/,是香港/百年沧桑的/活见证/,香港人/不忍看着它/被砍伐/,或者被移走/,便跟/要占用/这片山坡的建筑者/谈条件/:可以在这儿/建大楼/盖商厦/,但一不准砍树/,二不准/挪树/,必须把它/原地精心养起来/,成为香港/闹市中的一景/。太古大厦的建设者/最后签了合同/,占用这个大山坡/建豪华商厦的/先决条件是/同意保护这棵老树/。

　　树/长在半山坡上/,计划将/树下面的/成千上万吨山石/全部掏空取走/,腾出地方/来盖楼/,把树/架在大楼上面/,仿佛/它原本是/长在楼顶上/似的/。建设者/就地造了一个/直径十八米/、深十米的/大花盆/,先固定好/这棵老树/,再在大花盆底下/盖楼/。光这一项/就花了/两千三百八十九万港币/,堪称是/最昂贵的/保护措施了/。

　　太古大厦/落成之后/,人们可以/乘滚动扶梯/一次到位/,来到/太古大厦的/顶层/。出后门/,那儿是一片/自然景色/。一棵大树/出现在/人们面前/,树干/有一米半粗/,树冠直径/足有二十多米/,独木成林/,非常壮观/,形成一座/以它为中心的/小公园/,取名叫/"榕圃"/。树前面///插着铜牌/,说明原由。此情此景/,如不看铜牌的说明/,绝对想不到/巨树根底下/还有一座/宏伟的/现代大楼/。

三、"文字+拼音"练习

　　　zài wān zǎi　　Xiāng gǎng zuì rè nao de dì fang　　yǒu yì kē róng
　　　在 湾 仔，香 港 最 热 闹 的 地 方，有 一 棵 榕

shù　　tā shì zuì guì de yì kē shù　　bù guāng zài Xiāng gǎng　　zài quán
树，它 是 最 贵 的 一 棵 树，不 光 在 香 港，在 全

shì jiè　dōu shì zuì guì de
世 界，都 是 最 贵 的。

　　　shù　　huó de shù　　yòu bú mài　　hé yán qí guì　　zhǐ yīn tā lǎo
　　　树，活 的 树，又 不 卖，何 言 其 贵？只 因 它 老，

tā cū　　shì Xiāng gǎng bǎi nián cāng sāng de huó jiàn zhèng　　Xiāng gǎng
它 粗，是 香 港 百 年 沧 桑 的 活 见 证，香 港

rén bù rěn kàn zhe tā bèi kǎn fá　　huò zhě bèi yí zǒu　　biàn gēn yào zhàn
人 不 忍 看 着 它 被 砍 伐，或 者 被 移 走，便 跟 要 占

yòng zhè piàn shān pō de jiàn zhù zhě tán tiáo jiàn　　kě yǐ zài zhèr　　jiàn
用 这 片 山 坡 的 建 筑 者 谈 条 件：可 以 在 这 儿 建

dà lóu gài shāng shà　　dàn yī bù zhǔn kǎn shù　　èr bù zhǔn nuó shù
大 楼 盖 商 厦，但 一 不 准 砍 树，二 不 准 挪 树，

bì xū bǎ tā yuán dì jīng xīn yǎng qǐ·lái　　chéng wéi Xiāng gǎng nào shì
必 须 把 它 原 地 精 心 养 起 来，成 为 香 港 闹 市

zhōng de yì jǐng　　tài gǔ dà shà de jiàn shè zhě zuì hòu qiān le hé tong
中 的 一 景。太 古 大 厦 的 建 设 者 最 后 签 了 合 同，

zhàn yòng zhè ge dà shān pō jiàn háo huá shāng shà de xiān jué tiáo jiàn shì
占 用 这 个 大 山 坡 建 豪 华 商 厦 的 先 决 条 件 是

tóng yì bǎo hù zhè kē lǎo shù
同 意 保 护 这 棵 老 树。

　　　shù zhǎng zài bàn shān pō·shàng　　jì huà jiāng shù xià·miàn de
　　　树 长 在 半 山 坡 上，计 划 将 树 下 面 的

chéng qiān shàng wàn dūn shān shí quán bù tāo kōng qǔ zǒu　　téng chū dì
成 千 上 万 吨 山 石 全 部 掏 空 取 走，腾 出 地

fāng·lái gài lóu　　bǎ shù jià zài dà lóu shàng·miàn　　fǎng fú tā yuán běn
方 来 盖 楼，把 树 架 在 大 楼 上 面，仿 佛 它 原 本

shì zhǎng zài lóu dǐng · shàng shì de   jiàn shè zhě jiù dì zào le yí gè zhí
是 长 在 楼 顶 上 似 的。 建 设 者 就 地 造 了 一 个 直

jìng shí bā mǐ   shēn shí mǐ de dà huā pén   xiān gù dìng hǎo zhè kē lǎo
径 十 八 米、 深 十 米 的 大 花 盆， 先 固 定 好 这 棵 老

shù   zài zài dà huā pén dǐ · xià gài lóu   guāng zhè yí xiàng jiù huā le
树， 再 在 大 花 盆 底 下 盖 楼。 光 这 一 项 就 花 了

liǎng qiān sān bǎi bā shí jiǔ wàn gǎng bì   kān chēng shì zuì áng guì de bǎo
两 千 三 百 八 十 九 万 港 币， 堪 称 是 最 昂 贵 的 保

hù cuò shī le
护 措 施 了。

　　Tài gǔ Dà shà luò chéng zhī hòu   rén men kě yǐ chéng gǔn dòng fú
　　太 古 大 厦 落 成 之 后， 人 们 可 以 乘 滚 动 扶

tī yí cì dào wèi   lái dào Tài gǔ Dà shà de dǐng céng   chū hòu mén
梯 一 次 到 位， 来 到 太 古 大 厦 的 顶 层。 出 后 门，

nàr   shì yí piàn zì rán jǐng sè   yì kē dà shù chū xiàn zài rén men miàn
那 儿 是 一 片 自 然 景 色。 一 棵 大 树 出 现 在 人 们 面

qián   shù gàn yǒu yì mǐ bàn cū   shù guān zhí jìng zú yǒu èr shí duō
前， 树 干 有 一 米 半 粗， 树 冠 直 径 足 有 二 十 多

mǐ   dú mù chéng lín   fēi cháng zhuàng guān   xíng chéng yí zuò yǐ tā
米， 独 木 成 林， 非 常 壮 观， 形 成 一 座 以 它

wéi zhōng xīn de xiǎo gōng yuán   qǔ míng jiào   róng pǔ   shù
为 中 心 的 小 公 园， 取 名 叫 "榕 圃"。 树

qián · miàn   chā zhe tóng pái   shuō míng yuán yóu   cǐ qíng cǐ jǐng
前 面 // 插 着 铜 牌， 说 明 原 由。 此 情 此 景，

rú bú kàn tóng pái de shuō míng   jué duì xiǎng · bú dào jù shù gēn
如 不 看 铜 牌 的 说 明， 绝 对 想 不 到 巨 树 根

dǐ · xià hái yǒu yí zuò hóng wěi de xiàn dài dà lóu
底 下 还 有 一 座 宏 伟 的 现 代 大 楼。

四、"文字+拼音+断句" 练习

　　　　zài wān zǎi   Xiāng gǎng zuì rè nao de dì fang   yǒu yì kē
　　　　在 湾 仔/， 香 港 最 热 闹 的 地 方/， 有 一 棵/

榕树/，它是最贵的/一棵树/，不光在香港/，在全世界/，都是/最贵的/。

树/，活的树/，又不卖/，何言其贵/？只因它老/，它粗/，是香港/百年沧桑的/活见证/，香港人/不忍看着它/被砍伐/，或者被移走/，便跟/要占用/这片山坡的建筑者/谈条件/：可以在这儿/建大楼/盖商厦/，但一不准砍树/，二不准/挪树/，必须把它/原地精心养起来/，成为香港/闹市中的一景/。太古大厦的建设者/最后签了合同/，占用这个大山坡/建豪华商厦的/先决条件是/同意保护这棵老树/。

树/长在半山坡上/，计划将/树下面的/成千上万吨山石/全部掏空取走/，腾出地方/来盖楼/，把树/架在大楼上面/，仿佛/它原本是/长在楼顶上/似的/。建设者/就地造了一个/直径十八米/、深十米的/大花盆/，先固定好/这棵老树/，再在大花盆底下/盖楼/。光这一项/就花了/两千三百八十九万港币/，堪称是/最昂贵的/保护措施了/。

太古大厦/落成之后/，人们可以/乘滚动扶梯/一次到位/，来到/太古大厦的/顶层/。出后门/，那儿是一片/自然景色/。一棵大树/出现在/人们面前/，树干/有一米半粗/，树冠直径/足有二十多米/，独木成林/，非常壮观/，形成一座/以它为中心的/小公园/，取名叫/"榕圃"/。树前面///插着铜牌/，说明原由/。此情此景/，如不看铜牌的说明/，绝对想不到/巨树根底下/还有一座/宏伟的/现代大楼/。

作品 48 号： 鸟的天堂

  我们的船渐渐地逼近榕树了。我有机会看清它的真面目：是一棵大树，有数不清的丫枝，枝上又生根，有许多根一直垂到地上，伸进泥土里。一部分树枝垂到水面，从远处看，就像一棵大树斜躺在水面上一样。

  现在正是枝繁叶茂的时节。这棵榕树好像在把它的全部生命力展示给我们看。那么多的绿叶，一簇堆在另一簇的上面，不留一点儿缝隙。翠绿的颜色明亮地在我们的眼前闪耀，似乎每一片树叶上都有一个新的生命在颤动，这美丽的南国的树！

  船在树下泊了片刻，岸上很湿，我们没有上去。朋友说这里是"鸟的天堂"，有许多鸟在这棵树上做窝，农民不许人去捉它们。我仿佛听见几只鸟扑翅的声音，但是等到我的眼睛注意地看那里时，我却看不见一只鸟的影子，只有无数的树根立在地上，像许多根木桩。地是湿的，大概涨潮时河水常常冲上岸去。"鸟的天堂"里没有一只鸟，我这样想到。船开了，一个朋友拨着船，缓缓地流到河中间去。

  第二天，我们划着船到一个朋友的家乡去，就是那个有山有塔的地方。从学校出发，我们又经过那"鸟的天堂"。

  这一次是在早晨，阳光照在水面上，也照在树梢上。一切都//显得非常光明。我们的船也在树下泊了片刻。

  起初四周围非常清静。后来忽然起了一声鸟叫。我们把手一拍，便看见一只大鸟飞了起来，接着又看见第二只，第三只。我们继续拍掌，很快地这个树林就变得很热闹了。到处都是鸟声，到处都是鸟影。大的，小的，花的，黑的，有的站在枝上叫，有的飞起来，在扑翅膀。

（节选自巴金《鸟的天堂》）

一、逐句讲解

我们的船渐渐地逼近榕树了。我有机会看清它的真面目：是一棵大树，有数不清的丫枝，枝上又生根，有许多根一直垂到地上，伸进泥土里。

▶这里有五处需要注意的地方，第一处是"渐渐地"的"地"读轻声；第二处是"有机会"要连读，不能断句；第三处是"数不清"要连读，不能断句；第四处是"根"的前鼻音韵母，读的时候要注意；第五处是"泥土"的"土"的调值为211。

一部分树枝垂到水面，从远处看，就像一棵大树斜躺在水面上一样。

▶这一句有两处需要注意的地方，第一处是"水面"的两个音节分别读三声和四声；第二处是"远处"的两个音节分别读三声和四声，要注意"处"的前鼻音韵母。

现在正是枝繁叶茂的时节。这棵榕树好像在把它的全部生命力展示给我们看。那么多的绿叶，一簇堆在另一簇的上面，不留一点儿缝隙。

▶这里有四处需要注意的地方，第一处是"正"要读四声，注意后鼻音韵母；第二处是"那么"的"么"读轻声；第三处是"另"要读四声，注意后鼻音韵母发音到位；第五处是"一点"的"一"要读四声。

翠绿的颜色明亮地在我们的眼前闪耀，似乎每一片树叶上都有一个新的生命在颤动，这美丽的南国的树！

▶这一句有三处需要注意的地方，第一处是"明亮"的两个音节分别读二声和四声；第二处是"都"要读一声；第三处是"南国"的两个音节都读二声，"南"的读音要准确。

船在树下泊了片刻，岸上很湿，我们没有上去。朋友说这里是"鸟的天堂"，有许多鸟在这棵树上做窝，农民不许人去捉它们。

▶这里有四处需要注意的地方，第一处是"泊"要读二声；第二处是"很"要读三声；第三处是"没有"的两个音节分别读二声和三声；第四处是"这里"的两个音节分别读四声和三声。

我仿佛听见几只鸟扑翅的声音，但是等到我的眼睛注意地看那里时，我却看不见一只鸟的影子，只有无数的树根立在地上，像许多根木桩。地是湿的，大概涨潮时河水常常冲上岸去。

▶这里有五处需要注意的地方，第一处是"扑翅"的两个音节分别读一声和四声；第二处是"注意"都读四声，读重音；第三处是"无数"分别读二声和四声，"无"扬上去，"数"降下来；第四处是"许多"分别读三声和一声；第五处是"常常"是后鼻音 AA 式发音。

"鸟的天堂"里没有一只鸟，我这样想到。船开了，一个朋友拨着船，缓缓地流到河中间去。

▶这里有四处需要注意的地方，第一处是"一只鸟"的"一"要读四声，而"一个朋友"的"一"读二声；第二处是"这样"的两个音节都读四声；第三处是"船"要读二声；第四处是"拨着"的"着"要读轻声。

第二天，我们划着船到一个朋友的家乡去，就是那个有山有塔的地方。从学校出发，我们又经过那"鸟的天堂"。

这一次是在早晨，阳光照在水面上，也照在树梢上。一切都显得非常光明。

▶这里有六处需要注意的地方，第一处是"二"读四声；第二处是"家乡"都读一声；第三处是"塔"要读三声；第四处是"学校"分别读二声和四声；第五处是"又"要读四声；第六处是"这一次"中的"一"读二声。

二、断句练习

我们的船/渐渐地/逼近榕树了/。我有机会/看清它的/真面目/：是一棵大树/，有数不清的/丫枝/，枝上又生根/，有许多根/一直垂到地上/，伸进泥土里/。一部分树枝/垂到水面/，从远处看/，就像/一棵大树/斜躺在水面/上一样/。

现在/正是枝繁叶茂的时节/。这棵榕树/好像/在把它的/全部生命力/展示给/我们看/。那么多的绿叶/，一簇堆在/另一簇的/上面/，不留一点儿/缝隙/。翠绿的颜色/明亮地/在我们的眼前闪耀/，似乎每一片树叶上/都有一个/新的生命/在颤动/，这美丽的/南国的/树/！

船在树下/泊了片刻/，岸上很湿/，我们没有上去/。朋友说/这里是/"鸟的天堂"/，有许多鸟/在这棵树上/做窝/，农民/不许人/去捉它们/。我仿佛听见/几只鸟/扑翅的声音/，但是/等到/我的眼睛/注意地/看那里时/，我却看不见/一只鸟的/影子/，只有无数的树根/立在地上/，像许多根/木桩/。地是湿的/，大概涨潮时/河水/常常/冲上岸去/。"鸟的天堂"里/没有一只鸟/，我这样想到/。船开了/，一个朋友/拨着船/，缓缓地/流到河中间去/。

第二天/，我们划着船/到一个朋友的家乡去/，就是那个/有山有塔的地方/。从学校出发/，我们又经过/那"鸟的天堂"/。

这一次/是在早晨/，阳光照在水面上/，也照在树梢上/。一切/都//显得/非常光明/。我们的船/也在树下/泊了片刻/。

起初/四周围非常清静/。后来/忽然起了一声/鸟叫/。我们把手一拍/，便看见/一只大鸟飞了起来/，接着/又看见/第二只/，第三只/。我们继续拍掌/，很快地/这个树林就变得/很热闹了/。到处都是/鸟声/，到处都是/鸟影/。大的/，小的/，花的/，黑的/，有的站在枝上叫/，有的飞起来/，在扑翅膀/。

三、"文字+拼音"练习

wǒ men de chuán jiàn jiàn de bī jìn róng shù le   wǒ yǒu jī·huì kàn
我 们 的 船 渐 渐 地 逼 近 榕 树 了。我 有 机 会 看

qīng tā de zhēn miàn mù   shì yì kē dà shù   yǒu shǔ·bù qīng de yā
清 它 的 真 面 目：是 一 棵 大 树，有 数 不 清 的 丫

zhī   zhī·shàng yòu shēng gēn   yǒu xǔ duō gēn yì zhí chuí dào
枝， 枝 上 又 生 根， 有 许 多 根 一 直 垂 到

dì·shàng   shēn jìn ní tǔ·lǐ   yí bù fen shù zhī chuí dào shuǐ miàn
地 上， 伸 进 泥 土 里。 一 部 分 树 枝 垂 到 水 面，

cóng yuǎn chù kàn   jiù xiàng yì kē dà shù xié tǎng zài shuǐ miàn·shàng
从 远 处 看， 就 像 一 棵 大 树 斜 躺 在 水 面 上

yí yàng
一 样。

xiàn zài zhèng shì zhī fán yè mào de shí jié   zhè kē róng shù hǎo xiàng
现 在 正 是 枝 繁 叶 茂 的 时 节。 这 棵 榕 树 好 像

zài bǎ tā de quán bù shēng mìng lì zhǎn shì gěi wǒ men kàn   nà me duō
在 把 它 的 全 部 生 命 力 展 示 给 我 们 看。 那 么 多

de lǜ yè   yí cù duī zài lìng yí cù de shàng·miàn   bù liú yì diǎnr
的 绿 叶， 一 簇 堆 在 另 一 簇 的 上 面， 不 留 一 点 儿

缝隙。翠绿的颜色明亮地在我们的眼前闪耀，似乎每一片树叶上都有一个新的生命在颤动，这美丽的南国的树！

船在树下泊了片刻，岸上很湿，我们没有上去。朋友说这里是"鸟的天堂"，有许多鸟在这棵树上做窝，农民不许人去捉它们。我仿佛听见几只鸟扑翅的声音，但是等到我的眼睛注意地看那里时，我却看不见一只鸟的影子，只有无数的树根立在地上，像许多根木桩。地是湿的，大概涨潮时河水常常冲上岸去。"鸟的天堂"里没有一只鸟，我这样想到。船开了，一个朋友拨着船，缓缓地流到河中间去。

第二天，我们划着船到一个朋友的家乡去，就是那个有山有塔的地方。从学校出发，我们又经过那"鸟的天堂"。

zhè yí cì shì zài zǎo·chén　　yáng guāng zhào zài shuǐ miàn·shàng
这 一 次 是 在 早 晨 ， 阳 光 照 在 水 面 上 ，
yě zhào zài shù shāo·shàng　　yí qiè dōu　　xiǎn·dé fēi cháng guāng
也 照 在 树 梢 上 。 一 切 都 // 显 得 非 常 光
míng　　wǒ men de chuán yě zài shù·xià bó le piàn kè
明 。 我 们 的 船 也 在 树 下 泊 了 片 刻 。

qǐ chū sì zhōu wéi fēi cháng qīng jìng　　hòu lái hū rán qǐ le yì shēng
起 初 四 周 围 非 常 清 静 。 后 来 忽 然 起 了 一 声
niǎo jiào　　wǒ men bǎ shǒu yì pāi　　biàn kàn·jiàn yì zhī dà niǎo fēi le
鸟 叫 。 我 们 把 手 一 拍 ， 便 看 见 一 只 大 鸟 飞 了
qǐ·lái　　jiē zhe yòu kàn·jiàn dì èr zhī　　dì sān zhī　　wǒ men jì xù
起 来 ， 接 着 又 看 见 第 二 只 ， 第 三 只 。 我 们 继 续
pāi zhǎng　　hěn kuài de zhè gè shù lín jiù biàn de hěn rè nao le　　dào chù
拍 掌 ， 很 快 地 这 个 树 林 就 变 得 很 热 闹 了 。 到 处
dōu shì niǎo shēng　　dào chù dōu shì niǎo yǐng　　dà de　　xiǎo de　　huā
都 是 鸟 声 ， 到 处 都 是 鸟 影 。 大 的 ， 小 的 ， 花
de　　hēi de　　yǒu de zhàn zài zhī·shàng jiào　　yǒu de fēi qǐ·lái　　zài
的 ， 黑 的 ， 有 的 站 在 枝 上 叫 ， 有 的 飞 起 来 ， 在
pū chì bǎng
扑 翅 膀 。

四、"文字+拼音+断句" 练习

　　wǒ men de chuán　　jiàn jiàn de　　bī jìn róng shù le　　　wǒ yǒu
　　我 们 的 船 / 渐 渐 地 / 逼 近 榕 树 了 / 。 我 有
jī·huì kàn qīng tā de　　zhēn miàn mù　　　shì yì kē dà shù　　　yǒu
机 会 / 看 清 它 的 / 真 面 目 / ：是 一 棵 大 树 / ，有
shǔ·bù qīng de　　yā zhī　　　zhī·shàng yòu shēng gēn　　yǒu xǔ duō
数 不 清 的 / 丫 枝 / ，枝 上 又 生 根 / ，有 许 多
gēn　　yì zhí chuí dào dì shàng　　　shēn jìn ní tǔ·lǐ　　　yí bù fen shù
根 / 一 直 垂 到 地 上 / ，伸 进 泥 土 里 / 。一 部 分 树
zhī　　chuí dào shuǐ miàn　　cóng yuǎn chù kàn　　　jiù xiàng　　yì kē dà
枝 / 垂 到 水 面 / ，从 远 处 看 / ，就 像 / 一 棵 大

树/斜躺在水面/上一样/。

现在/正是枝繁叶茂的时节/。这棵榕树/好像/在把它的/全部生命力/展示给/我们看/。那么多的绿叶/，一簇堆在/另一簇的/上面/，不留一点儿/缝隙/。翠绿的颜色/明亮地/在我们的眼前闪耀/，似乎每一片树叶·上/都有一个/新的生命/在颤动/，这美丽的/南国的/树/！

船在树下/泊了片刻/，岸上很湿/，我们没有上去/。朋友说/这里是/"鸟的天堂"/，有许多鸟/在这棵树上/做窝/，农民/不许人/去捉它们/。我仿佛听见/几只鸟/扑翅的声音/，但是/等到/我的眼睛/注意地/看那里时/，我却看不见/一只鸟的/影子/，只有无数的树根/立在地上/，像许多根/木桩/。地是湿的/，大概涨潮时/河水/常常/冲上岸去/。"鸟的天堂"里/没有一只鸟/,我这样想到/。船开了/,一个朋友/拨着船/,缓缓地/流到河中间去/。

第二天/,我们划着船/到一个朋友的家乡去/,就是那个/有山有塔的地方/。从学校出发/,我们又经过/那"鸟的天堂"/。这一次/是在早晨/,阳光照在水面上/,也照在树梢上/。一切/都//显得/非常光明/。我们的船/也在树下/泊了片刻/。

起初/四周围非常清静/。后来/忽然起了一声/鸟叫/。我们把手一拍/,便看见/一只大鸟飞了起来/,接着/又看见/第二只/,第三只/。我们继续拍掌/,很快地/这个树林就变得/很热闹了/。到处都是/鸟声/,到处都是/鸟影/。大的/,小的/,花的/,黑的/,有的站在枝上叫/,有的飞起来/,在扑翅膀/。

作品49号： 野草

有这样一个故事。

有人问：世界上什么东西的气力最大？回答纷纭得很，有的说"象"，有的说"狮"，有人开玩笑似的说：是"金刚"，金刚有多少气力，当然大家全不知道。

结果，这一切答案完全不对，世界上气力最大的，是植物的种子。一粒种子所可以显现出来的力，简直是超越一切。

人的头盖骨，结合得非常致密与坚固，生理学家和解剖学者用尽了一切的方法，要把它完整地分出来，都没有这种力气。后来忽然有人发明了一个方法，就是把一些植物的种子放在要剖析的头盖骨里，给它以温度与湿度，使它发芽。一发芽，这些种子便以可怕的力量，将一切机械力所不能分开的骨骼，完整地分开了。植物种子的力量之大，如此如此。

这，也许特殊了一点儿，常人不容易理解。那么，你看见过笋的成长吗？你看见过被压在瓦砾和石块下面的一棵小草的生长吗？它为着向往阳光，为着达成它的生之意志，不管上面的石块如何重，石与石之间如何狭，它必定要曲曲折折地，但是顽强不屈地透到地面上来。它的根往土壤钻，它的芽往地面挺，这是一种不可抗拒的力，阻止它的石块，结果也被它掀翻，一粒种子的力量之大，如//此如此。

没有一个人将小草叫作"大力士"，但是它的力量之大，的确是世界无比。这种力是一般人看不见的生命力。只要生命存在，这种力就要显现。上面的石块，丝毫不足以阻挡。因为它是一种"长期抗战"的力；有弹性，能屈能伸的力；有韧性，不达目的不止的力。

（节选自夏衍《野草》）

一、逐句讲解

有这样一个故事。

有人问：世界上什么东西的气力最大？回答纷纭得很，有的说"象"，有的说"狮"，有人开玩笑似的说：是"金刚"，金刚有多少气力，当然大家全不知道。

▶这里有八处需要注意的地方，第一处是"这样"都读四声；第二处是"最大"都读四声；第三处是"纷纭"分别读一声和二声；第四处是"象"要读四声，还是后鼻音；第五处是"狮"要读一声；第六处是"玩笑"分别读二声和四声；第六处是"金刚"都读一声，都是后鼻音；第七处是"多少"分别读一声和三声；第八处是"全"读二声。

结果，这一切答案完全不对，世界上气力最大的，是植物的种子。一粒种子所可以显现出来的力，简直是超越一切。

▶这里有五处需要注意的地方，第一处是"完全"都读二声；第二处是"最"要读四声；第三处是"植物"分别读二声和四声；第四处是"显现"分别读三声和四声，都是前鼻音；第五处是"简直"分别读三声和二声，"直"的语音语调要扬上去。

人的头盖骨，结合得非常致密与坚固，生理学家和解剖学者用尽了一切的方法，要把它完整地分出来，都没有这种力气。

▶这一句有四处需要注意的地方，第一处是读"头盖骨"时要连读；第二处是"非常"分别读一声和二声；第三处是"一切"分别读一声和四声；第四处是"完整"分别读二声和三声，"整"是后鼻音。

后来忽然有人发明了一个方法，就是把一些植物的种子放在要剖析的头盖骨里，给它以温度与湿度，使它发芽。一发芽，这些种子便以可怕的力量，将一切机械力所不能分开的骨骼，完整地分开了。植物种子的力量之大，如此如此。

▶这里有七处需要注意的地方，第一处是"忽然"分别读一声和二声，"忽然"是词组；第二处是"湿度"分别读一声和四声；第三处是"一发芽"中的"一"要读四声；第四处是"可怕"分别读三声和四声；第五处是"一切"里的"一"要读二声；第六处是"完整"分别读二声和三声；第七处是"力量"都读四声，语音语调要强调下去。

这，也许特殊了一点儿，常人不容易理解。

▶这一句有两处需要注意的地方，第一处是"特殊"分别读四声和一声；第二处是"不"要读四声。

那么，你看见过笋的成长吗？你看见过被压在瓦砾和石块下面的一棵小草的生长吗？

▶这里有一处需要注意的地方，就是"笋""小草"都读三声。

它为着向往阳光，为着达成它的生之意志，不管上面的石块如何重，石与石之间如何狭，它必定要曲曲折折地，但是顽强不屈地透到地面上来。

▶这里有三处需要注意的地方，第一处是"向往"分别读四声和三声；第二处是"生"读一声，是后鼻音；第三处是"狭"要读二声。

它的根往土壤钻，它的芽往地面挺，这是一种不可抗拒的力，阻止它的石块，结果也被它掀翻，一粒种子的力量之大，如此如此。

▶这句话有四处需要注意的地方，第一处是"根"读一声；第二处"挺"读三声，是后鼻音；第三处是"不可抗的"要连读；第四处是"石块"分别读二声和四声。

二、断句练习

有这样/一个故事/。

有人问/：世界上/什么东西的/气力最大/？回答纷纭得很/，有的说"象"/，有的说"狮"/，有人开玩笑似的说/：是"金刚"/，金刚/有多少气力/，当然/大家全不知道/。

结果/，这一切答案/完全不对/，世界上/气力最大的/，是植物的/种子/。一粒种子/所可以/显现出来的力/，简直是/超越一切/。

人的头盖骨/，结合得/非常致密与坚固/，生理学家/和解剖学者/用尽了/一切的方法/，要把它/完整地分出来/，都没有/这种力气/。后来/忽然有人发明了/一个方法/，就是/把一些植物的种子/放在/要剖析的/头盖骨里/，给它以/温度与湿度/，使它发芽/。一发芽/，这些种子/便以可怕的力量/，将一切机械力/所不能分开的/骨骼/，完整地分开了/。植物种子的/力量之大/，如此如此/。

　　这/，也许特殊了/一点儿/，常人/不容易理解/。那么/，你看见过/笋的成长吗/？你看见过/被压在瓦砾/和石块下面的/一棵小草的/生长吗/？它为着/向往阳光/，为着/达成它的/生之意志/，不管上面的/石块如何重/，石与石之间/如何狭/，它必定要/曲曲折折地/，但是顽强不屈地/透到地面上来/。它的根/往土壤钻/，它的芽/往地面挺/，这是一种/不可抗拒的力/，阻止它的石块/，结果/也被它掀翻/，一粒种子的/力量之大/，如//此如此/。

　　没有一个人/将小草/叫作/"大力士"/，但是它的力量之大/，的确是/世界无比/。这种力/是一般人/看不见的生命力/。只要生命存在/，这种力/就要显现/。上面的石块/，丝毫不足以/阻挡/。因为它是一种/"长期抗战"/的力/；有弹性/，能屈能伸的力/；有韧性/，不达目的/不止的力/。

三、"文字+拼音" 练习

yǒu zhè yàng yí gè gù shi
有 这 样 一 个 故 事。

yǒu rén wèn　　shì jiè·shàng shén me dōng xi de qì lì zuì dà　huí
有 人 问：世 界 上 什 么 东 西 的 气 力 最 大？回

dá fēn yún de hěn　yǒu de shuō　xiàng　　yǒu de shuō　shī
答 纷 纭 得 很，有 的 说 " 象 "，有 的 说 " 狮 "，

yǒu rén kāi wán xiào shì de shuō　shì　jīn gāng　　jīn gāng yǒu
有 人 开 玩 笑 似 的 说：是 " 金 刚 "，金 刚 有

duō·shǎo qì lì　dāng rán dà jiā quán bù zhī·dào
多 少 气 力，当 然 大 家 全 不 知 道。

jié guǒ　zhè yí qiè dá àn wán quán bú duì　shì jiè·shàng qì lì
结 果，这 一 切 答 案 完 全 不 对，世 界 上 气 力

zuì dà de　shì zhí wù de zhǒng zi　yí lì zhǒng zi suǒ kě yǐ xiǎn xiàn
最 大 的，是 植 物 的 种 子。一 粒 种 子 所 可 以 显 现

chū·lái de lì　jiǎn zhí shì chāo yuè yí qiè
出 来 的 力，简 直 是 超 越 一 切。

人的头盖骨，结合得非常致密与坚固，生理学家和解剖学者用尽了一切的方法，要把它完整地分出来，都没有这种力气。后来忽然有人发明了一个方法，就是把一些植物的种子放在要剖析的头盖骨里，给它以温度与湿度，使它发芽。一发芽，这些种子便以可怕的力量，将一切机械力所不能分开的骨骼，完整地分开了。植物种子的力量之大，如此如此。

这，也许特殊了一点儿，常人不容易理解。那么，你看见过笋的成长吗？你看见过被压在瓦砾和石块下面的一棵小草的生长吗？它为着向往阳光，为着达成它的生之意志，不管上面的石块如何重，石与石之间如何狭，它必定要曲曲折折地，但是顽强不屈地透到地面上来。它的根往土壤钻，它的芽往地面挺，这是一种不可抗拒的力，阻止它的

shí kuài　　jié guǒ yě bèi tā xiān fān　　yí lì zhǒng zi de lì·liàng zhī
石 块，结 果 也 被 它 掀 翻，一 粒 种 子 的 力 量 之

dà　　rú　cǐ rú cǐ
大，如 // 此 如 此。

　　　méi·yǒu yí gè rén jiāng xiǎo cǎo jiào zuò　　dà lì shì　　dàn shì tā
　　没 有 一 个 人 将 小 草 叫 作 "大 力 士"，但 是 它

de lì·liàng zhī dà　　dí què shì shì jiè wú bǐ　　zhè zhǒng lì shì yì bān
的 力 量 之 大，的 确 是 世 界 无 比。这 种 力 是 一 般

rén kàn·bú jiàn de shēng mìng lì　　zhǐ yào shēng mìng cún zài　　zhè
人 看 不 见 的 生 命 力。只 要 生 命 存 在，这

zhǒng lì jiù yào xiǎn xiàn　　shàng·miàn de shí kuài　　sī háo bù zú yǐ
种 力 就 要 显 现。上 面 的 石 块，丝 毫 不 足 以

zǔ dǎng　　yīn·wèi tā shì yì zhǒng　　cháng qī kàng zhàn　　de lì
阻 挡。因 为 它 是 一 种 "长 期 抗 战" 的 力；

yǒu tán xìng　　néng qū néng shēn de lì　　yǒu rèn xìng　　bù dá mù dì bù
有 弹 性，能 屈 能 伸 的 力；有 韧 性，不 达 目 的 不

zhǐ de lì
止 的 力。

四、"文字+拼音+断句" 练习

　　　yǒu zhè yàng　　yí gè gù shi
　　有 这 样 / 一 个 故 事 / 。

　　　yǒu rén wèn　　　shì jiè·shàng shén me dōng xi de qì lì zuì
　　有 人 问 / : 世 界 上 / 什 么 东 西 的 / 气 力 最

dà　　huí dá fēn yún de hěn　　yǒu de shuō　　xiàng　　　yǒu de
大 / ? 回 答 纷 纭 得 很 / ，有 的 说 "象" / ，有 的

shuō　　shī　　　yǒu rén kāi wán xiào shì de shuō　　shì　　jīn
说 "狮" / ，有 人 开 玩 笑 似 的 说 / : 是 "金

gāng　　　jīn gāng yǒu duō·shǎo qì lì　　dāng rán dà jiā quán
刚" / ，金 刚 / 有 多 少 气 力 / ，当 然 / 大 家 全

bù zhī·dào
不 知 道 / 。

结果/，这一切答案/完全不对/，世界上/气力最大的/，是植物的/种子/。一粒种子/所可以/显现出来的力/，简直是/超越一切/。

人的头盖骨/，结合得/非常致密与坚固/，生理学家/和解剖学者/用尽了/一切的方法/，要把它/完整地分出来/，都没有/这种力气/。后来/忽然有人发明了/一个方法/，就是/把一些植物的种子/放在/要剖析的/头盖骨里/，给它以/温度与湿度/，使它发芽/。一发芽/，这些种子/便以可怕的力量/，将一切机械力/所不能分开的/骨骼/，完整地分开了/。植物种子的/力量之大/，如此如此/。

这/，也许特殊了/一点儿/，常人/不容易理解/。那么/，你看见过/笋的成长吗/？你看见过/被压在瓦砾/和石块下面的/一棵小草的/生长吗/？它为着/向往阳光/，为着/达成它的/生之意志/，不管上面的/石块如何重/，石与石之间/如何狭/，它必定要/曲曲折折地/，但是顽强不屈地/透到地面上来/。它的根/往土壤钻/，它的芽/往地面挺/，这是一种/不可抗拒的力/，阻止它的石块/，结果/也被它掀翻/，一粒种子的/力量之大/，如//此如此/。

　　没有一个人/将小草/叫作/"大力士"/，但是它的力量之大/，的确是/世界无比/。这种力/是一般人/看不见的生命力/。只要生命存在/，这种力/就要显现/。上面的石块/，丝毫不足以/阻挡/。因为它是一种/"长期抗战"/的力/；有弹性/，能屈能伸的力/；有韧性/，不达目的/不止的力/。

— 414 —

作品 50 号： 一分钟

　　著名教育家班杰明曾经接到一个青年人的求救电话，并与那个向往成功、渴望指点的青年人约好了见面的时间和地点。

　　待那个青年如约而至时，班杰明的房门敞开着，眼前的景象却令青年人颇感意外——班杰明的房间里乱七八糟、狼藉一片。没等青年人开口，班杰明就招呼道："你看我这房间，太不整洁了，请你在门外等候一分钟，我收拾一下，你再进来吧。"一边说着，班杰明就轻轻地关上了房门。

　　不到一分钟的时间，班杰明就又打开了房门并热情地把青年人让进客厅。这时，青年人的眼前展现出另一番景象——房间内的一切已变得井然有序，而且有两杯刚刚倒好的红酒，在淡淡的香水气息里还漾着微波。

　　可是，没等青年人把满腹的有关人生和事业的疑难问题向班杰明讲出来，班杰明就非常客气地说道："干杯。你可以走了。"

　　青年人手持酒杯一下子愣住了，既尴尬又非常遗憾地说："可是，我……我还没向您请教呢……"

　　"这些……难道还不够吗？"班杰明一边微笑着，一边扫视着自己的房间，轻言细语地说，"你进来又有一分钟了。"

　　"一分钟……一分钟……"青年人若有所思地说："我懂了，您让我明白了一分钟的时间可以做许//多事情，可以改变许多事情的深刻道理。"

　　班杰明舒心地笑了。青年人把杯里的红酒一饮而尽，向班杰明连连道谢后，开心地走了。

　　其实，只要把握好生命的每一分钟，也就把握了理想的人生。

（节选自纪广洋《一分钟》）

一、逐句讲解

　　著名教育家班杰明曾经接到一个青年人的求救电话，并与那个向往成功、渴望指点的青年人约好了见面的时间和地点。

▶这一句有三处需要注意的地方，第一处是读"青年人"时要连读，不可断开；第二处是"渴望指点"中间有断句；第三处是"地点"分别读四声和三声，"点"的调值为211。

待那个青年如约而至时，班杰明的房门敞开着，眼前的景象却令青年人颇感意外——班杰明的房间里乱七八糟、狼藉一片。

▶这一句有三处需要注意的地方，第一处是"敞开"分别读三声和一声；第二处是"颇"要读一声；第三处是"狼藉"都读二声。

没等青年人开口，班杰明就招呼道："你看我这房间，太不整洁了，请你在门外等候一分钟，我收拾一下，你再进来吧。"一边说着，班杰明就轻轻地关上了房门。

▶这里有六处需要注意的地方，第一处是"没"要读二声；第二处是"招呼"的"呼"读轻声；第三处是"房间"分别读二声和一声，且"房"是后鼻音，读的时候要注意；第四处是"门外"分别读二声和四声；第五处是"收拾"的"拾"读轻声；第六处是"说着"的"着"读轻声。

不到一分钟的时间，班杰明就又打开了房门并热情地把青年人让进客厅。这时，青年人的眼前展现出另一番景象——房间内的一切已变得井然有序，而且有两杯刚刚倒好的红酒，在淡淡的香水气息里还漾着微波。

▶这里有七处需要注意地方，第一处是"不到"分别读二声和四声，"不到"是词组；第二处是"又"要读四声；第三处是"热情地"中的"地"读轻声；第四处是"另"要读四声；第五处是"一切"中的"一"要读二声；第六处是"刚刚"都读一声，读的时候注意后鼻音要发音到位；第七处是"淡淡"都读四声，语音语调要强调下去。

可是，没等青年人把满腹的有关人生和事业的疑难问题向班杰明讲出来，班杰明就非常客气地说道："干杯。你可以走了。"

▶这一句有三处需要注意的地方，第一处是"没等"分别读二声和三声；第二处是"讲"要读三声；第三处是"非常"分别读一声和二声。

青年人手持酒杯一下子愣住了，既尴尬又非常遗憾地说："可是，我……我还没向您请教呢……"

▶这一句有三处需要注意的地方，第一处是"一下子"的"子"读轻声；第二处是"遗憾"分别读二声和四声；第三处是"请教"分别读三声和四声。

"这些……难道还不够吗？"班杰明一边微笑着一边扫视着自己的房间，轻言细语地说，"你进来又有一分钟了。"

▶这里有三处需要注意的地方，第一处是"不够"分别读二声和四声；第二处是"微笑"分别读一声和四声；第三处是"扫视着"的"着"读轻声。

"一分钟……一分钟……"青年人若有所思地说，"我懂了，您让我明白了一分钟的时间可以做许多事情，可以改变许多事情的深刻道理。"

▶这句话有两处需要注意的地方，第一处是"若有所思"是成语；第二处是"懂"要读三声，且是后鼻音。

二、断句练习

著名教育家/班杰明/曾经接到/一个青年人的/求教电话/，并与那个/向往成功、渴望指点的/青年人/约好了/见面的时间/和地点/。

待那个青年/如约而至时/，班杰明的房门/敞开着/，眼前的景象/却令青年人/颇感意外/——班杰明的房间里/乱七八糟/、狼藉一片。没等青年人开口/，班杰明/就招呼道/："你看/我这房间/，太不整洁了/，请你在门外/等候一分钟/，我收拾一下/，你再进来吧/。"一边说着/，班杰明/就轻轻地/关上了房门/。

不到一分钟的时间/，班杰明/就又打开了房门/并热情地/把青年人让进客厅/。这时/，青年人的眼前/展现出/另一番景象/——房间内的一切/已变得/井然有序/，而且/有两杯/刚刚/倒好的红酒/，在淡淡的香水气息里/还漾着微波/。

可是/，没等青年人/把满腹的/有关人生/和事业的/疑难问题/向班杰明/讲出来/，班杰明/就非常客气地/说道/："干杯/。你可以走了/。"

青年人/手持酒杯/一下子愣住了/，既尴尬/又非常遗憾地说/："可是/，我/……我还/没向您请教呢/……"

"这些/……难道/还不够吗/?"班杰明/一边微笑着/,一边扫视着/自己的房间/,轻言细语地说/,"你进来/又有一分钟了/。"

"一分钟/……一分钟/……"青年人/若有所思地说/,"我懂了/,您让我明白了/一分钟的时间/可以做许//多事情/,可以改变/许多事情的/深刻道理/。"

班杰明/舒心地笑了/。青年人/把杯里的红酒/一饮而尽/,向班杰明/连连道谢后/,开心地走了/。

其实/,只要把握好/生命的/每一分钟/,也就把握了/理想的人生/。

三、"文字+拼音"练习

zhù míng jiào yù jiā Bān jié míng céng jīng jiē dào yí ge qīng nián rén
著 名 教 育 家 班 杰 明 曾 经 接 到 一 个 青 年 人

de qiú jiù diàn huà bìng yǔ nà ge xiàng wǎng chéng gōng kě wàng zhǐ
的 求 救 电 话, 并 与 那 个 向 往 成 功、 渴 望 指

diǎn de qīng nián rén yuē hǎo le jiàn miàn de shí jiān hé dì diǎn
点 的 青 年 人 约 好 了 见 面 的 时 间 和 地 点。

dài nà ge qīng nián rú yuē ér zhì shí Bān jié míng de fáng mén chǎng
待 那 个 青 年 如 约 而 至 时, 班 杰 明 的 房 门 敞

kāi zhe yǎn qián de jǐng xiàng què lìng qīng nián rén pō gǎn yì wài
开 着, 眼 前 的 景 象 却 令 青 年 人 颇 感 意 外——

Bān jié míng de fáng jiān lǐ luàn qī bā zāo láng jí yí piàn méi děng
班 杰 明 的 房 间 里 乱 七 八 糟、 狼 藉 一 片。 没 等

qīng nián rén kāi kǒu Bān jié míng jiù zhāo hu dào nǐ kàn wǒ zhè
青 年 人 开 口, 班 杰 明 就 招 呼 道:"你 看 我 这

fáng jiān tài bù zhěng jié le qǐng nǐ zài mén wài děng hòu yì fēn
房 间, 太 不 整 洁 了, 请 你 在 门 外 等 候 一 分

zhōng wǒ shōu shi yí xià nǐ zài jìn·lái ba yì biān shuō zhe
钟, 我 收 拾 一 下, 你 再 进 来 吧。"一 边 说 着,

Bān jié míng jiù qīng qīng de guān·shàng le fáng mén
班 杰 明 就 轻 轻 地 关 上 了 房 门。

bú dào yì fēn zhōng de shí jiān Bān jié míng jiù yòu dǎ kāi le fáng
不 到 一 分 钟 的 时 间, 班 杰 明 就 又 打 开 了 房

门并热情地把青年人让进客厅。这时，青年人的眼前展现出另一番景象——房间内的一切已变得井然有序，而且有两杯刚刚倒好的红酒，在淡淡的香水气息里还漾着微波。

可是，没等青年人把满腹的有关人生和事业的疑难问题向班杰明讲出来，班杰明就非常客气地说道："干杯。你可以走了。"

青年人手持酒杯一下子愣住了，既尴尬又非常遗憾地说："可是，我……我还没向您请教呢……"

"这些……难道还不够吗？"班杰明一边微笑着，一边扫视着自己的房间，轻言细语地说，"你进来又有一分钟了。"

"一分钟……一分钟……"青年人若有所思地说，"我懂了，您让我明白了一分钟的时间可以做许//多事情，可以改变许多事情的深刻道理。"

Bān jié míng shū xīn de xiào le   qīng nián rén bǎ bēi·lǐ de hóng jiǔ
班 杰 明 舒 心 地 笑 了。青 年 人 把 杯 里 的 红 酒

yì yǐn ér jìn   xiàng Bān jié míng lián lián dào xiè hòu   kāi xīn de zǒu le
一 饮 而 尽， 向 班 杰 明 连 连 道 谢 后， 开 心 地 走 了。

qí shí   zhǐ yào bǎ wò hǎo shēng mìng de měi yì fēn zhōng   yě jiù
其 实， 只 要 把 握 好 生 命 的 每 一 分 钟， 也 就

bǎ wò le lǐ xiǎng de rén shēng
把 握 了 理 想 的 人 生。

四、"文字+拼音+断句"练习

zhù míng jiào yù jiā   Bān jié míng   céng jīng jiē dào   yí gè qīng nián
著 名 教 育 家/班 杰 明/曾 经 接 到/一 个 青 年

rén de qiú jiù diàn huà   bìng yǔ nà ge   xiàng wǎng chéng gōng   kě
人 的/求 救 电 话/，并 与 那 个/向 往 成 功 、渴

wàng zhǐ diǎn de   qīng nián rén   yuē hǎo le   jiàn miàn de shí jiān   hé dì
望 指 点 的/青 年 人/约 好 了/见 面 的 时 间/和 地

diǎn
点/。

dài nà ge qīng nián   rú yuē ér zhì shí   Bān jié míng de fáng mén
待 那 个 青 年/如 约 而 至 时/，班 杰 明 的 房 门/

chǎng kāi zhe   yǎn qián de jǐng xiàng   què lìng qīng nián rén   pō gǎn yì
敞 开 着/，眼 前 的 景 象/却 令 青 年 人/颇 感 意

wài   Bān jié míng de fáng jiān lǐ   luàn qī bā zāo   láng jí yí
外/——班 杰 明 的 房 间 里/乱 七 八 糟/、狼 藉 一

piàn   méi děng qīng nián rén kāi kǒu   Bān jié míng   jiù zhāo hu
片/。没 等 青 年 人 开 口/，班 杰 明/就 招 呼

dào   nǐ kàn   wǒ zhè fáng jiān   tài bù zhěng jié le   qǐng nǐ
道/："你 看/我 这 房 间/，太 不 整 洁 了/，请 你

zài mén wài   děng hòu yì fēn zhōng   wǒ shōu shi yí xià   nǐ zài
在 门 外/等 候 一 分 钟/，我 收 拾 一 下/，你 再

jìn·lái ba   yì biān shuō zhe   Bān jié míng   jiù qīng qīng de
进 来 吧/。"一 边 说 着/，班 杰 明/就 轻 轻 地/

guān·shàng le fáng mén
关 上 了 房 门/。

不到一分钟的时间/，班杰明/就又打开了房门/并热情地/把青年人让进客厅/。这时/，青年人的眼前/展现出/另一番景象/——房间内的一切/已变得/井然有序/，而且/有两杯/刚刚/倒好的红酒/，在淡淡的香水气息里/还漾着微波/。

可是/，没等青年人/把满腹的/有关人生/和事业的/疑难问题/向班杰明/讲出来/，班杰明/就非常客气地/说道/："干杯/。你可以走了/。"

青年人/手持酒杯/一下子愣住了/，既尴尬/又非常遗憾地说/："可是/，我/……我还/没向您请教呢/……"

"这些/……难道/还不够吗/？"班杰明/一边微笑着/，一边扫视着/自己的房间/，轻言细语地说/，"你进来/又有一分钟了/。"

"一分钟/……一分钟/……"青年人/若有

所思地说/，"我懂了/，您让我明白了/一分钟的时间/可以做许//多事情/，可以改变/许多事情的/深刻道理/。"

班杰明/舒心地笑了/。青年人/把杯里的红酒/一饮而尽/，向班杰明/连连道谢后/，开心地走了/。

其实/，只要把握好/生命的/每一分钟/，也就把握了/理想的人生/。

作品 51 号： 一个美丽的故事

有个塌鼻子的小男孩儿，因为两岁时得过脑炎，智力受损，学习起来很吃力。打个比方，别人写作文能写二三百字，他却只能写三五行。但即便这样的作文，他同样能写得很动人。

那是一次作文课，题目是《愿望》。他极其认真地想了半天，然后极认真地写，那作文极短，只有三句话："我有两个愿望，第一个是，妈妈天天笑眯眯地看着我说：'你真聪明。'第二个是，老师天天笑眯眯地看着我说：'你一点儿也不笨。'"

于是，就是这篇作文，深深地打动了他的老师。那位妈妈式的老师不仅给了他最高分，在班上带感情朗读了这篇作文，还一笔一画地批道：你很聪明，你的作文写得非常感人，请放心，妈妈肯定会格外喜欢你的，老师肯定会格外喜欢你的，大家肯定会格外喜欢你的。

捧着作文本，他笑了，蹦蹦跳跳地回家了，像只喜鹊。但他并没有把作文本拿给妈妈看，他是在等待，等待着一个美好的时刻。

那个时刻终于到了，是妈妈的生日——一个阳光灿烂的星期天。那天，他起得特别早，把作文本装在一个亲手做的美丽的大信封里，等着妈妈醒来。妈妈刚刚睁眼醒来，他就笑眯眯地走到妈妈跟前说："妈妈，今天是您的生日，我要//送给您一件礼物。"

果然，看着这篇作文，妈妈甜甜地涌出了两行热泪，一把搂住小男孩儿，搂得很紧很紧。

是的，智力可以受损，但爱永远不会。

（节选自张玉庭《一个美丽的故事》）

一、逐句讲解

有个塌鼻子的小男孩儿，因为两岁时得过脑炎，智力受损，学习起来很吃力。打个比方，别人写作文能写二三百字，他却只能写三五行。

▶这里有一处需要注意的地方,就是"两岁"的两个音节分别读三声和四声。

但即便这样的作文,他同样能写得很动人。

▶这一句有两处需要注意的地方,第一处是"这样"都读四声,"样"是后鼻音;第二处是"同样"的两个音节分别读二声和四声。

那是一次作文课,题目是《愿望》。他极其认真地想了半天,然后极认真地写,那作文极短。

▶这里有两处需要注意的地方,第一处是"作文"的两个音节分别读四声和二声;第二处是"极"要读二声。

只有三句话:"我有两个愿望,第一个是,妈妈天天笑眯眯地看着我说:'你真聪明。'第二个是,老师天天笑眯眯地看着我说:'你一点儿也不笨。'"

▶这一句有两处需要注意地方,第一处是数字的语音语调要读准确;第二处是"笑眯眯"是ABB式的发音。

于是,就是这篇作文,深深地打动了他的老师。那位妈妈式的老师不仅给了他最高分,在班上带感情朗读了这篇作文,还一笔一画地批道:你很聪明,你的作文写得非常感人,请放心,妈妈肯定会格外喜欢你的,老师肯定会格外喜欢你的,大家肯定会格外喜欢你的。

▶这一句有两处需要注意的地方,第一处是"这"要读四声;第二处是"肯定"的两个音节分别读三声和四声。

捧着作文本,他笑了,蹦蹦跳跳地回家了,像只喜鹊。但他并没有把作文本拿给妈妈看,他是在等待,等待着一个美好的时刻。

▶这里有两处需要注意的地方,第一处是"蹦蹦跳跳"是AABB式发音;第二处是"喜鹊"的"鹊"是生僻字,要多加练习。

那个时刻终于到了,是妈妈的生日——一个阳光灿烂的星期天。

▶这里有两处需要注意的地方,第一处是"终于"的两个音节分别读一声和二声,"终"是后鼻音;第二处是"生日"的两个音节分别读一声和四声。

那天,他起得特别早,把作文本装在一个亲手做的美丽的大信封里,等着妈妈醒来。妈妈刚刚睁眼醒来,他就笑眯眯地走到妈妈跟前说:"妈妈,今天是您的生日,我要送给您一件礼物。"

▶这里有一处需要注意的地方,就是"特别"的两个音节分别读四声和二声。

二、断句练习

有个塌鼻子的/小男孩儿/,因为两岁时/得过脑炎/,智力受损/,学习起来/很吃力/。打个比方/,别人写作文/能写二三百字/,他却只能/写三五行/。但即便/这样的作文/,他同样/能写得很动人/。

那是一次/作文课/,题目是《愿望》/。他极其认真地/想了半天/,然后/极认真地写/,那作文极短/,只有三句话/:"我有两个愿望/,第一个是/,妈妈天天/笑眯眯地/看着我说/:'你真聪明/。'第二个是/,老师天天/笑眯眯地/看着我说/:'你一点儿也不笨/。'"

于是/,就是这篇作文/,深深地/打动了/他的老师/。那位妈妈式的/老师/不仅给了他/最高分/,在班上/带感情地/朗读了/这篇作文/,还一笔一画地/批道:你很聪明/,你的作文/写得非常感人/,请放心/,妈妈肯定会/格外喜欢你的/,老师肯定会/格外喜欢你的/,大家肯定会/格外喜欢你的/。

捧着作文本/,他笑了/,蹦蹦跳跳地/回家了/,像只喜鹊/。但他并没有/把作文本/拿给妈妈看/,他是在等待/,等待着一个/美好的时刻/。

那个时刻/终于到了/,是妈妈的生日/——一个阳光灿烂的/星期天/。那天/,他起得/特别早/,把作文本/装在一个/亲手做的/美丽的大信封里/,等着妈妈醒来/。妈妈刚刚睁眼醒来/,他就笑眯眯地/走到妈妈/跟前说/:"妈妈/,今天是您的/生日/,我要//送给您/一件礼物/。"

果然/,看着这篇作文/,妈妈甜甜地/涌出了/两行热泪/,一把搂住小男孩儿/,搂得/很紧很紧/。

是的/,智力可以受损/,但爱/永远不会/。

三、"文字+拼音"练习

yǒu gè tā bí zi de xiǎo nán háir　　yīn·wèi liǎng suì shí dé guo
有 个 塌 鼻 子 的 小 男 孩 儿, 因 为 两 岁 时 得 过脑炎,智力受损,学习起来很吃力。打个比方,别人写作文能写二三百字,他却只能写三五行。但即便这样的作文,他同样能写得很动人。

那是一次作文课,题目是《愿望》。他极其认真地想了半天,然后极认真地写,那作文极短,只有三句话:我有两个愿望,第一个是,妈妈天天笑眯眯地看着我说:'你真聪明。'第二个是,老师天天笑眯眯地看着我说:'你一点儿也不笨。'"

于是,就是这篇作文,深深地打动了他的老师。那位妈妈式的老师不仅给了他最高分,在班上带感情地朗读了这篇作文,还一笔一画地批道:你很聪明,你的作文写得非常感人,请放心,妈妈肯定会格外喜欢你的,老师肯定会格外喜欢你的,大家肯定会格外喜欢你的。

　　　　pěng zhe zuò wén běn   tā xiào le   bèng bèng tiào tiào de huí jiā
　　　　捧　着　作　文　本，他　笑　了，蹦　蹦　跳　跳　地　回　家

le   xiàng zhī xǐ · què   dàn tā bìng méi · yǒu bǎ zuò wén běn ná gěi mā
了，像　只　喜　鹊。但　他　并　没　有　把　作　文　本　拿　给　妈

ma kàn   tā shì zài děng dài   děng dài zhe yí gè měi hǎo de shí kè
妈　看，他　是　在　等　待，等　待　着　一　个　美　好　的　时　刻。

　　　nà ge shí kè zhōng yú dào le   shì mā ma de shēng · rì   yí gè
　　　那　个　时　刻　终　于　到　了，是　妈　妈　的　生　日——一　个

yáng guāng càn làn de xīng qī tiān   nà tiān   tā qǐ de tè bié zǎo   bǎ
阳　光　灿　烂　的　星　期　天。那　天，他　起　得　特　别　早，把

zuò wén běn zhuāng zài yí gè qīn shǒu zuò de měi lì de dà xìn fēng · lǐ
作　文　本　装　在　一　个　亲　手　做　的　美　丽　的　大　信　封　里，

děng zhe mā ma xǐng · lái   mā ma gāng gāng zhēng yǎn xǐng · lái   tā
等　着　妈　妈　醒　来。妈　妈　刚　刚　睁　眼　醒　来，他

jiù xiào mī mī de zǒu dào mā ma gēn · qián shuō   mā ma   jīn tiān shì
就　笑　眯　眯　地　走　到　妈　妈　跟　前　说："妈　妈，今　天　是

nín de shēng · rì   wǒ yào   sòng gěi nín yí jiàn lǐ wù
您　的　生　日，我　要//送　给　您　一　件　礼　物。"

　　　guǒ rán   kàn zhe zhè piān zuò wén   mā ma tián tián de yǒng chū le
　　　果　然，看　着　这　篇　作　文，妈　妈　甜　甜　地　涌　出　了

liǎng háng rè lèi   yì bǎ lǒu zhù xiǎo nán háir   lǒu de hěn jǐn hěn jǐn
两　行　热　泪，一　把　搂　住　小　男　孩　儿，搂　得　很　紧　很　紧。

　　　shì de   zhì lì kě yǐ shòu sǔn   dàn ài yǒng yuǎn bú huì
　　　是　的，智　力　可　以　受　损，但　爱　永　远　不　会。

四、"文字+拼音+断句"练习

　　　　yǒu gè tā bí zi de   xiǎo nán háir   yīn · wèi liǎng suì shí dé
　　　　有　个　塌　鼻　子　的/小　男　孩　儿/，因　为　两　岁　时/得

guo nǎo yán   zhì lì shòu sǔn   xué xí qǐ · lái hěn chī lì   dǎ
过　脑　炎/，智　力　受　损/，学　习　起　来/很　吃　力/。打

gè bǐ fang   bié · rén xiě zuò wén   néng xiě èr sān bǎi zì   tā què
个　比　方/，别　人　写　作　文/能　写　二　三　百　字/，他　却

— 427 —

只能/写三五行/。但即便/这样的作文/,他同样/能写得很动人/。

那是一次/作文课/,题目是《愿望》/。他极其认真地/想了半天/,然后/极认真地写/,那作文极短/,只有三句话/:我有两个愿望/,第一个是/,妈妈天天/笑眯眯地/看着我说/:'你真聪明/。'第二个是/,老师天天/笑眯眯地/看着我说/:'你一点儿也不笨/。'"

于是/,就是这篇作文/,深深地/打动了/他的老师/。那位妈妈式的/老师/不仅给了他/最高分/,在班上/带感情地/朗读了/这篇作文/,还一笔一画地/批道/:你很聪明/,你的作文/写得非常感人/,请放心/,妈妈肯定会/格外喜欢你的/,老师肯定会/格外喜欢你的/,大家肯定会/格外喜欢你的/。

捧着作文本/,他笑了/,蹦蹦跳跳地/回家了/,像只喜鹊/。但他并没有/把作文本/

拿给妈妈看/，他是在等待/，等待着一个/美好的时刻/。

那个时刻/终于到了/，是妈妈的生日/——一个阳光灿烂的/星期天/。那天/，他起得/特别早/，把作文本/装在一个/亲手做的/美丽的大信封里/，等着妈妈醒来/。妈妈刚刚睁眼醒来/，他就笑眯眯地/走到妈妈/跟前说/："妈妈/，今天是您的/生日/，我要//送给您/一件礼物/。"

果然/，看着这篇作文/，妈妈甜甜地/涌出了/两行热泪/，一把搂住小男孩儿/，搂得/很紧很紧/。

是的/，智力可以受损/，但爱/永远不会/。

作品52号： 永远的记忆

小学的时候，有一次我们去海边远足，妈妈没有做便饭，给了我十块钱买午餐。好像走了很久，很久，终于到海边了，大家坐下来便吃饭，荒凉的海边没有商店，我一个人跑到防风林外面去，级任老师要大家把吃剩的饭菜分给我一点儿。有两三个男生留下一点儿给我，还有一个女生，她的米饭拌了酱油，很香。我吃完的时候，她笑眯眯地看着我，短头发，脸圆圆的。

她的名字叫翁香玉。

每天放学的时候，她走的是经过我们家的一条小路，带着一位比她小的男孩儿，可能是弟弟。小路边是一条清澈见底的小溪，两旁竹荫覆盖，我总是远远地跟在后面。夏日的午后特别炎热，走到半路她会停下来，拿手帕在溪水里浸湿，为小男孩儿擦脸。我也在后面停下来，把肮脏的手帕弄湿了擦脸，再一路远远跟着她回家。

后来我们家搬到镇上去了，过几年我也上了中学。有一天放学回家，在火车上，看见斜对面一位短头发、圆圆脸的女孩儿，一身素净的白衣黑裙。我想她一定不认识我了。火车很快到站了，我随着人群挤向门口，她也走近了，叫我的名字。这是她第一次和我说话。

她笑眯眯的，和我一起走过月台。以后就没有再见过//她了。

这篇文章收在我出版的《少年心事》这本书里。

书出版后半年，有一天我忽然收到出版社转来的一封信，信封上是陌生的字迹，但清楚地写着我的本名。

信里面说她看到了这篇文章心里非常激动，没想到在离开家乡，漂泊异地这么久之后，会看见自己仍然在一个人的记忆里，她自己也深深记得这其中的每一幕，只是没想到越过遥远的时空，竟然另一个人也深深记得。

（节选自苦伶《永远的记忆》）

一、逐句讲解

小学的时候，有一次我们去海边远足，妈妈没有做便饭，给了我十块钱买午餐。

▶这一句有四处需要注意的地方，第一处是"小学"分别读三声和二声；第二处是"海边"分别读三声和一声；第三处是"没有"分别读二声和三声，要注意变调；第四处是"午餐"分别读三声和一声。

好像走了很久，很久，终于到海边了，大家坐下来便吃饭，荒凉的海边没有商店，我一个人跑到防风林外面去，级任老师要大家把吃剩的饭菜分给我一点儿。

▶这一句有五处需要注意的地方，第一处是"很"都读三声；第二处是"终于"分别读一声和二声；第三处是"坐"要读四声；第四处是"荒凉"分别读一声和二声，注意停顿；第五处是"分给"分别读一声和三声。

有两三个男生留下一点儿给我，还有一个女生，她的米饭拌了酱油，很香。我吃完的时候，她笑眯眯地看着我，短头发，脸圆圆的。

▶这里有五处需要注意的地方，第一处是"两三"分别读三声和一声；第二处是"还有"分别读二声和三声，此词组后要注意停顿；第三处是"酱油"分别读四声和二声，同时注意"酱"字的后鼻音；第四处是"吃完"分别读一声和二声；第五处是"短"要读三声，此处要停顿。

她的名字叫翁香玉。

每天放学的时候，她走的是经过我们家的一条小路，带着一位比她小的男孩儿，可能是弟弟。

▶这里有四处需要注意地方，第一处是"翁香玉"这个人名要读准确；第二处是"放学"分别读四声和二声；第三处是"我们家的"后注意停顿；第四处是"小"要读三声。

小路边是一条清澈见底的小溪，两旁竹荫覆盖，我总是远远地跟在后面。夏日的午后特别炎热，走到半路她会停下来，拿手帕在溪水里浸湿，为小男孩儿擦脸。

▶这里有五处需要注意的地方，第一处是"清澈见底"是成语；第二处

— 431 —

是"两旁"分别读三声和二声;第三处是"停"要读二声;第四处是"浸湿"分别读四声和一声;第五处是"擦脸"分别读一声和三声。

　　我也在后面停下来,把肮脏的手帕弄湿了擦脸,再一路远远跟着她回家。后来我们家搬到镇上去了,过几年我也上了中学。

　　▶这里有三处需要注意的地方,第一处是"我"要读三声;第二处是"弄湿了"中"弄"是后鼻音,"了"读轻声;第三处是"镇"要读四声,是前鼻音。

　　有一天放学回家,在火车上,看见斜对面一位短头发、圆圆脸的女孩儿,一身素净的白衣黑裙。我想她一定不认识我了。火车很快到站了,我随着人群挤向门口,她也走近了,叫我的名字。这是她第一次和我说话。

　　▶这里有五处需要注意的地方,第一处是"回家"分别读二声和一声;第二处是"火车"分别读三声和一声;第三处是"素净"的"净"读轻声;第四处是"很快"分别读三声和四声;第五处是"门口"分别读二声和三声。

　　她笑眯眯的,和我一起走过月台。以后就没有再见过她了。

　　▶这里有一处需要注意的地方,就是"再"要读四声。

二、断句练习

　　小学的时候/,有一次/我们去海边远足/,妈妈没有做便饭/,给了我十块钱/买午餐/。好像走了很久/,很久/,终于到海边了/,大家坐下来/便吃饭/,荒凉的海边/没有商店/,我一个人/跑到防风林/外面去/,级任老师/要大家/把吃剩的饭菜/分给我一点儿/。有两三个男生/留下一点儿/给我/,还有/一个女生/,她的米饭/拌了酱油/,很香/。我吃完的时候/,她笑眯眯地/看着我/,短/头发/,脸圆圆的/。

　　她的名字叫/翁香玉/。

　　每天放学的时候/,她走的/是经过我们家的/一条小路/,带着一位/比她小的男孩儿/,可能/是弟弟/。小路边/是一条/清澈见底的小溪/,两旁/竹荫覆盖/,我总是/远远地/跟在她后面/。夏日的午后/特别炎热/,走到半路/她会停下来/,拿手帕/在溪水里/浸湿/,为小男孩儿/擦脸/。我也在后面/停下

— 432 —

来/，把肮脏的手帕/弄湿了/擦脸/，再一路/远远/跟着她回家/。

后来/我们家/搬到镇上去了/，过几年/我也上了中学/。有一天/放学回家/，在火车上/，看见斜对面一位/短头发、圆圆脸的女孩儿/，一身素净的/白衣黑裙/。我想/她一定/不认识我了/。火车/很快到站了/，我随着人群/挤向门口/，她也走近了/，叫我的名字/。这是她第一次/和我说话/。

她笑眯眯的/，和我一起/走过月台/。以后/就没有/再见过//她了/。

这篇文章/收在我出版的/《少年心事》/这本书里/。

书出版后半年/，有一天/我忽然收到/出版社转来的/一封信/，信封上/是陌生的字迹/，但清楚地/写着我的本名/。

信里面说/她看到了这篇文章/心里/非常激动/，没想到/在离开家乡/，漂泊异地/这么久之后/，会看见自己/仍然在/一个人的记忆里/，她自己/也深深记得/这其中的/每一幕/，只是没想到/越过遥远的时空/，竟然另一个人/也深深记得/。

三、"文字 + 拼音"练习

xiǎo xué de shí hou   yǒu yí cì wǒ men qù hǎi biān yuǎn zú   mā
小 学 的 时 候 ， 有 一 次 我 们 去 海 边 远 足， 妈

ma méi·yǒu zuò biàn fàn   gěi le wǒ shí kuài qián mǎi wǔ cān   hǎo
妈 没 有 做 便 饭 ， 给 了 我 十 块 钱 买 午 餐。 好

xiàng zǒu le hěn jiǔ   hěn jiǔ   zhōng yú dào hǎi biān le   dà jiā zuò
像 走 了 很 久 ， 很 久 ， 终 于 到 海 边 了， 大 家 坐

xià·lái biàn chī fàn   huāng liáng de hǎi biān méi·yǒu shāng diàn   wǒ
下 来 便 吃 饭 ， 荒 凉 的 海 边 没 有 商 店 ， 我

yí gè rén pǎo dào fáng fēng lín wài·miàn qù   jí rèn lǎo shī yào dà jiā bǎ
一 个 人 跑 到 防 风 林 外 面 去， 级 任 老 师 要 大 家 把

chī shèng de fàn cài fēn gěi wǒ yì diǎnr   yǒu liǎng sān gè nán shēng
吃 剩 的 饭 菜 分 给 我 一 点 儿。 有 两 三 个 男 生

liú·xià yì diǎnr   gěi wǒ   hái yǒu yí gè nǚ shēng   tā de mǐ fàn bàn
留 下 一 点 儿 给 我， 还 有 一 个 女 生， 她 的 米 饭 拌

le jiàng yóu   hěn xiāng   wǒ chī wán de shí hou   tā xiào mī mī de kàn
了 酱 油， 很 香。 我 吃 完 的 时 候， 她 笑 眯 眯 地 看

着我，短头发，脸圆圆的。

她的名字叫翁香玉。

每天放学的时候，她走的是经过我们家的一条小路，带着一位比她小的男孩儿，可能是弟弟。小路边是一条清澈见底的小溪，两旁竹荫覆盖，我总是远远地跟在她后面，夏日的午后特别炎热，走到半路她会停下来，拿手帕在溪水里浸湿，为小男孩儿擦脸。我也在后面停下来，把肮脏的手帕弄湿了擦脸，再一路远远跟着她回家。

后来我们家搬到镇上去了，过几年我也上了中学。有一天放学回家，在火车上，看见斜对面一位短头发、圆圆脸的女孩儿，一身素净的白衣黑裙。我想她一定不认识我了。火车很快到站了，我随着人群挤向门口，她也走近了，叫我的名字。这是她第一次和我

shuō huà
说 话。

　　　　tā xiào mī mī de　　hé wǒ yì qǐ zǒu guò yuè tái　yǐ hòu jiù
　　　　她 笑 眯 眯 的，和 我 一 起 走 过 月 台。以 后 就

méi·yǒu zài jiàn guo　　tā le
没 有 再 见 过 // 她 了。

　　　　zhè piān wén zhāng shōu zài wǒ chū bǎn de　　Shào nián Xīn shì　　zhè
　　　　这 篇 文 章 收 在 我 出 版 的《少 年 心 事》这

běn shū·lǐ
本 书 里。

　　　　shū chū bǎn hòu bàn nián　　yǒu yì tiān wǒ hū rán shōu dào chū bǎn
　　　　书 出 版 后 半 年，有 一 天 我 忽 然 收 到 出 版

shè zhuǎn lái de yì fēng xìn　　xìn fēng·shàng shì mò shēng de zì jì
社 转 来 的 一 封 信，信 封 上 是 陌 生 的 字 迹，

dàn qīng chu de xiě zhe wǒ de běn míng
但 清 楚 地 写 着 我 的 本 名。

　　　　xìn lǐ·miàn shuō tā kàn dào le zhè piān wén zhāng xīn·lǐ fēi cháng
　　　　信 里 面 说 她 看 到 了 这 篇 文 章 心 里 非 常

jī dòng　　méi xiǎng dào zài lí kāi jiā xiāng　　piāo bó yì dì zhè me jiǔ zhī
激 动，没 想 到 在 离 开 家 乡，漂 泊 异 地 这 么 久 之

hòu　　huì kàn·jiàn zì jǐ réng rán zài yí gè rén de jì yì·lǐ　　tā zì jǐ
后，会 看 见 自 己 仍 然 在 一 个 人 的 记 忆 里，她 自 己

yě shēn shēn jì·dé zhè qí zhōng de měi yí mù　　zhǐ shì méi xiǎng dào
也 深 深 记 得 这 其 中 的 每 一 幕，只 是 没 想 到

yuè guo yáo yuǎn de shí kōng　　jìng rán lìng yí gè rén yě shēn shēn
越 过 遥 远 的 时 空，竟 然 另 一 个 人 也 深 深

jì·dé
记 得。

四、"文字＋拼音＋断句" 练习

　　　　xiǎo xué de shí hou　　yǒu yí cì　　wǒ men qù hǎi biān yuǎn zú
　　　　小 学 的 时 候 /，有 一 次 / 我 们 去 海 边 远 足 /，

妈妈没有做便饭/,给了我十块钱/买午餐/。

好像走了很久/,很久/,终于到海边了/,大家坐下来/便吃饭/,荒凉的海边/没有商店/,我一个人/跑到防风林/外面去/,级任老师/要大家/把吃剩的饭菜/分给我一点儿/。

有两三个男生/留下一点儿/给我/,还有/一个女生/,她的米饭/拌了酱油/,很香/。我吃完的时候/,她笑眯眯地/看着我/,短/头发/,脸圆圆的/。

她的名字叫/翁香玉/。

每天放学的时候/,她走的/是经过我们家的/一条小路/,带着一位/比她小的男孩儿/,可能/是弟弟/。小路边/是一条/清澈见底的小溪/,两旁/竹荫覆盖/,我总是/远远地/跟在她后面/,夏日的午后/特别炎热/,走到半路/,她会停下来/,拿手帕/在溪水里/浸湿/,为小男孩儿/擦脸/。我也在后面/停下来/,把肮脏的手帕/弄湿了/擦脸/,再一路/远远/跟着她回家/。

后来/我们家/搬到镇上去了/,过几年/我也上了中学/。有一天/放学回家/,在火车上/,看见斜对面一位/短头发/、圆圆脸的女孩儿/,一身素净的/白衣黑裙/。我想/她一定/不认识我了/。火车/很快到站了/,我随着人群/挤向门口/,她也走近了/,叫我的名字/。这是她第一次/和我说话/。

她笑眯眯的/,和我一起/走过月台/。以后/就没有/再见过//她了/。

这篇文章/收在我出版的/《少年心事》/这本书里/。

书出版后半年/,有一天/我忽然收到/出版社转来的/一封信/,信封上/是陌生的字迹/，但清楚地/写着我的本名/。

信里面说/她看到了这篇文章/心里/非常激动/，没想到/在离开家乡/，漂泊异地/这么久之后/，会看见自己/仍然在/一个人的记忆里/，她自己/也深深记得/这其中的/每一幕/，只是没想到/越过遥远的时空/，竟然另一个人/也深深记得/。

作品 53 号： 语言的魅力

　　在繁华的巴黎大街的路旁，站着一个衣衫褴褛、头发斑白、双目失明的老人。他不像其他乞丐那样伸手向过路行人乞讨，而是在身旁立一块木牌，上面写着："我什么也看不见！"街上过往的行人很多，看了木牌上的字都无动于衷，有的还淡淡一笑，便姗姗而去了。

　　这天中午，法国著名诗人让·彼浩勒也经过这里。他看看木牌上的字，问盲老人："老人家，今天上午有人给你钱吗？"

　　盲老人叹息着回答："我，我什么也没有得到。"说着，脸上的神情非常悲伤。

　　让·彼浩勒听了，拿起笔悄悄地在那行字的前面添上了"春天到了，可是"几个字，就匆匆地离开了。

　　晚上，让·彼浩勒又经过这里，问那个盲老人下午的情况。盲老人笑着回答说："先生，不知为什么，下午给我钱的人多极了！"让·彼浩勒听了，摸着胡子满意地笑了。

　　"春天到了，可是我什么也看不见！"这富有诗意的语言，产生这么大的作用，就在于它有非常浓厚的感情色彩。是的，春天是美好的，那蓝天白云，那绿树红花，那莺歌燕舞，那流水人家，怎么不叫人陶醉呢？但这良辰美景，对于一个双目失明的人来说，只是一片漆黑。当人们想到这个盲老人，一生中竟连万紫千红的春天//都不曾看到，怎能不对他产生同情之心呢？

（节选自小学《语文》第六册《语言的魅力》）

一、逐句讲解

　　在繁华的巴黎大街的路旁，站着一个衣衫褴褛、头发斑白、双目失明的老人。

　　▶这一句有两处需要注意的地方，第一处是"繁华"都读二声，此词组为重点词组；第二处是"双目失明"是成语。

他不像其他乞丐那样伸手向过路行人乞讨，而是在身旁立一块木牌，上面写着："我什么也看不见！"街上过往的行人很多，看了木牌上的字都无动于衷，有的还淡淡一笑，便姗姗而去了。

▶这里有七处需要注意的地方，第一处是"其他"分别读二声和一声；第二处是"身旁"分别读一声和二声；第三处是"什么"的"么"要读轻声；第四处是"很"要读三声，注意停顿；第五处是"都"要读一声；第六处是"笑"要读四声，语音语调要强调下去；第七处是"姗姗"都要读一声。

这天中午，法国著名诗人让·彼浩勒也经过这里。他看看木牌上的字，问盲老人："老人家，今天上午有人给你钱吗？"

▶这里有两处需要注意的地方，第一处是"中午"分别读一声和三声；第二处是"也"读三声。

盲老人叹息着回答："我，我什么也没有得到。"说着，脸上的神情非常悲伤。

▶这里有三处需要注意的地方，第一处是"叹息着"的"着"读轻声；第二处是"什么"的"么"读轻声；第三处是"非常"分别读一声和二声。

让·彼浩勒听了，拿起笔悄悄地在那行字的前面添上了"春天到了，可是"几个字，就匆匆地离开了。

▶这一句有两处需要注意的地方，第一处是"悄悄"都读一声；第二处是"匆匆"都读一声。

晚上，让·彼浩勒又经过这里，问那个盲老人下午的情况。盲老人笑着回答说："先生，不知为什么，下午给我钱的人多极了！"让·彼浩勒听了，摸着胡子满意地笑了。

▶这里有六处需要注意的地方，第一处是"又"读四声，是重音；第二处是"下午"分别读四声和三声，注意停顿；第三处是"笑着"的"着"读轻声；第四处是读"为什么"时要读出疑问的语调；第四处是"极"要读二声；第五处是"听"要读一声，注意后鼻音发音到位；第六处是"满意"分别读三声和四声。

"春天到了，可是我什么也看不见！"这富有诗意的语言，产生这么大的作用，就在于它有非常浓厚的感情色彩。

▶这里有三处需要注意的地方，第一处是"诗意"分别读一声和四声；第二处是"这么"的"么"读轻声；第三处是"浓厚"分别读二声和四声。

是的，春天是美好的，那蓝天白云，那绿树红花，那莺歌燕舞，那流水人家，怎么不叫人陶醉呢？但这良辰美景，对于一个双目失明的人来说，只是一片漆黑。当人们想到这个盲老人，一生中竟连万紫千红的春天都不曾看到，怎能不对他产生同情之心呢？

▶这里有三处需要注意的地方，第一处是"一片"中的"一"要读二声；第二处是"想到"分别读三声和四声；第三处是"万紫千红"是成语，属于重点词汇。

二、断句练习

在繁华的/巴黎大街的/路旁/，站着一个/衣衫褴褛/、头发斑白/、双目失明的/老人/。他不像其他乞丐那样/伸手/向过路行人乞讨/，而是在身旁/立一块木牌/，上面写着/："我什么也看不见/！"街上过往的行人很多/，看了木牌上的字/都无动于衷/，有的/还淡淡一笑/，便姗姗而去了/。

这天中午/，法国著名诗人/让·彼浩勒/也经过这里/。他看看/木牌上的字/，问盲老人/："老人家/，今天上午/有人给你钱吗/？"

盲老人/叹息着回答/："我/，我什么/也没有得到/。"说着/，脸上的神情/非常悲伤/。

让·彼浩勒听了/，拿起笔/悄悄地/在那行字的前面/添上了/"春天到了/，可是/"几个字/，就匆匆地/离开了/。

晚上/，让·彼浩勒/又经过这里/，问那个盲老人/下午的情况/。盲老人/笑着回答说/："先生/，不知为什么/，下午给我钱的人/多极了/！"让·彼浩勒听了/，摸着胡子/满意地笑了/。

"春天到了/，可是/我什么也看不见/！"这富有诗意的/语言/，产生/这么大的作用/，就在于/它有非常浓厚的/感情色彩/。是的/，春天是美好的/，那蓝天白云/，那绿树红花/，那莺歌燕舞/，那流水人家/，怎么不叫人/陶醉呢/？但这良辰美景/，对于一个/双目失明的人/来说/，只是/一片漆黑/。当人们想到/这个盲老人/，一生中/竟连万紫千红的春天///都不曾看到/，怎能不对他/产生同情之心呢/？

三、"文字+拼音"练习

　　zài fán huá de Bā lí dà jiē de lù páng　zhàn zhe yí gè yī shān lán
　　在 繁 华 的 巴 黎 大 街 的 路 旁 ， 站 着 一 个 衣 衫 褴

lǚ　tóu fa bān bái　shuāng mù shī míng de lǎo rén　tā bú xiàng qí tā
褛 、 头 发 斑 白 、 双 目 失 明 的 老 人 。 他 不 像 其 他

qǐ gài nà yàng shēn shǒu xiàng guò lù xíng rén qǐ tǎo　ér shì zài shēn
乞 丐 那 样 伸 手 向 过 路 行 人 乞 讨 ， 而 是 在 身

páng lì yí kuài mù pái　shàng·miàn xiě zhe　　wǒ shén me yě
旁 立 一 块 木 牌 ， 上 面 写 着 ："我 什 么 也

kàn·bú jiàn　jiē·shàng guò wǎng de xíng rén hěn duō　kàn le mù
看 不 见 ！" 街 上 过 往 的 行 人 很 多 ， 看 了 木

pái·shàng de zì dōu wú dòng yú zhōng　yǒu de hái dàn dàn yí xiào
牌 上 的 字 都 无 动 于 衷 ， 有 的 还 淡 淡 一 笑 ，

biàn shān shān ér qù le
便 姗 姗 而 去 了 。

　　zhè tiān zhōng wǔ　Fǎ guó zhù míng shī rén Ràng　Bǐ hào lè yě jīng
　　这 天 中 午 ， 法 国 著 名 诗 人 让·彼 浩 勒 也 经

guò zhè·lǐ　tā kàn kan mù pái·shàng de zì　wèn máng lǎo rén
过 这 里 。 他 看 看 木 牌 上 的 字 ， 问 盲 老 人 ：

lǎo·rén·jiā　jīn tiān shàng wǔ yǒu rén gěi nǐ qián ma
"老 人 家 ， 今 天 上 午 有 人 给 你 钱 吗 ？"

　　máng lǎo rén tàn xī zhe huí dá　　wǒ　wǒ shén me yě méi·yǒu
　　盲 老 人 叹 息 着 回 答 ："我 ， 我 什 么 也 没 有

dé dào　shuō zhe　liǎn·shàng de shén qíng fēi cháng bēi shāng
得 到 。" 说 着 ， 脸 上 的 神 情 非 常 悲 伤 。

　　Ràng　Bǐ hào lè tīng le　ná qǐ bǐ qiāo qiāo de zài nà háng zì de
　　让·彼 浩 勒 听 了 ， 拿 起 笔 悄 悄 地 在 那 行 字 的

前面添上了"春天到了，可是"几个字，就匆匆地离开了。

晚上，让·彼浩勒又经过这里，问那个盲老人下午的情况。盲老人笑着回答说："先生，不知为什么，下午给我钱的人多极了！"让·彼浩勒听了，摸着胡子满意地笑了。

"春天到了，可是我什么也看不见！"这富有诗意的语言，产生这么大的作用，就在于它有非常浓厚的感情色彩。是的，春天是美好的，那蓝天白云，那绿树红花，那莺歌燕舞，那流水人家，怎么不叫人陶醉呢？但这良辰美景，对于一个双目失明的人来说，只是一片漆黑。当人们想到这个盲老人，一生中竟连万紫千红的春天//都不曾看到，怎能不对他产生同情之心呢？

四、"文字+拼音+断句"练习

在繁华的/巴黎大街的/路旁/，站着一个/衣衫褴褛/、头发斑白/、双目失明的/老人/。他不像其他乞丐那样/伸手/向过路行人乞讨/,而是在身旁/立一块木牌/,上面写着/:"我什么也看不见/!"街上过往的行人很多/,看了木牌上的字/都无动于衷/,有的/还淡淡一笑/,便/姗姗而去了/。

这天中午/,法国著名诗人/让·彼浩勒/也经过这里/。他看看/木牌上的字/,问盲老人/:"老人家/,今天上午/有人给你钱吗/?"

盲老人/叹息着回答/:"我/,我什么/也没有得到/。"说着/,脸上的神情/非常悲伤/。

让·彼浩勒听了/,拿起笔/悄悄地/在那行字的前面/添上了/"春天到了/,可是/"几个字/,就匆匆地/离开了/。

晚上/，让·彼浩勒/又经过这里/，问那个盲老人/下午的情况/。盲老人/笑着回答说/："先生/，不知为什么/，下午给我钱的人/多极了/！"让·彼浩勒听了/，摸着胡子/满意地笑了/。

"春天到了/，可是/我什么也看·不见/！"这富有诗意的/语言/，产生/这么大的作用/，就在于/它有非常浓厚的/感情色彩/。是的/，春天是美好的/，那蓝天白云/，那绿树红花/，那莺歌燕舞/，那流水人家/，怎么不叫人/陶醉呢/？但这良辰美景/，对于一个/双目失明的人/来说/，只是/一片漆黑/。当人们想到/这个盲老人/，一生中/竟连万紫千红的春天///都不曾看到/，怎能不对他/产生同情之心呢/？

作品 54 号： 赠你四味长寿药

有一次，苏东坡的朋友张鹗拿着一张宣纸来求他写一幅字，而且希望他写一点儿关于养生方面的内容。苏东坡思索了一会儿，点点头说："我得到了一个养生长寿古方，药只有四味，今天就赠给你吧。"于是，东坡的狼毫在纸上挥洒起来，上面写着："一曰无事以当贵，二曰早寝以当富，三曰安步以当车，四曰晚食以当肉。"

这哪里有药？张鹗一脸茫然地问。苏东坡笑着解释说，养生长寿的要诀，全在这四句里面。

所谓"无事以当贵"，是指人不要把功名利禄、荣辱过失考虑得太多，如能在情志上潇洒大度，随遇而安，无事以求，这比富贵更能使人终其天年。

"早寝以当富"，指吃好穿好、财货充足，并非就能使你长寿。对老年人来说，养成良好的起居习惯，尤其是早睡早起，比获得任何财富更加宝贵。

"安步以当车"，指人不要过于讲求安逸、肢体不劳，而应多以步行来替代骑马乘车，多运动才可以强健体魄，通畅气血。

"晚食以当肉"，意思是人应该用已饥方食、未饱先止代替对美味佳肴的贪吃无厌。他进一步解释，饿了以后才进食，虽然是粗茶淡饭，但其香甜可口会胜过山珍；如果饱了还要勉强吃，即使美味佳肴摆在眼前也难以//下咽。

苏东坡的四味"长寿药"，实际上是强调了情志、睡眠、运动、饮食四个方面对养生长寿的重要性，这种养生观点即使在今天仍然值得借鉴。

(节选自蒲昭和《赠你四味长寿药》)

一、逐句讲解

有一次，苏东坡的朋友张鹗拿着一张宣纸来求他写一幅字，而且希望他写一点儿关于养生方面的内容。

▶这一句有一处需要注意的地方，就是"养生"分别读三声和一声，要注意后鼻音。

苏东坡思索了一会儿，点点头说："我得到了一个养生长寿古方，药只有四味，今天就赠给你吧。"

▶这一句有五处需要注意的地方，第一处是"思索"分别读一声和三声，此词组为重点词汇；第二处是"点点"都读三声，AA式发音；第三处是"长寿"分别读二声和四声；第四处是"四"要读四声，数字的语音语调要读准确；第五处是"赠"要读四声，是后鼻音。

于是，东坡的狼毫在纸上挥洒起来，上面写着："一曰无事以当贵，二曰早寝以当富，三曰安步以当车，四曰晚食以当肉。"

▶这一句有五处需要注意的地方，第一处是"挥洒"分别读一声和三声；第二处是"无事"分别读二声和四声；第三处是"早寝"都读三声，此处注意停顿；第四处是"安步"分别读一声和四声；第五处是"晚食"分别读三声和二声。

这哪里有药？张鹗一脸茫然地问。苏东坡笑着解释说，养生长寿的要诀，全在这四句里面。

▶这里有四处需要注意地方，第一处是"哪里"都读三声；第二处是"茫然"都读二声，且"茫"是后鼻音；第三处是"笑着"的"着"要读轻声；第四处是"全"要读二声。

所谓"无事以当贵"，是指人不要把功名利禄、荣辱过失考虑得太多，如能在情志上潇洒大度，随遇而安，无事以求，这比富贵更能使人终其天年。

▶这一句有三处需要注意的地方，第一处是"荣辱过失"后要停顿；第二处是"情志"分别读二声和四声；第三处是"更"要读四声，是后鼻音。

"早寝以当富"，指吃好穿好、财货充足，并非就能使你长寿。对老年人来说，养成良好的起居习惯，尤其是早睡早起，比获得任何财富更加宝贵。

▶这一句有五处需要注意的地方，第一处是"充足"分别读一声和二声；第二处是"并非"分别读四声和一声；第三处是"良好"分别读二声和三声，且"良"是后鼻音；第四处是"早起"都读三声，要变调；第五处是"更加"分别读四声和一声，此处要停顿。

"安步以当车"，指人不要过于讲求安逸、肢体不劳，而应多以步行来替代骑马乘车，多运动才可以强健体魄，通畅气血。

▶这里有三处需要注意的地方，第一处是"过于"分别读四声和二声；第二处是"劳"要读二声；第三处是"步行"分别读四声和二声。

"晚食以当肉"，意思是人应该用已饥方食、未饱先止代替对美味佳肴的贪吃无厌。他进一步解释，饿了以后才进食，虽然是粗茶淡饭，但其香甜可口会胜过山珍；如果饱了还要勉强吃，即使美味佳肴摆在眼前也难以下咽。

▶这里有六处需要注意的地方，第一处是"美味佳肴"是本文重点词汇，要反复练习；第二处是"进一步"中的"一"要读二声；第三处是"饿了"的"了"要读轻声；第四处是"胜过"都读四声，要注意语音语调降下去；第五处是"勉强"都读三声；第六处是"难以"分别读二声和三声。

二、断句练习

有一次/，苏东坡的朋友/张鹗/拿着一张宣纸/来求他/写一幅字/，而且希望/他写一点儿/关于养生方面的/内容/。苏东坡/思索了一会儿/，点点头说/："我得到了/一个养生长寿古方/，药只有四味/，今天/就赠给你吧/。"于是/，东坡的狼毫/在纸上/挥洒起来/，上面写着/："一曰/无事以当贵/，二曰/早寝以当富/，三曰/安步以当车/，四曰/晚食以当肉/。"

这哪里有药/？张鹗/一脸茫然地问/。苏东坡/笑着解释说/，养生长寿的要诀/，全在/这四句里面/。

所谓/"无事以当贵/"，是指人/不要把功名利禄/、荣辱过失/考虑得太多/，如能在/情志上/潇洒大度/，随遇而安/，无事以求/，这比富贵/更能使人/终其天年/。

"早寝以当富/"，指吃好/穿好/、财货充足/，并非就能/使你长寿/。对老年人/来说/，养成良好的/起居习惯/，尤其是/早睡早起/，比获得任何财富/更加宝贵/。

"安步以当车/"，指人/不要过于/讲求安逸/、肢体不劳/，而应多以步行/来替代/骑马乘车/，多运动/才可以/强健体魄/，通畅气血/。

"晚食以当肉/"，意思是/人应该/用已饥方食/、未饱先止/代替对美味佳肴的/贪吃无厌/。他进一步/解释/，饿了以后才进食/，虽然是/粗茶淡饭/，但其香甜可口/会胜过山珍；如果饱了/还要勉强吃/，即使美味佳肴/摆在眼前/也难以//下咽/。

苏东坡的/四味"长寿药"/，实际上/是强调了/情志/、睡眠/、运动/、饮食/四个方面/对养生长寿的/重要性/，这种养生观点/即使在今天/仍然值得借鉴/。

三、"文字+拼音" 练习

　　yǒu yí cì　　Sū Dōng pō de péng you Zhāng È ná zhe yì zhāng xuān
　　有 一 次， 苏 东 坡 的 朋 友 张 鹗 拿 着 一 张 宣
zhǐ lái qiú tā xiě yì fú zì　　ér qiě xī wàng tā xiě yì diǎnr　　guān yú
纸 来 求 他 写 一 幅 字， 而 且 希 望 他 写 一 点 儿 关 于
yǎng shēng fāng miàn de nèi róng　　Sū Dōng pō sī suǒ le yí huìr
养 生 方 面 的 内 容。 苏 东 坡 思 索 了 一 会 儿，
diǎn diǎn tóu shuō　　　wǒ dé dào le yí gè yǎng shēng cháng shòu gǔ
点 点 头 说： "我 得 到 了 一 个 养 生 长 寿 古
fāng　　yào zhǐ yǒu sì wèi　　jīn tiān jiù zèng gěi nǐ ba　　yú shì　　Dōng
方， 药 只 有 四 味， 今 天 就 赠 给 你 吧。" 于 是， 东
pō de láng háo zài zhǐ·shàng huī sǎ qǐ·lái　　shàng·miàn xiě zhe
坡 的 狼 毫 在 纸 上 挥 洒 起 来， 上 面 写 着：
　　yī yuē wú shì yǐ dàng guì　　èr yuē zǎo qǐn yǐ dàng fù　　sān yuē ān bù
"一 曰 无 事 以 当 贵， 二 曰 早 寝 以 当 富， 三 曰 安 步
yǐ dàng chē　　sì yuē wǎn shí yǐ dàng ròu
以 当 车， 四 曰 晚 食 以 当 肉。"
　　zhè nǎ·lǐ yǒu yào　　Zhāng È yì liǎn máng rán de wèn　　Sū Dōng
"这 哪 里 有 药？ 张 鹗 一 脸 茫 然 地 问。 苏 东
pō xiào zhe jiě shì shuō　　yǎng shēng cháng shòu de yào jué　　quán zài zhè
坡 笑 着 解 释 说， 养 生 长 寿 的 要 诀， 全 在 这
sì jù lǐ·miàn
四 句 里 面 。
　　suǒ wèi　　wú shì yǐ dàng guì　　shì zhǐ rén bú yào bǎ gōng míng lì
所 谓 "无 事 以 当 贵"， 是 指 人 不 要 把 功 名 利
lù　　róng rǔ guò shī kǎo lǜ de tài duō　　rú néng zài qíng zhì·shàng xiāo
禄、 荣 辱 过 失 考 虑 得 太 多， 如 能 在 情 志 上 潇
sǎ dà dù　　suí yù ér ān　　wú shì yǐ qiú　　zhè bǐ fù guì gèng néng shǐ
洒 大 度， 随 遇 而 安， 无 事 以 求， 这 比 富 贵 更 能 使

— 449 —

人终其天年。

"早寝以当富",指吃好穿好、财货充足,并非就能使你长寿。对老年人来说,养成良好的起居习惯,尤其是早睡早起,比获得任何财富更加宝贵。

"安步以当车",指人不要过于讲求安逸、肢体不劳,而应多以步行来替代骑马乘车,多运动才可以强健体魄,通畅气血。

"晚食以当肉",意思是人应该用已饥方食、未饱先止代替对美味佳肴的贪吃无厌。他进一步解释,饿了以后才进食,虽然是粗茶淡饭,但其香甜可口会胜过山珍;如果饱了还要勉强吃,即使美味佳肴摆在眼前也难以//下咽。

苏东坡的四味"长寿药",实际上是强调了情志、睡眠、运动、饮食四个方面对养生长寿的重要性,这种养生观点即使在今天仍然值得借鉴。

四、"文字+拼音+断句"练习

有一次/，苏东坡的朋友/张鹗/拿着一张宣纸/来求他/写一幅字/，而且希望/他写一点儿/关于养生方面的/内容/。苏东坡/思索了一会儿/，点点头说/："我得到了/一个养生长寿古方/，药只有四味/，今天/就赠给你吧/。"于是/，东坡的狼毫/在纸上/挥洒起来/，上面写着/："一日/无事以当贵/，二日/早寝以当富/，三日/安步以当车/，四日/晚食以当肉/。"

这哪里有药/？张鹗/一脸茫然地问/。苏东坡/笑着解释说/，养生长寿的要诀/，全在/这四句里面/。

所谓/"无事以当贵/"，是指人/不要把功名利禄/、荣辱过失/考虑得太多/，如能在/情志上/潇洒大度/，随遇而安/，无事以求/，这比富贵/更能使人/终其天年/。

"早寝以当富/",指吃好/穿好/、财货充足/,并非就能/使你长寿/。对老年人/来说/,养成良好的/起居习惯/,尤其是/早睡早起/,比获得任何财富/更加宝贵/。

"安步以当车/",指人/不要过于/讲求安逸/、肢体不劳/,而应多以步行/来替代/骑马 乘车/,多运动/才可以/强健体魄/,通畅气血/。

"晚食以当肉/",意思是/人应该/用已饥方食/、未饱先止/代替对美味佳肴的/贪吃无厌/。他进一步/解释/,饿了以后才进食/,虽然是/粗茶淡饭/,但其香甜可口/会胜过山珍/;如果饱了/还要勉强吃/,即使美味佳肴/摆在眼前/也难以//下咽/。

苏东坡的/四味"长寿药"/,实际上/是强调了/情志/、睡眠/、运动/、饮食/四个方面/对养生长寿的/重要性/,这种养生观点/即使在今天/仍然值得借鉴/。

作品 55 号： 站在历史的枝头微笑

人活着，最要紧的是寻觅到那片代表着生命绿色和人类希望的丛林，然后选一高高的枝头站在那里观览人生，消化痛苦，孕育歌声，愉悦世界！

这可真是一种潇洒的人生态度，这可真是一种心境爽朗的情感风貌。

站在历史的枝头微笑，可以减免许多烦恼。在那里，你可以从众生相所包含的甜酸苦辣、百味人生中寻找你自己；你境遇中的那点儿苦痛，也许相比之下，再也难以占据一席之地；你会较容易地获得从不悦中解脱灵魂的力量，使之不致变得灰色。

人站得高些，不但能有幸早些领略到希望的曙光，还能有幸发现生命的立体的诗篇。每一个人的人生，都是这诗篇中的一个词、一个句子或者一个标点。你可能没有成为一个美丽的词，一个引人注目的句子，一个惊叹号，但你依然是这生命的立体诗篇中的一个音节、一个停顿、一个必不可少的组成部分。这足以使你放弃前嫌，萌生为人类孕育新的歌声的兴致，为世界带来更多的诗意。

最可怕的人生见解，是把多维的生存图景看成平面。因为那平面上刻下的大多是凝固了的历史——过去的遗迹；但活着的人们，活得却是充满着新生智慧的，由//不断逝去的"现在"组成的未来。人生不能像某些鱼类躺着游，人生也不能像某些兽类爬着走，而应该站着向前行，这才是人类应有的生存姿态。

(节选自 [美] 本杰明·拉什《站在历史的枝头微笑》)

一、逐句讲解

人活着，最要紧的是寻觅到那片代表着生命绿色和人类希望的丛林，然后选一高高的枝头站在那里观览人生，消化痛苦，孕育歌声，愉悦世界！

▶这一句有四处需要注意的地方，第一处是"最"要读四声；第二处是

"希望"分别读一声和四声；第三处是"高高的枝头"为本文重点词汇；第四处是"世界"都读四声。

这可真是一种潇洒的人生态度，这可真是一种心境爽朗的情感风貌。

站在历史的枝头微笑，可以减免许多烦恼。

▶这一句有三处需要注意的地方，第一处是"真"要读一声，是前鼻音；第二处是"历史"分别读四声和三声；第三处是"许多"分别读三声和一声。

在那里，你可以从众生相所包含的甜酸苦辣、百味人生中寻找你自己；你境遇中的那点儿苦痛，也许相比之下，再也难以占据一席之地；你会较容易地获得从不悦中解脱灵魂的力量，使之不致变得灰色。

▶这一句有五处需要注意的地方，第一处是"寻找"分别读二声和三声，"找"要读半三；第二处是"苦痛"分别读三声和四声，注意是"苦痛"不是"痛苦"；第三处是"再"读四声；第四处是"较容易"处要有停顿；第五处是"不致"分别读二声和四声，要注意变调。

人站得高些，不但能有幸早些领略到希望的曙光，还能有幸发现生命的立体的诗篇。

▶这一句有三处需要注意地方，第一处是"高"要读一声；第二处是"不但"分别读二声和四声；第三处是"还"要读二声。

每一个人的人生，都是这诗篇中的一个词、一个句子或者一个标点。你可能没有成为一个美丽的词，一个引人注目的句子，一个惊叹号，但你依然是这生命的立体诗篇中的一个音节、一个停顿、一个必不可少的组成部分。

▶这里有三处需要注意的地方，第一处是"每"要读三声；第二处是"都是"分别读一声和四声；第三处是"依然"分别读一声和二声，此词组为重点词汇。

这足以使你放弃前嫌，萌生为人类孕育新的歌声的兴致，为世界带来更多的诗意。

▶这一句有三处需要注意的地方，第一处是"足以"分别读二声和三声；第二处是"新"读一声，是前鼻音；第三处是"多"要读一声。

最可怕的人生见解，是把多维的生存图景看成平面。

▶这里有两处需要注意的地方,第一处是"最"要读四声;第二处"多维"分别读一声和二声。

因为那平面上刻下的大多是凝固了的历史——过去的遗迹;但活着的人们,活得却是充满着新生智慧的,由不断逝去的"现在"组成的未来。

▶这句话有三处需要注意的地方,第一处是"大多"分别读四声和一声;第二处是"活着"的"着"读轻声;第三处是"新"要读一声。

二、 断句练习

人活着/,最要紧的/是寻觅到/那片代表着/生命绿色/和人类希望的/丛林/,然后/选一高高的枝头/站在那里/观览人生/,消化痛苦/,孕育歌声/,愉悦世界/!

这可真是一种/潇洒的/人生态度/,这可真是一种/心境爽朗的/情感风貌/。

站在历史的枝头/微笑/,可以减免/许多烦恼/。在那里/,你可以/从众生相/所包含的/甜酸苦辣/、百味人生中/寻找你自己/;你境遇中的/那点儿苦痛/,也许相比之下/,再也难以占据/一席之地/;你会较容易地/获得从不悦中/解脱灵魂的力量/,使之不致/变得灰色/。

人站得高些/,不但能有幸/早些领略到/希望的曙光/,还能有幸发现/生命的/立体的/诗篇/。每一个人的人生/,都是这诗篇中的/一个词/、一个句子/或者一个标点/。你可能没有成为/一个美丽的词/,一个引人注目的句子/,一个惊叹号/,但你依然是/这生命的/立体诗篇中的/一个音节/、一个停顿/、一个必不可少的/组成部分/。这足以使你/放弃前嫌/,萌生/为人类孕育/新的歌声的/兴致/,为世界/带来/更多的诗意/。

最可怕的/人生见解/,是把多维的/生存图景/看成平面/。因为那平面上/刻下的/大多是/凝固了的历史/——过去的遗迹/;但活着的人们/,活得/却是充满着/新生智慧的/,由//不断逝去的/"现在"/组成的未来/。人生/不能像某些鱼类/躺着游/,人生/也不能像/某些兽类/爬着走/,而应该/站着向前行/,这才是人类/应有的/生存姿态/。

三、"文字+拼音"练习

人活着,最要紧的是寻觅到那片代表着生命绿色和人类希望的丛林,然后选一高高的枝头站在那里观览人生,消化痛苦,孕育歌声,愉悦世界!

这可真是一种潇洒的人生态度,这可真是一种心境爽朗的情感风貌。

站在历史的枝头微笑,可以减免许多烦恼。在那里,你可以从众生相所包含的甜酸苦辣、百味人生中寻找你自己;你境遇中的那点儿苦痛,也许相比之下,再也难以占据一席之地;你会较容易地获得从不悦中解脱灵魂的力量,使之不致变得灰色。

人站得高些,不但能有幸早些领略到希望的曙光,还能有幸发现生命的立体的诗篇。每一个人的人生,都是这诗篇中的一个词、一个句子或者一个标点。你可能没有成为一个美丽的词,一个引人注目的句子,一个惊叹号,但你依然是这生命的立体诗篇中的一个音节、一个停顿、一个必不可少的组成部分。这足以使你放弃前嫌,萌生为人类孕育新的歌声的兴致,为世界带来更多的诗意。

最可怕的人生见解,是把多维的生存图景看成平面。因为那平面上刻下的大多是凝固了的历史——过去的遗迹;但活着的人们,活得却是充满着新生智慧的,由//不断逝去的"现在"组成的未来。人生不能像某些鱼类躺着游,人生也不能像某些兽类爬着走,而应该站着向前行,这才是人类应有的生存姿态。

四、"文字+拼音+断句"练习

人活着/,最要紧的/是寻觅到/那片代表着/生命绿色/和人类希望的/丛林/,然后/选一高高的枝头/站在那里/观览人生/,消化痛苦/,孕育歌声/,愉悦世界/!

这可真是一种/潇洒的/人生态度/,这可真是一种/心境爽朗的/情感风貌/。

站在历史的枝头/微笑/,可以减免/许多烦恼/。在那里/,你可以/从众生相/所包含的/甜酸苦辣/、百味人生中/寻找你自己/;你境遇中的/那点儿苦痛/,也许相比之下/,再也难以占据/一席之地/;你会较容易地/获得从不悦中/解脱灵魂的力量/,使之不致/变得灰色/。

人站得高些/,不但能有幸/早些领略到/希望的曙光/,还能有幸发现/生命的/立体的/诗篇/。每一个人的人生/,都是这诗篇中的/一个词/、一个句子/或者一个标点/。你可能没有成为/一个美丽的词/,一个引人注目的/句子/、一个惊叹号/，但你依然是/这生命的/立体诗篇中的/一个音节/、一个停顿/、一个必不可少的/组成部分/。这足以使你/放弃前嫌/，萌生/为人类孕育/新的歌声的/兴致/，为世界/带来/更多的诗意/。

最可怕的/人生见解/，是把多维的/生存图景/看成平面/。因为那平面上/刻下的/大多是/凝固了的历史/——过去的遗迹/；但活着的人们/，活得/却是充满着/新生智慧的/，由//不断逝去的/"现在"/组成的未来/。人生/不能像某些鱼类/躺着游/，人生/也不能像/某些兽类/爬着走/，而应该/站着向前行/，这才是人类/应有的/生存姿态/。

作品 56 号： 中国的宝岛——台湾

　　中国的第一大岛、台湾省的主岛台湾，位于中国大陆架的东南方，地处东海和南海之间，隔着台湾海峡和大陆相望。天气晴朗的时候，站在福建沿海较高的地方，就可以隐隐约约地望见岛上的高山和云朵。

　　台湾岛形状狭长，从东到西，最宽处只有一百四十多公里；由南至北，最长的地方约有三百九十多公里。地形像一个纺织用的梭子。

　　台湾岛上的山脉纵贯南北，中间的中央山脉犹如全岛的脊梁。西部为海拔近四千米的玉山山脉，是中国东部的最高峰。全岛约有三分之一的地方是平地，其余为山地。岛内有缎带般的瀑布，蓝宝石似的湖泊，四季常青的森林和果园，自然景色十分优美。西南部的阿里山和日月潭，台北市郊的大屯山风景区，都是闻名世界的游览胜地。

　　台湾岛地处热带和温带之间，四面环海，雨水充足，气温受到海洋的调剂，冬暖夏凉，四季如春，这给水稻和果木生长提供了优越的条件。水稻、甘蔗、樟脑是台湾的"三宝"。岛上还盛产鲜果和鱼虾。

　　台湾岛还是一个闻名世界的"蝴蝶王国"。岛上的蝴蝶共有四百多个品种，其中有不少是世界稀有的珍贵品种。岛上还有不少鸟语花香的蝴//蝶谷，岛上居民利用蝴蝶制作的标本和艺术品，远销许多国家。

（节选自《中国的宝岛——台湾》）

一、逐句讲解

　　中国的第一大岛、台湾省的主岛台湾，位于中国大陆架的东南方，地处东海和南海之间，隔着台湾海峡和大陆相望。

　　▶这一句有两处需要注意的地方，第一处是"主岛"都读三声，"岛"为重点字词；第二处是"大陆架"都读四声。

　　天气晴朗的时候，站在福建沿海较高的地方，就可以隐隐约约地望见岛上的高山和云朵。

▶这一句有三处需要注意的地方，第一处是"晴朗"分别读二声和三声，注意后鼻音的发音到位；第二处是"较高"分别读四声和一声。

台湾岛形状狭长，从东到西，最宽处只有一百四十多公里；由南至北，最长的地方约有三百九十多公里。地形像一个纺织用的梭子。

▶这里有三处需要注意的地方，第一处是"狭长"都读二声，注意"长"的后鼻音；第二处是方位词"东、南、西、北"为本文重点，有方位词的句子需要反复练习；第三处是"梭子"的"子"要读轻声。

台湾岛上的山脉纵贯南北，中间的中央山脉犹如全岛的脊梁。西部为海拔近四千米的玉山山脉，是中国东部的最高峰。

▶这里有两处需要注意的地方，第一处是"全岛"分别读二声和三声；第二处是"东部"分别读一声和四声。

全岛约有三分之一的地方是平地，其余为山地。岛内有缎带般的瀑布，蓝宝石似的湖泊，四季常青的森林和果园，自然景色十分优美。西南部的阿里山和日月潭，台北市郊的大屯山风景区，都是闻名世界的游览胜地。

▶这里有五处需要注意的地方，第一处是"山地"要读一声和四声，注意"山"的前鼻音；第二处是"缎带"都读四声，注意语音语调，重音要强调下去；第三处是"蓝宝石"是重点词汇；第四处是"四季常青"是成语，此词组为重点词汇，读的时候要停顿；第五处是"十分优美"是成语。

台湾岛地处热带和温带之间，四面环海，雨水充足，气温受到海洋的调剂，冬暖夏凉，四季如春，这给水稻和果木生长提供了优越的条件。水稻、甘蔗、樟脑是台湾的"三宝"。

▶这里有五处需要注意的地方，第一处是"温带"分别读一声和四声；第二处是"充足"分别读一声和二声；第三处是"海洋"分别读三声和二声；第四处是"凉"要读二声，且是后鼻音；第五处是"春"要读一声。

台湾岛上还是一个闻名世界的"蝴蝶王国"。

▶这里有一处需要注意的地方，就是"蝴蝶王国"是本文的重点词汇，要反复练习。

岛上的蝴蝶共有四百多个品种，其中有不少是世界稀有的珍贵品种。岛上还有不少鸟语花香的蝴蝶谷,岛上居民利用蝴蝶制作的标本和艺术品,远销许多国家。

▶这句话有一处需要注意的地方,就是"珍贵"分别读一声和四声。

二、断句练习

中国的第一大岛/、台湾省的/主岛台湾/,位于中国大陆架的/东南方/,地处/东海和南海之间/,隔着台湾海峡/和大陆相望/。天气晴朗的时候/,站在福建沿海/较高的地方/,就可以/隐隐约约地/望见岛上的/高山/和云朵/。

台湾岛/形状狭长/,从东到西/,最宽处/只有一百四十多/公里/;由南至北/,最长的地方/约有三百九十多/公里/。地形/像一个/纺织用的梭子/。

台湾岛上的山脉/纵贯南北/,中间的中央山脉/犹如全岛的脊梁/。西部/为海拔近四千米的/玉山山脉/,是中国东部的/最高峰/。全岛/约有三分之一的地方/是平地/,其余为山地/。岛内/有缎带般的瀑布/,蓝宝石似的湖泊/,四季常青的/森林/和果园/,自然景色/十分优美/。西南部的阿里山/和日月潭/,台北市郊的/大屯山风景区/,都是/闻名世界的/游览胜地/。

台湾岛/地处热带/和温带之间/,四面环海/,雨水充足/,气温受到/海洋的调剂/,冬暖夏凉/,四季如春/,这给水稻/和果木生长/提供了/优越的条件/。水稻/、甘蔗/、樟脑/是台湾的"三宝"/。岛上/还盛产鲜果/和鱼虾/。

台湾岛/还是一个/闻名世界的/"蝴蝶王国"/。岛上的/蝴蝶/共有四百多个品种/,其中有不少是/世界稀有的/珍贵品种/。岛上/还有不少/鸟语花香的/蝴//蝶谷/,岛上居民/利用蝴蝶/制作的标本/和艺术品/,远销/许多国家/。

三、"文字+拼音"练习

Zhōng guó de dì yī dà dǎo　Tái wān Shěng de zhǔ dǎo Tái wān
中　国　的　第　一　大　岛　、台　湾　省　的　主　岛　台　湾,

wèi yú Zhōng guó dà lù jià de dōng nán fāng　　dì chǔ Dōng Hǎi hé Nán Hǎi
位　于　中　国　大　陆　架　的　东　南　方,地处 东　海　和　南　海

之间，隔着台湾海峡和大陆相望。天气晴朗的时候，站在福建沿海较高的地方，就可以隐隐约约地望见岛上的高山和云朵。

台湾岛形状狭长，从东到西，最宽处只有一百四十多公里；由南至北，最长的地方约有三百九十多公里。地形像一个纺织用的梭子。

台湾岛上的山脉纵贯南北，中间的中央山脉犹如全岛的脊梁。西部为海拔近四千米的玉山山脉，是中国东部的最高峰。全岛约有三分之一的地方是平地，其余为山地。岛内有缎带般的瀑布，蓝宝石似的湖泊，四季常青的森林和果园，自然景色十分优美。西南部的阿里山和日月潭，台北市郊的大屯山风景区，都是闻名世界的游览胜地。

台湾岛地处热带和温带之间，四面环海，雨水充足，气温受到海洋的调剂，冬暖夏

liáng， sì jì rú chūn， zhè gěi shuǐ dào hé guǒ mù shēng zhǎng tí gōng
凉，四季如春，这给水稻和果木生长提供

le yōu yuè de tiáo jiàn。 shuǐ dào、 gān zhe、 zhāng nǎo shì Tái wān de
了优越的条件。水稻、甘蔗、樟脑是台湾的

sān bǎo。 dǎo·shàng hái shèng chǎn xiān guǒ hé yú xiā。
"三宝"。岛 上 还 盛 产 鲜 果 和 鱼 虾。

Tái wān Dǎo hái shì yí gè wén míng shì jiè de hú dié wáng guó。
台湾岛还是一个闻名世界的"蝴蝶王国"。

dǎo·shàng de hú dié gòng yǒu sì bǎi duō gè pǐn zhǒng， qí zhōng yǒu bù
岛 上 的蝴蝶共有四百多个品种，其中有不

shǎo shì shì jiè xī yǒu de zhēn guì pǐn zhǒng。 dǎo·shàng hái yǒu bù shǎo
少是世界稀有的珍贵品种。岛 上还有不少

niǎo yǔ huā xiāng de hú dié gǔ， dǎo·shàng jū mín lì yòng hú dié zhì
鸟语花香的蝴//蝶谷，岛 上 居 民 利 用 蝴 蝶 制

zuò de biāo běn hé yì shù pǐn， yuǎn xiāo xǔ duō guó jiā。
作的标本和艺术品，远销许多国家。

四、"文字+拼音+断句" 练习

Zhōng guó de dì yī dà dǎo Tái wān Shěng de zhǔ dǎo Tái wān
中 国 的 第 一 大 岛/、台 湾 省 的 主 岛 台 湾/，

wèi yú Zhōng guó dà lù jià de dōng nán fāng dì chǔ Dōng Hǎi hé
位 于 中 国 大 陆 架 的/东 南 方/，地 处/东 海 和

Nán Hǎi zhī jiān gé zhe Tái wān Hǎi xiá hé Dà lù xiāng wàng tiān
南 海 之 间/，隔 着 台 湾 海 峡/和 大 陆 相 望/。天

qì qíng lǎng de shí hou zhàn zài Fú jiàn yán hǎi jiào gāo de dì fang
气 晴 朗 的 时 候/，站 在 福 建 沿 海/较 高 的 地 方/，

jiù kě yǐ yǐn yǐn yuē yuē de wàng·jiàn dǎo·shàng de gāo shān hé
就 可 以/隐 隐 约 约 地/望 见 岛 上 的/高 山/和

yún duǒ
云 朵/。

Tái wān Dǎo xíng zhuàng xiá cháng cóng dōng dào xī zuì
台 湾 岛/形 状 狭 长/，从 东 到 西/，最

宽处／只有一百四十多／公里／；由南至北，最长的地方／约有三百九十多／公里／。地形／像一个／纺织用的梭子／。

台湾岛上的山脉／纵贯南北，中间的中央山脉／犹如全岛的脊梁／。西部／为海拔近四千米的／玉山山脉／，是中国东部的／最高峰／。全岛／约有三分之一的地方／是平地／，其余为山地／。岛内／有缎带般的瀑布／，蓝宝石似的湖泊／，四季常青的／森林／和果园／，自然景色／十分优美／。西南部的阿里山／和日月潭／，台北市郊的／大屯山风景区／，都是／闻名世界的／游览胜地／。

台湾岛／地处热带／和温带之间／，四面环海／，雨水充足／，气温受到／海洋的调剂／，冬暖夏凉／，四季如春／，这给水稻／和果木生长／提供了／优越的条件／。水稻、甘蔗、樟脑／是台湾的"三宝"／。岛上／还

shèng chǎn xiān guǒ　　hé yú xiā
盛　产　鲜　果／和 鱼 虾／。

　　　　Tái wān Dǎo　hái shì yí gè　wén míng shì jiè de　　hú dié wáng
　　台 湾 岛／还 是 一 个／闻　名　世　界 的／"蝴　蝶　王

guó　　　dǎo·shàng de　hú dié　gòng yǒu sì bǎi duō gè pǐn zhǒng
国"／。岛　　上　的／蝴　蝶／共　有 四 百 多 个 品　种／，

qí zhōng yǒu bù shǎo shì　shì jiè xī yǒu de　zhēn guì pǐn zhǒng
其 中　有 不 少 是／世 界 稀 有 的／珍 贵 品　种／。

dǎo·shàng　hái yǒu bù shǎo　niǎo yǔ huā xiāng de　hú　dié gǔ
岛　　上／还 有 不 少／鸟 语 花　香　的／蝴∥蝶 谷／，

dǎo·shàng jū mín　lì yòng hú dié　zhì zuò de biāo běn　hé yì shù
岛　　上 居 民／利 用 蝴 蝶／制 作 的 标　本／和 艺 术

pǐn　　yuǎn xiāo　xǔ duō guó jiā
品／，远　销／许 多 国 家／。

作品 57 号：中国的牛

对于中国的牛，我有着一种特别尊敬的感情。

留给我印象最深的，要算在田垄上的一次"相遇"。

一群朋友郊游，我领头在狭窄的阡陌上走，怎料迎面来了几头耕牛，狭道容不下人和牛，终有一方要让路。它们还没有走近，我们已经预计斗不过畜牲，恐怕难免踩到田地泥水里，弄得鞋袜又泥又湿了。正踟蹰的时候，带头的一头牛，在离我们不远的地方停下来，抬起头看看，稍迟疑一下，就自动走下田去。一队耕牛，全跟着它离开阡陌，从我们身边经过。

我们都呆了，回过头来，看着深褐色的牛队，在路的尽头消失，忽然觉得自己受了很大的恩惠。

中国的牛，永远沉默地为人做着沉重的工作。在大地上，在晨光或烈日下，它拖着沉重的犁，低头一步又一步，拖出了身后一列又一列松土，好让人们下种。等到满地金黄或农闲时候，它可能还得担当搬运负重的工作；或终日绕着石磨，朝同一方向，走不计程的路。

在它沉默的劳动中，人便得到应得的收成。

那时候，也许，它可以松一肩重担，站在树下，吃几口嫩草。偶尔摇摇尾巴，摆摆耳朵，赶走飞附身上的苍蝇，已经算是它最闲适的生活了。

中国的牛，没有成群奔跑的习//惯，永远沉沉实实的，默默地工作，平心静气。这就是中国的牛！

（节选自小思《中国的牛》）

一、逐句讲解

对于中国的牛，我有着一种特别尊敬的感情。

留给我印象最深的，要算在田垄上的一次"相遇"。

▶这一句有三处需要注意的地方，第一处是"中国"分别读一声和三声；

第二处是"特别"分别读四声和二声；第三处是"田垄"的"垄"是后鼻音。

一群朋友郊游，我领头在狭窄的阡陌上走，怎料迎面来了几头耕牛，狭道容不下人和牛，终有一方要让路。

▶这一句有五处需要注意的地方，第一处是"郊游"分别读一声和二声；第二处是"狭窄"分别读二声和三声；第三处是"迎面"分别读二声和四声；第四处是"容"要读二声，是后鼻音；第五处是"终"要读一声，是后鼻音。

它们还没有走近，我们已经预计斗不过畜牲，恐怕难免踩到田地泥水里，弄得鞋袜又泥又湿了。正踟蹰的时候，带头的一头牛，在离我们不远的地方停下来，抬起头看看，稍迟疑一下，就自动走下田去。

▶这里有八处需要注意的地方，第一处是"斗"要读四声；第二处是"难免"分别读二声和三声；第三处是"踟蹰"都读二声，此词组为生僻字，需反复练习；第四处是"带头"分别读四声和二声；第五处是"不远"分别读四声和三声；第六处是"看看"的第二个"看"要读轻声；第七处是"稍"要读一声；第八处是"自动"都读四声，且"动"是后鼻音。

一队耕牛，全跟着它离开阡陌，从我们身边经过。

▶这一句有两处需要注意的地方，第一处是"全"要读二声；第二处"身边"都读一声。

我们都呆了，回过头来，看着深褐色的牛队，在路的尽头消失，忽然觉得自己受了很大的恩惠。

▶这一句有两处需要注意的地方，第一处是"回过"的"过"要读轻声；第二处是"路"要读四声。

中国的牛，永远沉默地为人做着沉重的工作。在大地上，在晨光或烈日下，它拖着沉重的犁，低头一步又一步，拖出了身后一列又一列松土，好让人们下种。等到满地金黄或农闲时候，它可能还得担当搬运负重的工作；或终日绕着石磨，朝同一方向，走不计程的路。

▶这里有九处需要注意的地方，第一处是"沉重"分别读二声和四声；第二处是"烈日"都读四声；第三处是"又"读四声；第四处是"种"要读三声，是后鼻音；第五处是"农闲"都读二声，"农"是后鼻音；第六处是"负重"都读四声，"重"是后鼻音；第七处是"终日"分别读一声和四声；第八处是"同一"分别读二声和四声；第九处是"计程"分别读四声和二声，"程"是后鼻音。

在它沉默的劳动中，人便得到应得的收成。

▶这里有两处需要注意的地方，第一处是"沉默"分别读二声和四声；第二处是"应得"分别读一声和二声。

那时候，也许，它可以松一肩重担，站在树下，吃几口嫩草。偶尔摇摇尾巴，摆摆耳朵，赶走飞附身上的苍蝇，已经算是它最闲适的生活了。

中国的牛，没有成群奔跑的习惯，永远沉沉实实的，默默地工作，平心静气。这就是中国的牛！

▶这里有八处需要注意的地方，第一处是"那"要读四声，要读重音；第二处是"可以"都读三声；第三处是"吃"要读一声；第四处是"尾巴"的"巴"要读轻声；第五处是"耳朵"的"朵"要读轻声；第六处是"身上"分别读一声和四声，"上"的后鼻音要发音准确；第七处是"算"要读四声；第八处是"成群"都读二声，"成"是后鼻音。

二、断句练习

对于中国的牛/，我有着一种/特别尊敬的感情/。

留给我/印象最深的/，要算在/田垄上的/一次"相遇"/。

一群朋友郊游/，我领头/在狭窄的/阡陌上走/，怎料/迎面来了/几头耕牛/，狭道容不下/人和牛/，终有一方/要让路/。它们/还没有走近/，我们已经预计/斗不过畜牲/，恐怕难免踩到/田地泥水里/，弄得鞋袜/又泥又湿了/。正踟蹰的时候/，带头的一头牛/，在离我们/不远的地方/停下来/，抬起头看看/，稍迟疑一下/，就自动/走下田去/。一队耕牛/，全跟着它/离开阡陌/，从我们身边经过/。

我们都呆了/，回过头来/，看着/深褐色的牛队/，在路的尽头/消失/，忽然觉得/自己受了/很大的恩惠/。

中国的牛/，永远沉默地/为人做着/沉重的工作/。在大地上/，在晨光/

或烈日下/，它拖着/沉重的犁/，低头一步/又一步/，拖出了身后/一列又一列松土/，好让人们下种/。等到满地金黄/或农闲时候/，它可能/还得担当/搬运负重的工作/；或终日/绕着石磨/，朝同一方向/，走不计程/的路/。

在它沉默的/劳动中/，人便得到/应得的/收成/。

那时候/，也许/，它可以/松一肩重担/，站在树下/，吃几口嫩草/。偶尔/摇摇尾巴/，摆摆耳朵/，赶走/飞附身上的/苍蝇/，已经算是它/最闲适的生活了/。

中国的牛/，没有/成群奔跑的/习//惯/，永远/沉沉实实的/，默默地工作/，平心静气/。这就是/中国的牛/！

三、"文字+拼音"练习

duì yú Zhōng guó de niú   wǒ yǒu zhe yì zhǒng tè bié zūn jìng de
对 于 中   国 的 牛，我 有 着 一 种   特 别 尊 敬 的
gǎn qíng
感 情。

liú gěi wǒ yìn xiàng zuì shēn de   yào suàn zài tián lǒng·shàng de yí
留 给 我 印 象   最 深 的，要 算 在 田 垄   上 的 一
cì   xiāng yù
次 " 相   遇 "。

yì qún péng you jiāo yóu   wǒ lǐng tóu zài xiá zhǎi de qiān mò·shàng
一 群 朋   友 郊 游，我 领 头 在 狭 窄 的 阡 陌   上
zǒu   zěn liào yíng miàn lái le jǐ tóu gēng niú   xiá dào róng·bú xià rén
走，怎 料 迎   面 来 了 几 头 耕   牛，狭 道 容   不 下 人
hé niú   zhōng yǒu yì fāng yào ràng lù   tā men hái méi·yǒu zǒu jìn
和 牛，终   有 一 方 要 让 路。它 们 还 没·有 走 近，
wǒ men yǐ·jīng yù jì dòu·bú·guò chù sheng   kǒng pà nán miǎn cǎi
我 们 已·经 预 计 斗·不·过 畜   牲，恐   怕 难 免 踩
dào tián dì ní shuǐ·lǐ   nòng de xié wà yòu ní yòu shī le   zhèng chí
到 田 地 泥 水·里，弄 得 鞋 袜 又 泥 又 湿 了。正   踟
chú de shí hou   dài tóu de yì tóu niú   zài lí wǒ men bù yuǎn de dì fang
蹰 的 时 候，带 头 的 一 头 牛，在 离 我 们 不 远 的 地 方

停下来，抬起头看看，稍迟疑一下，就自动走下田去。一队耕牛，全跟着它离开阡陌，从我们身边经过。

我们都呆了，回过头来，看着深褐色的牛队，在路的尽头消失，忽然觉得自己受了很大的恩惠。

中国的牛，永远沉默地为人做着沉重的工作。在大地上，在晨光或烈日下，它拖着沉重的犁，低头一步又一步，拖出了身后一列又一列松土，好让人们下种。等到满地金黄或农闲时候，它可能还得担当搬运负重的工作；或终日绕着石磨，朝同一方向，走不计程的路。

在它沉默的劳动中，人便得到应得的收成。

那时候，也许，它可以松一肩重担，站在

shù·xià　　chī jǐ kǒu nèn cǎo　　ǒu ěr yáo yao wěi ba　　bǎi bai ěr duo
树 下，吃 几 口 嫩 草。偶 尔 摇 摇 尾 巴，摆 摆 耳 朵，

gǎn zǒu fēi fù shēn·shàng de cāng ying　　yǐ·jīng suàn shì tā zuì xián shì
赶 走 飞 附 身 上 的 苍 蝇，已 经 算 是 它 最 闲 适

de shēng huó le
的 生 活 了。

　　Zhōng guó de niú　　méi·yǒu chéng qún bēn pǎo de xí　　guàn
　　中 国 的 牛，没 有 成 群 奔 跑 的 习//惯，

yǒng yuǎn chén chén shí shí de　　mò mò de gōng zuò　　píng xīn jìng qì
永 远 沉 沉 实 实 的，默 默 地 工 作，平 心 静 气。

zhè jiù shì Zhōng guó de niú
这 就 是 中 国 的 牛！

四、"文字+拼音+断句" 练习

　　duì yú Zhōng guó de niú　　wǒ yǒu zhe yì zhǒng　tè bié zūn jìng de
　　对 于 中 国 的 牛 /，我 有 着 一 种 / 特 别 尊 敬 的

gǎn qíng
感 情 /。

　　liú gěi wǒ　yìn xiàng zuì shēn de　　　yào suàn zài　tián lǒng·shàng
　　留 给 我 / 印 象 最 深 的 /，要 算 在 / 田 垄 上

de　yí cì　xiāng yù
的 / 一 次 " 相 遇 " /。

　　yì qún péng you jiāo yóu　　wǒ lǐng tóu　zài xiá zhǎi de　qiān
　　一 群 朋 友 郊 游 /，我 领 头 / 在 狭 窄 的 / 阡

mò·shàng zǒu　　zěn liào　yíng miàn lái le　　jǐ tóu gēng niú　　xiá
陌 上 走 /，怎 料 / 迎 面 来 了 / 几 头 耕 牛，狭

dào róng·bú xià　rén hé niú　　zhōng yǒu yì fāng　yào ràng lù　　tā
道 容 不 下 / 人 和 牛 /，终 有 一 方 / 要 让 路 /。它

men　hái méi yǒu zǒu jìn　　wǒ men yǐ·jīng yù jì　dòu·bú guò chù
们 / 还 没 有 走 近 /，我 们 已 经 预 计 / 斗 不 过 畜

sheng　　kǒng pà nán miǎn cǎi dào　tián dì ní shuǐ·lǐ　　nòng de xié
牲 /，恐 怕 难 免 踩 到 / 田 地 泥 水 里 /，弄 得 鞋

袜/又泥又湿了/。正踟躇的时候/,带头的一头牛/,在离我们/不远的地方/停下来/,抬起头看看/,稍迟疑一下/,就自动/走下田去/。一队耕牛/,全跟着它/离开阡陌/,从我们身边经过/。

我们都呆了/,回过头来/,看着/深褐色的牛队/,在路的尽头/消失/,忽然觉得/自己受了/很大的恩惠/。

中国的牛/,永远沉默地/为人做着/沉重的工作/。在大地上/,在晨光/或烈日下/,它拖着/沉重的犁/,低头一步/又一步/,拖出了身后/一列又一列松土/,好让人们下种/。等到满地金黄/或农闲时候/,它可能/还得担当/搬运负重的工作/;或终日/绕着石磨/,朝同一方向/,走不计程/的路/。

在它沉默的/劳动中/,人便得到/应得的/收成/。

那时候/,也许/,它可以/松一肩重担/,站在树下/,吃几口嫩草/。偶尔/摇摇尾巴/,摆摆耳朵/,赶走/飞附身上的/苍蝇/,已经算是它/最闲适的生活了/。

中国的牛/,没有/成群奔跑的/习//惯/,永远/沉沉实实的/,默默地工作/,平心静气/。这就是/中国的牛/!

作品58号： 住的梦

不管我的梦想能否成为事实，说出来总是好玩儿的：

春天，我将要住在杭州。二十年前，旧历的二月初，在西湖我看见了嫩柳与菜花，碧浪与翠竹。由我看到的那点儿春光，已经可以断定，杭州的春天必定会教人整天生活在诗与图画之中。所以，春天我的家应当是在杭州。

夏天，我想青城山应当算作最理想的地方。在那里，我虽然只住过十天，可是它的幽静已拴住了我的心灵。在我所看见过的山水中，只有这里没有使我失望。到处都是绿，目之所及，那片淡而光润的绿色都在轻轻地颤动，仿佛要流入空中与心中似的。这个绿色会像音乐，涤清了心中的万虑。

秋天一定要住北平。天堂是什么样子，我不知道，但是从我的生活经验去判断，北平之秋便是天堂。论天气，不冷不热。论吃的，苹果、梨、柿子、枣儿、葡萄，每样都有若干种。论花草，菊花种类之多，花式之奇，可以甲天下。西山有红叶可见，北海可以划船——虽然荷花已残，荷叶可还有一片清香。衣食住行，在北平的秋天，是没有一项不使人满意的。

冬天，我还没有打好主意，成都或者相当的合适，虽然并不怎样和暖，可是为了水仙，素心蜡梅，各色的茶花，仿佛就受一点儿寒//冷，也颇值得去了。昆明的花也多，而且天气比成都好，可是旧书铺与精美而便宜的小吃远不及成都那么多。好吧，就暂这么规定：冬天不住成都便住昆明吧。

（节选自老舍《住的梦》）

一、逐句讲解

不管我的梦想能否成为事实，说出来总是好玩儿的。

▶这一句有两处需要注意的地方，第一处是"能否"分别读二声和三声；第二处是"总是"分别读三声和四声。

春天，我将要住在杭州。二十年前，旧历的二月初，在西湖我看见了嫩柳与菜花，碧浪与翠竹。

▶这里有四处需要注意的地方，第一处是"将要"分别读一声和四声；第二处是"初"要读一声；第三处是"菜花"分别读四声和一声；第四处是"翠竹"分别读四声和二声。

由我看到的那点儿春光，已经可以断定，杭州的春天必定会教人整天生活在诗与图画之中。所以，春天我的家应当是在杭州。

▶这里有三处需要注意的地方，第一处是"已经"分别读三声和一声；第二处是"整天"分别读三声和一声；第三处是"应当"都读一声，是后鼻音。

夏天，我想青城山应当算作最理想的地方。在那里，我虽然只住过十天，可是它的幽静已拴住了我的心灵。在我所看见过的山水中，只有这里没有使我失望。

▶这里有四处需要注意地方，第一处是"只"要读三声；第二处是"拴住了"的"了"要读轻声；第三处是"看见过"的"过"要读轻声；第四处是"这里"分别读四声和三声。

到处都是绿，目之所及，那片淡而光润的绿色都在轻轻地颤动，仿佛要流入空中与心中似的。这个绿色会像音乐，涤清了心中的万虑。

▶这里有四处需要注意的地方，第一处是"到处"都读四声；第二处是"及"要读二声，注意语音语调；第三处是"轻轻地"的"地"要读轻声；第四处是"心中"都要读一声，注意"中"的后鼻音。

秋天一定要住北平。天堂是什么样子，我不知道，但是从我的生活经验去判断，北平之秋便是天堂。论天气，不冷不热。论吃的，苹果、梨、柿子、枣儿、葡萄，都每样有若干种。

▶这里有六处需要注意的地方，第一处是"一定"分别读二声和四声，注意"一"的变调；第二处是"天堂"分别读一声和二声；第三处是"知道"分别读一声和四声；第四处是"经验"分别读一声和四声，注意"经"的后鼻音；第五处是"天气"分别读一声和四声；第六处是"吃的"中"的"要读轻声。

论花草，菊花种类之多，花式之奇，可以甲天下。西山有红叶可见，北海可以划船——虽然荷花已残，荷叶可还有一片清香。衣食住行，在北平的秋天，是没有一项不使人满意的。

▶这里有六处需要注意的地方，第一处"种类"分别读三声和四声，注意"种"的后鼻音；第二处是"奇"要读二声；第三处是"红叶"分别读二声和四声；第四处是"划船"都读二声；第五处是"一片"分别读二声和四声；第六处是"秋天"都读一声。

冬天，我还没有打好主意，成都或者相当的合适，虽然并不怎样和暖，可是为了水仙，素心蜡梅，各色的茶花，仿佛就受一点儿寒冷，也颇值得去了。

▶这句话有四处需要注意的地方，第一处是"相当"都读一声，注意后鼻音；第二处是"并不"都读四声；第三处是"水仙"分别读三声和一声；第四处是"蜡梅"分别读四声和二声。

二、断句练习

不管我的梦想/能否成为事实/，说出来/总是好玩儿的/：

春天/，我将要/住在杭州/。二十年前/，旧历的二月初/，在西湖/我看见了/嫩柳与菜花/，碧浪与翠竹/。由我看到的/那点儿春光/，已经可以断定/，杭州的春天/必定会教人/整天生活在/诗与图画之中/。所以/，春天/我的家应当是/在杭州/。

夏天/，我想青城山/应当算作/最理想的地方/。在那里/，我虽然只住过十天/，可是它的幽静/已拴住了/我的心灵/。在我所看见过的/山水中/，只有这里/没有使我失望/。到处都是绿/，目之所及/，那片淡而光润的绿色/都在轻轻地/颤动/，仿佛/要流入空中/与心中似的/。这个绿色/会像音乐/，涤清了/心中的万虑/。

秋天/一定要住北平/。天堂是什么样子/，我不知道/，但是从我的生活经验/去判断/，北平之秋/便是天堂/。论天气/，不冷不热/。论吃的/，苹果、梨、柿子、枣儿、葡萄/，每样/都有若干种/。论花草/，菊花种类之多/，花式之奇/，可以甲天下/。西山/有红叶可见/，北海/可以划船——虽然荷花已残/，荷叶/可还有/一片清香/。衣食住行/，在北平的秋天/，是没有/一项/不使人满意的/。

冬天/，我还没有/打好主意/，成都/或者相当的合适/，虽然并不怎样和暖/，可是为了水仙/，素心蜡梅/，各色的茶花/，仿佛就受一点儿寒//冷/，也颇值得去了/。昆明的花也多/，而且/天气比成都好/，可是旧书铺/与精美而便宜的小吃/远不及成都/那么多/。好吧/，就暂这么规定/：冬天不住成都/便住昆明吧/。

三、"文字+拼音"练习

不管我的梦想能否成为事实，说出来总是好玩儿的：

春天，我将要住在杭州。二十年前，旧历的二月初，在西湖我看见了嫩柳与菜花，碧浪与翠竹。由我看到的那点儿春光，已经可以断定，杭州的春天必定会教人整天生活在诗与图画之中。所以，春天我的家应当是在杭州。

夏天，我想青城山应当算作最理想的地方。在那里，我虽然只住过十天，可是它的幽静已拴住了我的心灵。在我所看见过的山水中，只有这里没有使我失望。到处都是绿，目之所及，那片淡而光润的绿色都在轻轻地颤动，仿佛要流入空中与心中似的。这个绿色会像音乐，涤清了心中的万虑。

秋天一定要住北平。天堂是什么样子，我不知道，但是从我的生活经验去判断，北平之秋便是天堂。论天气，不冷不热。论吃的，苹果、梨、柿子、枣儿、葡萄，每样都有若干种。论花草，菊花种类之多，花式之奇，可以甲天下。西山有红叶可见，北海可以划船——虽然荷花已残，荷叶可还有一片清香。衣食住行，在北平的秋天，是没有一项不使人满意的。

冬天，我还没有打好主意，成都或者相当的合适，虽然并不怎样和暖，可是为了水仙，素心蜡梅，各色的茶花，仿佛就受一点儿寒冷，也颇值得去了。昆明的花也多，而且天气比成都好，可是旧书铺与精美而便宜的小吃远不及成都那么多。好吧，就暂这么规定：冬天不住成都便住昆明吧。

四、"文字+拼音+断句" 练习

不管我的梦想 / 能否成为事实，说

出来/总是好玩儿的/：

春天/，我将要/住在杭州/。二十年前/，旧历的二月初/，在西湖/我看见了/嫩柳与菜花/，碧浪与翠竹/。由我看到的/那点儿春光/，已经可以断定/，杭州的春天/必定会教人/整天生活在/诗与图画之中/。所以/，春天/我的家应当是/在杭州/。

夏天/，我想青城山/应当算作/最理想的地方/。在那里/，我虽然只住过十天/，可是它的幽静/已拴住了/我的心灵/。在我所看见过的/山水中/，只有这里/没有使我失望/。到处都是绿/，目之所及/，那片淡而光润的绿色/都在轻轻地/颤动/，仿佛/要流入空中/与心中/似的/。这个绿色/会像音乐/，涤清了/心中的万虑/。

秋天/一定要住北平/。天堂是什么样子/，我不知道/，但是从我的生活经验/去判断/，北平之秋/便是天堂/。论天气/，不冷不热/。论吃的/，苹果/、梨/、柿子/、枣儿/、葡萄/，每样/都有若干种/。论花草/，菊花种类之多/，花式之奇/，可以甲天下/。西山/有红叶可见/，北海/可以划船/——虽然荷花已残/，荷叶/可还有/一片清香/。衣食住行/，在北平的秋天/，是没有/一项/不使人满意的/。

冬天/，我还没有/打好主意/，成都/或者相当的合适/，虽然并不怎样和暖/，可是为了水仙/，素心蜡梅/，各色的茶花/，仿佛就受一点儿寒//冷/，也颇值得去了/。昆明的花也多/，而且/天气比成都好/，可是旧书铺/与精美而便宜的小吃/远不及成都那么多/。好吧/，就暂这么规定/：冬天不住成都/便住昆明吧/。

作品59号： 紫藤萝瀑布

我不由得停住了脚步。

从未见过开得这样盛的藤萝，只见一片辉煌的淡紫色，像一条瀑布，从空中垂下，不见其发端，也不见其终极，只是深深浅浅的紫，仿佛在流动，在欢笑，在不停地生长。紫色的大条幅上，泛着点点银光，就像迸溅的水花。仔细看时，才知那是每一朵紫花中的最浅淡的部分，在和阳光互相挑逗。

这里除了光彩，还有淡淡的芳香。香气似乎也是浅紫色的，梦幻一般轻轻地笼罩着我。忽然记起十多年前，家门外也曾有过一大株紫藤萝，它依傍一株枯槐爬得很高，但花朵从来都稀落，东一穗西一串伶仃地挂在树梢，好像在察颜观色，试探什么。后来索性连那稀零的花串也没有了。园中别的紫藤花架也都拆掉，改种了果树。那时的说法是，花和生活腐化有什么必然关系。我曾遗憾地想：这里再看不见藤萝花了。

过了这么多年，藤萝又开花了，而且开得这样盛，这样密，紫色的瀑布遮住了粗壮的盘虬卧龙般的枝干，不断地流着，流着，流向人的心底。

花和人都会遇到各种各样的不幸，但是生命的长河是无止境的。我抚摸了一下那小小的紫色的花舱，那里满装了生命的酒酿，它张满了帆，在这//闪光的花的河流上航行。它是万花中的一朵，也正是由每一个一朵，组成了万花灿烂的流动的瀑布。

在这浅紫色的光辉和浅紫色的芳香中，我不觉加快了脚步。

（节选自宗璞《紫藤萝瀑布》）

一、 逐句讲解

我不由得停住了脚步。

从未见过开得这样盛的藤萝，只见一片辉煌的淡紫色，像一条瀑布，从空中垂下，不见其发端，也不见其终极，只是深深浅浅的紫，仿佛在流动，在欢笑，在不停地生长。

▶这里有九处需要注意的地方,第一处是"停住"分别读二声和四声;第二处是"这样"都读四声;第三处是"辉煌"分别读一声和二声;第四处是"瀑布"都读四声;第五处是"空中"都读一声;第六处是"发端"都读一声;第七处是"终极"分别读一声和二声;第八处是"流动"分别读二声和四声;第九处是"不停地"中的"地"要读轻声。

紫色的大条幅上,泛着点点银光,就像迸溅的水花。仔细看时,才知那是每一朵紫花中的最浅淡的部分,在和阳光互相挑逗。

▶这里有五处需要注意的地方,第一处是"紫色"分别读三声和四声;第二处是"点点"都要读三声;第三处是"迸溅"都要读四声,且"迸"是后鼻音;第四处是"看"要读四声;第五处是"互相"分别读四声和一声,且"相"是后鼻音。

这里除了光彩,还有淡淡的芳香。香气似乎也是浅紫色的,梦幻一般轻轻地笼罩着我。忽然记起十多年前,家门外也曾有过一大株紫藤萝,它依傍一株枯槐爬得很高,但花朵从来都稀落,东一穗西一串伶仃地挂在树梢,好像在察颜观色,试探什么。

▶这里有六处需要注意的地方,第一处是"淡淡的"中的"的"要读轻声;第二处是"轻轻地"中的"地"要读轻声;第三处是"忽然"分别读一声和二声;第四处是"爬"读二声;第五处是"伶仃"分别读二声和一声;第六处是"试探"都要读四声。

后来索性连那稀零的花串也没有了。园中别的紫藤花架也都拆掉,改种了果树。那时的说法是,花和生活腐化有什么必然关系。我曾遗憾地想:这里再看不见藤萝花了。

▶这里有五处需要注意的地方,第一处是"花串"分别读一声和四声;第二处是"果树"分别读三声和四声;第三处是"那时"分别读四声和二声;第四处是"必然"分别读四声和二声;第五处是"遗憾"分别读二声和四声。

过了这么多年,藤萝又开花了,而且开得这样盛,这样密,紫色的瀑布遮住了粗壮的盘虬卧龙般的枝干,不断地流着,流着,流向人的心底。

▶这一句有四处需要注意的地方,第一处是"这么"的"么"要读轻声;第二处是"密"要读四声;第三处是"盘虬卧龙"是重点字词;第四处是"不断地"中的"地"要轻声。

花和人都会遇到各种各样的不幸,但是生命的长河是无止境的。

▶这一句有一处需要注意的地方,第一处"无"要读二声。

我抚摸了一下那小小的紫色的花舱,那里满装了生命的酒酿,它张满了帆,在这闪光的花的河流上航行。

▶这句话有两处需要注意的地方,第一处是"生命"分别读一声和四声,注意后鼻音;第二处是"张满"分别读一声和三声。

二、断句练习

我不由得/停住了脚步/。

从未见过/开得这样盛的藤萝/,只见一片/辉煌的淡紫色/,像一条瀑布/,从空中垂下/,不见其发端/,也不见其终极/,只是/深深浅浅的紫/,仿佛在流动/,在欢笑/,在不停地生长/。紫色的大条幅上/,泛着/点点银光/,就像迸溅的水花/。仔细看时/,才知/那是每一朵紫花中的/最浅淡的部分/,在和阳光/互相挑逗/。

这里除了光彩/,还有/淡淡的芳香/。香气似乎也是/浅紫色的/,梦幻一般/轻轻地/笼罩着我/。忽然记起/十多年前/,家门外/也曾有过/一大株紫藤萝/,它依傍一株枯槐/爬得很高/,但花朵/从来都稀落/,东一穗/西一串/伶仃地/挂在树梢/,好像/在察颜观色/,试探什么/。后来/索性连那稀零的花串/也没有了/。园中/别的紫藤花架/也都拆掉/,改种了/果树/。那时的说法是/,花和生活腐化/有什么必然关系/。我曾遗憾地想/:这里/再看不见/藤萝花了/。

过了这么多年/,藤萝/又开花了/,而且/开得这样盛/,这样密/,紫色的瀑布/遮住了/粗壮的/盘虬卧龙般的/枝干/,不断地流着/,流着/,流向人的心底/。

花和人/都会遇到/各种各样的不幸/,但是生命的长河/是无止境的/。我抚摸了一下/那小小的/紫色的花舱/,那里满装了/生命的酒酿/,它张满了帆/,在这//闪光的/花的河流上航行/。它是万花中的一朵/,也正是/由每一个一朵/,组成了/万花灿烂的/流动的瀑布/。

在这浅紫色的光辉/和浅紫色的/芳香中/,我不觉加快了脚步/。

三、"文字+拼音"练习

我不由得停住了脚步。

从未见过开得这样盛的藤萝，只见一片辉煌的淡紫色，像一条瀑布，从空中垂下，不见其发端，也不见其终极，只是深深浅浅的紫，仿佛在流动，在欢笑，在不停地生长。紫色的大条幅上，泛着点点银光，就像迸溅的水花。仔细看时，才知那是每一朵紫花中的最浅淡的部分，在和阳光互相挑逗。

这里除了光彩，还有淡淡的芳香。香气似乎也是浅紫色的，梦幻一般轻轻地笼罩着我。忽然记起十多年前，家门外也曾有过一大株紫藤萝，它依傍一株枯槐爬得很高，但花朵从来都稀落，东一穗西一串伶仃地挂在树梢，好像在察颜观色，试探什么。后来索性连那稀零的花串也没有了。园中别的紫藤花架也都拆掉，改种了果树。那时的说法是，花和生活腐化有什么必然关系。我曾遗憾地想：这里再看不见藤萝花了。

过了这么多年，藤萝又开花了，而且开得这样盛，这样密，紫色的瀑布遮住了粗壮的盘虬卧龙般的枝干，不断地流着，流着，流向人的心底。

花和人都会遇到各种各样的不幸，但是生命的长河是无止境的。我抚摸了一下那小小的紫色的花舱，那里满装了生命的酒酿，它张满了帆，在这//闪光的花的河流上航行。它是万花中的一朵，也正是由每一个一朵，组成了万花灿烂的流动的瀑布。

在这浅紫色的光辉和浅紫色的芳香中，我不觉加快了脚步。

四、"文字+拼音+断句" 练习

我不由得/停住了脚步/。

从未见过/开得这样盛的藤萝/,只见一片/辉煌的淡紫色/,像一条瀑布/,从空中垂下/,不见其发端/,也不见其终极/,只是/深深浅浅的紫/,仿佛在流动/,在欢笑/,在不停地生长/。紫色的大条幅上/,泛着/点点银光/,就像迸溅的水花/。仔细看时/,才知/那是每一朵紫花中的/最浅淡的/部分/,在和阳光/互相挑逗/。

这里除了光彩/,还有/淡淡的芳香/。香气似乎也是/浅紫色的/,梦幻一般/轻轻地/笼罩着我/。忽然记起/十多年前/,家门外/也曾有过/一大株紫藤萝/,它依傍一株枯槐/爬得很高/,但花朵/从来都稀落/,东一穗/西一串/伶仃地挂在树梢/,好像/在察颜观色/,试探什么/。后来/索性连那稀零的花串/也没有了/。园中/别的紫藤花架/也都拆掉/,改种了/果树/。那时的说法是/,

花和生活腐化/有什么必然关系/。我曾遗憾地想/：这里/再看不见/藤萝花了/。

过了这么多年/，藤萝/又开花了/，而且/开得这样盛/，这样密/，紫色的瀑布/遮住了/粗壮的/盘虬卧龙般的/枝干/，不断地流着/，流着/，流向人的心底/。

花和人/都会遇到/各种各样的不幸/，但是生命的长河/是无止境的/。我抚摸了一下/那小小的/紫色的花舱/，那里满装了/生命的酒酿/，它张满了帆/，在这//闪光的/花的河流上航行/。它是万花中的一朵/，也正是/由每一个一朵/，组成了/万花灿烂的/流动的瀑布/。

在这浅紫色的光辉/和浅紫色的/芳香中/，我不觉加快了脚步/。

作品60号： 最糟糕的发明

在一次名人访问中，被问及上个世纪最重要的发明是什么时，有人说是电脑，有人说是汽车，等等。但新加坡的一位知名人士却说是冷气机。他解释，如果没有冷气，热带地区如东南亚国家，就不可能有很高的生产力，就不可能达到今天的生活水准。他的回答实事求是，有理有据。

看了上述报道，我突发奇想，为什么没有记者问："二十世纪最糟糕的发明是什么？"其实二〇〇二年十月中旬，英国的一家报纸就评出了"人类最糟糕的发明"。获此"殊荣"的，就是人们每天大量使用的塑料袋。

诞生于上个世纪三十年代的塑料袋，其家族包括用塑料制成的快餐饭盒、包装纸、餐用杯盘、饮料瓶、酸奶杯、雪糕杯等等。这些废弃物形成的垃圾，数量多、体积大、重量轻、不降解，给治理工作带来很多技术难题和社会问题。

比如，散落在田间、路边及草丛中的塑料餐盒，一旦被牲畜吞食，就会危及健康甚至导致死亡。填埋废弃塑料袋、塑料餐盒的土地，不能生长庄稼和树木，造成土地板结，而焚烧处理这些塑料垃圾，则会释放出多种化学有毒气体，其中一种称为二噁英的化合物，毒性极大。

此外，在生产塑料袋、塑料餐盒的//过程中使用的氟利昂，对人体免疫系统和生态环境造成的破坏也极为严重。

（节选自林光如《最糟糕的发明》）

一、 逐句讲解

在一次名人访问中，被问及上个世纪最重要的发明是什么时，有人说是电脑，有人说是汽车，等等。但新加坡的一位知名人士却说是冷气机。

▶这里有三处需要注意的地方，第一处是"名人"都读二声，且"名"是后鼻音；第二处是"电脑"分别读四声和三声；第三处是"汽车"分别读二声和一声。

他解释，如果没有冷气，热带地区如东南亚国家，就不可能有很高的生产力，就不可能达到今天的生活水准。他的回答实事求是，有理有据。

▶这一句有两处需要注意的地方，第一处是"达到"分别读二声和四声；第二处是"有理有据"是成语，是重点词汇。

看了上述报道，我突发奇想，为什么没有记者问："二十世纪最糟糕的发明是什么？"其实二〇〇二年十月中旬，英国的一家报纸就评出了"人类最糟糕的发明"。

▶这一句有三处需要注意的地方，第一处是"上述"都读四声；第二处是"糟糕"都读一声；第三处是"中旬"分别读一声和二声。

获此"殊荣"的，就是人们每天大量使用的塑料袋。

▶这一句有一处需要注意地方，就是"殊荣"分别读一声和二声。

诞生于上个世纪三十年代的塑料袋，其家族包括用塑料制成的快餐饭盒、包装纸、餐用杯盘、饮料瓶、酸奶杯、雪糕杯等等。

▶这一句有一处需要注意的地方，就是"雪糕杯"读作"xuě gāo bēi"。

这些废弃物形成的垃圾，数量多、体积大、重量轻、不降解，给治理工作带来很多技术难题和社会问题。

▶这一句有一处需要注意的地方，就是"废弃物"的每个音节要读四声。

比如，散落在田间、路边及草丛中的塑料餐盒，一旦被牲畜吞食，就会危及健康甚至导致死亡。填埋废弃塑料袋、塑料餐盒的土地，不能生长庄稼和树木，造成土地板结，而焚烧处理这些塑料垃圾，则会释放出多种化学有毒气体，其中一种称为二噁英的化合物，毒性极大。

▶这一句有九处需要注意的地方，第一处是"塑料餐盒"是重点词汇，需反复练习；第二处是"一旦"分别读二声和四声；第三处是"危及"分别读一声和二声；第四处是"导致"分别读三声和四声；第五处是"填埋"都读二声；第六处是"板结"分别读三声和二声；第七处是"焚烧"分别读二声和一声；第八处是"多种"分别读一声和三声，且"种"是后鼻音；第九处是"二噁英"的"噁"是生僻字，需反复练习。

二、断句练习

在一次名人访问中/，被问及/上个世纪/最重要的发明/是什么时/，有人说/是电脑/，有人说/是汽车/，等等/。但新加坡的/一位知名人士/却说是/冷气机/。他解释/，如果没有冷气/，热带地区/如东南亚国家/，就不可能/有很高的/生产力/，就不可能/达到今天的/生活水准/。他的回答/实事求是/，有理有据/。

看了上述报道/，我突发奇想/，为什么/没有记者问/："二十世纪/最糟糕的发明/是什么/？"其实/二〇〇二年/十月/中旬/，英国的一家报纸/就评出了/"人类最糟糕的发明/"。获此"殊荣"的/，就是人们/每天大量使用的/塑料袋/。

诞生于/上个世纪/三十年代的/塑料袋/，其家族/包括用/塑料制成的/快餐饭盒/、包装纸/、餐用杯盘/、饮料瓶/、酸奶杯/、雪糕杯等等/。这些废弃物/形成的垃圾/，数量多/、体积大/、重量轻/、不降解/，给治理工作/带来很多/技术难题/和社会问题/。

比如/，散落在田间/、路边/及草丛中的/塑料餐盒/，一旦被/牲畜吞食/，就会危及健康/甚至导致死亡/。填埋废弃塑料袋/、塑料餐盒的/土地/，不能生长/庄稼/和树木/，造成土地板结/，而焚烧处理/这些塑料垃圾/，则会释放出/多种化学有毒气体/，其中一种/称为二噁英的/化合物/，毒性极大/。

此外/，在生产塑料袋/、塑料餐盒的///过程中/使用的氟利昂/，对人体免疫系统/和生态环境/造成的破坏/也极为严重/。

三、"文字+拼音" 练习

zài yí cì míng rén fǎng wèn zhōng　bèi wèn jí shàng gè shì jì zuì
　在　一　次　名　人　访　问　中，被　问　及　上　个　世　纪　最

zhòng yào de fā míng shì shén me shí　yǒu rén shuō shì diàn nǎo　yǒu
　重　要　的　发　明　是　什　么　时，有　人　说　是　电　脑，有

rén shuō shì qì chē　děng děng　dàn Xīn jiā pō de yí wèi zhī míng rén
　人　说　是　汽　车，等　等。但　新　加　坡　的　一　位　知　名　人

士却说是冷气机。他解释，如果没有冷气，热带地区如东南亚国家，就不可能有很高的生产力，就不可能达到今天的生活水准。他的回答实事求是，有理有据。

看了上述报道，我突发奇想，为什么没有记者问："二十世纪最糟糕的发明是什么？"其实二〇〇二年十月中旬，英国的一家报纸就评出了"人类最糟糕的发明"。获此"殊荣"的，就是人们每天大量使用的塑料袋。

诞生于上个世纪三十年代的塑料袋，其家族包括用塑料制成的快餐饭盒、包装纸、餐用杯盘、饮料瓶、酸奶杯、雪糕杯等等。这些废弃物形成的垃圾，数量多、体积大、重量轻、不降解，给治理工作带来很多技术难题和社会问题。

比如，散落在田间、路边及草丛中的塑料餐盒，一旦被牲畜吞食，就会危及健康甚至

— 492 —

导致死亡。填埋废弃塑料袋、塑料餐盒的土地，不能生长庄稼和树木，造成土地板结，而焚烧处理这些塑料垃圾，则会释放出多种化学有毒气体，其中一种称为二噁英的化合物，毒性极大。

此外，在生产塑料袋、塑料餐盒的//过程中使用的氟利昂，对人体免疫系统和生态环境造成的破坏也极为严重。

四、"文字+拼音+断句"练习

在一次名人访问中/，被问及/上个世纪/最重要的发明/是什么时/，有人说/是电脑/，有人说/是汽车/，等等/。但新加坡的/一位知名人士/却说是/冷气机/。他解释/，如果没有冷气/，热带地区/如东南亚国家/，就不可能/有很高的/生产力/，就不可能/达到今天的/生活水准/。他的回答/实事求是/，有理有据/。

看了上述报道/，我突发奇想/，为什么/没有记者问/："二十世纪/最糟糕的发明/是什么/？"其实/二〇〇二年/十月中旬/，英国的一家报纸/就评出了/"人类最糟糕的发明"/。获此"殊荣"的/，就是人们/每天大量使用的/塑料袋/。

诞生于/上个世纪/三十年代的/塑料袋/，其家族/包括用/塑料制成的/快餐饭盒/、包装纸/、餐用杯盘/、饮料瓶/、酸奶杯/、雪糕杯等等/。这些废弃物/形成的垃圾/，数量多/、体积大/、重量轻/、不降解/，给治理工作/带来很多/技术难题/和社会问题/。

比如/，散落在田间/、路边/及草丛中的/塑料餐盒/，一旦被/牲畜吞食/，就会危及健康/甚至导致死亡/。填埋废弃塑料袋/、塑料餐盒的/土地/，不能生长/庄稼/和树木/，造成土地板结/，而焚烧处理/这些塑料垃圾/，则会释放出/多种化学有毒气体/,其中一种/称为二噁英的/化合物/,毒性极大/。此外/,在生产塑料袋/、塑料餐盒的///过程中/使用的氟利昂/,对人体免疫系统/和生态环境/造成的破坏/也极为严重/。

第三部分 命题说话

第一单元：命题说话评分标准与应试技巧

一、何谓命题说话？

在普通话测试中，命题说话是最后一题，限时 3 分钟，共40分，目的是测查应试人在无文字凭借的情况下说普通话的水平，重点测查语音标准程度、词汇语法规范程度和自然流畅程度。

命题说话题目从《普通话水平测试用话题》中选取，应试人从给定的两个话题中选定一个话题，单向连续说一段话，不得有明显背稿、离题说续等表现；命题说话对内容完整度无要求，故考生不需要考虑超时、无结尾等问题；但对语音标准程度、词汇语法规范程度、自然流畅程度有明确要求，故考生在备考与应试中应着重于"发音标准、逻辑合理、语速适中"三点，不必使用华丽的辞藻堆砌、不必编写莫须有的故事体现趣味性、不必将命题说话变成一段慷慨激昂的演讲或朗诵。

因此，命题说话内容是否出彩不重要，表达流畅很重要！辞藻是否华丽不重要，语音清晰很重要！长句还是短句不重要，语法正确很重要！

命题说话共有30个题目，分别是：

1. 我喜爱的动物（或植物）	6. 我的学习生活
2. 我喜欢的节日	7. 我的业余生活
3. 我的愿望（或理想）	8. 我的家乡（或熟悉的地方）
4. 我知道的风俗	9. 我的朋友
5. 我的假日生活	10. 我和体育

11. 我尊敬的人
12. 我向往的地方
13. 我喜欢的节日
14. 我喜爱的书刊
15. 我喜爱的季节（或天气）
16. 我喜爱的职业
17. 童年的记忆
18. 谈谈服饰
19. 谈谈美食
20. 谈谈卫生与健康
21. 学习普通话的体会
22. 难忘的旅行
23. 谈谈社会公德（或职业道德）
24. 谈谈个人修养
25. 购物（消费）的感受
26. 谈谈对环境保护的认识
27. 我所在的集体（学校、机关、公司等）
28. 我喜欢的明星（或其他知名人士）
29. 谈谈科技发展与社会生活
30. 我喜爱的文学（或其他）艺术形式

二、 命题说话的评分标准

（一） **语音标准程度**，共25分。分六档：

　　一档：语音标准，或极少有失误，扣0分、1分、2分。

　　二档：语音错误在10次以下，有方音但不明显，扣3分、4分。

　　三档：语音错误在10次以下，但方音比较明显；或语音错误在10～15次之间，有方音但不明显，扣5分、6分。

　　四档：语音错误在10～15次之间，方音比较明显，扣7分、8分。

　　五档：语音错误超过15次，方音明显，扣9分、10分、11分。

　　六档：语音错误多，方音重，扣12分、13分、14分。

（二） **词汇语法规范程度**，共10分。分三档：

　　一档：词汇、语法规范，扣0分。

　　二档：词汇、语法偶有不规范的情况，扣1分、2分。

　　三档：词汇、语法屡有不规范的情况，扣3分、4分。

（三） **自然流畅程度**，共5分。分三档：

　　一档：语言自然流畅，扣0分。

　　二档：语言基本流畅，口语化较差，有背稿子的表现，扣0.5分、1分。

三档：语言不连贯，语调生硬，扣2分、3分。

说话不足3分钟，酌情扣分：缺时1分钟以内（含1分钟），扣1分、2分、3分；缺时1分钟以上，扣4分、5分、6分；说话不满30秒（含30秒），本测试项成绩计为0分。

三、命题说话的应试技巧

（一）讲熟悉的内容

许多考生在说命题说话的时候，会考虑采用一些华丽的辞藻、复杂的句式、夸张的艺术手法，其实这些都是不必要的；命题说话所考查的是应试者在日常生活中应用普通话的能力，故用最平实的语言讲述自己亲身经历过的事情就可以了。

当然，也有考生反映不知道如何把熟悉的内容流畅地讲出来，这也是正常的，这是没有掌握足够的应试技巧导致的。大家可以针对不同的题目，结合自身经历梳理思路、明确内容顺序，将所思所想如流水账一般表述出来。

（二）像平常说话一样

命题说话，起点在"命题"、落脚点在"说话"，像日常聊天一样去说话，就是对命题说话最好、最标准的回答。设想一下，一个人面对不公正的事情、不快乐的事情、兴奋的事情，可以和好朋友一口气说上十多分钟乃至半个多小时，为什么就不能对着电脑说上3分钟呢？

我们以"难忘的旅行"为例：

与朋友：我和我对象周末去旅游了，一路上发生的事真的是你想都想象不到的，我从来没见过这么抠门的一个男生，就拿我们俩准备在景区吃饭这个事来说吧……

与电脑：我是一个非常喜欢旅行的人，在朋友、家人、同学的陪伴下，我去了很多地方旅行，今天我要来说一说我和我对象周末去旅行的事情……

大家可以思考一下，哪一种表述思路可以让你更容易说上3分钟？

（三）用一段语料，说一类命题说话

命题说话的30个题目中有很多相同点、共同点，在备考过程中，可以将其共同点提炼出来用同一内容表述，比如一段旅行的经历可以用作"我的假

日生活""我的业余生活""难忘的旅行""我喜欢的季节（或天气）""童年的记忆""我的朋友"等多篇命题说话题目，这是一种非常高效且稳妥的备考方法。

（四）无须在意完整度

命题说话不考查说话内容的完整性，不会因为没有把整段故事完整讲完而扣分或降档，所以考生在应试时应当畅所欲言，通过对细节处的详细描述延长说话时长。

（五）避开自己不擅长的发音

在备考过程中，应当规避自己容易出错的发音。

四、命题说话小贴士

1. 脑海中要有提纲或者关键词。清晰的思路可以让我们在遇到任何话题时都能侃侃而谈，避免出现说到一半脑子突然空白、感到词穷、无法继续表达的情况。

2. 任何话题都可以讲例子。讲例子时要依据提纲（关键词）进行情景再现，在脑海中回忆或想象事件场景，并进行描述。

3. 尽量使用语法明晰的短句子。一时无法判断语法关系的长句子一定不要用。命题说话也是语法运用的展现，在没有充足时间思考的情况下，越是复杂的句式越容易出现语法错误，很多考生还可能在紧张状态下脱口而出方言句式。为了避免因语法错误而扣分，一定要使用语法明晰的句型。

4. 语速放慢。命题说话是计时考试，不是计字考试。考试过程中放慢语速一方面可以给思考留有时间，另一方面也可以把每个字音说准，避免因语速过快造成的吐字失误。

5. 保持积极自信的心态。考试过程中难免会出现紧张、失误等情况，保持积极自信的状态很重要。考生可以在考前进行深呼吸缓解紧张情绪，也可以通过积极的心理暗示（如默念"我一定能通过考试"）来帮助调节情绪。如果在命题说话部分有失误出现，一定不要停留过多注意力，直接开始说下一句即可。

第二单元：
命题说话题目分类剖析与思路拓展

一、命题说话题目分类剖析
（一）职业导向

1. 我的愿望（或理想）	4. 我的成长之路	7. 我和体育
2. 我喜爱的职业	5. 我的学习生活	8. 我尊敬的人
3. 我喜欢的节日	6. 我所在的集体	9. 我的朋友

以现在所从事的职业或计划从事的职业为最终目标，用"大白话"讲述自己从小到大各个学龄段的故事；此类讲述方法可将同一事件在不同的时间段重复讲述，既可以增加说话时长，也可以减少准备时间，亦可将自己所经历的事情讲出来，缓解应试时的紧张。

在此，以"我的学习生活"为例示范：

开头（每个人都有"命题说话题目"，有的人"举例1"，有的人"举例2"，有的人"举例3"，而我"举例4"）：每个人都有自己的学习生活，有的人通过学习成为一名优秀的军人，保家卫国，守卫在祖国的边疆；有的人通过学习成为一名白衣天使，救死扶伤，用精湛的医术拯救了无数的生命；有的人通过学习成为一名人民警察，守卫一方平安的同时深受群众的爱戴；而我通过学习成为一名光荣的人民教师，传道授业，在三尺讲台上散发着青春的光芒。

小学阶段（地区＋学校＋学习科目＋经历的事情＋目标）：在上小学的时候，我来到了新疆维吾尔自治区巴音郭楞蒙古自治州库尔勒市第一实验小学读书，在这里我学习了语文课程、数学课程和英语课程，也是在这里遇到了影响我一生的班主任老师张老师。张老师是我们的语文老师，她的声音非常好听、普通话很标准、字写得非常漂亮，我非常喜欢张老师。有一次我问张老师学习有什么用。张老师说，如果你不学习的话，就没有办法收获知识，很多工作都做不了，张老师就是从小就好好学习，所以长大了才能当一名老师。于是，小学的我就记住了：只要我认真学习，长大了就可以当一名像张老师一样的老师。

初中阶段（地区+学校+学习科目+经历的事情+目标）：于是我认真地学习，很快我考上了当地最好的初中，也就是新疆维吾尔自治区巴音郭楞蒙古自治州库尔勒市第一初级中学，在初一和初二的时候，我学习了语文课程、数学课程、英语课程、政治课程、历史课程、地理课程和生物课程。我学习得非常认真，因为小学的班主任张老师告诉我，只有认真学习才能成为一名光荣的人民教师。然而到了初三的时候，因为要学习物理课程和化学课程，我遇到了很大的困难。看着物理公式和化学方程式，我陷入了沉思，完全不知道该怎么去学习，老师课上讲完之后我还是听不懂，我真的不知道该怎么办了！这个时候，我的初中班主任王老师得知了我的情况，他告诉我：每个人都不是十全十美的，你可以去选择最适合你自己的科目，在高中你可以选择文科，这样你也可以考上一所好大学，成为一名优秀的人民教师。

高中阶段（地区+学校+学习科目+经历的事情+目标）：在初中班主任王老师的鼓励下，我考上了当地非常好的一所高中，也就是新疆维吾尔自治区巴音郭楞蒙古自治州库尔勒市的第二高级中学，在第二高级中学读书的时候，我按照王老师对我的建议，选择了文科，每天都认真地学习语文课程、数学课程、英语课程、政治课程、历史课程和地理课程。在这里，我发现我在学习文科的时候有着极大的热情和兴趣，而且记东西非常快，我觉得当一名历史老师一定是一个非常好的选择。于是我决定，我要考师范大学读历史学！

大学阶段（地区+学校+学习科目+经历的事情+目标）：幸运的是，在老师的教导下，通过努力学习，我成功地考上了新疆师范大学历史学专业。在新疆师范大学读历史学专业的时候，我每天都在想我如何能够成为一名优秀的人民教师。于是在大学期间，我参加了支教，参加了三下乡，参加了很多可以参加的志愿服务活动，并且在大学成功地加入了中国共产党，成为一名光荣的中国共产党员，为成为一名优秀的历史老师做了充足的准备！

工作阶段（地区＋单位＋岗位＋工作内容＋呼应题目）：现在的我来到了新疆维吾尔自治区巴音郭楞蒙古自治州库尔勒市高级中学任教，成为一名光荣的高中历史老师。

结尾（重复题目）：这就是我的学习生活！

读完范文大家可以发现，不引用名人名言、不堆砌华丽的辞藻、不进行大篇幅的渲染，仅使用平实、质朴的语言娓娓道来，依旧可以收获不错的成绩；同时，一个固定的语料在合理的分类方式下可以重复、反复使用，这无形中为备考节约了许多时间。

因此，要注意以下几点：

1. 涉及的地名一定要长，这样可以占用更多的时间；
2. 说每一句话的时候发音一定要准，这样可以减少扣分；
3. 在说话的时候语速一定要慢，越慢越不容易出错；
4. 说话的时候声音一定要大，既可以保证语音标准，又可以很好地缓解紧张情绪。

（二）娱乐导向

1. 我的假日生活
2. 我的业余生活
3. 我喜欢的季节或天气
4. 谈谈美食
5. 童年的记忆
6. 难忘的旅行
7. 我喜爱的动物（或植物）
8. 我知道的风俗
9. 我的家乡（或熟悉的地方）
10. 我向往的地方

本类别的共同点为"旅行中的所见所闻"。如果要把出游地的历史文化与独特的地域风情讲述详细，并获得高分，对于未经受过专业训练的考生来说无疑是困难重重，然而将旅途中的吃喝玩乐开心地与他人分享，对大多数人而言都是一件较为容易的事情。例如，说到北京，相较于说气势恢宏的八达岭长城、充满历史厚重感的国家博物馆，去讲一讲地地道道的北京炸酱面、炸灌肠、卤煮，把自己最熟悉的吃的、喝的、玩的一一罗列，确实要更容易一些，同时也可以按需选择地理位置，把旅游地定在自己最为熟悉的家乡，便可以做到有话可说。

在此，以新疆维吾尔自治区为旅游地，以"难忘的旅行"为例示范：

开头（每个人都有"命题说话题目"，有的人"举例1"，有的人"举例2"，有的人"举例3"，而我"举例4"）：每个人都有自己难忘的旅行，有的人最难忘的旅行是去到首都北京，到气势恢宏的天安门广场看升国旗仪式；有的人最难忘的旅行是去到魔都上海，感受上海夜生活的魅力；还有的人最难忘的旅行是到"五岳归来不看山，黄山归来不看岳"的安徽黄山，感受大自然魅力；而我最难忘的旅行，是去到祖国的边疆——新疆维吾尔自治区，感受大美新疆的独特魅力。

地方美食：当我来到新疆维吾尔自治区乌鲁木齐市的时候，已经是下午两点钟了，刚好是新疆人民的午饭时间，这时，中午要吃什么就成了头等大事！走在乌鲁木齐的大街上，路两边有很多新疆特色美食饭店，这时我看到路边有一家抓饭店，于是我走进去一看，有好多种抓饭，这家店里有羊肉抓饭、羊排抓饭、羊腿抓饭、羊脖子抓饭、碎肉抓饭、羊蹄抓饭和羊宝抓饭，我感觉到非常的震惊，怎么会有这么多种类的抓饭呢？老板说，除了这些还有很多种抓饭，有牛肉抓饭、有风干肉抓饭、有牛排抓饭、有牛头肉抓饭、有牛大骨抓饭、有牛筋抓饭，还有牛蹄抓饭，我真的震惊了，一时间我竟不知道该如何选择。

新疆除了抓饭以外，还有种类繁多的拌面、烧烤、地方特色菜等，都可以按照上述模板一一罗列，也可以专注于美食板块，以旅行就是为了探索美食为主线洋洋洒洒地讲上3分钟，但是有几点需要注意：

1. 不要像报菜名一样，一个词一个词地说，而是要一句话一句话地说，否则容易被认定为无效话语，造成扣分；

2. 在说到地方美食的时候，要注意发音标准程度，要使用普通话进行表述，如果有方言词汇、方言发音习惯、地方特殊叫法也要遵循现代汉语的发音规范，否则就不要出现在命题说话当中；

3. 在准备时可以先将菜名罗列成册，如果实在不清楚或不明确当地特色或菜名叫法时，可以去饭店拍个菜谱，根据菜谱上的菜名进行创作。

地方饮品：在我吃完抓饭回到酒店后，我休息了一会儿，突然觉得有些口渴，就想去楼下超市买些饮料喝。第一次来新疆的我实在是不知道这里都有哪些好喝的饮料，于是我就在超市转了起来；突然我发现这里喝的东西有好多，除了常见的绿茶、冰红茶、茉莉清茶和茉莉蜜茶之外，还有当地极具特色的沙棘汁、胡萝卜汁、葡萄汁、石榴汁，种类非常多，有选择困难症的我一下子又不知道该怎么办了，只能盲目地继续往前走着。

饮品类并不局限于饮料，女孩子喜欢的奶茶、男孩子喜欢的各种酒类都可以和旅途中的所见所闻所感结合起来，例如走在长沙的街头喝着"茶颜悦色"奶茶、走在海南岛喝着各类口味的清补凉、走在新疆的夜市喝着夺命大乌苏，都是可以和命题说话结合起来的。同样，如果你对饮品不熟悉或储备量不够，可以去超市、奶茶店、酒吧、咖啡厅看看菜谱，丰富一下自己的词汇量。

快乐的玩耍（固定话术模板）：我和我的朋友们一起去到了新疆维吾尔自治区巴音郭楞蒙古自治州和静县，这里有美丽的巴音布鲁克天鹅湖景区。这里的景色特别漂亮、非常迷人，我和我的朋友们都非常喜欢这里的景色，我们在这里拍了很多照片，购买了很多纪念品。如果以后有机会，我和我的朋友们还要去新疆维吾尔自治区巴音郭楞蒙古自治州和静县巴音布鲁克天鹅湖景区！

上述话术模板共计152字，语速适中的情况下约耗时30秒，将其中的地名与景区替换后反复说五次，即150秒（2.5分钟），加上固定开场白与结尾，达到命题说话不少于3分钟的要求并不困难，但要注意以下几点：

1. 不要有背诵感，要自然流畅，像说话一样；

2. 景区之间的距离要合理，不可出现一会儿去天安门、一会儿又到了东方明珠这种无法用常理解释的情况；

3. 景区的名称和地名尽可能长一些。

(三) 学习导向

1. 我喜爱的文学（或其他）艺术形式
2. 学习普通话的体会
3. 我喜欢的明星（或其他知名人士）
4. 我喜爱的书刊

本类别的共同点为"普通话水平测试"。我喜欢的文学（或其他）艺术形式可以是一本书籍，如《普通话水平测试考试指南》，在书中我收获了很多；我喜欢的明星（或其他知名人士）可以是我喜欢的知名人士，如我们当地的普通话推广大使，在他的影响下，我认真学习了《普通话水平测试考试指南》，从中收获到了很多内容；学习普通话的体会、我喜爱的书刊便不再赘述，在回答此题时，应按照普通话的定义→普通话水平测试等级划分→普测第一题考查内容与练习方法→普测第二题考查内容与练习方法→普测第三题考查内容与练习方法→普测第四题考查内容与练习方法的顺序讲述。

在此，以我喜欢的文学（或其他）艺术形式为例示范：

开头（直切主题）：每个人都有自己喜欢的文学艺术形式，我喜欢的文学艺术形式是阅读，最近一段时间我在认真地读《普通话水平测试考试指南》，在书中我学到了很多知识。

普通话的定义：通过学习我得知，普通话是以北京语音为标准音、以北方方言为基础方言、以典范的现代白话文著作为语法规范的国家通用语言，每个中国人都会去学习普通话，因为学习普通话可以让我们更方便地和全国各地的朋友交流，也可以让我们和各民族骨肉同胞更加便捷地交流。在学习的过程当中，我知道了普通话要认认真真地学习，要把嘴巴张大才能说清楚，每一个字都要说得非常清楚；同时，学习普通话还要参加普通话水平测试，要取得普通话水平测试等级证书。为此，我很认真地学习普通话。

普测第一题考查内容与练习方法：普通话水平等级测试有四道题，第一道题要读100个单音节字，第二道题要读50个多音节词，第三道题要读400个音节的短文，第四道题要说3分钟的命题说话。

当我在学习普通话水平测试第一道题的时候，老师告诉我读100个字的时候，要慢慢地读，要认真地读，要大声地读，要好好地读；于是我按照老师的要求，认真地读100个字，慢慢地读100个字，大声地读100个字，好好地读100个字；而且我也知道了这100个字是不同的字，也是不同的发音；我学习了很多普通话的发音，也学会了很多的字。

普测第二题考查内容与练习方法：当我在学习普通话水平测试第二道题的时候，老师告诉我要认真地读好50个词，读50个词的时候，要慢慢地读，要大声地读，要好好地读；我也按照老师的要求去认真地读50个词，去慢慢地读50个词，去大声地读50个词，去好好地读50个词，所以我现在读字词读得特别好。

普测第三题考查内容与练习方法：普通话水平测试的第三道题要读400个字的短文，老师告诉我要认真地读，要好好地读，要流畅地读，要大声地读；于是我按照老师的要求去认真地读400个字的短文，去好好地读400个字的短文，去流畅地读400个字的短文，去大声地读400个字的短文。通过大声地读，认真地读，好好地读，我发现我的短文读得越来越好了。

普测第四题考查内容与练习方法：普通话水平测试的第四道题要求说3分钟的命题说话，我之前觉得特别的困难，于是我特别害怕去读命题说话，也就是普通话水平测试的第四道题。老师告诉我，在说命题说话的时候，要先想好说什么，比如第一部分说什么，第二部分说什么，第三部分说什么，开头说什么，结尾说什么。于是我按照老师的要求，认真地去准备第一部分说什么，认真地去准备第二部分说什么，认真地去准备第三部分说什么，认真地去准备第四部分说什么，认真地去准备开头说什么，认真地去准备结尾说什么，所以我现在的命题说话说得特别好。

结尾：这就是我喜欢的文学艺术形式。

（四）论证导向

1. 谈谈卫生与健康
2. 谈谈服饰
3. 谈谈科技发展与社会生活
4. 谈谈社会公德（或职业道德）
5. 谈谈个人修养
6. 谈谈对环境保护的认识
7. 购物（消费）的感受

本类别在内容上无共同点，在答题思路上的共同点为"找一个事例展开说"。命题说话测试一般会给出两个命题说话题目，由考生任选其一，其中一为记叙类话题（我的XXX），一为观点类话题（谈谈XXX）。在出题时偶见两个命题说话题目均为记叙类话题，极少数情况下会出现两个观点类话题，故考生在准备过程中应将主要精力放在记叙类话题上。

观点类话题的作答，可以分三步走：一是解释说明主题，二是讲清利弊，三是表明自己的观点。

解释说明主题可以从剖析概念、广义狭义差异、古今变迁、中外对比以及近期热点话题等多方面阐述。

例：职业道德是指我们在工作中需要遵循的行为规范。每种职业都有具体的行为规范。对于商人而言，交易过程中秉承公平公正的原则、出售货真价实的商品是职业道德；对于教师而言，关爱学生、传播知识、以身作则是职业道德；对于律师而言，依照法律条文维护委托人的合法权益是职业道德。

进行观点类命题说话时，我们可以从正反两方面来辨析主题，可以多举例子，拓展内容。

例：职业道德是公众对各行各业约定俗成的道德要求。作为从业人员，遵守职业道德既是对职业的尊重，也是对自己的保护。遵守职业道德能帮助从业者获得好的口碑，而拥有好口碑的从业者更容易升职加薪。违背职业道德，不仅仅会毁掉自己的职业生涯，甚至会面临法律风险。众所周知，会计是一份和钱打交道的工作。优秀的会计员会严格遵守职业道德、恪尽职守，而有些在会计岗位上的人员为了一己之私，往往利用职务之便满足个人需求，造成单位财产损失。这样违背职业道德的行为不仅危害了社会，违法者还要承担应有的法律责任。

表明自己的观点时可以和开头内容相呼应，也可以结合自己的实际情况进行阐述。

例：我的志愿是成为一名教师。成为教师后，我会严格遵守职业道德。日常生活中，我会以身作则，热爱祖国，遵纪守法。在与学生相处中，我会尊重学生，关爱学生。在教学方面，我会遵循教学规律，培养学生的学习兴趣。教师是我的理想职业，我会秉承终身学习的态度，努力成为教育行业中的佼佼者。

二、命题说话题目思路拓展

(一) 职业导向

1. 我的愿望（或理想）

以现在的职业、理想中的职业为自己的愿望/理想，详细描述在不同时间段为实现愿望/理想所付出的努力，时间线以小学、初中、高中、大学、工作后为主线，将每个时间段的所在地区、就读学校、学习课程、感动的事、遇到的人、对愿望/理想的实现产生的影响一一阐述，并伴以固定的开头、结尾。

2. 我喜爱的职业

以现在的职业、理想中的职业为自己喜爱的职业，详细描述在不同时间段受何影响对这个职业产生喜爱、加深喜爱、增强喜爱，时间线以小学、初中、高中、大学、工作后为主线，将每个时间段的所在地区、就读学校、学习课程、感动的事、遇到的人、对喜爱的职业产生的正面/负面影响一一阐述，并伴以固定的开头、结尾。

3. 我喜欢的节日

思路一：以现在的职业、理想中的职业所对应的节日为自己喜爱的节日，详细描述在不同时间段为了这一职业所付出的努力，时间线以小学、初中、高中、大学、工作后为主线，将每个时间段的所在地区、就读学校、学习课程、感动的事、遇到的人、为这一职业所做出的努力和遭遇的磨难一一阐述，并伴以固定的开头、结尾。

思路二：若现在的职业、理想中的职业无对应的节日，则可将法定节假日依次排列或从中任选其一，如春节、元宵节、端午节、劳动节、清明节、中秋节、国庆节等，结合娱乐导向中的吃喝玩乐属性，说明在假期出游、走遍祖国的大好河山就是喜爱该节目的最大原因，并伴以固定的开头、结尾。

4. 我的成长之路

以现在的职业、理想中的职业为自己在成长中努力所获得的结果，详细描述在不同时间段面对成长的痛苦时所付出的努力，时间线以小学、初中、高中、大学、工作后为主线，将每个时间段的所在地区、就读学校、学习课程、感动的事、遇到的人及如何努力提升自我并最终成为优秀的人一一阐述，并伴以固定的开头、结尾。

5. 我的学习生活

以现在的职业、理想中的职业为自己通过学习所获得的结果，详细描述在不同时间段是如何努力学习，只为他日绽放属于自己的光芒的，时间线以小学、初中、高中、大学、工作后为主线，将每个时间段的所在地区、就读学校、学习课程、感动的事、遇到的人及如何努力提升自我并最终成为优秀的人——阐述，并伴以固定的开头、结尾。

6. 我所在的集体

开篇明确在成长的道路上经历过多个集体，并详细描述不同时间段在不同集体中做过的事情，时间线以小学、初中、高中、大学、工作后为主线，将每个时间段的所在地区、就读学校、学习课程、感动的事、遇到的人及和大家一起做的有意义的事情——阐述，并伴以固定的开头、结尾。

7. 我和体育

以现在的职业、理想中的职业为自己的最终目标，详细描述不同时间段体育给自己带来了哪些正向的影响？时间线以小学、初中、高中、大学、工作后为主线，将每个时间段的所在地区、就读学校、学习课程、感动的事、遇到的人及体育给自己带来的正向影响——阐述，并伴以固定的开头、结尾。

8. 我尊敬的人

以从事自己现在的职业、理想中的职业的人为尊敬的人，详细讲述不同时间段为了向尊敬的人看齐所付出的努力，并以发现这个职业、了解这个职业、为这个职业而努力、从事这个职业为主线，以小学、初中、高中、大学、工作后为时间线，将每个时间段的所在地区、就读学校、学习课程、感动的事、遇到的人及和大家一起做的有意义的事情——阐述，并伴以固定的开头、结尾。

9. 我的朋友

将"我的愿望/理想"变成"我朋友的愿望/理想"，然后以第三人称的角度进行阐述。

(二) 娱乐导向

1. 我的假日生活

首先表达对假日的喜爱与对假日生活的憧憬，然后依次详细讲解旅游地的美食、饮品、景点、感悟，并保持语速适中流畅；如讲完后仍未达到 3 分钟，可再讲一个旅游地的所见所闻所感，并伴以固定的开头、结尾。

2. 我的业余生活

业余生活时间是指下班时间、周末，在这些时间段我们可以进行周边游；首先明确业余生活的定义与对旅行的喜爱，然后依次详细讲解旅游地的美食、饮品、景点、感悟，并保持语速适中流畅；如讲完后仍未达到 3 分钟，可再讲一个旅游地的所见所闻所感；亦可讲述本地的夜市、商超、商业街等，并伴以固定的开头、结尾。

3. 我喜欢的季节或天气

选择喜欢的季节，以旅游为导向，将春夏秋冬包含的假期按时间顺序依次叙述，例如春天万物复苏可春游、夏天有暑假可出行、秋天国庆黄金周可度假、冬天春节可阖家团圆，再依次详细讲解旅游地的美食、饮品、景点、感悟，并保持语速适中流畅；如讲完后仍未达到 3 分钟，可再讲一个旅游地的所见所闻所感，并伴以固定的开头、结尾。

4. 谈谈美食

思路一：讲述如何做饭，如何做好一道美食，如讲完后仍未达到 3 分钟，可再讲一个美食，并伴以固定的开头、结尾。

思路二：以旅游为切入点，从色、香、味、价格等角度详细阐述地方美食，如讲完后仍未达到 3 分钟，可再讲一个地方的美食，并伴以固定的开头、结尾。

5. 童年的记忆

首先，国际公约规定 0~18 岁算是儿童，故 18 岁以前发生的事情都属于童年的记忆；其次，以旅游为切入点，依次详细讲解旅游地的美食、饮品、景点、感悟，并保持语速适中流畅；如讲完后仍未达到 3 分钟，可再讲一个旅游地的所见所闻所感，并伴以固定的开头、结尾。

6. 难忘的旅行

首先表达自己出于对旅行的喜爱所以经常去旅行，其次明确难忘的旅行有多次而非一次，然后依次详细讲解旅游地的美食、饮品、景点、感悟，并保持语速适中流畅；如讲完后仍未达到 3 分钟，可再讲一个旅游地的所见所闻所感，并伴以固定的开头、结尾。

7. 我喜爱的动物（或植物）

明确自己喜爱的动物是狗，因为狗可以陪伴自己去不同的地方旅行，然后依次详细讲解旅游地的美食、饮品、景点、感悟，并保持语速适中流畅；如讲完后仍未达到 3 分钟，可再讲一个旅游地的所见所闻所感，并伴以固定的开头、结尾。

8. 我知道的风俗

无论是黄河流域、长江流域、珠江三角洲还是西北边陲，无一例外，都有每逢佳节或特点日期赶集的习俗，如北京的庙会、河南的大集、东北的早市、新疆的巴扎，都是赶集的一种表现形式。那么你家乡的集会是什么样子？有哪些好吃的、好喝的、好玩的？可以将集会上的美食、饮品、游戏、感悟依次详细讲解，并伴以固定的开头和结尾。

9. 我的家乡（或熟悉的地方）

将家乡的美食、饮品、景点、风土人情依次详细讲解，并保持语速适中流畅；如讲完后仍未达到 3 分钟，可再讲述本地的夜市、商超、商业街等，并伴以固定的开头、结尾。

10. 我向往的地方

向往的地方，即想去而去不了的地方，可表述为：我是一个在外乡工作的人，我无比怀念和向往我的家乡，那个生我养我的地方；然后依次详细讲解家乡的美食、饮品、景点、风土人情，并保持语速适中流畅；如讲完后仍未达到 3 分钟，可再讲述本地的夜市、商超、商业街等，并伴以固定的开头、结尾。

（三）学习导向

1. 我喜爱的文学（或其他）艺术形式

明确喜爱的文学艺术形式是阅读，阅读书目为《普通话水平测试考试指南》，讲述自己通过阅读得知了普通话的定义、普通话水平测试等级划分、普测第一题考查内容与练习方法、普测第二题考查内容与练习方法、普测第三题考查内容与练习方法、普测第四题考查内容与练习方法，并伴以固定的开头、结尾。

2. 学习普通话的体会

通过对《普通话水平测试考试指南》的学习得知普通话的定义、普通话水平测试等级划分、普测第一题考查内容与练习方法、普测第二题考查内容与练习方法、普测第三题考查内容与练习方法、普测第四题考查内容与练习方法，并伴以固定的开头、结尾。

3. 我喜欢的明星（或其他知名人士）

明确题目为"我喜欢的其他知名人士"，说明该人士为当地普通话推广大使，在他的影响下自己发奋图强、认真学习普通话，通过对《普通话水平测试考试指南》的学习得知普通话的定义、普通话水平测试等级划分、普测第一题考查内容与练习方法、普测第二题考查内容与练习方法、普测第三题考查内容与练习方法、普测第四题考查内容与练习方法，并伴以固定的开头、结尾。

4. 我喜爱的书刊

先说书名，再说喜爱的原因，最后说内容。如"我"喜爱的书刊是《普通话水平测试考试指南》，原因是"我"非常喜爱普通话并愿意去学习提升，通过学习得知普通话的定义、普通话水平测试等级划分、普测第一题考查内容与练习方法、普测第二题考查内容与练习方法、普测第三题考查内容与练习方法、普测第四题考查内容与练习方法，并伴以固定的开头、结尾。

（四）论证导向

1. 谈谈卫生与健康

以"饭前便后要洗手、开窗勤通风"为主线，以家长教育孩子为切入点，使得观点类话题更贴近生活。

2. 谈谈服饰

可讲述不同风格的衣服品牌及搭配方式。

3. 谈谈科技发展与社会生活

依次讲述手机、电脑、互联网、飞机、高铁、汽车、区块链给人类生活带来的改变。

4. 谈谈社会公德（或职业道德）

抓住一个具体事例，先讲故事，再讲观点。如"老人摔倒了到底扶不扶"

这个话题，先讲扶了有可能发生什么、不扶有可能发生什么，然后再讲如何解决这个问题。

5. 谈谈个人修养

教育小孩子要懂礼貌、有规矩的话语，其实都属于个人修养的范畴。

6. 谈谈对环境保护的认识

从海、陆、空三位一体的角度出发，每个层次均结合一项事例，表述一个观点，提出一个解决方案。

7. 购物（消费）的感受

讲述购买到假冒伪劣产品后退货的心路历程。

结　语

　　从 0 至 380 千字，从 380 千字至 320 千字，这中间的过程是纠结的、是痛苦的、是难以言表的。在本书编写委员会的不懈努力下、在全国各地专家学者的亲切指导下、在社会各界仁人志士的大力支持下、在多位同学的辛勤付出下，历时四年，终成本书。

　　伟大的文学家莎士比亚曾经说过，一千个观众眼中有一千个哈姆雷特，即是仁者见仁，智者见智。在普通话推广与普及的过程中也是一样，教育教学法不应是千篇一律的，而应是根据受教育者的成长环境、思维意识、理解能力、个人意愿，在严格依照《普通话水平测试大纲》要求的前提下开展有针对性、科学性、逻辑性的教育教学方式。就如本书编写委员会的几名年轻人走到祖国的西北边陲新疆和田地区开展推普工作遇到的实际情况一样，在国内其他省份卓有成效的教育教学方法，在此地往往有无所适从之感，必须使用当地人易于接受和学会的方法开展教育教学工作。这一切身经历也使得本书在编写方向上发生了很大改变，即"编写一本普通话水平测试专门教材"转为编写一本"针对边远地区少数民族语言特点、推普工作者拿来即用的普通话学习和培训用书"，因此本书编写委员会在专业化讲解的基础上新增了大众化讲解，在短文朗读部分新增了逐句讲解稿、多版本对照练习等，既保证了传播规范、正确的普通话语音知识，又帮助了初学者完成从学会发音向规范发音的过渡。这一想法得到了国内多位专家的肯定与支持，使我们对编写一本实用性强、老少咸宜、雅俗共赏的普通话学习和培训用书充满了信心和力量。

在这里，本书编写委员会要特别鸣谢诸位专家学者给出的专业指导，他们分别是：中国共产党中央委员会候补委员唐克碧，中国文学艺术界联合会原党组书记高占祥，《永远怀念毛泽东》主编张仕文，中国传媒大学客座教授王京忠，《瞭望中国》杂志社执行总编辑王学会，中国传媒大学播音主持艺术学院原副院长马玉坤，天津师范大学教授贾宁，国家教育行政学院副研究员石连海，资深媒体人刘淑勤，陕西理工大学教授李大庆，新疆师范大学教授董印其，新疆教育学院教师葛振东、刘会，新疆交通职业技术学院教授杨洁，新疆体育职业技术学院副教授杨红，武汉设计工程学院成龙影视传媒学院副院长陈晨。

同时，本书编写委员会对社会各界仁人志士的大力支持表示诚挚的感谢与由衷的敬佩，他们分别是：中国成人教育协会，山东城市传媒出版集团·济南出版社，《瞭望中国》杂志社新媒体中心，新疆菁英文化艺术交流中心，北广之星文化传媒（北京）有限责任公司，华文智媒（山东）文化产业有限公司，郑州普测文化传媒有限责任公司。

同时感谢多位同学在编写过程中付出的辛勤劳动，他们分别是：中国传媒大学陈思宇同学，中华女子学院孔晶慧同学，新疆师范大学蒲艳艳、郑天照同学，北京艺术传媒职业学院李海航同学，山东传媒职业学院袁率杰同学，武汉设计工程学院成龙影视传媒学院陈俊宇同学，桂林航天工业学院李铮同学。

诚然，在本书编写中仍有许多不足之处，诚恳希望各位专家学者、仁人志士、读者朋友能够多多提出宝贵意见和建议，本书编写委员会将不胜感激。

本书编写委员会

2022 年 12 月 20 日

目 录

声韵母拼合练习 …………………………………………… 1

普通话水平测试二十套练习卷 …………………………… 5

补充字词练习 ……………………………………………… 25

普通话水平测试用轻声词语表 …………………………… 29

声韵母拼合练习

表1

韵母 声母	a	o	e	i	u	ü	ai	ao	an	ang	ou	ong	ei	er	en	eng	ia
无声母	啊	哦	饿				唉	奥	按	昂	欧		诶	儿	嗯	鞥	
b	ba 巴	bo 拨		bi 弼	bu 部		bai 掰	bao 包	ban 斑	bang 帮			bei 背		ben 夯	beng 崩	
p	pa 趴	po 箥		pi 脾	pu 濮		pai 牌	pao 抛	pan 攀	pang 胖			pei 培		pen 喷	peng 碰	
m	ma 吗	mo 莫	me 么	mi 米	mu 木		mai 买	mao 冒	man 蛮	mang 忙	mou 某		mei 没		men 们	meng 萌	
f	fa 发	fo 佛			fu 副				fan 饭	fang 放	fou 否		fei 非		fen 份	feng 风	
d	da 大		de 的	di 第	du 度		dai 带	dao 到	dan 但	dang 当	dou 都	dong 动	dei 嘚		den 扽	deng 等	dia 嗲
t	ta 他		te 特	ti 提	tu 图		tai 太	tao 套	tan 谈	tang 汤	tou 头	tong 同				teng 疼	
n	na 那		ne 呢	ni 你	nu 怒	nü 女	nai 乃	nao 闹	nan 男	nang 囊	nou 耨	nong 弄	nei 内		nen 嫩	neng 能	
l	la 啦	lo 咯	le 了	li 里	lu 鲁	lü 绿	lai 来	lao 捞	lan 栏	lang 狼	lou 楼	long 龙	lei 勒			leng 冷	lia 俩
g	ga 噶		ge 歌	gu 孤			gai 该	gao 高	gan 干	gang 钢	gou 沟	gong 工	gei 给		gen 跟	geng 更	
k	ka 咖		ke 颗	ku 哭			kai 开	kao 考	kan 刊	kang 扛	kou 蔻	kong 空	kei 尅		ken 肯	keng 坑	
h	ha 哈		he 喝	hu 胡			hai 还	hao 好	han 汗	hang 行	hou 后	hong 红	hei 黑		hen 很	heng 横	

(续表)

韵母 声母	a	o	e	i	u	ü	ai	ao	an	ang	ou	ong	ei	er	en	eng	ia
无声母																	
j				ji 暨	ju 居												jia 加
q				qi 期	qu 区												qia 掐
x				xi 希	xu 需												xia 夏
zh	zha	zhe 着	zhi 知	zhu 珠			zhai 摘	zhao 招	zhan 沾	zhang 章	zhou 周	zhong 衷	zhei 这		zhen 臻	zheng 蒸	
ch	cha 茶	che 车	chi 吃	chu 雏			chai 钗	chao 超	chan 潺	chang 嫦	chou 抽	chong 憧			chen 琛	cheng 秤	
sh	sha 莎	she 畲	shi 诗	shu 舒			shai 骰	shao 稍	shan 山	shang 殇	shou 收		shei 谁		shen 深	sheng 笙	
r		re 热	ri 日	ru 儒				rao 娆	ran 然	rang 让	rou 柔	rong 荣			ren 韧	reng 仍	
z	za 杂	ze 啧	zi 资	zu 租			zai 在	zao 早	zan 赞	zang 脏	zou 邹	zong 踪	zei 贼		zen 怎	zeng 增	
c	ca 擦	ce 策	ci 词	cu 醋			cai 菜	cao 草	can 灿	cang 藏	cou 凑	cong 聪			cen 岑	ceng 曾	
s	sa 萨	se 瑟	si 思	su 酥			sai 塞	sao 扫	san 三	sang 桑	sou 搜	song 松			sen 森	seng 僧	
y	ya 压	yo 哟		yi 易	yu 鱼			yao 邀	yan 言	yang 央	you 有	yong 雍					
w	wa 哇	wo 窝		wu 屋			wai 外		wan 婉	wang 王			wei 威		wen 温	weng 翁	

表2

声母\韵母	ian	ie	iu	in	ing	iang	iong	ua	uai	uan	uang	ue	ui	un	uo
无声母															
b	bian 变	bie 别		bin 彬	bing 并										
p	pian 篇	pie 撇		pin 拼	ping 平										
m	mian 面	mie 咩	miu 谬	min 敏	ming 名										
f															
d	dian 点	die 叠	diu 丢		ding 定					duan 段			dui 对	dun 吨	duo 多
t	tian 天	tie 帖			ting 听					tuan 团			tui 退	tun 吞	tuo 拖
n	nian 年	nie 捏	niu 牛	nin 您	ning 宁	niang 酿				nuan 暖		nue 虐		nun 麋	nuo 诺
l	lian 连	lie 列	liu 六	lin 林	ling 领	liang 两				luan 乱		lue 略		lun 轮	luo 罗
g								gua 瓜	guai 怪	guan 关	guang 光		gui 归	gun 滚	guo 锅
k								kua 夸	kuai 块	kuan 宽	kuang 框		kui 盔	kun 坤	kuo 阔
h								hua 花	huai 坏	huan 焕	huang 慌		hui 会	hun 婚	huo 霍
j	jian 件	jie 接	jiu 究	jin 斤	jing 经	jiang 将	jiong 炯			juan 捐		jue 绝		jun 军	
q	qian 前	qie 且	qiu 秋	qin 亲	qing 清	qiang 枪	qiong 穷			quan 全		que 雀		qun 群	
x	xian 先	xie 些	xiu 休	xin 芯	xing 型	xiang 湘	xiong 兄			xuan 宣		xue 薛		xun 熏	
zh								zhua 抓	zhuai 拽	zhuan 转	zhuang 装		zhui 追	zhun 准	zhuo 桌

— 3 —

(续表)

声母\韵母	ian	ie	iu	in	ing	iang	iong	ua	uai	uan	uang	ue	ui	un	uo
无声母															
ch									chuai	chuan 传	chuang 窗		chui 吹	chun 春	chuo 戳
									踹						
sh								shua 刷	shuai 摔	shuan 栓	shuang 双		shui 谁	shun 顺	shuo 说
r										ruan 软			rui 睿	run 润	ruo 弱
z										zuan 钻			zui 最	zun 尊	zuo 做
c										cuan 窜			cui 脆	cun 村	cuo 搓
s										suan 算			sui 虽	sun 孙	suo 缩
y		(ye) 夜		yin 因	ying 应					yuan 原		(yue) 月		yun 晕	
w															

普通话水平测试二十套练习卷

普通话水平测试配套练习卷·01

扫码听范读

一、读单音节字词(100个音节,共10分,限时3.5分钟)

哲	悦	字	瞥	胸	德	我	池	械	固
崩	恨	纱	蒋	滥	捅	诈	摸	吹	搞
岳	饭	夏	急	窘	怎	衔	日	绸	果
胞	枪	脂	条	投	胀	酸	稳	啃	揍
穴	梨	波	软	米	狂	取	瘟	靶	运
雪	粪	胡	丹	丝	末	若	擦	准	峰
荡	碟	洛	范	怀	掉	潮	廊	趋	凝
腊	笨	扰	虹	响	爹	面	文	掐	复
丑	膘	枕	赔	倾	勺	澳	民	诚	貂
墩	驱	抓	二	艘	鞋	岁	甜	罚	两

二、读多音节词语(100个音节,共20分,限时2.5分钟)

哀愁	矮小	爱国	爱好	安排	安培	安全
安慰	按钮	按照	案子	暗中	昂贵	昂然
昂首	昂扬	盎然	翱翔	傲慢	奥秘	懊丧
八卦	巴掌	白净	白日	白色	搬用	搬运
伴随	帮忙	棒槌	傍晚	包涵	包装	包子
薄弱	保存	保险	报废	报名	悲哀	悲惨
奔跑	奔涌	奔走	崩溃	比方	彼此	笔法

普通话水平测试配套练习卷·02

一、读单音节字词(100个音节,共10分,限时3.5分钟)

雄	快	闯	谜	杯	嗓	驹	此	团	袜
屋	火	沉	傍	戳	念	抿	选	咧	歌
虚	诗	柴	柄	睛	寻	穷	爽	块	坑
浓	垮	募	炎	侵	其	拿	项	叹	忘
踹	盆	帛	负	捷	绺	训	挖	瑞	热
婚	暑	袍	决	程	遮	品	儒	髓	派
暗	衡	聊	涮	察	春	锦	历	挂	扩
黑	陡	向	病	膜	桶	马	构	腮	忍
猜	嫡	紧	问	四	栏	美	鸟	亮	淘
洽	订	鸣	钙	架	棕	谏	闪	考	材

二、读多音节词语(100个音节,共20分,限时2.5分钟)

笔尖	笔者	必须	碧波	编写	编纂	变更
辨别	辩驳	辩证	标语	标志	标准	表皮
表演	别扭	宾馆	宾客	宾主	濒于	饼子
并用	病变	病人	病榻	波段	波峰	波谷
波及	波涛	波纹	波长	玻璃	剥削	伯母
博爱	博大	博得	搏斗	搏击	补偿	补丁
不安	不良	部分	才能	材料	财产	财政

普通话水平测试配套练习卷·03

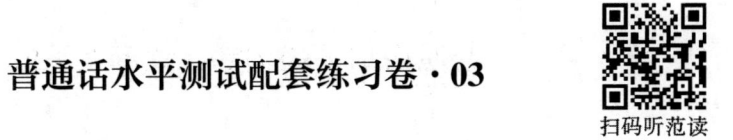

一、读单音节字词(100个音节,共10分,限时3.5分钟)

辛	很	纬	掠	洒	跷	钩	阔	距	嫩
溶	哑	匹	返	证	仅	蛇	篾	推	顶
丛	陈	诀	寝	黄	蕊	破	细	踢	摹
讽	涡	儿	队	谬	壕	脸	逢	纲	肉
滩	终	惨	诊	承	鳖	肯	铁	妆	温
捐	云	尹	曰	起	叙	子	免	汪	而
催	自	蛊	荣	杭	本	先	词	锡	骚
砍	邓	竖	爬	次	女	颇	兑	仍	呆
家	命	内	农	抬	您	陷	志	征	吃
责	婶	龙	至	均	柬	院	尺	逆	蜂

二、读多音节词语(100个音节,共20分,限时2.5分钟)

采取	参观	参加	参考	苍白	苍穹	沧桑
操办	操纵	操作	侧面	测量	策略	层次
差别	差额	产品	场所	超额	超过	吵架
吵嘴	车子	扯皮	沉重	成本	成虫	成分
成果	成就	成名	成年	成品	成为	诚恳
承受	程序	持久	持续	冲刷	仇恨	处于
传导	传说	传统	船台	串联	疮疤	窗口

普通话水平测试配套练习卷·04

一、读单音节字词(100个音节,共10分,限时3.5分钟)

尊	甲	槽	翁	柔	来	刊	弥	呕	润
宅	北	蹿	槐	缺	遣	癖	下	增	隶
旷	恩	斜	爸	房	夫	戚	凑	堂	购
箔	狗	误	善	撰	藕	溺	苍	水	在
吊	映	朱	熔	摔	炒	额	贼	底	臣
装	迟	养	芽	柜	辆	松	昂	磁	喉
毙	合	越	缆	圣	听	垒	方	某	让
影	腻	灭	腿	即	楼	真	娘	眶	餐
逗	绣	博	纵	够	刷	傻	审	争	塑
胎	导	沏	飞	码	歪	你	捆	改	廊

二、读多音节词语(100个音节,共20分,限时2.5分钟)

窗子	创立	创造	创作	吹牛	垂危	春光
春天	纯粹	词汇	磁场	次日	刺激	匆忙
聪明	从此	从而	从容	从小	粗略	簇拥
篡夺	篡改	催化	摧残	摧毁	脆弱	村庄
村子	存款	存亡	存在	挫败	挫伤	挫折
打倒	打赌	打击	打开	打算	大多	大褂
大量	大娘	大战	带子	袋子	弹簧	党委

普通话水平测试配套练习卷·05

扫码听范读

一、读单音节字词(100个音节,共10分,限时3.5分钟)

丢	桥	捡	党	欧	蜡	追	配	裹	闰
麻	加	围	披	贺	撞	柳	初	款	饷
亡	淮	囊	秧	蜕	拔	光	汝	平	泛
则	辣	再	景	牙	持	铭	蝶	卿	烤
烘	穿	瓮	撅	镭	桌	唐	憋	拐	扭
夜	丰	捧	欺	渠	骗	慌	雨	夕	袄
趴	伞	踩	彩	霉	硫	怪	攥	维	梯
江	缓	藤	弱	朽	君	瓦	掌	庵	死
唱	遵	寡	蟹	盾	禀	聚	伸	群	豆
瞻	薪	画	藻	恋	叮	卦	缫	蒸	略

二、读多音节词语(100个音节,共20分,限时2.5分钟)

捣毁	倒挂	盗贼	的确	低洼	诋毁	底子
地层	地球	典雅	电话	电流	电能	电压
掉头	顶点	钉子	定额	定律	丢掉	丢脸
东方	东欧	冬天	动员	冻疮	抖擞	陡坡
豆子	度日	断层	对偶	多寡	多么	躲闪
恶化	恩情	儿童	而且	耳朵	发表	发狂
发愣	发票	发扬	罚款	繁荣	繁殖	反省

普通话水平测试配套练习卷·06

一、读单音节字词(100个音节,共10分,限时3.5分钟)

广　谋　吠　辉　简　策　索　戴　短　帝
赖　赘　窑　基　堪　谎　该　生　佐　绞
碗　碧　判　既　有　桃　巅　版　须　震
碰　总　白　吼　巨　陶　许　劝　砌　如
良　烦　鲲　秋　缩　脱　坏　直　凿　萌
滚　翼　触　粉　剖　恋　莫　全　跺　锐
瓜　速　梦　畦　去　慎　鬃　疼　劳　沙
窄　拢　梳　销　祈　寇　履　腔　七　村
蛙　佑　测　领　商　棒　眉　滑　债　名
缀　糠　份　搜　靠　署　蹭　耍　雷　舱

二、读多音节词语(100个音节,共20分,限时2.5分钟)

贩子　方案　方便　妨碍　放射　飞行　飞快
飞跃　非常　非法　匪徒　废水　分辨　分别
分成　分工　分泌　分配　分散　粉碎　奋勇
丰满　丰盛　风格　封闭　封锁　疯狂　佛典
佛法　佛教　佛经　佛寺　佛像　佛学　妇女
附庸　富翁　改写　盖子　概括　感慨　感伤
干脆　干燥　钢铁　港口　高昂　高傲　高潮

普通话水平测试配套练习卷·07

一、读单音节字词(100个音节,共10分,限时3.5分钟)

塔	桑	年	皱	晾	播	砖	滨	瓶	元
穗	鸥	眸	修	彼	杀	乙	反	康	想
纺	噙	牛	晒	川	塘	梅	立	赴	者
料	顾	耐	稿	擎	挪	秒	裤	府	期
浦	饿	凭	跟	肿	荒	巴	酉	胚	贝
弃	歼	淤	恒	堆	放	割	逸	摊	封
菊	演	特	扯	岭	港	潘	阵	韵	举
喧	杂	羽	甩	非	容	插	谢	禹	揉
煮	脓	聘	租	抵	僧	仰	酚	亭	霜
墙	却	蚕	源	明	昔	瀑	氧	碳	屯

二、读多音节词语(100个音节,共20分,限时2.5分钟)

高尚	高涨	告诉	歌曲	革命	格外	隔壁	
个别	给以	给予	根据	跟前	跟随	耕作	
工作	公民	公司	功用	宫女	拱桥	拱手	
共存	苟且	构成	姑娘	骨髓	故事	顾虑	
挂念	挂帅	怪物	怪异	关卡	关押	观察	
观光	管理	贯彻	冠军	光明	光泽	光照	
规格	规矩	规律	规则	闺女	鬼脸	贵宾	

普通话水平测试配套练习卷·08

扫码听范读

一、读单音节字词(100个音节,共10分,限时3.5分钟)

稻	秆	宾	端	臀	龚	溃	押	刘	泰
剧	蛮	隋	风	雇	失	砚	蔽	堤	钾
攻	窍	吻	淡	招	曼	侧	漆	陇	蔡
宽	诉	拴	弓	随	丙	惧	糖	饱	郑
脾	蕨	砸	军	鹅	澈	炕	厢	算	棱
井	草	葬	吨	册	买	锭	液	沾	临
极	耸	陪	效	仿	礁	怯	师	习	糊
嘴	饶	惩	能	吮	捉	衰	延	馆	贴
礼	万	帆	避	敷	蓬	田	虽	牢	说
卮	忠	粤	根	猪	鳞	虫	刁	撤	射

二、读多音节词语(100个音节,共20分,限时2.5分钟)

贵姓	国民	国王	孩子	海关	含糊	含量
行当	航空	豪华	好歹	好转	合同	何尝
何况	河流	核算	黑暗	黑板	黑夜	横扫
红军	红娘	红润	红色	洪水	后悔	后面
后天	后头	厚道	候鸟	胡琴	花脸	花鸟
花瓶	花蕊	花纹	划分	滑动	化肥	画家
画卷	画面	话筒	怀抱	怀念	坏人	缓解

普通话水平测试配套练习卷·09

一、读单音节字词(100个音节,共10分,限时3.5分钟)

涩	绳	律	斩	权	浮	小	闸	眯	耕
溢	求	壤	氨	徽	最	坎	需	夺	候
唤	施	邀	苇	讲	蜀	沈	骑	牵	残
妙	铸	瘾	童	控	惹	等	埂	兵	苯
洗	撩	厅	邱	坚	喊	梗	厚	锋	被
吟	融	辱	蛋	详	筏	浑	素	捏	柱
铂	妖	漫	情	活	兜	阁	开	钞	法
仪	治	牌	奏	醉	国	回	辨	原	偏
拄	宠	撬	精	祖	剩	倪	唬	荤	具
痕	瞄	消	张	尘	表	摘	钓	篇	纯

二、读多音节词语(100个音节,共20分,限时2.5分钟)

换算	荒谬	黄豆	黄瓜	黄昏	黄色	回归
回去	会计	绘画	婚姻	火车	火候	火坑
火种	激昂	及时	即日	继续	加工	加强
加热	加入	加速	加以	家畜	家伙	家庭
家乡	家长	假日	假若	价格	价值	坚持
检讨	减轻	健全	将军	将来	交流	骄傲
胶片	角色	觉得	觉悟	教训	接洽	节日

普通话水平测试配套练习卷·10

一、读单音节字词(100个音节,共10分,限时3.5分钟)

簧	疗	船	泽	梢	海	典	聂	耳	潜
瞒	侯	盲	庄	亏	冒	乃	注	砂	狼
妾	鼻	舔	远	烂	拈	曹	货	赫	声
园	停	昭	从	肋	贫	舟	气	究	楚
仄	对	毁	猎	揪	链	绢	外	轰	恐
痒	憎	神	疯	花	磷	写	掩	叮	晋
拎	搓	盒	暖	凡	石	滕	信	匀	台
酶	垂	椎	孙	迈	淌	睁	裂	奉	舜
评	躲	臻	泣	腐	矛	迷	褶	砷	偷
涉	伙	巧	唇	孵	键	棚	矫	筐	股

二、读多音节词语(100个音节,共20分,限时2.5分钟)

解脱	借用	今日	紧缺	进口	景观	警犬
镜子	窘迫	酒精	句子	捐款	捐赠	眷恋
决策	决定	决心	决议	军队	军阀	军粮
军人	军事	军用	均匀	咖啡	开放	开会
开垦	开辟	开设	开外	开业	勘察	看法
烤火	咳嗽	可以	客观	客气	课本	课程
课堂	空子	恐龙	口腔	口吻	苦恼	夸大

普通话水平测试配套练习卷·11

扫码听范读

一、读单音节字词(100个音节,共10分,限时3.5分钟)

制	宰	抖	剑	世	闻	登	拱	这	圆
抠	亚	烧	爱	肘	臽	绕	歉	聋	橙
柯	垫	雾	岸	用	窗	户	土	皿	纸
杜	稍	醇	冰	恰	卯	钡	申	油	筒
屑	抛	迁	衫	拒	皮	禾	备	兽	癌
苞	价	昌	联	甫	粗	劫	桂	体	尚
脖	捻	窜	编	倦	头	耀	线	跳	尔
规	攥	首	可	退	跌	涛	伏	趁	庙
哀	啮	流	肥	榜	染	展	讨	袋	闭
勤	迭	舞	缕	层	祥	频	野	嗅	穆

二、读多音节词语(100个音节,共20分,限时2.5分钟)

夸奖	夸耀	夸张	垮台	挎包	快乐	快速
快要	宽阔	狂笑	况且	矿产	框子	亏损
傀儡	昆虫	困难	扩张	来宾	来临	来往
滥用	浪费	老实	老爷	类似	累赘	冷水
理解	力量	厉害	利落	利用	连累	连日
连续	恋爱	良好	凉爽	粮食	两边	烈日
林子	临床	灵敏	另外	溜达	流传	硫酸

普通话水平测试配套练习卷·12

一、读单音节字词(100个音节,共10分,限时3.5分钟)

遍　梭　壮　陋　并　躺　握　盘　佟　批
局　榨　扔　整　逛　爵　敏　鲁　敞　娶
坤　概　洪　王　较　检　驼　雹　纠　附
币　填　之　蹲　机　刑　阴　滇　洼　违
腰　霖　辫　扑　勉　挥　蜜　鄙　媒　疮
育　笔　姐　获　铝　宗　前　久　渊　富
渴　吴　循　汉　盏　硼　恼　输　豹　魂
俗　状　曳　淹　揭　蹈　领　抄　敛　存
彭　忌　航　语　焉　炙　离　羹　愿　永
暮　坝　括　书　徐　超　委　耿　皆　俄

二、读多音节词语(100个音节,共20分,限时2.5分钟)

笼子　卤水　录用　掠夺　轮流　论文　裸体
落日　旅馆　履行　率领　略微　麻烦　麻醉
马车　马匹　蚂蚁　迈进　麦子　馒头　没有
眉头　媒介　媒人　煤炭　美酒　棉花　勉强
缅怀　面孔　面临　面前　苗头　描写　渺小
灭亡　民间　民主　敏感　名词　名堂　明年
明确　明天　命令　命运　谬论　谬误　母亲

普通话水平测试配套练习卷·13

一、读单音节字词(100个音节,共10分,限时3.5分钟)

鬼　鹿　皖　栋　州　铃　享　电　鸭　他
窃　卖　林　闽　齿　忙　她　才　偶　祝
烫　月　浇　请　袁　隔　腥　悬　练　瓢
赵　统　塌　潭　辈　抗　煤　物　警　断
疏　膊　奥　所　氮　故　奎　骇　样　支
萤　早　串　幅　碎　瘸　猛　绒　辽　焚
管　独　营　题　振　枯　敌　锤　盗　递
扶　茧　然　癫　沟　眨　费　常　般　玩
渡　息　泪　瘠　徒　午　乖　饼　垦　霸
蒜　瓯　爆　凳　损　贩　姓　乌　晚　筛

二、读多音节词语(100个音节,共20分,限时2.5分钟)

母体　拇指　木偶　木头　募捐　哪里　那么
纳粹　纳税　奶粉　男女　南北　南方　南瓜
难怪　难为　脑海　脑髓　内外　能量　能耐
你们　年龄　年轻　念叨　捏造　涅槃　牛犊
牛顿　牛皮　扭曲　扭转　农村　农民　疟疾
虐待　挪用　女工　女郎　女婿　讴歌　偶尔
拍摄　排斥　牌楼　旁听　胖子　胚胎　赔偿

普通话水平测试配套练习卷·14

一、读单音节字词(100个音节,共10分,限时3.5分钟)

旅	踱	郭	知	巡	腹	瑟	双	剂	矿
叩	性	枝	标	骂	唯	盯	娃	势	躯
珍	颠	拜	录	炉	尝	焰	敢	赠	冬
硕	贮	仗	罐	喘	箭	栽	孟	尼	扮
桨	鲤	廷	按	憾	卤	蹬	逼	贬	耗
懂	艇	妇	摆	愣	匪	夸	鞭	蔫	栽
坠	蹄	扣	萍	琴	赏	拥	津	逊	葛
雏	畔	坪	犬	逃	茬	柑	竭	渺	篆
床	坡	动	象	齐	幼	乏	居	雕	届
镶	魏	肝	飘	碾	窟	犯	赛	香	岩

二、读多音节词语(100个音节,共20分,限时2.5分钟)

配合	配偶	配套	喷洒	盆子	疲倦	琵琶	
痞子	偏见	漂亮	飘带	飘动	飘然	撇开	
拼凑	拼命	贫穷	频率	品位	品种	平行	
平均	平面	平原	破坏	铺盖	其次	奇怪	
乞讨	起居	洽谈	恰当	恰好	恰巧	恰如	
千瓦	牵挂	签订	强大	强盗	强度	强烈	
强求	强调	墙壁	抢险	悄声	侨眷	侵略	

普通话水平测试配套练习卷·15

一、读单音节字词(100个音节,共10分,限时3.5分钟)

勿	钱	洞	五	孔	愈	弯	狠	欠	孽
羊	人	寸	迅	边	颅	忧	肺	洁	帐
乂	掘	排	汛	晤	蟒	拖	岛	是	盈
刚	葱	凶	时	旱	垄	碘	喜	榻	板
掐	添	跤	烈	质	吾	它	带	述	猫
巾	严	粮	栓	掸	锅	授	拟	浪	出
又	安	棵	贤	赚	仓	央	吏	史	留
睹	除	奖	搏	绝	酷	拙	糟	倚	辅
辰	函	约	轮	崔	拂	身	门	献	膳
翻	览	轨	痘	友	袖	寨	熏	笙	乳

二、读多音节词语(100个音节,共20分,限时2.5分钟)

侵占	亲切	青蛙	轻快	清楚	清爽	情操
情怀	情况	请求	穷尽	穷苦	穷困	穷人
区别	区域	屈服	趋向	圈套	权力	权利
全部	全局	全面	全身	全体	缺点	缺乏
缺口	缺少	确定	群体	群众	然而	燃烧
热爱	热量	热闹	热能	人才	人口	人们
人民	人群	人员	认识	任何	仍旧	仍然

普通话水平测试配套练习卷·16

一、读单音节字词(100个音节,共10分,限时3.5分钟)

心	辙	始	灼	炖	挡	捺	型	犁	迸
代	桩	鳍	太	闹	驴	戒	组	坟	伐
翡	突	啼	铜	满	瞟	瘦	俏	确	孤
走	促	髻	古	缰	肾	皇	托	驯	朵
指	框	畏	锹	环	每	宝	拦	市	笋
涂	探	显	优	官	右	董	酒	乔	网
秀	崽	犹	盼	赎	绥	休	伴	室	比
帽	访	镁	启	赐	墨	卵	寺	普	锚
致	锣	宫	奶	昏	驳	泵	巢	屈	揩
炼	灌	食	搔	贡	疲	锥	犊	枫	捣

二、读多音节词语(100个音节,共20分,限时2.5分钟)

日程	日光	日后	日记	日见	日渐	日历
日食	日益	日用	熔点	融合	融洽	柔美
柔软	如此	如下	入学	软骨	润滑	弱点
撒谎	嗓子	丧葬	骚扰	扫帚	嫂子	色彩
森林	僧尼	杀害	沙尘	沙发	傻瓜	山坳
山川	山区	闪光	扇子	善良	伤害	商标
商量	商品	上班	上层	上吊	上空	上下

普通话水平测试配套练习卷·17

一、读单音节字词(100个音节,共10分,限时3.5分钟)

褐	薛	值	竿	案	科	屡	茶	救	沁
歇	酌	泄	弦	罢	档	卫	务	愧	镀
互	充	感	毛	裘	站	旬	补	伪	钠
篷	舌	氖	胆	汽	撑	客	卸	龄	旗
搭	蛀	竹	氏	戏	纳	欢	赣	凸	秦
姬	浙	税	谷	族	捞	捕	关	毡	锈
堵	锁	示	天	僻	氦	栋	帕	惯	升
柱	球	缘	顿	足	含	棋	铡	丸	镇
窝	伶	喂	膺	卧	倍	漏	秸	醋	归
顺	众	昧	鼓	拘	伤	翅	高	乍	山

二、读多音节词语(100个音节,共20分,限时2.5分钟)

烧饼	少年	少女	舌头	设备	社会	身边
身份	身子	深奥	深层	深厚	深化	审美
渗透	生存	生长	石榴	时候	时日	实用
食用	使用	世纪	似的	似乎	事情	收藏
收成	收购	收回	收缩	手法	手稿	首都
首饰	首尾	授予	书卷	枢纽	舒坦	数量
刷新	衰败	衰变	衰老	衰弱	摔跤	双亲

普通话水平测试配套练习卷·18

一、读单音节字词(100个音节,共10分,限时3.5分钟)

使	谕	跪	舰	季	棍	灯	庞	财	酥
尤	咬	脑	往	送	杠	综	醒	菠	意
掏	凤	培	苦	春	叠	炭	喷	助	卢
三	描	清	险	裸	悲	鳗	狱	虎	啸
遭	丈	游	账	嘱	厘	位	冯	点	筹
伍	赤	虾	衍	滤	簇	愁	脊	跃	罕
库	饥	痛	河	猿	嘘	麦	彻	怜	斑
挽	哑	剃	储	谭	阻	阅	僵	利	透
筋	煎	怒	纹	讯	蹦	嫁	部	业	琼
摄	脚	桦	赢	傲	瘤	谨	防	兰	牧

二、读多音节词语(100个音节,共20分,限时2.5分钟)

双重	霜期	爽快	爽朗	水果	水鸟	水箱
说法	说话	私人	思考	思索	思维	思想
死板	四周	饲料	送别	搜刮	速率	算账
虽然	虽说	随便	随后	岁数	孙女	缩短
所以	它们	她们	太平	坍塌	摊子	探索
探讨	逃窜	讨好	特别	特征	疼痛	体温
天鹅	天体	天下	天真	填充	挑剔	条款

普通话水平测试配套练习卷·19

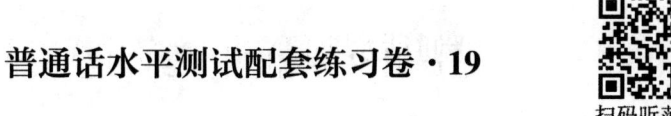

一、读单音节字词(100个音节,共10分,限时3.5分钟)

隐	公	缎	由	攀	篮	矩	碑	刮	芯
望	缠	箱	废	罪	败	惠	境	幕	旁
磕	拍	厥	何	诸	篙	窦	睡	贵	帘
蠢	嚎	阁	押	囚	肠	黯	梁	囤	缴
驻	鬃	绪	襟	漾	劣	害	赶	束	哨
氯	手	密	溪	渔	撑	住	设	裙	厂
迁	灰	另	蔗	荆	肌	汞	铀	功	阳
誉	况	镍	踪	氟	列	弧	墓	周	旦
沿	旺	绘	腺	钟	扬	觅	签	鹤	宋
鳌	东	减	硅	郁	湿	苗	焦	赋	浴

二、读多音节词语(100个音节,共20分,限时2.5分钟)

调和	调整	跳蚤	贴切	铁轨	铁匠	铁青
铁锹	听话	挺拔	通常	通讯	通用	同伴
同学	痛快	投资	透明	图案	土匪	土壤
推算	腿脚	退化	妥当	挖苦	挖潜	洼地
瓦斯	袜子	外宾	外部	外地	外国	外界
外科	外面	完备	完成	完美	完全	玩耍
挽回	晚上	王朝	王后	往返	往日	微弱

普通话水平测试配套练习卷·20

一、读单音节字词(100个音节,共10分,限时3.5分钟)

摧 瞧 错 伟 术 找 星 眼 句 药
接 就 绵 缸 工 眠 页 瞎 例 学
涧 幸 诛 疑 缔 幂 奶 昏 驳 泵
三 描 清 险 裸 悲 鳗 狱 虎 啸
秀 崽 犹 盼 赎 绥 休 伴 室 比
刚 葱 凶 时 旱 垄 碘 喜 榻 板
彭 忌 航 语 焉 灸 离 羹 愿 永
屑 抛 迁 衫 拒 皮 禾 备 兽 癌
毙 合 越 缆 圣 听 垒 方 某 让
岳 饭 夏 急 窘 怎 衔 日 绸 果

二、读多音节词语(100个音节,共20分,限时2.5分钟)

为了 围剿 维持 卫生 未曾 未遂 温带
温暖 温柔 文明 文献 文学 稳当 稳妥
问卷 蜗牛 我们 握手 无穷 舞蹈 物价
物品 西欧 稀罕 席卷 媳妇 洗澡 喜欢
喜庆 戏曲 细菌 下降 下来 下列 下马
下面 下去 下午 下游 夏季 夏天 仙女
先生 显得 现存 线圈 乡下 挨个儿 八仙桌

补充字词练习

（一）双音节词

消费	消化	消灭	消息	小丑	小气	小腿
晓得	笑容	效果	效率	效用	协商	协作
心思	新娘	信仰	信用	性子	汹涌	胸脯
雄伟	修改	修养	需要	许久	叙述	宣布
宣传	旋转	选举	学科	学生	学术	学说
学习	学校	学者	血管	血液	寻找	循环
训练	迅速	压力	压迫	沿用	眼睛	眼前
厌倦	秧歌	阳光	养活	吆喝	妖怪	妖精
野生	一直	医学	医院	以外	翌日	意思
因此	因而	音乐	音响	引导	英雄	英勇
婴儿	营养	影响	影子	应用	拥戴	拥护
拥挤	拥有	永远	用户	用力	用途	优良
由于	游泳	右手	幼年	于是	愉快	预测
冤枉	元素	原来	原料	原因	原则	缘故
愿意	月饼	月份	月亮	月球	云彩	允许
运动	运行	运输	杂费	灾难	栽培	在场
在乎	咱们	赞美	遭受	早春	责怪	怎么
增多	增强	增长	栅栏	榨取	寨子	展览
占用	战略	张罗	张贴	长城	掌管	帐篷

障碍	爪子	召开	照料	照明	照片	折叠
折磨	这么	这些	着重	侦查	侦察	枕头
镇压	蒸发	整理	正常	正好	正面	正确
证明	政策	政党	政权	症状	支持	值日
植物	至今	质量	中外	终身	终于	种群
重叠	重量	周年	主体	主宰	主张	抓获
抓紧	专家	专门	专用	转播	转脸	转悠
装备	状况	追求	锥子	准许	综合	总称
总额	总结	总统	总之	走访	租用	阻拦
祖宗	钻头	嘴巴	嘴唇	罪恶	尊重	遵守
遵循	遵照	作恶	作坊	作风	作怪	作家
作品	作用	作战	作者	做梦	相关	相似

扫码听范读

(二) 多音节词

办公室	半导体	半道儿	被窝儿	鼻梁儿	辩证法
冰棍儿	参议院	唱歌儿	抽空儿	出发点	出圈儿
创造性	打嗝儿	打鸣儿	大褂儿	大伙儿	大婶儿
大学生	胆小鬼	旦角儿	蛋黄儿	刀刃儿	灯泡儿
电视台	掉价儿	豆芽儿	逗乐儿	肚脐儿	耳垂儿
方法论	钢镚儿	哥们儿	根据地	工程师	工作日
共产党	瓜瓤儿	拐弯儿	国务院	哈密瓜	合群儿
红包儿	红领巾	后跟儿	胡同儿	花瓶儿	画外音
火苗儿	火星儿	机械化	基本功	记事儿	加塞儿
金丝猴	进化论	酒盅儿	绝着儿	开窍儿	坎肩儿

科学家	快板儿	拉链儿	来不及	劳动力	劳动者
老头儿	泪珠儿	脸盘儿	两口子	聊天儿	留声机
露馅儿	螺旋桨	落款儿	麻花儿	猫头鹰	毛驴儿
没词儿	没谱儿	没准儿	门洞儿	门槛儿	门口儿
蒙古包	蜜枣儿	棉球儿	面条儿	名牌儿	纳闷儿
脑瓜儿	霓虹灯	年头儿	牛仔裤	偶然性	判决书
乒乓球	青霉素	轻音乐	染色体	人影儿	砂轮儿
神经质	生产力	石子儿	世界观	收摊儿	手工业
手套儿	送信儿	蒜瓣儿	碎步儿	所有制	太阳能
痰盂儿	提成儿	体育馆	天窗儿	跳高儿	图钉儿
望远镜	围嘴儿	维生素	显微镜	线轴儿	小丑儿
小曲儿	小说儿	小偷儿	小瓮儿	小鞋儿	笑话儿
牙签儿	牙刷儿	烟卷儿	研究生	药方儿	一辈子
艺术家	荧光屏	邮戳儿	有劲儿	幼儿园	雨点儿
责任感	长颈鹿	找茬儿	针鼻儿	主人翁	抓阄儿
自然界	自治区	做活儿	标准化	传染病	大腕儿
地下水	饭盒儿	公有制	合作社	火锅儿	叫好儿
靠不住	老本儿	录音机	冒尖儿	门铃儿	南半球
跑腿儿	扇面儿	手绢儿	太阳系	玩意儿	小葱儿
心眼儿	一点儿	在这儿	啄木鸟		

(三) 四字词语

不速之客	不言而喻	不以为然	不约而同
层出不穷	畅所欲言	赤手空拳	出类拔萃

独一无二　　方兴未艾　　非同小可　　奋不顾身
顾名思义　　海市蜃楼　　汗流浃背　　焕然一新
有的放矢　　与日俱增　　语重心长　　震耳欲聋
大相径庭　　得天独厚　　得心应手　　一目了然
风驰电掣　　风起云涌　　高跟儿鞋　　一丝不苟
周而复始　　诸如此类　　自始至终　　抑扬顿挫

普通话水平测试用轻声词语表

爱人 ài ren
案子 àn zi
巴掌 bā zhang
把子 bǎ zi
把子 bà zi
爸爸 bà ba
白净 bái jing
班子 bān zi
板子 bǎn zi
帮手 bāng shou
梆子 bāng zi
膀子 bǎng zi
棒槌 bàng chui
棒子 bàng zi
包袱 bāo fu
包涵 bāo han
包子 bāo zi
豹子 bào zi
杯子 bēi zi
被子 bèi zi

本事 běn shi
本子 běn zi
鼻子 bí zi
比方 bǐ fang
鞭子 biān zi
扁担 biǎn dan
辫子 biàn zi
别扭 biè niu
饼子 bǐng zi
拨弄 bō nong
脖子 bó zi
簸箕 bò ji
补丁 bǔ ding
不由得 bù yóu de
不在乎 bú zài hu
步子 bù zi
部分 bù fen
裁缝 cái feng
财主 cái zhu
苍蝇 cāng ying

差事 chāi shi
柴火 chái huo
肠子 cháng zi
厂子 chǎng zi
场子 chǎng zi
车子 chē zi
称呼 chēng hu
池子 chí zi
尺子 chǐ zi
虫子 chóng zi
绸子 chóu zi
除了 chú le
锄头 chú tou
畜生 chù sheng
窗户 chuāng hu
窗子 chuāng zi
锤子 chuí zi
刺猬 cì wei
凑合 còu he
村子 cūn zi

耷拉 dā la	笛子 dí zi	蛾子 é zi
答应 dā ying	底子 dǐ zi	儿子 ér zi
打扮 dǎ ban	地道 dì dao	耳朵 ěr duo
打点 dǎ dian	地方 dì fang	贩子 fàn zi
打发 dǎ fa	弟弟 dì di	房子 fáng zi
打量 dǎ liang	弟兄 dì xiong	份子 fèn zi
打算 dǎ suan	点心 diǎn xin	风筝 fēng zheng
打听 dǎ ting	调子 diào zi	疯子 fēng zi
大方 dà fang	钉子 dīng zi	福气 fú qi
大爷 dà ye	东家 dōng jia	斧子 fǔ zi
大夫 dài fu	东西 dōng xi	盖子 gài zi
带子 dài zi	动静 dòng jing	甘蔗 gān zhe
袋子 dài zi	动弹 dòng tan	杆子 gān zi
耽搁 dān ge	豆腐 dòu fu	杆子 gǎn zi
耽误 dān wu	豆子 dòu zi	干事 gàn shi
单子 dān zi	嘟囔 dū nang	杠子 gàng zi
胆子 dǎn zi	肚子 dǔ zi	高粱 gāo liang
担子 dàn zi	肚子 dù zi	膏药 gāo yao
刀子 dāo zi	缎子 duàn zi	稿子 gǎo zi
道士 dào shi	对付 duì fu	告诉 gào su
稻子 dào zi	对头 duì tou	疙瘩 gē da
灯笼 dēng long	队伍 duì wu	哥哥 gē ge
提防 dī fang	多么 duō me	胳膊 gē bo

鸽子 gē zi	柜子 guì zi	伙计 huǒ ji
格子 gé zi	棍子 gùn zi	护士 hù shi
个子 gè zi	锅子 guō zi	机灵 jī ling
根子 gēn zi	果子 guǒ zi	脊梁 jǐ liang
跟头 gēn tou	蛤蟆 há ma	记号 jì hao
工夫 gōng fu	孩子 hái zi	记性 jì xing
弓子 gōng zi	含糊 hán hu	夹子 jiā zi
公公 gōng gong	汉子 hàn zi	家伙 jiā huo
功夫 gōng fu	行当 háng dang	架势 jià shi
钩子 gōu zi	合同 hé tong	架子 jià zi
姑姑 gū gu	和尚 hé shang	嫁妆 jià zhuang
姑娘 gū niang	核桃 hé tao	尖子 jiān zi
谷子 gǔ zi	盒子 hé zi	茧子 jiǎn zi
骨头 gǔ tou	红火 hóng huo	剪子 jiǎn zi
故事 gù shi	猴子 hóu zi	见识 jiàn shi
寡妇 guǎ fu	后头 hòu tou	毽子 jiàn zi
褂子 guà zi	厚道 hòu dao	将就 jiāng jiu
怪物 guài wu	狐狸 hú li	交情 jiāo qing
关系 guān xi	胡琴 hú qin	饺子 jiǎo zi
官司 guān si	糊涂 hú tu	叫唤 jiào huan
罐头 guàn tou	皇上 huáng shang	轿子 jiào zi
罐子 guàn zi	幌子 huǎng zi	结实 jiē shi
规矩 guī ju	胡萝卜 hú luó bo	街坊 jiē fang
闺女 guī nü	活泼 huó po	姐夫 jiě fu
鬼子 guǐ zi	火候 huǒ hou	姐姐 jiě jie

戒指 jiè zhi
金子 jīn zi
精神 jīng shen
镜子 jìng zi
舅舅 jiù jiu
橘子 jú zi
句子 jù zi
卷子 juàn zi
咳嗽 ké sou
客气 kè qi
空子 kòng zi
口袋 kǒu dai
口子 kǒu zi
扣子 kòu zi
窟窿 kū long
裤子 kù zi
快活 kuài huo
筷子 kuài zi
框子 kuàng zi
困难 kùn nan
阔气 kuò qi
喇叭 lǎ ba
喇嘛 lǎ ma
篮子 lán zi

懒得 lǎn de
浪头 làng tou
老婆 lǎo po
老实 lǎo shi
老太太 lǎo tài tai
老头子 lǎo tóu zi
老爷 lǎo ye
老子 lǎo zi
姥姥 lǎo lao
累赘 léi zhui
篱笆 lí ba
里头 lǐ tou
力气 lì qi
厉害 lì hai
利落 lì luo
利索 lì suo
例子 lì zi
栗子 lì zi
痢疾 lì ji
连累 lián lei
帘子 lián zi
凉快 liáng kuai
粮食 liáng shi
两口子 liǎng kǒu zi

料子 liào zi
林子 lín zi
翎子 líng zi
领子 lǐng zi
溜达 liū da
聋子 lóng zi
笼子 lóng zi
炉子 lú zi
路子 lù zi
轮子 lún zi
萝卜 luó bo
骡子 luó zi
骆驼 luò tuo
妈妈 mā ma
麻烦 má fan
麻利 má li
麻子 má zi
马虎 mǎ hu
码头 mǎ tou
买卖 mǎi mai
麦子 mài zi
馒头 mán tou
忙活 máng huo
冒失 mào shi

帽子 mào zi	你们 nǐ men	片子 piān zi
眉毛 méi mao	念叨 niàn dao	便宜 pián yi
媒人 méi ren	念头 niàn tou	骗子 piàn zi
妹妹 mèi mei	娘家 niáng jia	票子 piào zi
门道 mén dao	镊子 niè zi	漂亮 piào liang
眯缝 mī feng	奴才 nú cai	瓶子 píng zi
迷糊 mí hu	女婿 nǚ xu	婆家 pó jia
面子 miàn zi	暖和 nuǎn huo	婆婆 pó po
苗条 miáo tiao	疟疾 nüè ji	铺盖 pū gai
苗头 miáo tou	拍子 pāi zi	欺负 qī fu
名堂 míng tang	牌楼 pái lou	旗子 qí zi
名字 míng zi	牌子 pái zi	前头 qián tou
明白 míng bai	盘算 pán suan	钳子 qián zi
蘑菇 mó gu	盘子 pán zi	茄子 qié zi
模糊 mó hu	胖子 pàng zi	亲戚 qīn qi
木匠 mù jiang	狍子 páo zi	勤快 qín kuai
木头 mù tou	盆子 pén zi	清楚 qīng chu
那么 nà me	朋友 péng you	亲家 qìng jia
奶奶 nǎi nai	棚子 péng zi	曲子 qǔ zi
难为 nán wei	脾气 pí qi	圈子 quān zi
脑袋 nǎo dai	皮子 pí zi	拳头 quán tou
脑子 nǎo zi	痞子 pǐ zi	裙子 qún zi
能耐 néng nai	屁股 pì gu	热闹 rè nao

人家 rén jia	绳子 shéng zi	思量 sī liang
人们 rén men	师父 shī fu	算计 suàn ji
认识 rèn shi	师傅 shī fu	岁数 suì shu
日子 rì zi	虱子 shī zi	孙子 sūn zi
褥子 rù zi	狮子 shī zi	他们 tā men
塞子 sāi zi	石匠 shí jiang	它们 tā men
嗓子 sǎng zi	石榴 shí liu	她们 tā men
嫂子 sǎo zi	石头 shí tou	台子 tái zi
扫帚 sào zhou	时候 shí hou	太太 tài tai
沙子 shā zi	实在 shí zai	摊子 tān zi
傻子 shǎ zi	拾掇 shí duo	坛子 tán zi
扇子 shàn zi	使唤 shǐ huan	毯子 tǎn zi
商量 shāng liang	世故 shì gu	桃子 táo zi
上司 shàng si	似的 shì de	特务 tè wu
上头 shàng tou	事情 shì qing	梯子 tī zi
烧饼 shāo bing	柿子 shì zi	蹄子 tí zi
勺子 sháo zi	收成 shōu cheng	挑剔 tiāo ti
少爷 shào ye	收拾 shōu shi	挑子 tiāo zi
哨子 shào zi	首饰 shǒu shi	条子 tiáo zi
舌头 shé tou	叔叔 shū shu	跳蚤 tiào zao
身子 shēn zi	梳子 shū zi	铁匠 tiě jiang
什么 shén me	舒服 shū fu	亭子 tíng zi
婶子 shěn zi	舒坦 shū tan	头发 tóu fa
生意 shēng yi	疏忽 shū hu	头子 tóu zi
牲口 shēng kou	爽快 shuǎng kuai	兔子 tù zi

妥当 tuǒ dang	乡下 xiāng xia	衙门 yá men
唾沫 tuò mo	箱子 xiāng zi	哑巴 yǎ ba
挖苦 wā ku	相声 xiàng sheng	胭脂 yān zhi
娃娃 wá wa	消息 xiāo xi	烟筒 yān tong
袜子 wà zi	小伙子 xiǎo huǒ zi	眼睛 yǎn jing
晚上 wǎn shang	小气 xiǎo qi	燕子 yàn zi
尾巴 wěi ba	小子 xiǎo zi	秧歌 yāng ge
委屈 wěi qu	笑话 xiào hua	养活 yǎng huo
为了 wèi le	谢谢 xiè xie	样子 yàng zi
位置 wèi zhi	心思 xīn si	吆喝 yāo he
位子 wèi zi	星星 xīng xing	妖精 yāo jing
蚊子 wén zi	猩猩 xīng xing	钥匙 yào shi
稳当 wěn dang	行李 xíng li	椰子 yē zi
我们 wǒ men	性子 xìng zi	爷爷 yé ye
屋子 wū zi	兄弟 xiōng di	叶子 yè zi
稀罕 xī han	休息 xiū xi	一辈子 yī bèi zi
席子 xí zi	秀才 xiù cai	衣服 yī fu
媳妇 xí fu	秀气 xiù qi	衣裳 yī shang
喜欢 xǐ huan	袖子 xiù zi	椅子 yǐ zi
瞎子 xiā zi	靴子 xuē zi	意思 yì si
匣子 xiá zi	学生 xué sheng	银子 yín zi
下巴 xià ba	学问 xué wen	影子 yǐng zi
吓唬 xià hu	丫头 yā tou	应酬 yìng chou
先生 xiān sheng	鸭子 yā zi	柚子 yòu zi

扫码听范读

冤枉 yuān wang

院子 yuàn zi

月饼 yuè bing

月亮 yuè liang

云彩 yún cai

运气 yùn qi

在乎 zài hu

咱们 zán men

早上 zǎo shang

怎么 zěn me

扎实 zhā shi

眨巴 zhǎ ba

栅栏 zhà lan

宅子 zhái zi

寨子 zhài zi

张罗 zhāng luo

丈夫 zhàng fu

帐篷 zhàng peng

丈人 zhàng ren

帐子 zhàng zi

招呼 zhāo hu

招牌 zhāo pai

折腾 zhē teng

这个 zhè ge

这么 zhè me

枕头 zhěn tou

镇子 zhèn zi

芝麻 zhī ma

知识 zhī shi

侄子 zhí zi

指甲 zhǐ jia(zhī jia)

指头 zhǐ tou(zhí tou)

种子 zhǒng zi

珠子 zhū zi

竹子 zhú zi

主意 zhǔ yi(zhú yi)

主子 zhǔ zi

柱子 zhù zi

爪子 zhuǎ zi

转悠 zhuàn you

庄稼 zhuāng jia

庄子 zhuāng zi

壮实 zhuàng shi

状元 zhuàng yuan

锥子 zhuī zi

桌子 zhuō zi

字号 zì hao

自在 zì zai

粽子 zòng zi

祖宗 zǔ zong

嘴巴 zuǐ ba

作坊 zuō fang

琢磨 zhuó mo